THERE ARE NO ACCIDENTS

並非意外

THE DEADLY RISE OF INJUR

—WHO PROFITS AND WHO PAYS THE PRIC

從車禍、工傷、空難到核災，
拋開「意外」思維，
探究事故背後的社會失靈與卸責代價

潔西·辛格——著　鄭煥昇——譯

臉譜書房 FS0172

並非意外

從車禍、工傷、空難到核災，拋開「意外」思維，探究事故背後的社會失靈與卸責代價
There Are No Accidents: The Deadly Rise of Injury and Disaster—Who Profits and Who Pays the Price

作　　者　潔西・辛格（Jessie Singer）
譯　　者　鄭煥昇
責任編輯　郭淳與
封面設計　吳郁嫻
行銷企畫　陳彩玉、林詩玟、李振東

發 行 人　凃玉雲
編輯總監　劉麗真
出　　版　臉譜出版
城邦文化事業股份有限公司
臺北市民生東路二段141號5樓
電話：886-2-25007696　傳真：886-2-25001952
發　　行　英屬蓋曼群島商家庭傳媒股份有限公司城邦分公司
臺北市中山區民生東路二段141號11樓
讀者服務專線：02-25007718；25007719
24小時傳真專線：02-25001990；25001991
服務時間：週一至週五09:30-12:00；13:30-17:00
劃撥帳號：19863813　戶名：書虫股份有限公司
讀者服務信箱：service@readingclub.com.tw
城邦網址：http://www.cite.com.tw
香港發行所　城邦（香港）出版集團有限公司
香港灣仔駱克道193號東超商業中心1樓
電話：852-25086231或25086217　傳真：852-25789337
馬新發行所　城邦（馬新）出版集團
Cite（M）Sdn. Bhd.（458372U）
41-3, Jalan Radin Anum, Bandar Baru Sri Petaling,
57000 Kuala Lumpur, Malaysia.
電話：+6(03)-90563833　傳真：+6(03)-90576622
讀者服務信箱：services@cite.my

一版一刷　2023年10月

城邦讀書花園
www.cite.com.tw
ISBN 978-626-315-371-4

售價：499元

圖書館出版品預行編目資料

並非意外：從車禍、工傷、空難到核災，拋開「意外」思維，探究事故背後的社會失靈與卸責代價/潔西・辛格(Jessie Singer)作；鄭煥昇譯. -- 一版. -- 臺北市：臉譜出版，城邦文化事業股份有限公司出版：英屬蓋曼群島商家庭傳媒股份有限公司城邦分公司發行, 2023.10
面；　公分. --（臉譜書房；FS0172）
譯自：There are no accidents : the deadly rise of injury and disaster--who profits and who pays the price.
ISBN 978-626-315-371-4（平裝）

1.CST: 意外事故 2.CST: 被害者 3.CST: 人權 4.CST: 美國

579.27　　112013008

以愛與憤怒

緬懷艾瑞克・詹姆斯・黃

（1984–2006）

你可以告訴自己那是意外一場

是孤立事件，是工作的一環

隨便你；但試著把這話告訴遺族

告訴那沒了爹的孩子

告訴上帝

——史提夫．厄爾（Steve Earle）

《煤鄉》（*Coal Country*）

目次

導讀 世上沒有意外

《天下雜誌》未來城市頻道專欄作家／「台灣是個行人地獄」版主Ray——專文導讀

從工安事故、居家火災到墜機空難，再到兒童誤食毒藥、核電廠輻射外洩，一直到某路段有行人被汽車撞上，「意外」二字一再浮現於新聞報導——通常排在天氣預報和低俗娛樂八卦之間，伴隨觀眾茶餘飯後的幾句惋惜。然而，每一起「意外」，真的是「天有不測風雲」的個人不幸，或只是因為某個人犯了錯——只要你懂得避開，便能明哲保身、全身而退嗎？在一場車禍帶走好友艾瑞克之後，潔西．辛格開始對「意外」這個字眼感到不對勁，於是著手撰寫此書，給出強而有力的回答——世上沒有意外！

國家地理頻道曾長期播出一檔精彩節目——《空中浩劫》（*Mayday: Air Disaster*），節目中分析各起空難背後的管理問題：機師疲勞、電腦系統崩潰、維修技師少安裝幾個螺絲等。數十年來，航空業者不斷精進飛機工業設計與飛安演練，更新危機處理標準作業，嚴格化機師聘用資格認證，精進安檢程序；航空業變得更加聰明，更清楚如何避免空中劫難。二〇二〇年，全球有近三百人死於空難事故，約一百二十七萬人死於交通事故；人們恐懼空難，卻對深究道路安全問題興趣缺缺，這巨大的認知落差，是本書討論的重要訊息之一。

讀者或許還記得，二〇二二年底的一個晚上，一名定居台灣的伊拉克籍男子季韋亞（Wrya Azeez）與同是醫學院高材生的台灣籍妻子推著嬰兒車外出散步；斑馬線上，季韋亞的妻兒被準備轉彎的公車司機撞上，母子當場死亡，而那條斑馬線的盡頭就是中國醫學大學附設醫院，急診室近在咫尺。這無疑是場悲劇，但在過去十年間，台灣每一年都有四百起像這樣的行人死亡事故發生，這些都只是「意外」嗎？又該向誰究責？

向誰究責？

歷史社會學家彼得・諾頓（Peter Norton）在《交通戰爭》（*Fighting Traffic*）中指出，「行人穿越道路法」這個用來規訓行人應該如何走路——汽車本位思維——的法源，是一九二〇年代美國車商及相關利益團體遊說政府之下的產物。

在接下來的一個世紀，亂走路的「樫鳥行人」（jaywalker，意近台灣的「馬路三寶」）形象深植公眾腦海，行人車禍的公眾輿論也從對汽車感到憤怒，逐漸轉為譴責行人。今天，我們仍舊能在台灣的新聞媒體上看見「某公家機關表示，某起行人事故主因為行人違規」的標題，在在明示某些行人的死是咎由自取。潔西・辛格在書中批評這樣的思維，指出這徹底忽略了一個顯而易見的事實：汽車是殺人凶器；將「樫鳥行人」入罪化與污名化，不但無法抹滅汽車做為重型機械對人體帶來的物理性威脅，更無法消除公共空間被設計出來的危險性質。將行人事故歸咎於行人不好好走路，這種思維展露了汽車本位心態——認為城市裡的空間規畫是以汽車的通行需求為首要考量，行人或其他小型機動車輛的安全都被擺在次位。全球每年幾十萬起行人事故，成了追求現代城市發展的必然代價。

回到季韋亞與他的家人身上。遵守交通規則等待紅綠燈、穿越斑馬線的一家三口，（母子）卻成為公車輪下的無辜亡魂；**這是誰的錯？**是轉彎不看行人，趕著下班的肇事司機嗎？是過勞與低薪問題層出不窮的運輸公司嗎？是將汽車通行效率考量凌駕行人安全的道路設計嗎？還是每起意外之後的固定班底——檢討或揶揄受害行人的社會輿論？

在繼續思考上述候選人的過失比例前，請先等一下。我們來到了關鍵的十字路口（是的，且讓我們「停，看，聽」）——

我們要揪出並懲罰戰犯了事，然後任由下一個必定會出現的「犯錯者」再次促成「意外」；還是回頭想想，什麼是扭轉情勢的關鍵？

季韋亞妻兒的死，是獨立的意外事故，還是城市發展百年來徹底走錯方向的慘案？在地球另一端的歐洲，作者憑藉截然不同的事故解讀視角，找出了從人性出發的終極解答。

向系統設計者究責

上個月，「行人零死亡推動聯盟」舉辦了台灣史上第一次大規模的行人大遊行，在雨中高喊：「停止殺害行人！」我有幸協助聯盟制定幾點台灣行人宣言：零死亡願景、保障行人遷徙自由、老吾老幼吾幼之城市規畫、打造無障礙設計公共空間、普及公共運輸，以及行人與自行車成為城市主體。這場遊行的終極目的，是為了要徹底顛覆台灣社會過去半世紀以來，被「車本思維」剝奪的未來城市想像。

早在半世紀以前，荷蘭其實就走過同樣的道路。

一九七〇年代，荷蘭有群記者、市議員、教師、父母、孩童與「停止謀殺孩童」（Stop de Kindermoord）倡議組織一同走上街，抗議汽車一年謀殺了四百名孩童。半世紀以來，荷蘭的城市設計工程師不斷思索，如何設計引導物理性慢行的城市空間，發展減少依賴汽車的永續運輸策略，以及鼓勵人們步行、騎自行車並使用公共運輸的城市規畫；今日，荷蘭行人活在全世界最安全的地區之一，行人死亡比率只有不到台灣的六分之一。

一九九七年，瑞典國會立法通過「零死亡願景」（Vision Zero）永續發展目標，提出與傳統事故責任歸屬截然不同的全新主張——沒有任何道德辯解，可以勝過「零死亡願景」。道路與街道必須以「人類會失誤」的事實為前提進行減傷設計，停止將事故歸咎予「三寶行人」或「方向盤後的瘋子」；當道路事故發生，不再只歸咎肇事者與受害者，而必須向系統設計者究責。在瑞典政府眼裡，人類因為移動而死亡的可接受人數，應該為零。

人總會失敗，但系統不該失敗

二〇一九年，挪威首都奧斯陸與芬蘭首都赫爾辛基創下全年行人零死亡的紀錄，足以做為此書論點重要的例證。當我們不再將死亡歸咎予「意外」，學會馴服人為環境裡頭的危險性，就能杜絕後果嚴重的事故發生，也能立下值得世界借鏡的價值典範。

從日常生活出發，潔西・辛格不斷挑戰公眾對「意外」的既定認知，將我們帶入事故發生當下的時空背景隧道，引領我們思辨，看見人性最幽微的脆弱與韌性，對身在當代台灣的我們，極具反思性與參考價值。本書也嘗試傳遞一個重要訊息：在人造的環境裡，根本沒有「意外」；只有一連串受利益驅使的不正義，層層疊疊置我們於包裹華麗糖衣的險境。唯有釐清「意外」的本質，聆聽「意外」訴說的是怎麼樣的故事，我們才能開始走出名為「意外」的死蔭幽谷，往真正以人為本的文明社會邁進。

引言 非屬意外

這本書要談的，是我們在美國怎麼死。說得更具體一點，這書要談的是一個常被我們所忽略，死的子集合——意外死亡。從美國這個國家誕生以來，現在是意外死亡人數的最高峰。[1]意外死亡的美國人現在一年不下二十萬人[2]，相當於每天有至少一架滿載的波音七四七—四〇〇型飛機從天空中摔下來，機上人員全數罹難，然後這樣搞一整年。美國死於意外的人數多於中風、阿茲海默症、糖尿病、肺炎、腎臟衰竭，也多於自殺、敗血症、肝病、高血壓、帕金森氏症，還有恐怖攻擊。[3]惟即便死了這麼多人，我們卻沒有看到公益路跑來替意外死亡的研究募款，也沒有看到誰在立碑紀念這些意外身亡的死者。我們稱為意外的事情——車禍、住宅火警、摔跤，或是溺水——都鮮少成為公眾關注焦點。為什麼意外如此常見？為什麼意外成為了前所未見的殺手？[4]為什麼我們不去談它？我們可以如何去阻斷這種死亡與重傷的狂潮，不讓意外結束或打亂我們的人生？這本書想回答的就是這些問題。

我們可以把那架七四七當成一個起點。意外沒有被認列為社會成本的眾多原因之一，就在於意外鮮少牽扯到整台坐滿的波音七四七。大部分時候我們死於意外，單位都是一兩個人。那些意外不會變成晚間新聞的內容。現實中，致命的意外是發生得很快而且很孤單的死亡，頂多是警察會在他們的登記簿上記上一筆，然後，就沒有然後了。意外身亡常見的有摔死、被撞倒輾死、喝到不該喝的東西，或站在不該站的地方而死。意外不只等於交通事故或者不小心懷上的第二胎，「意外」的言外之意是「這裡沒有什麼好看的」。

在美國，大約每三分鐘就有一個人死於意外，而且案件與案件間看似並無關聯，也沒有什麼值得深究之處。[5]但如果我們靠近一點去看，這些意外死亡的都是**哪些**美國人，就會覺得事情並不簡單。黑人死於意外火警的比率是白人的兩倍多；[6]原住民在過馬路時被車撞死的比率是白人的將近三倍。[7]西維吉尼亞州居民死於意外的比率，是州界另一邊的維吉尼亞州居民的兩倍。[8]放眼全美，意外死亡率最高的州，也是最貧困的那些州，而這也是這本書的另外一個重點——為什麼有些人死於意外而有些人不會。

首先讓我們來回答一個很直白的問題：什麼叫意外？要給意外一個定義，我們可以使用排除法：意外**不是**什麼？意外不是像癌症一樣的疾病，不是像天氣一樣的不可抗力，不是像謀財害命一樣的有意行徑。不過這些描述對歸對，卻未免流於簡化，不足以涵蓋意外這個複雜現象的方方面面。「意外」可以是一種託辭、一種解釋、一款認錯道歉，或是一宗犯罪；意外可以產生出一種法律上或情緒上的回應，也可以像石沉大海一樣得不到任何反應。要是你犯了錯想得到原諒，你可以說：**那是場意外**；反之若你想要原諒別人的過錯，你也可以告訴他們：**那是場意外**。所謂意外，可以是指有人尿了床，有人外了遇，有人懷了孕。意外是死亡證明書上可供勾選的空格，也是英國石油炸掉了深水鑽油平台，傾瀉進墨西哥灣那不下一億三千四百萬加侖的原油。《原子科學家公報》（*Bulletin of the Atomic Scientist*）將末日時鐘設定在午夜前的一百秒，[9]——其中一項理由是全球暖化，另外一個理由則是核彈意外發射的風險（編按：《原子科學家公報》於一九四七年設立末日時鐘，該鐘每年一月進行一次評估，標示出世界距離毀滅的距離——午夜零時象徵世界末日來臨。雜誌社因應世界局勢將分針撥近或撥離子夜，以此提醒各界正視問題。）還有我最好的朋友也是死於意外——至少那個害死他的人是這麼說的。

就是因為這樣，我才寫起了這本書。

十六歲的時候，我愛上了一個叫艾瑞克·黃的年輕人；他熱情而友善、英俊又風趣。我們的共通點包括出身紐約皇后區的母親、週末溜出郊區去看龐克秀（譯註：青少年的熱門音樂演唱會，可以聽到嘶吼與電吉他）的習慣，以及滿腔青少年行動派那種飽含憤怒的正義感。我們一拍即合地成為了高中小情侶，同時也是彼此最好的朋友。

物換星移，我搬到了紐約市，他不久之後也跟隨抵達。他成了數學老師，我當了記者。以二十三歲的年紀，我僅有的生涯規畫是他能繼續是我生命中的常數。

直到二〇〇六年十二月一日，艾瑞克騎著他的自行車進入了曼哈頓，然後就再也沒有回家了。一年之後，我坐在害死他的人的量刑聽證會上；四面是木頭牆壁的法庭裡，像在辦著一場沒人想參加的婚禮，將受害者與加害人分成了涇渭分明的兩邊。在法官宣判肇事者要為了酒駕跟駕車致人於死兩項罪名入獄服刑之前，那人說他覺得很抱歉。

「我無法用言語表達我內心有多麼遺憾，」他告訴法庭，「發生了這樣的意外。」

這句話聽在我耳裡有如五雷轟頂——**發生了這樣的意外**——那一推二五六，虛無飄渺的措辭，好像兇手跟逝去的生命沒有關係似的。但那天在法庭裡我並沒有對此提出質疑。我看著殺死我摯友的男人的孩子跟他們的父親點頭道別，我確信艾瑞克也不希望看到這樣的結果——有人去坐牢、許多人的生命被摀毀，卻沒有太多的作為去避免類似的悲劇重演。

對於在清點「一個個美國人是怎麼死的」的流行病學學者而言，對應意外的術語是「非故意的傷害」。意外，按照他們的認定，指稱的是一個人受到外力造成的物理性創傷，但當中不牽涉到故意。第二版的《傷害年鑑》（*The Injury Fact Book*）中有一張清單，上頭列出了在一九八八年，美國二十種最常見的意外死亡：[10]

機動車輛撞擊——車禍
墜落
固態／液態物質中毒
火災與燒傷
溺水
吸入性死亡——非食物類
吸入性死亡——食物類
槍械致死

機器致死
飛行器致死
窒息
氣體／蒸氣中毒
嚴寒
遭墜落物砸中
電流致死
行人死亡——火車
酷熱
行人死亡——非交通類
與物體／人相撞致死
暴露於特定環境中（遺棄致死）

流行病學學者蘇珊・貝克（Susan P. Baker）作為意外防制研究的先驅，也是《傷害年鑑》的編纂者。這本書是美國第一本以意外死亡跟傷害為題的事典與分析專書，也是在那個還沒辦法透過網路取得美國疾病管制暨預防中心（Centers for Disease Control and Prevention；CDC）紀錄的年代，公衛界一本很重要的實務參考資料。[11]在書中，貝克三次提到了「意外」的概念，三次都用上了引號來表示她另有深意[12]——一次是在提到「非故意的傷害」時，她加引號的意思是你可以將之簡稱為意外；一次是在提到「（易出）意外傾向」的概念時，她表示這種觀念已經徹底遭到駁斥；還有一次是在註腳中，她提到：

> 「意外」（accident）一詞錯誤地暗示傷害是隨機發生，且不能被預見或避免。[13]在多數的科學研究工作中，「意外」這個形容詞已經慢慢讓位給更恰當的詞彙，譬如說「未故意的傷害」、對傷害的直接描述（如脛骨骨折），或是導致傷害發生的事件，譬如說「機動車輛撞擊」。

貝克是在一九九二年出版這本書，而事實證明她是對的——今天你想要在專業文獻中找到意外（accident）一字並非易事，至少在主題是「身體傷害」時確實如此。美國國家公路交通安全管理局（The National Highway Traffic Safety Administration）已經在一九九七年禁止了[14]在政府出版品中出現「意外」的說法，而《英國醫學期刊》（*British Medical Journal*）也在二〇〇一年禁止使用這個字。[15]紐約市警局說他們會在二〇一三年正式停用這個字，而在二〇一六年一場美國文案編輯協會（American Copy Editors Society）會議上，一名《美聯社格式手冊》（*AP Stylebook*，美國大小報紙的文法標竿）的編輯通告編輯同仁們，應該要在可能是人為疏忽的案例中避免使用「意外」一字，因為那「可能會給人一種在為該負責之人開脫的感覺」。[16][17]

反對使用「意外」一字的人不只有貝克。一九六一年，美國心理學者吉布森（J. J. Gibson）話說得直白——「意外」一字，他寫道[18]：似乎指涉的是一個臨時應付的概念，一個由法律、醫學與統計方面的涵義拼湊而成的大雜燴：

> 它的兩個意思是不相容的。[19]若被定義為與環境一次有害的遭遇，一種沒有被避免掉的危險，那麼意外就會是一種心理現象，並可以進行預測跟控制。但如果被定義為不可預測的事件，那意外就會變成一種不能控制的東西。這兩種意義在日常的使用中，無可救藥地糾纏在一起。

把某件事情稱為是意外，意味著你既知道那是一種風險，也知道那不在你能控制的範圍內。這聽起來很荒謬，但在同一個句子裡引用兩種涵義也未必如此不合適。比方說，你可以說你意外地出了場交通意外。美國在二〇二二年**將**有大約四萬人會死於交通意外，而我可以如此預測，是因為每年的數字都差不多。但分開來看，個別的車禍都會被我們視為不可預測的事件。

身為醫師的威廉·哈登（William Haddon）是美國國家公路交通安全管理局的首任局長。[20]對於「意外是隨機而無法預測」的觀念，他稱之為「理性人類尚且信以為真的民間傳說」。他認為把某件事情稱為一場意外，是迷信的一派胡言——是可以回溯到科學大多是無法解釋之謎團的時代，一種活化石般的存在。他在他位於華府的辦公室裡放了一個髒話筒——誰把車禍歸咎為意外，就得像說了髒話一樣放十分錢進去。

但這種公衛官僚對意外觀念的口誅筆伐，對廣大外界的影響十分微小。出了局長辦公室，意外一詞還是以訛傳訛地流通著。在《紐約時報》的資料庫中，「那是場意外」出現的次數從一八五三年一路增加到二〇〇九年[21]；谷歌搜尋趨勢（Google Trends）追蹤了「意外」（accident）這個字的使用次數，結果也在從二〇〇四到二〇二一年觀察到同樣的上升走勢。雖然有像貝克跟哈登等官員的反對，但意外這個字就像隻打不死的蟑螂，趕都趕不走。

事實上，實際的意外也一樣生命力極強。某場意外會害死你，是一件可能性高到令人難以想像的事情。

在美國，每二十四個人當中就有一個會死於意外。[22]而在富國中，這個問題非常集中在美國身上。[23]你身在美國，死於意外的機率要遠大於你生在澳洲、奧地利、加拿大、丹麥、法國、德國、義大利、日本、荷蘭、挪威、葡萄牙、西班牙、瑞典、瑞士或英國。而且這個差別之大是真的很大——二〇〇八年，美國的意外死亡率比第二危險的富國挪威高出百分之四十，比起最不危險的荷蘭更是高出將近百分之一百六十。身為美國人，你在二〇〇八年死於溺水意外的機率比英國人高出三倍多，死於意外車禍的機率比日本人高出三倍多，死於意外中毒的機率比加拿大人高出四倍，死於意外火警的機率比瑞士人高九倍。

然而，美國政府用於預防疾病研究的預算要比預防意外傷害的資金多得多。[24]二〇〇六年，美國國家衛生研究院（National Institutes of Health；NIH）提供共計一百一十九億美元的資金，用於資助關於二十九種常見死因的科學研究。其中意外傷害拿到的補助金額是相對其「疾病負擔」（burden of illness）——意外事故造成的死亡人數與他們因此損失的餘命——倒數第二少的錢；長期而言只有憂鬱症研究的資金支持更加不足。愛滋病、糖尿病、周產期症狀、乳癌、失智症、酒精濫用、牙科與口腔異常、肝硬化、缺血性心臟病與思覺失調等研究主題，在獲得的絕對金額跟相對於致死率而言，都獲得了更高的資金補助。事實上，隨著意外作為一種死因從一九九○年代初期開始崛起，研究資金不增反減。在一九九六到二○○六年間，隨著意外死亡率呈現上升走勢，美國國家衛生研究院投入意外傷害致死的研究資金卻減少了五億七千八百萬美元。這一點自二○一六年起有了改變；[25]在歷經了二十年的鴉片類流行病成長之後，美國政府針對用藥過量之意外死亡完成了第一批全面性的立法，當中也包括研究資金的法源。但在二○一九年，意外傷害研究獲得的資金比起人類免疫不全病毒（ＨＩＶ）、愛滋病、失智症或阿茲海默症等，仍僅一半都不到——這些疾病害死的人數都比意外傷害少，造成的餘命損失也不如意外傷害嚴重。[26]

意外事故造成的死傷在二○一九年導致了一．○九兆美元的財務損失，包括薪資收入的減少、醫療費用的增加，以及車子撞毀與房屋燒毀的損失，也包括保險給付的支出跟保費因此上升的負擔。[27]雖然病死通常拖比較久，當中也要花錢，但意外事故會造成財產遭到破壞、土地遭到毒害，還有工作跟收入的損失。要是沒死，意外的倖存者得面對的是終生傷害衍生的成本——生活品質下降換算成具體的數字，一年大概在四．五兆美元左右。每年加總起來，意外事故造成的直接財務損失，相當於每個美國公民得承擔兩千八百美元[28]——包括直接從口袋掏出來的費用、較高的稅款，還有得重新花錢購買的商品與服務。而我們不論是作為個人或作為一個國家，都必須付出這樣的成本。擁擠的美國醫院被加重了負擔，大小城市得無止盡地修補路邊的圍欄，擴充消防部門量能，購買圍油欄來以防萬一。意外事故造成的成本還可能反映在稅款與損失的薪資上。而由於美國納稅人相對於企業，承擔了大部分的事故相關損失，因此放任意外發生其實對美國的企業界而言，完全是有利可圖的事情，不論是那些意外發生在安全有疑慮的美國汽車裡，還是發生在未經勞檢的美國職場上。

一九八六年，貝克統計出意外死亡的總人數是九萬五千兩百七十七人，三十年後的二〇一六年，這個數字已經成長到十六萬一千三百七十四人。[29][30]二〇一六年是美國意外史上一塊黑色的里程碑，因為意外死亡自這一年起成了美國排名第三的死因。[31]從一九九二到二〇一九年，年度意外死亡人數成長了百分之一百〇六，比同期的美國人口增速快上了三倍多；[32]二〇一九年的美國意外死亡率比起一九九二年升高了百分之五十五。[33]對於年齡屆於一歲到四十四歲之間的人而言，意外是最大的單一死亡原因——癌症跟心臟病每殺死一個人，意外大概殺死四個；「英年早逝」之人大都死於意外。[34]現下美國每年的意外死亡人數正處於歷史高點，每分鐘都有九十二個人因為意外受傷，每小時則有二十人死於意外。[35]

這些數字，乃至於本書中大部分其他的意外死亡統計，都來自美國疾病管制暨預防中心的「國家生命統計系統」（National Vital Statistics System）；該中心內有流行病學專家在追蹤並分析每年數百萬份的死亡證明書。醫師、法醫、驗屍官會開立死亡證明，並填寫上頭的死因欄，在當中闡明他們對「（a）啟動一連串致命事件並最終直接導致死亡的疾病或傷害，或者（b）造成致命傷害的意外或暴力情境」的看法。[36]在本書中，我們會大致跳過疾病與暴力的部分，專注在意外跟傷害的部分。正是這些意外跟傷害，堆出了最新統計至二〇二〇，那全年二十萬宗死於意外（也就是美國疾病管制暨預防中心所稱「非故意的傷害」）的案例。

雖然資料很豐富，但資料間顯著的數據落差仍然存在，而那也導致我跟這本書有了很多到不了的地方。比方說，法醫界對於意外槍擊的分類就沒有共識[37]——有些法醫主張只要有人扣下扳機，那死亡就應該要被分類為殺人而不是意外，即便扣扳機的那個人並非故意，甚至那只是個走路搖搖晃晃的小朋友也一樣。這麼一來，會被記為意外槍擊死亡的就只剩下那些把槍掉在地上跟不慎走火的人了——但就像我說的，這一點是有爭議的，所以我們手上的意外槍擊死亡統計很可能混合了兩種情況：意外扣動扳機跟走火。這本身不是一個很大的數據落差——美國疾病管制暨預防中心從一九九九到二〇一九年間只登記了不到一萬三千筆意外槍擊死亡——而就算這個數字應該是要兩倍高才對，放進此期間將近兩百七十萬筆意外死亡案例裡也只是滄海一粟。[38]

然而，真正大的數據落差並非不存在。

在二〇一六年，約翰霍普金斯大學的醫學學者發表了一紙論文，呼籲美國疾病管制暨預防中心要修正他們的編碼系統，因為該系統沒能計入每年多達二十五萬筆致命的醫療失誤。[39]這樣的死亡人數規模已足以將意外傷害擠出美國常見死因的前三，單獨以醫療意外之名取而代之。法醫使用由世界衛生組織發布的《國際疾病與相關健康問題統計分類》（*International Statistical Classification of Diseases and Related Health Problems*）（現已出到第十版，俗稱ICD-10）來對全美所有的死亡案例進行編碼與分類。[40]某些醫療失誤在這份文件裡頭，很單純的是無碼可編——如果你不幸身亡是因為護理師來評估你的情況時，你的檔案不見了，或是因為負責你的醫師誤診，又或是你的麻醉科醫師是個不熟練的新手，那麼你都會在這份文件裡死得不明不白。

「我們對醫療失誤的通報有低報的狀況，對問題的嚴重性也有所低估，」馬丁・梅克里（Martin Makary）這名約翰霍普金斯大學的外科醫師兼論文作者之一告訴我。[41]這些失誤形形色色：忽略的失誤、診斷的失誤、溝通的失誤、系統的失誤，甚至於只是單純地有倒楣的病人被醫師忘記了，或是在系統中被搞丟了。

沒有測量到這些意外的後果，就是這些意外從來沒有被處理過。「在美國，資金分配的優先順序取決於全國醫療統計數據，」梅克里說。「醫療失誤被排除在全國的失誤數據以外，所以我們沒有拿到相應的資金。」

在論文中，梅克里提供了一個真實案例：一名年輕女子生了病，醫院收容了她並對她做詳細的檢查。[42]至少其中一項程序是不必要的——那項檢查叫「心包穿刺術」（pericardiocentesis），也就是醫療人員會用一根針移除心臟附近的心包積液。醫院讓她出院幾天後，她又回來了，不但大量內出血且出現心臟驟停。死後解剖發現，穿刺針意外刺穿了她的肝臟，導致死亡。然而「執行高風險的非必要檢查而造成意外傷害」或「在心包穿刺術中意外擦傷其他器官」都沒有對應的編碼；醫師將於是將死因標註為心血管問題——不是意外。

早在這些細節獲得紀錄的很久之前，我們認知中的「意外」就已經在數量上崛起了：隨著工業革命的啟動，工人扔下了匠藝，並——在織機前，在田野中，在鍛爐前——肩並肩站上了組裝的流水線。隨著工廠數目愈來愈多，經濟開始增長，死於工安意外的人數也愈來愈多。[43]時間久了，一些工廠開始量產汽車，於是許多人開始死於交通意外，且罹難者多到城市會建起紀念碑，組織孩子們去遊行致哀。[44]

在二十世紀早期的這幾十年間，意外死亡率居高不下。但假以時日，可以拯救生命的各種發明，加上隨工會力量、公共建設與社會福利的普及而帶動的共同繁榮，讓意外事故獲得了控制；

美國的意外死亡率在一九四四到一九九二年間整體下降。[45]但自那之後，意外死亡率又成長了超過百分之五十，但其實這段期間美國整體的死亡率是下降的。[46]

事情不應該是這樣的。一九七一年，美國政府通過了納洛酮（naloxone）的販售，這是一種能扭轉鴉片類用藥意外過量的藥物；[47]一九七四年，美國政府開始要求車廠逐車安裝安全帶；[48]一九九五年，美國職業安全與健康管理局（Occupational Safety and Health Administration，OSHA）開始要求建築工人穿戴安全吊帶；[49]安全氣囊的規定開始於一九九八年。[50]包括這些在內，降低傷害的創新所在多有，也應該能讓死於交通意外、工作墜落意外、中毒意外的人數下降。但交通意外死亡卻在二〇二〇年如火箭升空般狂飆；[51]墜落意外在營建業內是工人的首要死因，同時，美國疾病管制暨預防中心統計，自一九九九年以來，超過八十四萬人死於鴉片類流行病，而當中幾乎所有人都被歸類為非故意的藥物中毒傷害。這些是關於美國的意外現場，冷冰冰、硬梆梆的數據。但當你更仔細去看，你會發現不論在哪一件意外死亡裡，事實都不是那麼一翻兩瞪眼地清楚明瞭；統計訴說的故事其實丟失了很多事實，而我是椎心泣血地獲悉了這一點。當我決定要寫這本書時，為求真切，我做了一件我不想做的事情。我寄出了一封基於《資訊自由法》（*Freedom of Information Act*）的訴願給紐約市政府，申請我摯友死亡的相關紀錄。資料以厚厚一疊馬尼拉信封的形式在幾個月後寄抵，但這之後有好幾個禮拜的時間，我都只讓沒打開的資料晾在一旁。在當時，我並不知道自己害怕在資料中看到什麼——但我是對的，我確實應該害怕。

在馬尼拉信封袋裡，我得知了我最好的朋友斷氣在人行道上，死因是大面積的內出血。我得知了害死他的駕駛一開始告訴警方他沒有喝酒，但後來又說他喝了兩杯伏特加蔓越莓飲品；報紙後來會報導說，肇事者的血液酒精測試數值達到了法定上限的兩倍。[52]我得知了駕駛說他當時的時速是四十公里，但按艾瑞克的身體從撞擊點飛出去的距離回推，駕駛當時的時速應該至少有約九十公里。[53]艾瑞克在被急救醫技人員推進貝爾維尤醫院的太平間時，年僅二十二歲。害死他的人二十七歲，他開到人行道上的是一輛灰色的 BMW 528i。

警方的事故報告中有一幅表格。生前的艾瑞克有著碩大肌肉與橄欖色皮膚，二頭肌上還有市景被巨大向日葵覆滿的刺青；但在那幅表格中，他只是個火柴棒人，旁邊分別畫著一輛車子跟兩個腳踏車的輪子，兩個輪子各處於不同的位置。距離火柴棒人遠遠的地方還有兩個標誌，一個是書包，另一個我假定是他的一隻鞋子，而且應該是他的愛牌匡威（Converse）的查克・泰勒（Chuck Taylor）帆布鞋；報告中稱是撞擊的力道使之脫離了艾瑞克的腳。警方在報告中加入了各種測量數據，讓人看得出這些物品在車子撞擊艾瑞克的身體後，被拋出多遠。

信封裡還有一份證詞的全文，當中有撞死艾瑞克的人告訴檢方他在事發後記得的事情。他講到艾瑞克死去的過程，包括描述了他聽到艾瑞克最後發出的呻吟，還有最後的扭動。他還推測了一下自己站在多遠之外——大約幾英尺——看著艾瑞克走到生命的盡頭。

那男人說過了一會兒，一名女警走上前來。

「她問起發生了什麼事情，」男人回憶說。「我說我出了車禍。我的車撞到了這個人。」

「我的車撞到了這個人，」他說，好像他人不在場似的。

我著手寫書的時候，對這些事情都一無所知。我原本以為艾瑞克的死，就是一場意外——一下子就過去了——要知道當我們說起意外，會自動當作裡頭都沒有人受苦。但那是我一廂情願的漠視。艾瑞克的遭遇令人不忍卒睹，所以我撇開了頭；我不想去想到他死前的痛苦。就在這個過程中，我明白了害死他的人的內心世界——我們誰也不想湊近去瞧。就當事情一下就過去了，就像一場意外，因為這樣的說法可以撫慰留在世上的我們——倖存者、肇事者、傷痛的親友——讓我們不用去直視真相。直視真相讓我徹底心碎了，但也讓我對何謂「意外」有了之前沒有過的了解。意外的故事是由誰來訴說，是有差別的。艾瑞克沒能撐到他說出自己遇難的故事後再撒手人寰，所以我無緣聽見他說，他是如何在冰冷的柏油路上孤單地離世。相較於此，我聽到的是兇手陳述的版本，至少一開始是如此——而那是一個有輛車撞到一個人的故事，一個意外的故事；主講的正是那個因為沒死而暫時獨佔了話語權的傢伙。等這傢伙進了監牢，把他關進去的檢察官們接管了話語權——這時候，艾瑞克的死就變成了一個壞人開著一輛車的故事，一個犯罪的故事。在意外中，各式各樣的力量——且不論那股力量來自一輛跑車還是一紙認罪協商——會決定我們聽到什麼樣的故事。放眼全美國，甚至於放眼歷史上的種種案例，我都發現這是一種通行於所有意外中的正字標記。說故事的永遠是有力量的人，而有力量的人鮮少是受害之人。

也因此在美國，在錯誤中存活下來代表著一種特權。艾瑞克欠缺鈑金的保護，四處移動只能靠雙腳萬能，快不到哪裡去。這樣的他面對一輛飆速的汽車，對決十次他都會輸。他的死，代表著最純粹、最具體的力量比拚。但意外所代表的，是力量失衡的必然結果——這說的是物理性的力量失衡，也是系統性的力量失衡。綜觀全美，所有最容易意外出人命的地方，都是窮地方；反之，美國所有最安全的角落都是有錢的區域。白人與黑人的意外死亡率可以說是天差地遠，尤其是那些權力大小可以左右事情結果的意外——包括要求職場安全性的權力、讓住宅可以防火的權力、可以開車而不用走路上班的權力。意外不是瞎貓遇到死耗子，也不是詭異的霉運——你會不會死於意外只是一個尺標，那把尺測量的是權力在你身上是有，還是無。

關於「意外」一詞的一些說明，以及這本書還能如何使用

離開了這本書，我在生活中是不會使用「意外」這一詞的——我已經好幾年不說意外這兩個字了，原因是如書名所言，世界上沒有意外這檔事。在寫這本書的時候，我發現自己一直迴盪在語意的十字路口，意外一詞之用法的前世今生在我手裡有如燙手山芋。這本書隨隨便便就可以寫成一本裡頭有一萬組引號的書——**但那真的是「意外」嗎**？我一而再再而三地在內心拷問自己。

惟到了最後，我在書裡留下了所有的「意外」——而且沒有擅自加上引號——因為我覺得讀者們需要**自己**去決定這一點。我把意外一詞留在了這本書裡，好讓你們也能自行去感受，從哪一個點上開始，意外一詞也讓你感覺怪怪的，也讓你感覺不太能接受。

在接下來的篇幅中，我們會一起從世紀之交的紐約市前進到現代的西維吉尼亞，也會從普通工廠的地板前進到核能發電廠，並在過程裡去尋覓：當我們說出「意外」這兩個字時，指的究竟是什麼？這本書會沿著一場意外的結構往前走：首先我們會檢視意外的先決條件，然後我們會談到死亡與受傷，最後則是事後的責任歸屬、懲處，還有一起來看看有哪些預防機會從我們手中溜走。本書的第一部分也會大致按照時間順序來檢視意外在美國歷史上的起起落落，乃至於我們對意外的理解在時間長河中的改變。第二部分會把重點放在當代的意外流行病。綜觀全書，我們會從先驅者與專家身上學到東西，是他們推進了我們對於意外的理解。

這本書要講的是意外之後騙死人不償命的簡單故事——那個人犯了一個錯誤，散了散了沒什麼好看的；這本書要講的也是在我們去尋求複雜的真相時，可以——針對我們自己跟我們的社會——增加哪些認識。只要這麼做，只要在看似單純的意外背後尋找那關於權力、弱點、苦難，千絲萬縷的故事，我們就能找到辦法去拯救每年枉死的數萬條性命。我們會在結論處一起來梳理意外這個問題解決之道——我們可以如何放下名為「歸咎被害者」的心理寄託；我們可以如何修復那些扭曲了美國意外死亡率的種族弱勢跟收入弱勢；我們可以如何喚醒究責的系統，讓那些坐視意外發生而沒有未雨綢繆的瀆職者，付出真切的代價；我們可以如何重新想像我們的街道、住家、醫院跟職場，乃至於這個廣大的世界，好讓人命可以在效率、利益或權力面前，不用再低聲下氣。

第一章 失誤

想理解意外，我們就必須理解失誤——這包括我們為什麼會失誤，還有當權者可以如何用我們的錯誤來對我們不利。這本書會選擇從失誤出發，是因為但凡有意外發生，後頭幾乎都會跟著冒出關於失誤的疑問——某個人（通常是受傷的那個人）做錯了什麼：為什麼他要開那麼快？她在意外發生的當下喝醉了嗎？他們不知道爐子是開著的嗎？是誰在恍神？

這些問題的本質中包含著一種假設——意外的發生，是因為有一群易出意外的高危險族群，是因為有人做錯了決定，或是因為有人做事的方法在我們看來是錯的。這是事實。人會犯錯，人為失誤是每件意外中幾乎都看得到的元素。本書接下來的內容裡充滿了操作失誤與判斷錯誤，但也充滿了那些註定會發生、預料之中、難以閃躲的失誤，充滿了那些跟你我一樣，都是因為沒得選擇才犯下各種錯誤的人。

在我們繼續往下談之前，我們必須徹底釐清我們遣詞用字的意思。**人為失誤**就是一種錯誤，而**危險狀況**則是一種環境。[1]

失手是一種人為失誤；留在地板上的水漬是一種危險狀況。超速是人為失誤；設計來讓你超速的道路是一種危險狀況。把油輪開到觸礁是一種人為失誤；逼著油輪船長連值十二小時的班是一種危險狀況。

近兩百年來，這些因素當中哪些更重於另一些的辯論，定義了我們對於意外的理解。有一派人認為是人為失誤造成了意外，因此為了避免意外，我們必須搞定人；另一派人認為意外發生在危險的狀況中，所以為了防患於未然，我們必須搞定環境。如果你是溼地板的主人、道路的設計師，或是油輪船長的雇主，那你可能會說意外是人為失誤所造成。在本書中，我會主張我們可以把所有的人為失誤都回溯到各種——有些要多看幾眼、有些一目了然的——危險狀況，而且我們幾乎可百分百地預測到並避免掉那些跟隨在我們錯誤之後的死傷。我會主張錯誤是難免的，人是不完美的，而意外問題唯一的解答，必須從「不要把錯怪到人為失誤上」做起。意外發生在人為失誤跟危險狀況的結合中，但你可以創造出一種能夠預測失誤，讓失誤不至於要命的環境。[2]

你當然可以把心思都放在人為的失誤上，但那樣的後果就是同樣的意外會一而再再而三地重演。

西尼．戴克（Sidney Dekker）是一名飛機機師，除此之外，他在位於澳洲布里斯本的安全科學創新實驗室（Safety Science Innovation Lab）擔任實驗室主任，也是荷蘭台夫特理工大學（Delft University of Technology）的航太工程教授。[3]有著這些身分的他將上述辯論的兩造分別形容為「壞蘋果理論」（Bad Apple Theory）跟「新觀點」（New View）——前者即是傳統上那種「老鼠屎」的概念，亦即是人群中的幾顆「壞蘋果」造成了意外的發生；後者則代表一種「新觀點」，亦即當看到人員犯錯並造成傷亡，我們就要想到那代表狀況不安全，環境不安全。

比方說，若套用在工安意外上，壞蘋果理論會告訴我們一間工廠本質上是個安全的地方，但行事易出意外的工人和他們的錯誤讓工廠變得不安全起來。[4]按照這個邏輯，意外的發生都是少數幾顆壞蘋果的錯，若雇主想要改善職場安全，只要把那幾顆老鼠屎拿掉就好。在意外事故之後，基於壞蘋果理論的解決之道可能包括：開除工人、懲罰工人，或是建立新規則。

新觀點理論則認為工廠不是個**本質**安全的地方，若有人因為犯錯而受傷，那就代表工廠**絕對**有其不安全之處。[5]新觀點理論的支持者認為，雇主若想把職場變得更安全，就要把會讓人**一旦**犯錯就容易受傷的危險狀況處理好。在意外之後，基於新觀點的解決之道包括：改變工廠的運作流程或布局設計以預測失誤——放慢流水線的速度、在可能墜落處鋪設緩衝墊、在物體的尖銳處加裝防護、為人體較脆弱的部位提供可穿戴的護具。

對壞蘋果理論的信徒而言，調查意外的目的在於釐清責任，誰犯的錯誰就得被究責，主事者只要抓出戰犯，予以懲戒，事情就算完了；對新觀點的支持者而言，調查意外的目的在於找出危險的環境因子，確認是什麼狀況讓犯錯者受傷。[6]只要找出危險的環境因子，改革就能獲得施力點——意外的再度發生就能得到避免，或至少在下一個人無可避免地犯下相同的錯誤時，死傷的機率就能下降。最終勝出的是哪一種理論，會決定事情接下來的走向——而這一點至關重要。在意外發生後，你是會開除受傷的工人，還是會把地板補好？你是會懲罰駕駛，還是檢討道路設計？在這些問題的回答中，我們就有能力去預測同樣的意外會不會再度發生。

誰能決定這些問題的答案，誰就手握大權；誰有故事的發言權，那人會拿著發言權講出什麼樣的故事，就是意外的奧秘所在。那會是一個差勁工人的故事？還會是一個積水地板的故事？那會是一個莽撞駕駛的故事，還是一個輕踩油門就會速度驚人的跑車的故事？在美國的職場裡與馬路上，我們可以很清楚地看到，意外裡最關鍵的一點，就是誰的答案可以被人聽見。

接下來我們會在美國歷史上跳來跳去，在此前的兩次意外死亡高峰間交替說明：一次是讓勞工死傷慘重的工業革命，另一次是汽車發明後五十年間的致命車禍潮。我們會講到車廠與實業家是如何把人為失誤用作是意外事件中的棋子。在這兩個歷史片段中我們可以看到，強大的牟利者如何把「人非聖賢孰能無過」這個簡單的事實當成武器，只為了混淆視聽、為了引領輿論，也為了操弄人心。

我們的第一個焦點是交通意外；福特（Ford）推出世上第一款量產汽車Model T的一九〇八年，車禍奪走了七百五十一個美國人的性命；[7]而到了一九三五年，致死的交通意外數量成長了超過五十倍——總計造成三萬七千人死亡，十萬零五百人永久殘障，而這僅僅是那一年的數字。[8]當年這些車輛殺死行人的時候，社會上曾經用一個非常「不中性」的說法稱呼它——被車殺死，就是車子犯下的**謀殺**——直到車廠改變了我們對於人在路上所犯錯誤的理解。[9]

我們可以從過往目擊者對車禍的反應上追蹤到這種改變。

車子殺人啦

一九三一年春天的一個星期四，一名二十三歲的喬瑟夫・懷茲（Joseph Weitz）工作直到天黑。[10]他是H. & S.貨運公司的員工，負責替他們開卡車送貨。懷茲的卡車轟隆隆地駛在愈來愈有看頭的紐約市街頭；第一輛配備空調的載客火車完成了從紐約到華府的首次發車，不過是一週前的事情，而那個月稍早，胡佛總統在白宮按下了按鈕，點亮了新啟用的帝國大廈——當時的世界第一高樓。[11][12]

街上還有一樣令人驚豔的東西，那就是汽車。汽車從多年來只是有錢人的玩具，到此時終於變成了一般人買得到、買得起，四處可見的交通工具。十年前，在美國註冊的汽車與卡車還不到現在的一半——從一九二一到一九三一年，駕駛人每年登記的新車數量超過一百萬台。[13]

懷茲正用輪子滾過曼哈頓，地點在東六十七街；突然之間，在城市的嘈雜之上，他聽見尖叫聲揚起。他把卡車停在路中央，爬下了車艙。

他看見群眾圍觀著他卡車才剛經過的一處地點。一個小男孩躺在路中間，一動不動，群眾則愈聚愈多。

過了一會兒，一名巡邏警員柏奈特從警局趕到了事發的街區。他問了幾個跟卡車車主有關的問題，然後以殺害六歲男童厄文・奧瑟（Irwin Ouser）的罪嫌逮捕了懷茲。沒過多久，群眾就意識到這場意外如今有了一名嫌犯；群眾圍住了懷茲與柏奈特，開始推擠吶喊。柏奈特以警員的身分要求大家冷靜，但沒有人理會他。

巡警柏奈特把懷茲拖出了失控的群眾，兩人一起步行遠離了男孩躺著的遺體，朝卡車而去。群眾跟了上來，扯住了懷茲。柏奈特發現他已經控制不住局面。他推著懷茲回到卡車駕駛艙中，然後掏出了手槍，對準了群眾。

誰碰嫌犯我就射誰，他叫著。

等支援警力到場，巡警柏奈特已經被民眾按在卡車車身上。一名警官把懷茲帶回六十七街警局，另一名警員則把噩耗帶給了伊斯瑞爾（Israel）與阿德萊德（Adolaiole），也就是厄文・奧瑟的雙親；他們一聽到孩子的死就都暈了過去。

美國史上第一件有人報案的死亡車禍，發生在厄文之死的三十二年前，地點在紐約的另一頭。[14]一名叫亨利．布利斯（Henry Bliss）的不動產開發商，在中央公園西大道與七十四街的交叉口從路面電車走下，被一輛電動計程車駕駛撞上；據報當時並沒有群眾圍觀。從一八九九年的那第一起車禍直到一九二〇年為止，當中發生了一些變化。到了一九二〇年代，像厄文．奧瑟這樣的悲劇已經愈來愈常見。

一九二〇年代的報紙頭條形容了失控的群眾是如何一次次被有如家常便飯的交通事故惹怒，他們要的是血債血償：[15]

卡車殺害男孩，群眾包圍駕駛
警員持左輪手槍與警棍
保護肇事男子直至支援趕到

群眾包圍司機
男女痛毆將少年壓死的卡車操作員

卡車殺死兩名少年與一名女子；
駕駛與助手在一名少年於第七街被撞時
遭五百名群眾追趕

警方救下一人；

用手槍對準暴民，將逃犯帶至安全處

有時群眾會變得聲勢浩大，有時群眾會得償所願，但其情節都大同小異：一名駕駛在意外中殺死了一名或多名行人，然後周遭行人集結成一群暴民追殺駕駛。層出不窮的這類故事成了一九二〇年前後的一種社會現象，直到厄文・奧瑟死亡的幾年之後才慢慢減退。[16]

時至今日，我們已鮮少聽聞有交通事故會激起暴動。一名駕駛只要沒有酒駕，那麼他就算撞死人，也不會被認為是殺人凶手；就像一個小孩在洗碗槽底下找到一瓶毒藥，也不會有人就此認為他是想要尋短。但在厄文・奧瑟小朋友與卡車司機喬瑟夫・懷茲的年代，致命車禍在庶民的心目中就是凶殘的殺人罪行。歷史學者彼得・諾頓（Peter Norton）身為在維吉尼亞大學教授歷史與科技的老師，率先在他的《交通戰爭：機動車輛時代在美國城市中的破曉（暫譯）》（*Fighting Traffic: The Dawn of the Motor Age in the American City*）一書中指認出了這種趨勢。事實上，他發現「汽車殺人」的概念在一九二〇年代非常普及，以至於具有改革思想的紐約市俱樂部（City Club of New York）開始每年出版一張兒童交通事故地圖。他們將之稱為「市內凶殺地圖」。[17]

「地圖上的每個黑點，都代表有一個紐約市的男童或女童在街上被車輛殺死，」[18]一九二六年版的市內凶殺地圖中寫著。「這裡有兩百個孩子被殺害的第一現場，而這還只是曼哈頓的部分而已。」

剛開始，車禍意外的故事就只是凶殺案的故事。[19]說故事的人一心想表達的，是車輛如何改變了交通的階層排序。在當時，美國的行人身處於前所未有的風險之中。[20]在車輛普及之前，行人除了走在馬匹正後方要小心一點以外，基本上沒有人會管你要怎麼走，何時走。車子多了之後，交通號誌與交通規則也應運而生，行人不僅地位被降級、須受指導，遭路殺的人數也急劇上升。突然被貶低了地位，又身陷高度的生命危險中，也難怪當時的行人會高呼車子殺人。

但就在奧瑟身邊那群暴民終於慢慢成為過去後，汽車殺人的概念也開始出現位移。這一點的證據，可以在轉世重生的市內謀殺地圖中看到。紐約市俱樂部雖然已經在厄文．奧瑟死在六十七街的前一年（也就是一九三〇年）放棄了他們的企畫，但在一九七一年，一個非紐約市俱樂部成員的人會繼承他們的衣缽，發起一個與市內謀殺地圖十分相像的新企畫。

威廉．邦吉（William Bunge）把地圖搬到了底特律，但想傳達的訊息沒有變。[21]他把其中一版內容命名為《通勤者在波因特鬧區道路上輾過黑人小孩的地點》，另外一版則被他命名為《在底特律的兒童汽車『意外』》。如同紐約市俱樂部的製圖者，邦吉對於他想表達的事情，一點也不咬文嚼字或拐彎抹角。每次寫到「意外」一詞，他都一定會加上引號，以表示他根本不認為那是意外：

> 為了上學，兒童不得不冒著危險過街。[22]每年在學校前面，都固定會有五六次「意外」發生，準得像時鐘一樣。一件預測得到的事情，你還能叫它是「意外」嗎？要是你能指著一個角落說，「明年會有更多孩子死在這裡，」那兒通常死傷的問題就出在這些街道的地理環境，就出在馬與馬車時代遺留在城市核心的棋盤狀設計，而不出在不夠細

心的母親。如果我們的城市街道跟郊區一樣，是一條條的死巷，那這些「意外」都將不復存在。

然而不同於紐約市俱樂部的繪圖者，威廉．邦吉不是其所屬城市的菁英階級。[23]事實上，他是所謂的「極端地理學者」。你會發現他的大名不偏不倚地被放在史托克利．卡爾麥可（Stokely Carmichael；編按：美國民權運動和全球泛非運動的傑出組織者〔一九四一～一九九八〕）跟H．拉普．布朗（H. Rap Brown；編按：人權活動家、穆斯林神職人員、伊斯蘭分裂主義者和被定罪的殺人犯〔一九四三～〕）的中間，一起登上了政治運動份子的黑名單，遭到眾議院非美活動調查委員會（Un-American Activities Committee；旨在調查**沒有美國價值**的活動）禁止在大學校園中發表演說。

這個企畫——描繪車禍死傷地圖來凸顯汽車的危害——會脫離都會菁英的活動範圍，最終成為政治極端份子的志業，並不是一個巧合。車禍意外剛開始增長時，高喊殺人啦的激動群眾跟編纂市內謀殺地圖的紐約市俱樂部，兩者都車廠的眼中釘，因為這兩群人都把車廠看做是軍火商一般的存在。為了克服這一點，車廠與跟他們利益一致的盟友想出了一個計畫，那就是帶風向，就是把事情嫁禍給人為失誤。[24]自此之後，誰再質疑「汽車殺人」不是意外，誰就是政治上的極端分子。有志一同的車廠們靠著這項宣傳洗白了自己，抹去了自身在車禍意外中的要真正角色——直到今日他們仍是車禍的罪魁禍首——好讓自己不再成為的眾矢之的，也讓認賊作父的民眾開始購買車輛。車廠與經銷商、汽車零組件的供應商，還有石油公司，組成了一個共犯結構。[25]他們對抗汽車生產的規範與限制，將車輛引發的憤怒導向民眾路是怎麼走，車又是怎麼開的。靠著彼此唱和的宣傳對著幾個壞蘋果窮追猛打，這些利益團體讓輿論停止討論強大的車輛對行人稠密的市街造成多麼驚人的衝擊，轉而檢討起三寶亂開車跟行人不好好走路。

無中生有的「樫鳥行人」

在壞蘋果派與新觀點派對於「意外」成因的爭辯中，壞蘋果派有一項非常有利於他們的主張的利器，那就是祭出一個稻草人來推卸責任。在《交通戰爭》一書中，作者諾頓舉了一個最經典的例子來說明這種稻草人戰術，那就是無中生有的「樫鳥行人」話術。他不惜耗費多年時間，鑽研了早期資料中關於我們今日所稱「汽車遊說團」——其成員包括車廠、車迷、汽油公司、輪胎與汽車零組件廠，還有汽車經銷商，乃至於這些人組成的汽車俱樂部跟汽車協會——的紀錄，結果發現三寶行人這種「稻草人」說法流行起來，可以直接追溯回那些拚了命想為車禍增加的責難找到替死鬼的傢伙。[26]

在一九二〇年代以前，英文裡的「jaywalker」（像樫鳥一樣亂走的行人）並不是一個常見的貶抑之詞，而且它還有一個你很可能從來沒聽過的雙生字：「jay-driver」，也就是亂開車的人。[27]這兩個一組的綽號是供行人與駕駛一搭一唱之用。靠著這兩個字，他們可以相互指控對方是交通世界裡的鄉巴佬，是不懂得如何正確在城市街道中移動的「樫鳥」。[28]而且有一段時間，「jaywalker」是貨真價實的「侮辱」；一九一五年，當時的紐約市警察局長曾使用這個字，結果輿論譁然，《紐約時報》社論直指這樣的用語「著實令人震驚」跟「極度斯文掃地」。[29]如今，這組羞辱人的稱號——樫鳥駕駛與樫鳥行人——一個隨著時間逝去，另一個進駐到英語字彙裡，這並不是巧合。汽車業的遊說團體透過各種行銷、推動與普及手段，讓「jaywalking」不僅進了字典，繼續被用來給人貼標籤，還入了法，開始可以用來處罰人。[30]今時今日，美國的每一州都明文禁止以「jaywalking」來命名的違規闖越馬路，且當車輛撞到這些「亂走」通的樫鳥」，肇責歸於行人。包含這種語言標籤在內，汽車這一方發動了鋪天蓋地的攻勢，將由車輛創造出的危險環境及車禍傷亡都嫁禍到人為失誤的身上。[31]稍早之前，汽車遊說團體的主要工作是提倡柏油路的鋪設與爭取行車稅費的降低，但後來在車禍傷亡引爆的眾怒下，這些團體被迫調整重心到安全議題上，開始捍衛汽車的立場。這種調整首見於俄亥俄州的辛辛那提。[32]諾頓直指就是在這裡，汽車團體第一次針對圍繞著交通安全的對話帶起了風向，他們圖的是讓一場法律創制的投票以失敗告終。

一九二三年，辛辛那提民眾決定了他們想要把「車速調節器」（speed governor，一種讓車輛無法加速到一定速度以上的裝置）裝在辛辛那提任何一位居民所擁有的車上。[33]車速調節器一躍成為甚孚眾望的解決之道，背景是不斷增多的車禍意外；汽車的批評者直言，在城市的街道上，根本不該有任何東西衝得這麼快。大約四萬兩千人連署了請願書，要將車速調節器的法源送交投票表決。一旦訴願成案而且投票通過，這項法律將強制全市的駕駛在車上安裝車速調節器，且速限將被設定在每小時四十公里（這可不是腦門一拍隨便決定的數字。行人死於車禍意外的機率，自時速三十二公里開始上升，因為那是人體可以承受撞擊力道的極限。被時速三十七公里的車子撞到，有一成的人會死；[34]被時速五十一公里的車撞，有兩成五的人會死；當時速來到六十七．五公里，死亡率會增長至五成；時速來到八十公里，死亡率會達到七成五，而如果每小時車速超過九十三公里，九成的人都活不下來。）

原本不計其數的人今天都還能活著，只可惜當時初出茅廬的汽車遊說團體並沒有坐以待斃。[35]車廠知道速度跟馬力是車子的一大賣點；君不見現在的車速表都設計到一百六十英里（約二百六十公里），即便你的車子時速只能稍微比百英里（約一百六十公里）快一點。[36]為了讓人忘卻速度會殺人這一冷冰冰的事實，汽車遊說團體把開快車的錯都推到了人為失誤之上。

辛辛那提汽車經銷商協會募得一萬美元，用在與車速調節器的投票提案作對。[37]美國國家汽車商會（National Automobile Chamber of Commerce）派代表到辛辛那提，協助在地車商為反對方拉票。投票當天，汽車遊說團體派了四百名工作人員去投票所勸說選民對車速調節器投下反對票，且按諾頓所說，此舉還成功了。連署辦理投票的民眾明明有四萬兩千人，但最終投下贊成票的卻只有一萬四千人。車速調節器輸了，得票比率是六比一。

超速是一種錯誤，一種人為失誤；車子能跑太快是一種危險的情境。然而汽車遊說團體是如此成功地重塑了汽車謀殺的論述，以至於當我們現在說起超速，我們幾無例外地都把**超速者**視為問題著癥結所在，而不去討論車子為什麼能跑到這麼快。

在辛辛那提的車速調節器之戰中，汽車遊說團體猛打一個他們精心打造的主軸。[38]為了轉移輿論對車速的熊熊怒火，他們選擇不在這一點上打硬仗，而是轉移話題，談起了個別駕駛人是如何莽撞，或駕駛中的少數「老鼠屎」是如何毀了一整鍋「道路安全」粥。槍枝遊說團體會在幾十年後以異曲同工的方式大肆宣揚這樣的口號：**殺死人的不是槍，是人**。[39]

但沒過多久，汽車遊說團體開始需要更多被妖魔化的替罪羔羊——對汽車之殺傷力的抗議開始烽火四起。[40]聖路易、巴爾的摩、匹茲堡都建起了紀念碑以緬懷那些被汽車殺死的孩子。[41]抗議運動讓人看見他們所稱的「白星母親」（white star mothers）——也就是有那些孩子死於汽車駕駛之手的女性；[42]這些母親獲此白星的哀榮，是基於她們承受了這些完全可以避免的悲劇。自此，「樫鳥行人」的說法誕生了。

汽車遊說團體針對各種紀念碑與抗議設計了兩款反制物：教育與執法——以法律去規範誰可以或不可以上街，然後用各種教育洗腦大眾，讓他們接受這些新規定。[43]一些從賣車賺到錢的族群開始推動各地市府通過在地交通規則限縮行人的路權；美國汽車協會（American Automobile Association）則特別專注在教育上，例如他們發起和資助在全美的校園開展交通安全推廣運動。如何過馬路變成了課綱的一環，而那些道安課程都在強化的一種新觀念是：車輛優先，行人要等車子過了再走。這種教育的本質就是一則訊息：如果人沒有等車先過而在街上被撞死了，那他們就不是死於車速過快，而是死於「像樫鳥一樣亂走」——換句話說，是行人的錯。這種洗腦教育的目標是讓下一代知道，路的主人是車而不是人。[44]由於車子是新玩意兒，而行人長年在市街上暢行無阻，所以需要有人出來為汽車發明一個新觀念，那就是人在街上走路有正確的走法，也有錯誤的走法——汽車遊說團體就做到了這一點。

汽車遊說團體還想方設法把人為失誤的概念偷渡進以車禍為題的對話中。諾頓發現，各地的駕駛俱樂部——像是芝加哥汽車俱樂部——開始投稿報紙，好確保「jaywalker」一詞可以獲得媒體能見度。[45]在洛杉磯，南加州汽車俱樂部甚至自掏腰包漆了洛城的第一批人行道，並製作張貼上頭寫著「如樫鳥般亂走為明令禁止行為——警局留」的標誌——但其實該詞彙在地方交通法規中根本找不到。[46]在紐約市，全美汽車俱樂部在一九二三年的一本手冊中如此描述這個「問題」：行人常常看上去很愚蠢、很不小心，事實上他們很多人也確實如此。[47]

這類帶風向的做法並不只是地方性的行為。一九二四年初，美國國家汽車商會創造了他們自己的意外統計新聞服務，而且還無償將資料提供給報社，擺明了就是要藉此讓大眾對於車禍時該怪誰這個問題，產生不同於以往的認知。[48]美國國家汽車商會的新聞社所提供的不是中性的數據——而是一個又一個人為失誤的小故事。每一個案例裡，都包含有一個我們可以去責怪的人，而遭到指責的這個人十個有九個半是不看路的駕駛或不長眼的行人——至於內建於汽車設計裡的危險性則在這個等式中被抹除得一乾二淨。隨著樫鳥行人概念的問世，行人尤其變得千夫所指。在這個新聞社對全美供稿幾個月後，就連地方官員都注意到了人與車的主客易位。[49]一九二四年底，紐約交通法庭的法官提及，「現在好像很流行把七到九成的交通意外怪到亂走路的樫鳥行人頭上。」

大名鼎鼎的克萊斯勒汽車公司的總裁華特・克萊斯勒（Walter Chrysler）也親手推了一把。一九二七年，克萊斯勒寫了篇文章登在了《展望週刊》（*The Outlook*），標題叫作「汽車意外的唯一解決辦法」，而文章一開頭說的是：[50]

要說這世上有什麼事情讓我最受不了，那就是在報紙上看到某個孩子死於車禍意外。我是做車子的，機動車輛為美國人的幸福快樂做出了多少貢獻，我比誰都清楚。但我也很清楚一項事實，那就是我們必須拿出辦法，必須在車禍傷亡增加的遏止上有所作為。

克萊斯勒所謂的「唯一解方」，是要去教育那些老鼠屎。[51]他在筆下提到我們要教育小孩不能在街上玩，不能四處追球，也不能穿著直排輪或踩著滑板車，然後抓著車屁股一起前進。他還寫到我們必須訓練警察，讓他們落實這些法規教育。車禍傷亡人數上升的慘劇，他寫道；是那些「野」行人犯錯所造成的問題，是行人不該在下雨天用雨傘遮擋了自己的視線，是行人不該邊過馬路還邊拿著書本在看。

時間久了，車廠又在樫鳥行人的基礎上追加了更多無中生有的替罪羔羊[52]——其中最突出的就是「方向盤後的瘋子」——這是一個出現在一九二〇年代，我們會在本章尾聲認識的新發明。這類靠著把人為失誤妖魔化、紮出的稻草人，在車禍史上不乏戲份：易出意外的工人、喜歡鋌而走險的人、癮君子、罪犯。時至今日，方向盤後的瘋子與樫鳥行人可能比較不會成為眾矢之的，但路怒者、酒醉駕車者、不專心的行人等，都已經成為了新一代的稻草人。

交通意外在今天造成的死亡，跟「jaywalker」一詞流通起來的當年，所造成的死亡人數大抵相同，只不過不管橫看豎看，如今的我們都已經習以為常了。[53]如今我們已經看不到義憤填膺的群眾去包圍肇事者，也看不到有人去繪製汽車殺人的地圖；取而代之的是新聞主播報導起車禍意外，就跟報導天氣預報一樣理所當然而平凡無奇——明天記得帶傘，早點出門免得塞在一〇一公路上。我們可以將之歸因於，車廠已經將他們關於樫鳥行人的那一套，升級為二十一世紀的版本。在近期行人死於交通意外的漲勢當中（始於二〇〇九，並於二〇一九年達到三十年來的高點），不專心的行人引發了很多關注。[54]隨著死亡率開始爬升，福特汽車公司也試著在美國的英文字彙中引進又一個新創的混成單字——「petextrian」，也就是一邊走路一邊打簡訊的行人，[55]這個字沒有流行起來，但「行人不專心走路」的概念被記下了。[56]這個說法是如此地切中人心，以至於在二〇一八與二〇一九年的一份交通運輸官員調查中，三分之一的受訪者認為，不專心走路是一項嚴重的安全隱患。那些道路設計師與工程師估計，有四成的行人死亡是因為走路不專心（而實際上在行人死亡的成因中，不專心走路只佔百分之〇．二）。[57]同樣的錯誤觀念推著紐約市的立法者通過了一項法律，讓該市的交通運輸局不得不去研究行人分心問題的嚴重性。[58]該單位基於依法行政進行了相關研究，結果他們發現這種問題的證據並不存在。

指控行人走路不專心，是一種故技重施——是有人又一次想把事情的焦點從危險的環境轉移到個人的錯誤上。車廠能學會這一招，是師法了意外死亡增加的一個老前輩：職場意外死亡——在職場意外死亡上升的期間，出現了一股運動。[59]在工業革命的尾聲，開始得為勞工死傷而負起責任的產業領袖們咬死了一種說法，那就是這些勞工會死只是意外。在美國的礦坑與工廠現場，那些掌控工作環境之人普及了一種概念——勞工受的傷，都要算在人為失誤的帳上。

易出意外的勞工是一種迷思

「粗心大意的勞工」形象出現在業職場中、煤礦礦坑中、火車機廠中，要比樫鳥行人早幾十年，在這種醜化之前也伴隨著一種類似的故事。[60]隨著各式各樣的工業技術誕生，礦坑裡有了電，鐵道開始四處鋪設，勞工的生活也變得分外危險——在一九九〇年，美國每五十名勞工就至少有一名會在工安意外中要麼喪命，要麼失能四週或更久。[61]隨著工會組織起來對抗愈來愈不安全的職場環境，老闆們推出了一套迥異於以往的論述，那就是人會死在工作上有一個很單純的理由：勞工本身就有易出意外的屬性。

這種有些勞工格外容易出意外的觀念（還有那些終究會被貼上「有出意外傾向」標籤的勞工）出現在一九一一年之後，那一年有幾州通過了美國首見的勞工賠償法。[62]這些法律帶動了勞資雙方在財務責任上的重大變動；[63]在那之前，每當職場上有意外發生，勞工與遺族幾乎不可能從雇主那兒拿到錢。如果沒死，工人會淪落到失業、失去工作能力，還得一肩挑起自身醫藥費的窘境；如果死了，那勞工的家人往往會失去家庭經濟來源，陷入難以為繼的困境。勞工與遺族的唯一出路，就是在法庭上證明，雇主在知情的狀況下讓勞工暴露在致命的風險中。勞工幾乎輸掉了所有的法庭攻防，甚至更多人是連律師都請不起，連打輸官司的機會都沒有；但不嘗試打官司，勞工的死就會被認知為意外，雇主一毛錢都不用賠。

勞工賠償法的出現改變了這種局面，老闆再不能以「那是意外」一推二五六。[64]只要是在當班時間內受傷的勞工，雇主都必須賠。這是史上第一次，速度調太快的生產線或不通風的煤礦坑萬一造成意外，都會影響企業獲利；意外，突然有了標價。這個成本啟發了美國大企業的老闆們發動了首見的工安運動——這些運動有個重點，那就是教導勞工不要犯錯，藉此改變他們的行為。[65]

威斯康辛是率先通過勞工補償法的州，那年是一九一一。[66]隔年，整個美國中西部的一眾實業家聚集在威斯康辛，召開了他們口中的「第一屆合作安全議會」（First Cooperative Safety Congress）——會面討論勞工安全事宜。[67]隨著愈來愈多州追隨威斯康辛的腳步，這個議會開始擴散到全美，並易名為「全美工業安全諮議會」（National Council for Industrial Safety）——作為一個集中式管理的組織，其宗旨是主導並資助關於勞工安全與職場意外的各種資訊推廣。[68]突然間，安全教育在美國各地的職場遍地開花，成了一種「熱門的副業」；你會在當中看到一款款解決之道、一場場激勵演講、還有來回強調的一則訊息：意外會發生，是因為有笨拙、不負責任、醉醺醺的勞工犯下了錯誤，這些勞工才是該遭到責怪的一群。[69]

這種論調很愛出沒在一個地方：火車機廠或製造業工廠牆上的海報上——由此，勞工吃午餐或打卡時都很容易順便看到。[70]這些海報由全美工業安全諮議會設計跟販售，而它們所提供的是一種顯而易見，且往往把人當三歲小孩的建議：[71]什麼是梯子而什麼又不是梯子；箱子要怎麼搬起來；整潔的工作站長得是什麼模樣；好的工作鞋又是什麼模樣；活動扳手怎麼掏出來才正確；多大的石頭不適合用人力去移動；褲管要如何正確地塞進襪子裡——這一切的一切都是在強調，勞工失誤在意外中扮演的角色。時間來到一九三〇年，這類海報已經盛行於企業主之間，而為了滿足需求，全美工業安全諮議會開始每個月推出四十七款海報，廣告型錄都厚達九十多頁。[72]加總起來，諮議會在不到二十年間創造了超過七千款海報。

在這些海報上，你會常常看到一名「奧托．諾貝特」（Otto Nobetter）出場。[73]如果說樫鳥行人有個家譜，那奧托．諾貝特就是他們的老祖宗，就是那個怎麼錯怎麼做的卡通勞工。奧托會走在要斷要斷的板子上，會從店鋪地板上隨手撿起他覺得有趣的東西，儘管那是支滾燙的鐵桿。他應該要聰明些的，畢竟奧托．諾貝特的諧音就是「ought to know better」（應該更了解）——懂嗎？

大概就在這個時期，企業利益也巴上了應用心理學的各種新理論，直指特定人就是有「易出意外傾向」。[74]根據這些新理論，易出意外傾向是一種某些人會有的特徵——不是後天習得而是與生俱來。企業所僱的那些心理學家倡言，職場意外會發生，都是因為某些勞工有易出意外傾向，而全美工業安全諮議會之所以印製這麼些海報，為的就是那些天生不走運，行事又沒條理的少數。

想要針對勞工去定義跟測量易出意外傾向的嘗試，出現在了某些很有份量的學術年鑑上。[75]一項研究發現，「低意外發生率」跟機師的「虔誠宗教信仰」存在正相關；[76]另一項研究則主張，意外頻仍的專業駕駛比起一般駕駛，前者「精神狀態未達正常水準」。[77]在較常出意外的煤礦礦工中，心理學者發現了罪惡感、對權威的叛逆性、還有一種追求危險的性心理需求；[78]流程工程公司（Process Engineering Corporation）的一名內部心理學家曾試圖證明，誰出的意外多，誰就也欠缺「社會上認可的人格組成」。[79]另一名心理學者開了幾個月的計程車，跟其他司機們打成一片；[80]他觀察到，在車禍率最高的計程車司機中，有大量不受待見的特質：高離婚率；除卻喝酒、體育運動及賭博，興趣極其有限；童年曾歷經嚴格的雙親或酗酒的父親；少年犯罪、翹課逃學和參與幫派。

值得注意的是，雖然有這麼些人嘗試把人為錯誤收編進心理學，但實際上沒有研究能確切地證明易出意外傾向是真實存在的東西。[81]統計上效度為零的案例被發表了出去；沒有任何一項實驗產出了對易出意外傾向測試而言屬於肯定的結果。

但一直到一九四〇年代，學者才終於開始質疑易出意外傾向概念的真實性。[82]在無數想證實易出意外傾向確實存在的嘗試之間，間歇地穿插著歷史紀錄中對這種概念的批判；例如某篇研究回顧所言，嘗試證明易出意外傾向存在的研究體系裡，含有「數量可觀但並不嚴謹的報導，邏輯有問題的推論，以及不熟稔於統計理論的計算。」[83]對該文獻回顧的作者而言，他無法理解易出意外傾向的概念何以能苟延殘喘這麼久：「竟然有這麼多學者在查無可靠結果的狀況下，仍堅持從人格特質的角度去追查易出意外傾向的架構，這實在是太不尋常了。」

強調是有易出意外傾向的勞工造成了意外，是效果非常卓著的話題轉移工具，所以它才能在科學證據付之闕如的狀態下一撐就是幾十年。到了今天，即便其子虛烏有的本質已經無庸置疑，對此深信不疑的仍大有人在；原因就在於，要去破除一個模稜兩可的概念，其實並不容易；另外一個原因則在於，有沒有人去推翻意外傾向的概念其實都無所謂，因為那根本不是重點。有心人推出這個概念的重點不在於釐清真相，而在於打模糊仗——他們要的就是一種模模糊糊的結論，指向一旦意外發生，那涉入其中的個人必然**不是完全無辜**。

為什麼勞工不遵守規定

想指控人為失誤造成了意外，一個很常見且有效的辦法就是針對錯誤去訂定規則。職場安全手冊完美地示範了這是一種怎樣的過程：**禁止奔跑**、**安全第一**、**勤洗手**。不論是在工業革命時代或是今天，你都不難看到這些規定被張貼在工廠的牆上，伴隨著廠內那些跑得超快的生產線和鋒利的機台；而當中的你要是跟不上製程，等待著你的就會是被開除的命運。這時如果有勞工死了、傷了，老闆就可以指著牆上的規定說：你們看，這次意外的成因不是危險的工作環境，而是有人冥頑不靈。

放眼全美的工業製造業，勞動議題記者克里斯多福．萊納（Christopher Leonard）發現，經理人往往會在意外後指著這些安全手冊當擋箭牌。[84]然而意外會發生，大都是因為老闆改變了生產製程——比如加快了生產線的速度——但安全手冊卻不會跟著改變。作業流程一旦加速，遵守規定的難度就會升高，工作的危險性也會跟著升高。萊納跟我說了一個故事，出自他所著的《科氏工業：科氏工業與企業權力的美國秘史（暫譯）》（*Kochland: The Secret History of Koch Industries and Corporate Power in America*）一書，故事內容說的是科氏工業在二〇〇五年買下喬治亞太平洋紙廠（Georgia Pacific）之後，廠內的環境有了哪些改變。[85]

科氏工業付出兩百一十億美元買下了喬治亞太平洋紙廠。[86]為了回收這筆投資，科氏工業必須推動獲利增長，而獲利要增長就必須增加產量。公司決定獲利與生產雙管齊下，而結果就是意外隨之而來。時間來到二〇一七年，公司看到意外傷亡的件數、每名員工的意外發生率，還有員工意外受傷造成的工時損失，三者無一不較以往走高；短短一個春天跟夏天，公司就有四名員工殉職，而光那一年，在工作中意外喪命且死無全屍的員工就有九個。

萊納在針對喬治亞太平洋紙廠進行報導的過程中，許多科氏工業的高層都告訴他，科氏有多麼重視喬治亞太平洋的員工安全——不然他們怎麼會印製厚達五十頁的安全規定手冊。[87]他們解釋起勞工只要遵照手冊上的規定，就能避免掉會造成意外的人為錯誤。但在此同時，科氏工業還做著另外一件事情，那就是縮減人力、資遣工人——特別是加入了工會的工人。工會章程明文規定工人只能在與職稱對應的機台前作業，因為他們只接受過專屬機台的專業訓練；如果一名工人左邊或右邊機台的同事離開了、被解雇了，或某個職稱被裁撤掉了，他也不能直接無縫接軌地去操作空出來的機台。這項規定會讓生產速度變慢，但比較能確保人員的安全。等科氏工業接管喬治亞太平洋紙廠後，他們基本上廢止了這項規定。經理人會要求工人在不同的職能間或機台間跳來跳去，每到一處就得邊做邊學。這顯然增加了工人的風險，但也大幅提升了企業的利潤。

一而再再而三，萊納得知了喬治亞太平洋紙廠員工意外身亡的消息，原因都是他們得在新機台前面隨機應變或排除問題。[88]這些工人按手冊而言確實違反了規定，但事實上他們只是想要跟上產線的速度。

我向萊納提及，早年有製造業的御用心理學者大費周章，就是想要證明世間存在一種有易出意外傾向的勞工。「那是一九〇〇年代初期的事情了，」他說，「但在今天也看得到。」

在喬治亞太平洋紙廠，意外事故自二〇一二年起年年大幅增加，高層為此開會討論起因應之道。[89]萊納為我描述了在那場會議中，高層們集思廣益出的結論：「嗯，我在想應該是員工沒有徹底擁抱我們的工安政策。我們必須要深入他們的心思跟腦袋。我們只能想辦法讓他們按規定行事。」

來自高層的解釋是，意外發生率的升高是員工不遵守規定所引發的人為失誤問題。但發生在喬治亞太平洋工廠現場的實情是，工作條件改變了。

「他們逼迫工人更辛苦地工作，且不給予足夠的人手去分攤工作量。但他們不可能處理這個真正的問題——降低利潤、讓產線變慢，還有將低效率的做法導入系統，這些都是公司無法接受，也不能討論的事情。」萊納說。

既然管理層的唯一一項工作就是要把企業獲利最大化，那麼只要沒有制衡的力量出來捍衛勞工的安全，意外發生就是必然之事。[90]工安與生產之間的這種張力瀰漫在製造業的職場內，牟利的壓力與慾望具體表現出來，就是意外。[91]屠宰場或肉品處理廠——作為一種要用利器去製作低成本產品，一不小心就會出差錯的高風險工作環境——堪稱這種張力的最佳寫照。

「今天的屠宰場已經衛生許多，我們對如何控制刀刃與轉動的機器也有了更好的掌握，所以二十世紀初期的那種慘烈傷亡已不復見，但那並不等於現代的屠宰場就安全無虞。屠宰業仍舊位列美國數一數二的危險職業中，」萊納點出。「但凡有人開設屠宰場，心裡想的只會有一件事情，那就是在一個星期裡把愈多的動物塞進廠內又推出來愈好，因為為了取得工廠，機具、員工，你已經下了重本。你想回收投資的唯一辦法就是最大限度把動物屠宰好，也最大限度把肉賣出去。」

萊納描述了他是如何去到泰森食品（Tyson Foods）在密蘇里州的屠宰廠，在他們一個經理人的辦公室中坐定。[92]經理的電腦進入了睡眠狀態，他自選的螢幕保護程式跳了出來。你知道在他螢幕上跳來跳去的九字真言是什麼嗎？**去骨機器要全速開啟**。

「這話的意思是，去骨的產線要跑得愈快愈好。話說，去骨產線是一塊廠區，你會看到員工坐在那兒，偶爾肩並著肩，手握利到不可思議的刀，把宰完的雞隻的分切成不同的肉品，像是無骨雞胸或雞翅，」他說。「讓這些產線以極高速運行，會產生一些後果——不光是會增加某人在值班八小時的疲憊尾聲，意外在自己手上開個口子的機率（這種事確實發生得很頻繁），那也同時意味著你會看到各種系統性的慢性傷害，像是關節痛、腕隧道症候群，以及肌腱炎。超高產量帶來的壓力，會傷害到員工，而要是員工沒有工會代為協調出一條稍微慢一點生產線，或是較為安全的工作條件，那我們看到的就是今天這一幅工傷泛濫的職場光景。」

要是在雞肉工廠上班，你就會拿到一本安全手冊，上頭會告知你要用哪些辦法去骨，才能把意外發生的機率降到最低。然而那些規定並不會隨著你的老闆營運去骨產線的速度快慢而有所改變——不管那條產線是否全速運行，手冊都是同一本，裡頭的規定也是同一套。如果說屠宰廠老闆的最大動機就是最大化產量跟獲利，那屠宰廠員工的行事動機則有兩個：不要受傷，不要被炒。

「把人放進危險的環境，再加上一個不小心，他們就會受傷。但他們從來沒想到自己會受傷，也從來不打算在工作時受傷。所以你可以說，受傷從來不是他們故意，而有人受傷的工作環境往往都是一種特例，」萊納解釋說。「意外一詞隱含的涵義是，工傷真的是沒有人想到的『意外』，但在工作現場的真實『意外』真的是少之又少，因為只要你的工作環境是危險的，而你又在員工的身上堆疊壓力，又苛扣他們接受到的培訓，那他們的受傷就是一種必然。」

可預測、可避免的意外在事後看來，往往是獨一無二的存在，即便它明明並不稀罕。事實是，在事後的發展中，那流於表面的獨特性往往能在以人為犯錯為題的敘事中成為主流。規定與安全手冊將「人為失誤作為意外的成因」變成了一種體制，而推了這種解釋一把的，還有一些不是那麼正式的力量，譬如謠言的流傳、散播，還有種族歧視的刻板印象。

卑賤骯髒的雞肉賊

一九九一年九月三日，帝國食品（Imperial Food Products）工廠——位在北卡羅萊納州哈姆雷特市（Hamlet）的一間雞肉加工廠——發生了火災，原因是液壓油從某條管線中漏出，點燃了燒瓦斯的雞肉爐。[93]那座工廠是一棟單層建築，地點位於鎮上屬於的黑人區的那一半。那兒的通風設施形同虛設，灑水系統漏洞百出，地板因為有易燃的肥油而又濕又滑。以黑人女性為主的二十五名員工死在了哈姆雷特的這場大火中，多數是嗆死在被鎖上的門後，剩下的則是活活被燒死。

焦黑廠房的一張照片，一目了然地讓人看到美國工安意外的危險跟諷刺。照片裡是工廠內部的一扇門，門上面有一個標誌寫著——消防逃生口——請保持暢通——還有一個把門栓鎖上的掛鎖。[94]這是**安全規定、潛在人為失誤的警示**，還有**無可避免的危險環境**三合一。保險公司的理賠評估人員後來宣告，「工廠裡沒有一扇門符合消防逃生口的標準」。這間工廠開了十一年，美國職業安全與健康管理局（OSHA）沒有來稽查過一次。在當時，整個北卡羅萊納州只有不到六十名OSHA稽查員，而火災後OSHA在這棟僅一層樓的廠房中找到一百五十個地方違反了安全規定。

布萊恩・賽蒙（Bryant Simon）是天普大學（Temple University）的歷史系教授，他花了好幾年調查這場火警的前因後果。在《哈姆雷特之火：廉價食品、廉價政府與廉價生命交織出的慘案（暫譯）》（*The Hamlet Fire: A Tragic Story of Cheap Food, Cheap Government, and Cheap Lives*）一書中，他倒敘了帝國食品雞肉加工廠的歷史，當中講到工廠老闆們是如何在北卡羅萊納州的北部規避OSHA的查察，把工廠遷到南部來逃脫政府監理，還有如何選擇將工廠開在哈姆雷特的黑人區，來雇用那些比較不懂得如何抗議危險環境的弱勢員工。賽蒙稱呼這個過程是一場「社會驗屍」（social autopsy），一種釐清罹難者真正死因的辦法。[95]他發現害死這麼多人的哈姆雷特大火並不是一場偶發的意外，而是一次可以預料到的慘劇，且其發生不是出於某名員工的失誤，而是工廠的基本條件所致——這些基本條件不光是那些工廠負責人們可以控制的，屬於物理上的危險環境，還包括被工廠負責人濫用來圖利自己的社會現實。我們多多少少可以從工人的身分會在何種程度上影響後人對這場意外的描述，看出這當中的端倪。

賽蒙跟我分享了他在事隔二十年後，第一次走訪哈姆雷特的情況。當時他找來了二十年前採訪過那場大火的三名在地記者，跟他們坐下來聊了聊。這些記者清一色是年長的白人男性。

「他們都對我堅持那場火是意外，且引發這場火的是工廠的幾個負責人，一切都是因為這些負責人的貪婪。他們認為若非工廠負責人貪婪，什麼事情都不會發生。」賽蒙說。但這種簡單的故事排除了是什麼樣的歷史與政治發展，造成了工廠工人得在那樣的環境下勞動。「那些人並不是那天才突然跑到那家工廠幹活兒。是許多股歷史力量將特定的族群帶到了那家工廠工作，同時沒有人在乎他們死活的事實也不是火災當天才開始。」相反地，賽蒙說，「我們所謂的意外，從某些方面而言是人為製造出來的弱勢境遇。」

賽蒙在北卡羅萊納州面談的記者在堅稱火災的起因是工廠負責人的貪婪之餘，抹消了是種族與階級差異讓罹難者淪為弱勢的事實。[96]那些工人的弱勢在於，什麼樣不堪的工作他們都得硬著頭皮做，根本沒得挑；在於會被美國職業安全與健康管理局跳過稽查；在於得在危險的環境條件下勞動——也在於他們身為意外的受害者還要遭到檢討。另外一個檯面下的敘事則將火災的罹難者影射地更為不堪；這個賽蒙反覆在地方官員的以訛傳訛中聽到的故事，直指受害者的死是咎由自取。這個故事說的是，帝國食品的老闆們把工廠的門鎖上，是因為那些工人是偷竊雞肉的現行犯。[97]

說起故事，八十年前的紐約三角內衣工廠（Triangle Shirtwaist Factory）大火幾乎是帝國食品雞肉工廠大火的翻版，當時一棟十層樓的建築物堆滿了碎布料，結果瞬間閃燃。[98]建物內的通風欠佳，灑水系統也付之闕如，逃生出口不足，可燃的碎布又疊得滿坑滿谷。在罹難的一百四十六名員工當中，大多是女性且窒息在被鎖上的門後。不少人跳樓身亡，剩下的則是被活活燒死。

在這兩個案子裡，官方的說法都提及了老闆的貪婪；但也在這兩個案子中，事後都有另外一種謠言在擴散：老闆把門鎖上是因為那些工人是小偷。在一九一一年的紐約，工人被控在偷的是布；現場經理會在下班前搜過員工的包包跟錢包，並同時將門上鎖，確保沒有人可以規避搜查。在哈姆雷特，那二十五名工人喪生是因為門被鎖，但老闆鎖門據說是為了防止有人偷取雞肉。

在哈姆雷特，賽門從保險公司的研究員、消防隊長，甚至是主檢察官的口中聽到了這個謠言，而火災的倖存者對美聯社也是這麼說的。[99]這個謠言是否屬實並非最大的重點，最大的重點是這則故事給了人正當性去做什麼事情。

「這種在檯面下的說法像打不死的蟑螂一樣四處流通，把上鎖的門連結到黑人的竊盜行為，」賽蒙點出，如果偷竊這個理由重要到他可以在火災的二十年後繼續從當地人的口中聽到，那你就不難想像這藉口在事發的當下有多大的影響力。

但哈姆雷特雞肉廠大火跟紐約三角內衣廠大火的後續有一點很關鍵的差異。[100]紐約大火激起了全國性的勞動改革，包括美國通過了勞工補償法，並開始要求職場改革危險的工作環境——消防逃生出口與警報系統、灑水系統、不上鎖的門都在必備之列。相對之下，哈姆雷特既沒有掀起太多眾怒，也沒有誘發多少改革。

「事件後我們沒有看到意識形態的蛻變。這場火只被看作是一場悲劇，而悲劇意思就跟意外差不多。一件事如果被視為悲劇，那我就不用去檢討我對這個世界的基本認知。」賽蒙解釋說。

關於那個理應出現的重大意識形態變革為什麼沒有在哈姆雷特的大火後出現，賽蒙有一個理論——他認為那是因為死者大多是黑人女性。[101]帝國食品負責人所聘請的律師，向賽蒙描述了他與地區檢察官的會面過程。[102]起訴了帝國食品幾名負責人的這名檢察官向律師說明，竊取雞肉正是「這些人會做的事」。那些死者在檢察官的口中，「不過就是一群卑賤的黑人」。兩次事件的罹難工人一邊被控偷雞，一邊被控偷布，而他們喪生所引發的反應之所以不同，差別就在於偷雞的那些是黑人。

雞肉廠大火的一週年，哈姆雷特的白人官員主辦了一場紀念會；[103]在鎮上另一端的黑人教會中，黑人社區的仕紳領袖也自行辦了一場活動。[104]在白人辦的紀念儀式裡，與會者在禱告中希望上帝能搭救他們的城鎮，希望這場悲劇能夠過去。「他們並非麻木不仁，只是想藉由禱告埋藏過去，展開新的人生。這種禱告中所隱含的意思是，我們可以往前走了，這種火災並不是常態，」賽蒙說。「但對真的住在工廠旁邊，工廠四周仍看得到警方用黃色帶子圍起的非裔美國人而言，他們知道事情沒有這麼簡單，他們知道更大而未解的問題在於他們在這個地方的價值。」

在鎮上另一頭的黑人教會中，他們禱告的主題不是一場偶發的異數，而是他們社區受到的傷害。他們禱告的不是希望事情過去，而是希望有政治力能介入來改變現狀。美國黑人民權領袖傑西・傑克森牧師（Jesse Jackson）也在現場，而他以哈姆雷特的故事呼籲建立全新的職場安全觀念、振興勞工運動、打造更強韌的社會安全網。

一邊說這是一場偶發的悲劇，一邊說這是一場不可避免的悲劇，這就是兩邊的差別所在。如果這只是一場意外，如果嗆死燒死的不過是一些雞肉小偷，如果該責怪的是工廠老闆們的貪婪，那想不去深究「是哪些因素逼著資方去設立這樣的一種工廠」有何難，要蒙起眼哀弔並往前走又有何難。

這場意外能被歸結成人為錯誤造成，還有另外一個事實推了一把，那就是這場大火幾乎沒人目擊。帝國食品是鄉下一家不受稽查的小工廠，跟大都會紐約一棟十層樓的成衣大廠並不一樣。話說在意外中，有人目擊與否是很重要的。愈多人看見意外的發生，想轉移焦點、粉飾太平的難度就愈高；眾目睽睽之下，危險的環境就不是你想掩蓋就掩蓋得掉。這就是何以等數以百萬計的美國人都擁車之後，車廠就變得很難把車禍的責任推給少數的害群之馬。很難，但他們還是做到了，只不過這一次，車廠沒辦法偷偷摸摸地進行對行人的醜化，他們悍拒為了防止車禍而犧牲獲利的醜態，有眼睛的都看到了。

勞勃．麥納馬拉的大錯

有易出意外傾向的勞工、走路不好好走的樫鳥行人，還有據稱的雞肉小偷；這些都是機關算盡地在放大正常的人類錯誤。他們用誇大其詞的方式去譁眾取寵，讓人無暇顧及那些真正需要犧牲企業獲利去矯正的危險環境。在被誇大醜化的卡司中，我這邊可以再舉一個例子：方向盤後的瘋子。

這種人設的出現背景，是工程師在尋找讓車子變得更安全的辦法，而車廠知道那些安全配備不可能便宜。你現在已經聽不太到有人說「方向盤後的瘋子」，但在曾經的幾十年間，這個設定就是車禍為什麼會發生的不成文答案。一九三〇在克里夫蘭的《誠懇家日報》（*The Plain Dealer*）上，有人發表了這麼一首詩：[105]

在所有的汽車零件中
我是說造成車禍的那些，我們感覺
最應該為車禍負起責任的
就是方向盤後的瘋子

甩鍋給方向盤後的瘋子，是全美工業安全諮議會最鍾愛的招式。就是諮議會這麼一個資訊交流中心，在替礦坑的豎井與工廠的牆壁印製安全宣導的海報。諮議會後來改名為全美安全諮議會，拿掉了安全前面的「工業」前綴，主要是隨著多元化的發展，他們後來連汽車意外裡的人類失誤也一併開始羞辱。如同在印行於一九三八年，某漫畫海報上一名頭戴呢帽的紳士駕駛所言，「我們需要一千五百枚「nut」（螺帽），才能把一輛汽車組合起來，但只要一名「nut」（瘋子），就可以讓車子在地景上支離破碎。」[106]

在一九五〇年代，這種偷天換日的手法推著拉爾夫・奈德（Ralph Nader）問出重要的問題。[107]他當時是個大學生，常搭便車在美國東岸南來北往。

意外是在路邊見怪不怪的風景，而他注意到那些撞成一團廢鐵的車輛中根本不可能有人活下來——不論車禍本身的性質為何，都改變不了這一點。然而，車禍的發生還是完全被歸咎於方向盤後的瘋子。奈德懷疑車輛本身可能責任更大些。

帶著這些疑問，奈德最終寫出了他開先河的一本著作《任何速度都不安全：內建在美國車輛設計中的危險（暫譯）》（*Unsafe at Any Speed: The Designed-In Dangers of the American Automobile*）。這本書以堅定的口氣闡明了一個要點，那就是車廠明知怎樣做出可以讓人在車禍中不受到傷害的產品，但他們選擇按兵不動。方向盤後的瘋子做為一個修辭，奈德寫道，讓車廠得以從「車子造得不安全」的問題上解套。

幾十年來，交通安全體制最為青睞、且在汽車工業與其盟友的支持下將之偷渡進法律中的傳統解釋是，都市車禍大都肇因於亂來的駕駛，由此車禍造成的傷亡自然也得算在這些恣意妄為的駕駛頭上。[108]隨著「方向盤後的瘋子」的宣傳主題反覆登場，汽車工業與作為其禁臠的安全諮議會不斷轟炸著公共意識，令其相信不肖駕駛是車禍的原因，而優良駕駛是解方。他們這種把駕駛一分為二的做法不僅不科學，而且還很狡猾地轉移了人的注意力，讓人對那些已經存在且並不難實現的安全性創新視若無睹。須知，只要把那些安全創新導入車輛與公路設計，我們就可以順利把車禍的發生率壓到最低，也把萬一車禍發生時的傷亡嚴重性壓低。

「方向盤後的瘋子」的宣傳效果奇佳，即便已有成山的證據證明車輛只要裝上安全帶跟有護墊的儀錶板等安全性創新，就可以變得相對安全些。按奈德所說，「方向盤後的瘋子」這個標籤甚至打敗了來自汽車產業內部想提升車輛安全的各種努力。他說的這個故事，是放在新版的書中，距離初版的發行已經有十年之久。[109]一九五五年，時任福特汽車公司高幹的勞勃・麥納馬拉（Robert McNamara）核准了一個廣告活動的新企畫。[110]他知道他的車子沒辦法在展間現場與每年都能在美學上展現新意的雪佛蘭競爭，所以他索性就不競爭了，他決定改賣別的東西。

破天荒，福特賣起了安全性。他們的廣告計畫主打一種「救生套件」——車主可以加價購買額外的安全配備，並內建在車輛中。

福特的救生套件裡有安全帶、正面撞擊事故時較不易貫穿駕駛的內凹方向盤、不會在意外發生時彈開而讓乘客被甩到公路上的門鎖、有護墊的儀表板，還有遮陽板。他把手冊形式的雙月刊送到經銷商處，上頭有福特跟雪佛蘭的實車車禍照片，同時還不忘附上完整的指示，要經銷商把慘不忍睹的照片放到展間玻璃上供人對比，其中福特的下場總是相對沒那麼不堪。此舉要傳達的訊息一目了然：當你在一九五六年份的福特中出車禍時，你會傷得比較輕，但要是你開的是一九五五年份的福特或福特對手所生產的任何一輛車的話，那就很難講了。人為失誤不是重點——行銷文案說——意外無論如何就是會發生，而意外一旦發生，福特就是比較能就救一命。

一九五五年的汽車市場跟今天沒什麼不一樣——加速性與外型永遠比安全性更有賣點。在福特的廣告活動之前，你出車禍之後是死是活這點根本不會在賣車的時候被拿出來討論。

「在通用汽車（General Motors），車子被當成夢幻般的精品在宣傳，為的就是多賣幾輛車，」奈德寫道。[111]「福特從車子中抽掉了浪漫的成分，在車主購車的決策中注入了碰撞、傷亡等令人不悅的考量。」

這對通用汽車構成了貨真價實的威脅：麥納馬拉是福特內部的明日之星，而且他似乎是真心在意車子的安全性。[112]要是沒有人攔著他，麥納馬拉難保不會逼著福特的對手產品放棄性感的外表，改以健全的造車工藝作為最大賣點。所以就在那個銷售年度的半途中，通用汽車的高層就找了他們在福特的高層朋友過來溝通——這包括曾在通用汽車擔任財務長的現任福特董事會主席，還有曾是通用汽車製造部門主管的福特現任製造部門主管——希望讓麥納馬拉的新行銷活動胎死腹中。

「通用汽車說住手，而福特也真的就踩下了緊急煞車；那些從通用來臥底的福特高管讓麥納馬拉『換檔』，把外型跟性能當成廣告的主軸，安全性就算了，」奈德說。「麥納馬拉在此時得了感冒，只得去佛羅里達休養兼放長假；他的職業生涯宛若風中殘燭。」

麥納馬拉被逼著喊停了救生套件。福特令他們的代理商不計成本進行新的促銷活動設計，安全性不准再提。等麥納馬拉養好身體並從佛羅里達歸隊，他已經不敢造次。通用跟福特的說法口徑一致，認為消費者單純不買安全性的帳。通用汽車有句口號是：「福特賣的是安全，雪佛蘭賣的才是車。」

但事實並非如此。在《任何速度都不安全》一書的初版與再版之間，奈德挖出了一九五六年一份他所謂的「幾乎沒人注意到的新聞稿」，當中說明了由於救生套件中的兩項配備屬於選配，因此車廠有辦法衡量需求，而他們看到的是福特車主有史以來對選配配備最高的需求。當福特在一九五二年提供選配的染色車窗時，選購的車主僅有百分之六。但在一九五六年，安全護墊的選配比率是百分之四十三，選配安全帶的車主更是每七人裡就有一人。就算是福特於一九五一年後推出讓車市陷入瘋狂的自動排檔，那年選配自動排檔的比率也不過百分之二十三。反之，選配安全帶的人數之多，讓供應商直接斷貨；福特原本一個月需要五十組的安全帶扣，突然暴衝到一天一千組。福特估算公司要是沒有主打安全性，那年的銷量會少掉二十萬輛——最終那年的銷量破了紀錄，而那還是安全性主題被腰斬的成績。安全性只要變成商品，大家都會買。

但這些真相全都遭到了掩埋，而這便證明了車廠高層有多怯懦。他們堅稱安全性沒有賣點，堅稱只要方向盤後面有個瘋子，那再多的安全配備也沒有用。要是那些車廠高層夠勇敢，奈德寫道，汽車安全性就能在市場力量的推動下大躍進。惟真實發生的情況是；十年過去了，奈德寫了本意外很暢銷的書，當中說明車廠是如何沒有把明明能減少傷亡的新設計納入產品中，包括他們遲遲不導入安全帶，只為了省錢；保留如尖銳突出的儀表板跟不會潰縮的方向機（方向盤下面的柱子）等致命設計，只為了車子做出來好看。然後在一九六六年，美國國會邀請了奈德出席聽證會，參與討論聯邦政府在交通安全上可以扮演的角色。[113]

「一個社會如果夠文明，就應該連方向盤後的瘋子一起保護，使其不用為其一時的粗心付出終極的代價——至於保護那些正好在瘋子上路時出門的無辜市民更是天經地義。」他對國會的委員會說。「這些與其他類似且方便的說法（如方向盤後的瘋子），都屬於一種圖利自己的交通意識形態——這不是圖利自己跟意識形態，什麼才是——而汽車產業卯起來發展跟散播這種意識形態，為的就是誘使公眾的目光偏離汽車設計在安全上可以扮演的角色。」

奈德的書寫促成了汽車產業的第一波納管，促成美國在聯邦政府層級創立了交通運輸部門，也促成了美國國家公路交通安全管理局前身的誕生。而國家公路交通安全管理局先後規定了所有車輛均須設有安全帶，乃至於後續追加的安全氣囊與防鎖死煞車，外加各式各樣的安全性標準配備。凡此種種，都是為了將危險環境因子的管理之責加諸車廠。

但車廠並沒有乖乖就範。在奈德出書的大約同一時間，也就是通用汽車把麥納馬拉的理想碾碎的十年後，遊說集團的說客成功讓機動車輛的安全法規中被拿掉了罰則；自此沒有人可以因為他們造的車不安全而起訴車廠。當聯邦官員針對一九六八年的車款提出新安全標準時，亨利・福特二世（Henry Ford II）親口威脅要關閉他的整間公司。[114]安全提案「簡直不合理、沒個標準，且在技術上不可行，」他堅持。但那些安全提議其實包括了許多早在（雖然有點早夭的）救生套件中，就已經被列為選配的保護性裝置。

「我們怕是得關門大吉，」福特告訴記者。

那可能導致美國「陷入真正的麻煩」，他語帶威脅地說。

一如麥納馬拉的救生套件，等車廠終於再一次默認安全的重要性，他們還是將之列為了選配。我們必須歷經幾十年在政壇上的奮戰，才讓安全帶與安全氣囊在美國成為標配，但在車廠最初的生意經裡，車主能做的便是多掏錢來添購氣囊或安全帶，所以說有錢人相對安全，但其他的小老百姓出意外就死定了。要理解這樣的狀況有多荒謬跟殘酷，我們可以把這個推論搬到飛機上：如果你做在頭等艙，座位底下就會有一件救生衣，讓你在飛機迫降墜海時不至於滅頂，但如果你坐在經濟艙，救生衣就得加價選購。

然而這種作法直到今天也沒有改變。雖然真正意義上的自動駕駛還有得等，但蘭德公司（RAND）估計現有的自動化技術如緊急煞停、定速航行、盲點偵測、酒測車鎖還有車道維持等，都已經相對成熟到每年可以在美國救下一萬七千條人命；我說「可以」，是因為這些技術迄今都還不是美國每一輛車的標配。[115]

法律沒有強制規定車廠要下放這些技術，讓車廠卻可以拿這些技術去賺富人的錢——亦即你可以自掏腰包改善你車內的危險駕駛環境，提高你在意外中生還的機率；或者你就得賭一把出事時你能不能煞得住車。煞住了，你就能活下來；沒煞住，你就會死於一場意外，然後被說活該，誰叫你要開車開得像個瘋子。

第二章　環境

我差點死在一場意外裡，那年我七歲。我在懸崖邊上玩「媽媽我可以嗎？」（譯註：一種團康遊戲，玩的時候一個人當「媽媽」，負責發號施令，其他人當「小孩」，負責問：媽媽我可以幹麼幹麼嗎？然後執行媽媽的命令。）然後不小心掉了下去——我知道我很蠢，但這是真人真事。我（真正的）媽媽說：「用芭蕾舞孃的方式往前走三步。」而我問了聲：「媽媽我可以嗎？」然後就做起了媽媽的指令——手放在頭上轉圈圈，此時我身邊就是低矮的金屬欄杆。我直直往下掉了三或六公尺，摔到了懸崖邊上一些濕潤的鵝卵石上。我只記得自己在下落的過程中眼前一黑，然後依稀聽見我母親在呼叫我父親。再一次有意識，我已經躺在我父親的大腿上；在家中那台老本田汽車的後座，他的手護著我後腦的傷口，而我的衣服——粉紅跟白色條紋的褲裙、與之搭配的小可愛和後背的蝴蝶結——上面都是血。在醫院，頭部受到輕傷的我縫了十四針；有只醫療手套被吹鼓、綁起，然後經過裝飾變成一隻火雞。

我爸媽被嚇得不輕。他們從醫護口中得知，要是我摔下的位置再往外多六十公分，我就會撞到一處木質的步道；要是多一公尺，我就會掉進淺海；要是我撞到這兩種要命的表面，或我的體重再重個兩、三公斤，我的下場就不會是頭部輕傷，而會是腦死，或真死。聽完這個故事，你腦中可能會冒出一些問題：我們怎麼會那麼魯莽？我媽在想什麼？我怎麼不去別的地方玩？這些問題的核心都是人為失誤跟個人責任。心理學家稱我們想問這種問題的慾望——尤其是拿想這類問題去質問「出意外的別人」的慾望——叫「基本歸因謬誤」（fundamental attribution error）。[1] 大量的證據顯示絕大多數人都有一種傾向，認為自己出意外都是當下的環境所造成，而別人出意外都是人為失誤跟個人責任的問題，就算有反證擺在眼前我們也會視而不見。[2]

是說，我應該在海邊的懸崖邊玩「媽媽我可以嗎？」嗎？當然不應該；我應該把芭蕾舞孃的轉圈練得更好一點嗎？也許吧。你可以說這些都是人為失誤，完全沒有問題。但注意到這些失誤可以改變危險的環境嗎？沒門兒。

這本書幾乎完全專注在一件事情上，那就是意外大多發生在人類興建的環境——我們的道路、住家、職場裡，也最可能在這些環境裡獲得預防。但意外也會發生在自然的環境裡——手沒抓好的攀岩者、在山間迷路和脫水的健行者、越級打怪不成的衝浪客與滑雪者。我基本上會略過這些自然環境中的意外，因為它們相對不是那麼常見，且預防工作的複雜程度也高上許多——大自然究其本質，就是一種人類控制不了的危險環境。讓我差點沒命的那片懸崖跟其邊緣的簡陋欄杆，算是介於大自然與人造環境之間——一種人為增強的自然環境，只是增強得有點失敗就是了。

然而不論是什麼樣的環境，你永遠可以找到失誤；就像我說的，我不應該在懸崖邊跳芭蕾舞。像我這樣的人，你在多數意外中都看得到——意外裡總有人犯錯，總有人誤判形勢，總有人不夠完美。失誤在這本書裡俯拾皆是，而如果你跟大多數人一樣，那你肯定會忍不住想把矛頭對準這些失誤——你會用問題去質疑個人該負的責任，指責個人在事發過程中判斷力的不足。我在此要向你提出警語：我會在書裡一而再，再而三地糾正你的這種思路。

這並不是因為我覺得意外中不存在可議的人為判斷，也不是我覺得強調個人的責任不曾拯救過人命。我之所以想讓你放棄這種思路，是因為這種想法——把錯怪到人為失誤上——即使頂了天，對意外問題的解決也只是一個無足輕重而效果微乎其微的答案；而在最壞的狀況下，這種想法會為同一種意外的再度發生架好舞台。七歲的我當然不應該在懸崖邊玩遊戲，但一直抓著這一點指控，對預防下一個人從懸崖邊摔下去毫無幫助；修好欄杆才有亡羊補牢的效果。

在結冰的路面上騎車或許是一種誤判形勢，但在冬天比美國長，也比美國冷的國家，那兒的人一年到頭都在冰上騎車，結果他們死於此舉的比例也比我們低，因為這些國家調整了人造環境的設計以預防意外。[3]健行者迷路或登山者墜落，是因為他們在基本不在自身控制之內的自然環境中失去了僅有的一點點控制力，但只要離開大自然，一切會造成意外的事物都在我們的控制之中。不考慮健行者與攀岩者，我們都活在人造的世界裡；亦即對不是這兩種身分的我們所有人而言，意外關係到的不是個人該負的責任，而是關係到權力大小。

自工業革命以降，強大的企業利益就堅持所有意外都是會出錯的人類的鍋，而這一章要講的就是有哪些人證明了企業錯了。比方說，一排更有強有力的欄杆或許攔不住我那不完美的芭蕾舞步，但它完全可以讓我不跌下去；我傷勢的嚴重性跟我的錯誤大小無關，而是跟我撞擊到什麼樣的表面有關——機緣巧合讓我落在了較無殺傷力也相對不堅硬的地方。今天我們知道，藉由控制我們會撞到什麼地方以及什麼會撞到我們，我們就可以控制自己的生與死。

有意識的脫鉤

在全美範圍內針對意外工安死亡進行的資料蒐集，首批地點就包括鐵路路網。[4]在聯邦政府於一八八七年成立了州際通商委員會（Interstate Commerce Commission）後，該機構便開始數算工安傷亡。有件事馬上就變得顯而易見：鐵道工作危險至極，而鐵道工作中最危險的職能是幫車廂掛勾。早年鐵路工是用鎖鍊中的兩個環跟一根插梢在連結火車車廂，且該作業需要機廠的工人站在移動的車輛之間才能完成。在一八七〇年代尾聲與一八八〇年代初期的十年間，光是這項替火車車廂上鉤跟脫鉤的作業就在鐵道機廠意外的所有傷亡中佔到接近四成。[5]早期的統計學者算出，光是在一八九二年，就有一萬一千名工人死於車廂連結意外。[6]考量到意外死亡數據的蒐集技術在當時還不夠嫻熟，實際的死亡人數恐怕要高出許多。做為比較的基準，二〇一九年全美有大約五千名工人殉職——這是不分業種也不分職務內容的工安死亡人數。[7]

這些是針對職場相關意外進行蒐集，最早期的一些統計數據。[8]死亡人數一登上報紙，輿論譁然，國會議員也難以置信；鐵道工會經年累月在推動工作環境的安全性提升，但直到這第一批官方死亡統計曝光，官員們才動了起來。聽證會開始針對鐵道工安召開，而在一八九三年，國會通過了《安全設備法》（*Safety Appliance Act*），規定鐵路公司必須使用車廂自動連接器——讓鐵道工不需要站在兩輛車廂間進行連接或脫鉤作業——還有適用所有車輛的空氣制動煞車。

考量到鐵道業者當年在美國的權傾一時，《安全設備法》的通過讓人很難不感到意外。[9]鐵道大亨做為為有力人士，他們的抗議都有可能讓法律無法修成正果——亨利・福特二世就曾這麼擋下第一次被提出的汽車安全帶法；或如《哈潑》（*Harper's*）雜誌的一名編輯所說，「只要煞車的成本高於火車工人一天，現行犧牲工人性命的火車連結方法就很難告一段落。」[10]

但實際的狀況是，利潤與科技難得產生了交集，讓工安成功獲得了強化。[11]鐵道公司的高層不僅默許了要強制使用自動連結器的規定，他們連同自動連結器一起接受的，還有另一種來得正是時候的新發明——空氣制動器。

火車每一趟可以載運的貨物愈多，鐵路公司就愈有賺頭，而空氣制動器讓火車編組可以加長，載運的貨物可以增量；空氣制動器有明顯更強的制動力讓重上許多的列車慢下來，乃至於停下來。鐵路公司選擇支持將自動連結器列為標配的法規，是因為這種設備可以讓車廂間的間隙縮小，而間隙縮小又能讓那些增長增重的列車在由空氣制動器煞停時多一分穩定性。[12]在各種創新同時出現的機緣巧合下，較為安全的火車也正好成為了較有賺頭的火車。

在《安全設備法》到位前，上述問題的主流說法是，鐵道工之所以會頻繁死於列車的上鉤與脫鉤作業，是因為他們不小心，因為他們喝得醉醺醺，因為他們笨；改變工作環境證偽了這種觀點。隨著法規讓自動連結器變成必備的工具，鐵道的工安意外有感下滑。在一八九〇與一九〇九年間，火車連結作業意外數減少為原來的一半；[13]到了一九〇二年，死亡人數是兩千人，遠低於原本的一萬一千人[14]——火車連結作業意外佔整體鐵道工安意外的比重降至百分之四，遠低於二十年前的將近百分之四十。

惟即便如此，自動連結器只改變了一種意外給人的觀感，只造福了一個產業裡的一種工人——而且靠的還是利之所趨的業界恰巧支持其相關的立法。

美國人要真正明白三百六十五行裡的意外有多麼普遍跟多麼相像——以及要如何才能釜底抽薪地預防這些意外——還得靠後來的一名記者兼社會學家，她叫克莉斯托．伊斯曼（Crystal Eastman）。克莉絲托的故事要從匹茲堡的礦鄉說起。

克莉絲托．伊斯曼開始數死者

美國工安意外剛開始攀升時，其所造成之死傷的證據比較是口耳相傳的軼事；而由於欠缺扎實的證據，所以少數能深植人心的軼事都必須極其慘烈——必須得是慘案、得有東西爆炸，得一口氣有三百人罹難——那些故事裡不會有單一的礦工被電擊致死，只會有滿滿都是人的整個礦坑炸毀在轟轟烈烈的巨響中。[15][16]

礦坑爆炸與五十節車廂的出軌會登上頭條，但那根本稱不上工安死亡的多數。[17]大部分工人都是一個一個輪著喪生——有的是在連結車廂時出了差錯，有的是在煤礦坍方時窒息而亡。死亡的人數就是這樣積少成多。克莉斯托．伊斯曼是用數據去坐實工安死傷問題的第一人；從一九〇六年夏天到一九〇七年夏天的一年間，她把在賓夕維尼亞州匹茲堡的勞工死因進行了分類，藉此在實質上推翻了企業鼓吹了幾十年的主張——不小心的勞工是工安意外的禍首。[18]這是第一次有人對美國勞工的意外喪生進行了社會學角度的調查。[19]

伊斯曼當時還是個二十五歲的紐約客，是新教牧師的女兒。年輕的她站在匹茲堡的一處太平間，旁聽到了代理驗屍官與一名報社記者的交談。他們進行的討論——至少她聽到的那部分——關係到她針對勞工意外身亡的調查，所以她將之記錄了下來：[20]

記者：……？

代理驗屍官：不，我們今天沒有新聞給你，吉姆。──嗯，等等──有個人在湯姆河被掉下來的板岩砸死。但那不是你要的東西，是吧？

記者：……。

代理驗屍官：果然。好吧，那就沒別的搞頭了。再會。

記者意興闌珊是因為他在太平間裡沒有聽說什麼天災人禍或大爆炸，只聽到又一個孤零零的冤魂出了意外。

從驗屍官處，伊斯曼取得了阿利根尼郡（Allegheny County）從一九〇六年七月一日到一九〇七年六月三十日之間的勞工死亡報告。[21]在該郡大約二十五萬名領薪的打工族中，那一年間有五百二十六人死於工安意外。她同時取得了那年五百〇九名工安意外傷患共三個月份的醫院就醫紀錄，其中七十六人受到的是改變生命的重傷──手、腳或腿遭到截肢，有人少了隻眼睛，還有人的背斷了（她把對傷者的計算限縮在三個月份，不然每天發生的意外之多，一整年的人數會數不過來。）

伊斯曼雇用了一名叫路易斯．漢恩（Lewis Hine）的攝影師，拍下了斷手斷腳或眼睛失去光明的勞工肖像，還有頓失支柱，孩子變成孤兒的家庭；另外她還雇用了兩名調查員，一個義大利裔，一個「斯拉夫」裔；[22]每年來到美國的移民大約有一百萬人，而她需要能以外語跟移民溝通的調查員（那個斯拉夫裔調查員也同時很方便地，是名工程師）。就這樣，他們一行四個人出發去發掘那五百二十六死與五百〇九傷背後的完整故事。伊斯曼巡迴了鋼廠、鐵道機廠，還有礦坑；追蹤了傷者的去向，記錄了他們的遭遇。她訪問了那些眼睜睜看著同事死去的勞工，並與孤兒寡母促膝長談。

阿利根尼郡轄內有匹茲堡所謂的「鋼鐵區」，理論上是一個具體而微，具有代表性的抽樣樣本。[23]伊斯曼的想法是用力且徹底地去觀察這一個郡，就足以讓她更明白全美何以有這麼勞工死於工安意外。在她計畫開始的當時，美國既沒有主管工安意外問題的官員，也沒有人對這個問題的嚴重性有任何一點概念。礦業與鐵道業不是沒有各自的某些主管機關監管，但確實沒有人會把意外視為一個整體去探討或觀察。她想釐清男性與女性分別是如何死在工作崗位上，勞工遺族後來又有著什麼樣的境遇。這個計畫十分宏大，其效應也仍舊定義著我們今天對工安意外的討論。

「這個處境沒有所謂的光明面。[24]因著製造業的意外，阿利根尼郡每年會損失五百名勞動力，其中近半是土生土長的美國人，七成是訓練有素的技術性勞工，六成還沒有達到他們工作生涯的巔峰期。年輕力壯且學有專精的勞工——簡單講就是寶貴的人力資源——是我們蒙受的損失，」她在《匹茲堡調查》（*The Pittsburgh Survey*）的第一章中如此寫道。「這種損失是一種浪費嗎？這是個匹茲堡與其當中每一個工業區都必須回答的問題。如果這只是工業營運過程中無可避免的耗損，那我們就只能哀悼然後忘卻。但如果這大多，或有半數，或有一部份是不必要發生的事情——是年輕力壯之技術工被糟蹋掉了——那我們就必須去奮戰，就不能將之忘懷。」

一九〇七年十二月，也就是伊斯曼揮別匹茲堡的幾個月後，不遠處的西維吉尼亞州發生了莫農加（Monongah）煤礦爆炸。[25]登記表顯示，當日有上工的三百六十七名成年與未成年男性中，僅有百分之五倖免於難。有數週的時間，全美掀起了對這場意外懷著好奇心與驚異的討論，大家在報紙上追蹤著「駭人的細節、民眾在街角對於責任歸屬的爭論，還有孤兒寡婦的撫卹方案」，伊斯曼寫道。[26]直到她出版了在匹茲堡的調查發現時，莫農加爆炸案的新聞都還沒有讓人失去新鮮感。這種嗜血的表現看在伊斯曼眼裡，也是問題的一環。

「這類災禍能撩撥起社會大眾的關注，主因是其規模，」她寫道。[27]「但假設是只有一個人在礦坑深處的某個小『房間』裡鏟著煤，然後突然被一兩噸板岩活埋——那在採礦社區裡恐怕得不到任何人的評論。這類故事聽在社會大眾的耳朵裡，會因為單調的重複而遭到鈍化。也確實，我們很少看到這類常有的礦業意外上報。」大型災難可以連著幾週登上頭版頭條，但那些腥羶的內容只會憑藉其大量的篇幅，使人無法確實去關注問題的本質——這個問題就是大多數勞工並不會成百地死去，而只會單調地重複著他們的不幸，然後被當成意外無視。匹茲堡一年中累計的工安死亡，使這一點再次被凸顯出來。死於工作上的人每次都是一個兩個，但日復一日。伊斯曼希望引起大眾注意到這些個別量體小到無法引爆時代精神的意外。那些消失掉的死者，該當如何？她問。

「社區裡那些一言九鼎的男性，大多都已經對這個意外問題有了定見，而他們所參考的，盡是雇主、主管與傷亡經理人的一面之詞。[28]換句話說，他們相信『九成五的意外肇因於人本身的粗心大意』。那些信誓旦旦且反覆獲得重申的強硬說詞，那些動輒被轉述的、稱勞工行徑是如何莽撞的故事，都已經在社區的商業與專業男性當中長成了一坨不動如山的意見團塊，宛若由不講道理的信念所堆出的小山，」她寫道。

伊斯曼的調查證明了那些故事與說詞——人為失誤才是意外主因——都毫無真實性。[29]勞工的死並不是咎由自取，而是危險的工作環境所致；須知在這些危險的環境裡，他們被迫趕工到無暇去小心翼翼，他們為了領薪而不得不工作得更拼命、更有效率；他們顧不上安全，身邊也沒有防護、護網或護欄。在伊斯曼追查的所有意外中，她發現最大比例的一塊可以「純粹歸咎於雇主或代表雇主的權威人物」。[30]簡單來說，若想避免意外的發生，她寫道，「雇主的意願是重中之重」。在把所調查之傷亡原因進行分類的同時，她也記錄下了「導致意外發生，但其實可以預防的主要環境因子。」未能創造出一個安全的職場，是這類因子中的第一名；工時過長是第二名；被要求以過快的速度趕工是第三名。這是第一次有人證明了勞工面對的處境——而不是他們個人的失誤——才是工安意外的起因。

伊斯曼的數學計算無懈可擊。但匹茲堡調查的真正貢獻，較不在於她量化了什麼；在那個勞工補償法還沒有到位的當下，伊斯曼提醒了美國勞工該關心的另外一件事情。她從受害者家庭的視角述說了工安意外的故事——並配合漢恩拍下的照片，描繪出了工安意外之代價的全貌。她解釋了在非致命的意外發生後，倖存者得面臨什麼樣的家庭經濟災難：[31]在因工傷失去一眼的勞工中，過半獲賠不超過五十美元；全殘或永久性半殘的工傷者有半數什麼都沒拿到；大部分失去（兩指或更多）手指或失去一條臂膀的人領到的賠償是零元。她發現，工安意外在造成已婚勞工死亡後，過半的死者家屬從雇主那兒收到的補償金額不超過一百美元，當中還有四成八的人遇到一毛不拔的老闆，什麼都沒拿到。而就算是拿到了一百塊，這也只夠把後事辦一辦而已。她凸顯了母親的角色，按伊斯曼的估算，工安意外後首當其衝的遺族就是家庭中的母親。[32]家中的經濟支柱去世，瞬間出現的寡婦往往完全沒有收入來源，但要養的小孩卻很多；且一旦工安意外帶走了她們的另一半，她們很快就要面對的現實是公司宿舍會被收回，她們會不得不變賣家具，接著得在所有高薪工作都是男人才能做的世界裡，想辦法不餓死。就算一家之主沒死，但只要做丈夫的人殘障到失去工作能力，那這個家的下場跟一家之主死了也沒有兩樣——更慘的是工人受傷之後還需要持續照護，而且是要花錢的那種。

伊斯曼是紐約客，而在紐約這個美國產業的核心，州議會饒富興味地追蹤著《匹茲堡調查》的發展。[33]事實上，為了複製伊斯曼的模型並擴大其規模，紐約州議會成立了一個委員會來負責為改革提供建言，並任命伊斯曼擔任主委。於是委員會提交了許多資料跟一項重大的提案：勞工將不再得把雇主告上法院，才能有機會領到工安意外的賠償。[34]反之，該委員會建議官方，應該要透過系統化的方式，確保符合傷勢輕重與潛在所得損失的賠償能夠得到給付。在一場工安意外後，雇主得負責收拾殘局——醫藥費、死傷工人的家庭生計。這將代表著對雇主而言，工安意外終於不再是零成本的事件。

一九一〇年，上述改革在紐約生效。[35]此時，南水牛城鐵路公司（South Buffalo Railway Company）一方面剛被要求要賠償因工出意外的員工，一方面也被涉及該意外的其中一名員工提出賠償訴訟。公司提出上訴，他們宣稱對員工的賠償違反了州憲。一九一一年三月二十四日，紐約上訴法院判決公司勝訴，州委員會的改革遭到了推翻。就在判決隔天，前述那場火災意外爆發在曼哈頓的三角內衣工廠，廠內想逃命的女性在全美人口最密集的城市中心墜樓身亡。接連數日，無法辨識的焦屍就這樣光天化日之下，橫陳在民眾眼前。三角內衣工廠大火不只是一場規模慘烈的意外，它還是一場即時被美國菁英第一手目睹，且其後續發展被詳細報導在美國大小報紙上的一場嚴重意外。兩個月後在威斯康辛，州議會將成功通過全美第一部勞工補償法，同年跟進的還有另外九州。[36]紐約州修改了州憲，並在一九一三年又通過了一部勞工補償法。截至一九二〇年，美國四十八州中已經有四十二州擁有勞工補償法；再到一九二五年，抵死不從的州只剩下五個，且全都是南方州。搭上末班車的是密西西比，而那年是一九四八。

時間來到第一次世界大戰的尾聲，美國大部分地方的勞工弱勢發生意外，雇主依法都有義務提供醫療跟失業補償。對雇主而言，這是他們經濟算計上的一次重大變革；工安意外的代價曾經對雇主而言不痛不癢，找個新工人就是了；有了勞工賠償法後，雇主想減少損失只有一條路，那就是減少意外的發生——工安意外的下降有目共睹。[37]在法律到位後的二十年間，每一小時工時的勞工死亡人數將下降三分之二；在二十世紀的頭一個十年，美國鋼鐵公司（U.S. Steel）每年會受到重傷害的員工數是四個裡面就有一個，而到了一九三〇年代的尾聲，這個比例已經變成三百分之一。

但換到其他地方，關於意外的故事就沒有那麼美好了。在美國的道路上，沒有誰去做克莉斯托·伊斯曼為製造業勞工完成的事情——沒有人去推翻意外始於人為失誤的觀念，也沒有人設法讓危險環境的製造者付出代價。相對於意外死傷的勞工總人數從一九二〇年起即呈現長期跌勢（一九六〇年代的一次例外會在本章後面有所說明），美國整體的意外死亡卻不減反增——而這部分主要死的是汽車駕駛、乘員，還有行人。更糟的是，這些車禍意外造成的幾乎都是零星的傷亡——沒有一口氣發生的大規模傷亡，政府就不會想動起來。同時，就算有大型車禍激發出民怨，等同勞工賠償法的法律也一樣難產；沒有人可以替道路或車輛負責——除了受害者，沒有人能為意外付出更大的代價。

直到伊斯曼出版了《匹茲堡調查》的四十年後，才有另外一個意外死傷的分類者跳出來，改變了這一切。

從天而降的休・德黑文

一九一七年秋天，就在成千上萬的美國男子被送到海外參加一戰的同時，休・德黑文（Hugh DeHaven）這名出身布魯克林的美國子弟加入了加拿大皇家飛行隊（美國陸軍不肯讓他入伍，理由是他的視力很差，但加拿大軍方不在乎這一點。），他的第一站是前往德州學開飛機。[38]

在訓練階段，德黑文的飛機撞上了第二架飛機，兩架飛機一起從一百五十公尺的高處墜落。德黑文的安全帶扯破了他的腹部，撕裂了他的肝臟、胰臟與膽囊；另外一名飛行員直接沒了命。事後他在醫院躺了六個月，主要是破裂的內臟需要時間癒合，而來探病的人都在床邊說起他的奇蹟：**竟然有人可以從一百五十公尺高摔下來沒死！**但德黑文倒不太確定自己的存活算不算奇蹟。他在腦中一再地重播那天的事情。那是場意外嗎？那是命運嗎？那是神的出手嗎？抑或那是他單純走了狗運？

換個角度想，也許世上並沒有真正的意外或運氣。出院之後，德黑文去看了墜機現場。他意識到，他是被安全帶上的鋒利扣件劃破了肚子，而他能活下來得感謝他被綁在直到落地後都毫髮無損的駕駛艙——另一架飛機的駕駛艙就解體了。他意識到自己能保住一條命，意味著人體只要有著良好的包覆，就可以承受極端的減速。德黑文剩下的役期都擔任救護車勤務，負責在車禍與飛機意外後接收傷患與死者。在這樣的過程中，他發現了跟他自身墜機經歷並無二致的傷亡模式——人只要待在安全的密閉空間，撞擊後存活的機率就會提升。

戰後，德黑文多了兩個嗜好；他開始蒐集奇蹟的剪報——「女孩摔下十層樓，倖存後現身說法」，諸如此類的——還開始讓雞蛋往廚房地板上掉。你有在高中物理學課堂上把雞蛋甩過教室嗎？你做的就是跟他一樣的實驗。他的想法是，雞蛋在全美各地運來運去，數以百萬計這些脆弱的物體搭著火車跟卡車，從箱子被移到架上，再被放到購物推車上，但絕大多數都能完好無缺。他想要知道，為什麼一盒蛋可以撐過撞擊，人類的頭部卻不行——於是他爬到了流理臺上，開始丟雞蛋。

首先他讓雞蛋落在泡棉橡膠的厚墊上，然後是薄一點的墊子上，再來落在更薄的墊子上；最終他會得出一個結論：只要底下墊有七點五公分厚的橡膠墊，雞蛋就可以撐過約三十公尺的墜落而不破。他從廚房流理臺上釋放雞蛋的高度約三公尺，需要的緩衝自然也少很多。讓雞蛋破掉的不是墜落本身——而是地板；這個觀念也是人為失誤和危險環境之辯的一個明瞭答案：控制好雞蛋與地板的碰撞過程，那掉雞蛋是不是一個意外，就不重要了。一切的關鍵在於包裝；車子可以是一種包裝，飛機、電梯、礦工的頭盔亦復如此。至於頭骨，那就是大腦的包裝。

從他的剪報中，德黑文找到了數學來支撐他觀察到的包裝理論。每個九死一生的奇蹟故事，他都有辦法戳破當中的「奇蹟」。根據人們的墜落距離、他們撞擊表面的相對凹陷，還有每個人的體重，德黑文計算出從窗戶、飛機與熱氣球掉出去，個人所需承受的重力。這些奇蹟之一是紐澤西州伊瑟林（Iselin）的路易斯・齊托（Louis Zito）：[39]他滑了一跤，從史丹頓島上的一個煙囪上跌下了近四十六公尺，然後兩天後就回到了工作崗位上。哥倫比亞廣播公司（CBS）在針對康乃爾大學德黑文撞擊受傷研究實驗室進行的專題報導中，由當家主播華特・克朗凱（Walter Cronkite）訪問了站在那十五層樓高煙囪陰影裡的齊托。[40]身穿飛行員夾克的齊托有著堅毅的下巴與往後梳的蓬亂頭髮，看上去跟與他同時代所有毫髮無傷的年輕人沒有兩樣。那段訪問的過程如下：

克朗凱：從那麼高的地方掉下來，是什麼感覺？

齊托：嗯，我意識到自己當時只能聽天由命了。我沒有東西可以抓或握住，所以我心想我死定了。我閉上了眼睛。我不想看到地面離我愈來愈近。

克朗凱：你覺得自己經歷這樣的事情還能活下來，是個奇蹟嗎？還是你會用別的說法來形容？

齊托：我想我單純是運氣好吧。

那當然，跟運氣沒有關係。德黑文判定，齊托是以九十六公里的時速撞擊地面，而他能活下來秘密就在於他沒有落在實心的混凝土地上，而是落在了碎石上；碎石吸收並分散了他的重力加速度（還記得我是怎麼從懸崖上掉下去的嗎？基本上是同理。我們能死裡逃生，都是藉著我們所撞擊之表面的某種潰縮。）

德黑文發現一名從六樓窗戶摔出去的女性掉落在一塊厚實的花園土地，她用手肘撐起沒有受傷的自己，對著衝過來的建物管理員沉思道，「六層樓，沒有受傷。」德黑文還發現有名女子從八樓掉下來，落在一道籬笆上；她壓毀了一部分的籬笆，然後才落到地面上。她沒有人扶，自行走到了醫院。還有個女人從十樓窗戶摔出，落在了剛被人鋤過的土壤上；她斷了根肋骨跟一邊的手腕，嘗試要起身但被身邊的人攔住。

在《戰時醫療》（*War Medicine*）期刊中，德黑文發表了他的各種發現。他還指出，衝擊在他的飛機意外中，是一個兩階段的過程；當他的飛機撞上友機時，他的人仍被綁在駕駛艙中，但另外一名飛行員則受到了雙重的創傷——第一組創傷勢來自飛機撞地，第二組傷則來自他的身體撞進飛機。這第二次衝擊經由德黑文的判定，才是真正的致命傷——而那被他稱為「二次碰撞」的衝擊環境，要比起衝擊的原因或衝擊時的速度，都更與傷害有顯著的關聯。他計算出人體可以乘受巨大的加速度——自身重力的兩百倍都行。飛機撞進地面並沒有讓德黑文受傷，因為他身上綁著大腿安全帶；實際上是第二次衝擊（也就是造成他內臟與安全帶扣攪在一起的那一次）才讓他身負重傷。

德黑文發現他能從高空墜落中活下來，是因為大腿安全帶將他固定在了一個完好無缺的落體之上；而他的「奇蹟」主人翁們能活下來，則是因為他們掉落並撞擊的表面有所潰縮——吸收掉了一些衝擊力。他證明了只要把機械裡的人包裝好，就可以保護好跟著機械一起掉落的人。因著德黑文的各種研究發現，美國空軍開始打造新的飛機，這些飛機不僅能飛，而且在墜落的時候也更為講究。

二次大戰過後，德黑文目擊了一場慘不忍睹的車禍，而這次經驗也將他的研究再往前推。一如德黑文曾經被飛機的安全帶扣扯破內臟，這場車禍中的駕駛也差一點命喪插進他腦中的儀表板旋鈕。這感覺該死卻沒死的案例讓他產生了濃厚的興致，於是他開始把關於墜機的發現應用在移動的車輛上。他在印第安納州警局找到了志同道合的長官，說服警方與他展開為期一年的合作；在這一年中，他會獲得警方與他分享車禍的照片跟驗屍官的報告，就和前輩克莉絲托·伊斯曼一樣。到了一九五三年尾聲，德黑文已經編纂出一張清單，上頭列明了不分車種，最危險的零組件分別是哪些東西。這當中的「殺手級」零件包括尖銳的旋鈕、沒有護墊包覆的儀表板，以及撞擊瞬間不會潰縮的方向機——而這些東西會成為殺手，是因為車上沒有把人固定住，讓駕駛與乘員不會朝前撞擊的安全帶。他的這張清單證明了意外其實在我們的掌控之中，而不是受方向盤後面坐的是或不是瘋子所影響。這當中唯一重要的變數，是車廠的造車理念。德黑文設計出了三點式安全帶——這是世上第一種把駕駛跟乘員從大腿及胸部上同時固定住的安全帶——並獲得了專利。他邀集各家車廠開了一場會，說明了他的研究成果。他詳述了車廠可以如何造出一種沒有銳角的儀表板，以及可以怎麼打造出在受到撞擊時會潰縮的方向機。

德黑文的這場會議開在一九五三年，而直到一九六七年，拉爾夫·奈德才在民怨壓力與民氣可用的加持下，迫使了車廠採用了可潰縮的方向機。從開會的一九五三年到改變發生的一九六七年間，死於交通意外的人數超過五十萬。自那之後，最最保守的科學家估計，有超過八萬人明顯靠著潰縮式方向機在車禍中活了下來；而這十四年間枉死的人，可不能算是意外。[41]如果在德黑文把正確答案攤在陽光下的一九五三年之後，與車廠心不甘情不願地動起來的一九六七年之間，你出了車禍並被插死在車中，那你就是枉死；而你會枉死是因為，比起幫助你活著，讓你枉死對車廠而言比較便宜也比較省事。

所謂有易出意外傾向、易出意外體質的勞工，是一種迷思；坐在方向盤後面的瘋子，則是精心設計來轉移注意力的工具，為的是讓人看不見意外死傷背後的真正原因——只要我們被這些從個人責任角度出發所進行的醜化，哪怕只吸引到一點點目光，我們錯過可以用來預防意外死傷的寶貴資料，可就不是一點點而已。伊斯曼與德黑文跨越天差地遠的意外形式，挖出了互有相關的資訊，找到了共同的成因，也發現了我們可以如何靠控制人造的環境來預防意外的死傷。一九六〇年代，工安意外曾一度升高，而那也讓我們清楚見識到，少了人為對環境的干預，結果會是怎樣；我們在那段時間看到，受到意外傷害的人是如何在對身邊危險環境的控制力上，得而復失。

有工會，就有力量

職場工安意外第一度減少的契機，是意外開始讓雇主賠錢。當時對一家企業而言，改善職場安全要比發生意外後的賠償金便宜。從一九二〇年代到今天，憑藉著勞工賠償法與安全相關法規，再加上工會化的普及，使得這些法規得以擴大落實，因公殉職的可能性才開始下降。然而，意外傷害的發生並沒有循相同的軌跡下降；實情是，工傷的案例數從二戰一路走低至一九五〇年代尾聲，然後再以相同比例反彈到一九七〇年。[42]這段期間的上升促成了美國通過一九七〇年的

《職業安全暨健康法》（*Occupational Safety and Health Act*）——這是美國用來強制執行安全工作環境的第一部聯邦法規。靠著此法，主管機關定義了何謂安全跟不安全的勞動環境，進行了職場勞檢，並對未遵循法規者處以行政罰。惟在美國政府採取這些立法與執法作為之前，意外傷害仍拉出了一波增幅，而其肇因是勞工失去了對危險工作環境的控制力；工傷意外成長在一九五〇年代後重現，對應的是工會力量的變遷。

工傷意外在一九二〇年代之後出現第一波下跌，而勞工賠償法的問世並不是唯一助力。[43]當時還有一個時代背景，是勞工開始發動大型罷工，動輒透過讓經濟停擺來保障自己的權益。從一九三五年到一九五〇年代，加入工會的勞工人數大增，同期的工傷發生率則呈現跌勢。這時期不僅雇主意識到工人出意外會讓他們賠錢，工人自己也有手段能確保自身安全。[44]

簡單介紹一下這個手段：在一九六〇年代之前，任何一名勞工的安全都可以在工廠現場進行談判，談判的其中一方是代表公司的領班，另一方則是代表工會成員的工會幹事。只要身為勞工的你感覺到工作不安全，就可以把疑慮反映給幹事，他就會替你去跟領班斡旋，看是要強化你所屬工作站的安全性，還是要調慢你所屬產線的運轉速度。有工會當靠山的工會幹事並不是紙老虎，同時產線停止或降速的威脅也讓領班不敢輕易拒絕談判。這種模式行之有（幾十）年，直到一九五〇年代一次經濟反轉向下，讓企業開始堅持喊停這類因地制宜、針對特定安全議題進行的小型談判。

曾經可以管理組裝線程序的工人們，現在又得開始受制於白紙黑字的「生產力強化」跟「廢棄物減量」公約。此時的他們不僅工作更加辛苦，對工作的最佳方式還愈來愈沒有置喙的空間。

雇主開始加速生產，縮減工安預算。質疑公司這些做法的機會從隨時隨地，變成只剩一年一度的集體議約談判。在以往，任何一個個別勞工的安全威脅都可以成為罷工的理由，而如今你只能在下年度談約時去溝通這一點。

這種勞工對職場環境控制力的喪失，正好在時間上對應了工傷意外數的增長。這種變遷也讓意外究竟是起因於危險的環境還是勞工的失誤之爭，變成了一場溝通與控制之間的勞資對抗。在被剝奪了表達個人危險的權利之後，勞工再也不能在意外發生前訴說他們的遭遇——也無法及時避免新意外的發生。就是這種控制力的失去，導致了死傷只有一兩人的小意外增加——這種不起眼的死傷意外在克莉斯托．伊斯曼與休．德黑文等人把案例匯總起來之前，根本沒有人注意。

惟即便是大災難式的工安意外，結果也並無二致。你永遠可以在人造的環境中指出某種危險，而且可能是個巨無霸等級的危險，但只要沒有人聽你說話，意外就依舊會是那個可以預料到的結果。

我們投資的，是未來的空難

一九七二年六月十二日，一架美國航空新推出的廣體噴射機麥道DC-10在安大略附近的高空噴掉了貨艙艙門，幸運的是他們飛離底特律還沒有太遠。[45]同樣走運的另外一點是，那天的正駕駛布萊斯．麥可米克（Bryce McCormick）曾在模擬器上練習過這款新噴射機的駕馭；他導正了飛機，機身不再急墜。乘客在美國航空九十六號班機的緊急迫降中全員倖存，而這次迫降的成功，是由各種巧合打贏的勝仗，其中最重要的兩個是：機長麥可米克就那麼剛好有用自己的時間去使用模擬器；底特律就那麼奇蹟似地有條暢行無阻的跑道。

但根據飛機工程師艾波蓋特（F. D. Applegate）的說法，讓飛機不得不迫降的事情可不是巧合或奇蹟。那是一個警訊。

貨艙門爆開的那架飛機是麥克唐納道格拉斯公司〔McDonnell Douglas〕；簡稱麥道）所出品，但飛機上的門栓取得自一家承包商「通用動力」（General Dynamics），艾波蓋特就是通用動力的產品工程處長。麥可米克機長有驚無險地把那架壞掉的DC-10降落到地面的十五天後，艾波蓋特寫了一封兩頁半的備忘錄給他的長官赫特（J. B. Hurt），也就是通用動力與麥道公司之間的承包專案主管。

「『莫非定律』就是這麼回事，貨艙門在DC-10投入營運的未來二十年間，遲早會有鬆脫的一天，」艾波蓋特寫道。[46]「通常我會預期那等於整架飛機的損失。」艾波蓋特建議讓DC-10全面停飛，直到麥道跟通用動力的工程師可以重新設計並改造每一架飛機。在這封他親自署名的信中，艾波蓋特把最壞的狀況攤開了講：人歸人，錢歸錢。

「只要不喊停目前的生產，亡羊補牢的成本就會一天比一天更昂貴。[47]不過這再怎麼貴，也貴不過萬一出了事，全機罹難將衍生的賠償費用。」他寫道。

赫特否定了艾波蓋特的提議，理由有二；一來，要求停飛DC-10會讓他們成為眾矢之的，那無異於向麥道公司自首，承認通用動力的產品設計有問題。其二，任何論及機械故障的言談，都會打亂兩家公司對責任歸屬正在進行的談判。

兩年後的一九七四年，土耳其航空第九八一號班機的貨艙門在從巴黎起飛的航程中失效，這架飛機也是DC-10。機上三百四十六名機組與乘客無一生還，迄今這都還是飛航史上人命損失最慘重的一場空難。

而這一天完全在艾波蓋特的預料之內——他兩年前的那封備忘錄，標題就叫作「DC-10未來的意外責任」。

一如在此之前的汽車與工業生產，巨無霸噴射機的導入——這種飛機有著前所未見的體量，操作起來也更為複雜——推著航空產業進入了意外風險與獲利的雙重全新境界。每一架飛機在能容納更多乘員的同時，也能在每一趟飛行中斬獲更多獲利，而且可不是多一點點而已。而這也代表在生產與操作過程中的任何一點失誤——從設計製圖到生產線再到駕駛艙內的操作——都會造成更巨大的人命損失。這些風險因子的成長環環相扣；巨無霸噴射機不論在生產或操作上的難度，都海放前幾個世代的飛機，由此飛機所代表的環境風險也呈倍數增長，進而導致意外的發生，以及意外發生時以倍數增長的罹難人數。要知道莫非定律的生效，只是時間問題。

第三章 規模

科技的進步可以創造出規模更大、操作更複雜的人造環境；發生在這些環境中的意外規模往往也會同步增長。紐約三角內衣工廠大火是那個時代一場十分慘烈的意外——一棟建物全毀，一百四十六名工人罹難；一九〇七年的莫農加礦坑爆炸——美國歷史上最嚴重的一場礦災——則奪走了超過三百條人命。在七十九年後的一九八六，車諾比核電廠的爐心熔毀造成了規模增幅令人幾乎無法想像的毀滅——輻射汙染擴散的範圍除了四成的歐洲以外，還有一部分的亞洲、非洲與北美。[1]學者估計，到二〇六五年，將有四萬一千人罹患與車諾比脫不了干係的癌症；而其中大約一萬六千人（也就是超過三成的罹癌者）將因此喪生。[2]我們今天談到大規模的意外，指的是生命與財產的重大損失——商用客機的空難、原油外洩、核電廠意外——生態系遭到毀滅性打擊，數百乃至數千條人命一夕消逝；這些都不只是意外事故而已，它們是意外災難。

綽號阿尼的阿諾·岡德森（Arnold Gundersen）是一名意外專家，而他所研究的意外，即便在上述各種大型災難中，也屬於最嚴重的一種：核子災變。他一路以來擔任過核子反應爐操作員、核子工程師，還曾以經理人之姿統籌過美國各地七十座核電廠的興建與運行，為期幾十年。直到一九九〇年，一切都變了。[3]那一年，在核能服務公司（Nuclear Energy Services）擔任資深副總的阿尼，陰錯陽差接觸到了沒有防護且莫名其妙被人塞進了公司會計部一個保險箱中的輻射物質。他當起了吹哨人，將意外輻射外洩的風險向上通報，結果公司在三週後開除了他。岡德森自此離開了核能業界，並偕同身為專業核電公關的妻子瑪姬一起投身到社會教育的工作上，希望讓大眾更加了解核電的利與弊。

「其實不只是核電，還有深水地平線（譯註：二〇一〇年，英國石油公司在墨西哥灣發生原油外溢事件的鑽油平台），或是任何一個我們視為理所當然的高科技系統。它們當中只要有任何一個差錯，事情都會非常大條，」岡德森告訴我。「或遲或早，也不論系統有多麼防呆，呆子的呆都會超越防護設計的想像。不論我們再怎麼加入更多的系統防護，意外都是難以避免的——我們盡的人事可以延緩，但絕無法徹底預防某場終極的災難。」

意外在美國按規模與可能性的大小，可分為兩類。大部分的意外都屬於小規模且較頻繁的一類——用藥過量、車禍；另一類則屬於規模較大但較為罕見者——原油外洩、飛機墜毀。克莉斯托．伊斯曼以其匹茲堡研究告訴我們的訊息是：小型意外因為不夠聳動，所以常遭到忽視，但其積少成多的冤魂也相當可觀；相對之下那些大型且較少發生的意外則不容易被遺忘——在伊斯曼的時代不容易（如三角內衣工廠大火等級的意外可以霸佔報紙頭條長達好幾個禮拜），在今天也同樣不簡單。在二〇二〇年，即便頻繁的小車禍估計帶走了超過四萬兩千條人命，這類小車禍也鮮少能成為新聞，除了偶爾開車的是酒駕的名人，或者更偶爾地有巴士在紐約的布朗克斯區半路衝出匝道，吊在半空中直到隔天。[4]但在二〇一八與二〇一九年，兩架波音七三七Max客機墜毀（大型而罕見的意外）的空難引發了數個月新聞報導、一系列公開的聽證會，還有不止一次的調查，去了解是什麼樣的監理系統放行運作有問題的飛機起飛；這兩起墜機合在一起所造成的死亡人數，僅相當於美國一年車禍死亡人數的百分之〇．八。[5]

然而，自伊斯曼的時代以來，大型罕見意外之規模也在一個科技愈來愈複雜的世界中有所成長。今日的原油外洩與核電廠熔毀固然會吸引到龐大的媒體鎂光燈，但這些災難的規模如此浩大，以至於我們仍舊難以透過媒體報導窺見其造成之毀滅的全貌，而這也使得它們成為了輿論操控的完美目標。

險些覆滅的賓州哈里斯堡

瑪姬跟阿尼．岡德森同時在電話上，聽著我問起今日核能意外的可能性大小。瑪姬首先打斷了我。

「你說的應該是核電廠的爐心熔毀，或者說核電災難，也可以說是核電慘案吧？」她糾正了我的用語。

阿尼和我解釋，他的妻子不喜歡「意外」的說法，所以他自己會盡量不用——事實上，他每次演講的時候，都會請觀眾當他的人肉警鈴，只要一聽到他說出「accident」這個字就噹他一下。惟在他們賢伉儷出走的核能產業中，意外這個字仍舊受到景仰。

「產業界，我說的產業並不限於核能產業——也包括油氣業，外加一些化學產業；這些行業全都會使用『意外』一詞，因為那幫他們開了一道方便之門：**喔，那是場意外；我們也是受害者**。」瑪姬說。

他們當然不是受害者。「在日本的福島縣，」阿尼解釋說，「那兒幾十年來都有人警告，將有十三或十五公尺高的海嘯會侵襲沿岸，然而他們只建了一道四．五公尺高的堤防；原因是比這更高的堤防就得下重本了。同樣的事情也發生在墨西哥灣的深水地平線鑽油平台——他們早知道截流閥不管用，但不想花錢去修理。觀察大型意外，你會發現那都是管理出了問題。在當事人心目中，他們總覺得自己不會那麼倒楣，總是懷著僥倖的心態在撈取短期的利益。」

兩項因素增加了如今核災發生的風險。[6]其一是老舊核電廠的運轉異常頻率變高，另一個是再生能源與天然氣產業正發展得欣欣向榮，而這就排擠了核能產業的財源，讓他們想拿錢去維護那些老舊核電廠時顯得捉襟見肘。核災的可能性如今已來到二十年來的高點；阿尼告訴我，他認為事情的嚴重性會節節攀高，直到最壞的情境成為現實。

瑪姬跟阿尼已經按下警鈴，讓警鈴響了幾十年了。

在一開始，他們剛認識的時候，兩人都在核能產業服務，都一心相信原子能是原子科學最安全的應用。而他們的這種信念開始動搖，是在他們開始約會的一九七八年，也就是三哩島核電廠爐心將部分熔毀的前一年。當時阿尼任職的是另外一家核電企業，公司讓他負責採購一座反應爐，為此他去參考了一家巴布卡克—威爾考克斯（Babcock & Wilcox）公司所設計的產品。他確認該反應爐符合所有法規的要求，但從核能工程師的角度去看，他認為這產品太過脆弱，於是他決定跳過該反應爐不買——但在三哩島核電廠，那兒已經有一台巴布卡克—威爾考克斯的反應爐在運轉。

一年之後，一九七九年三月二十八日的清晨四點，三哩島核電廠突然跳機。這是正常程序——一種表示反應爐出現異狀的內建安全機制；跳機後的反應爐中就不會有原子繼續裂變。[7]

但不同於你家的吹風機或瓦斯爐，核反應爐就算關上，也沒辦法一口氣消除所有的熱與核輻射；跳機的反應爐仍需要時間冷卻。而就在此時，三哩島核電廠又出了其它差錯。這包括如同其它大部分的核反應爐，三哩島核電廠內含一個透過抽進河水來冷卻廠房的系統——即所謂的輔助進水系統，而這個系統在那天失靈了。

原本能夠冷卻反應爐的東西，沒有了。溫度開始上升，壓力也開始上升，釋壓閥開啟——像壓力鍋上面那個噹啷噹啷響的東西正在讓蒸汽逃逸。只不過這個大壓力鍋在釋放的不是一般的蒸汽，而是帶有輻射性的蒸汽；且釋壓閥開啟之後就卡在那裡，關不起來了。其實釋壓閥卡住關不了的狀況，原本也有一個機制會負責通報給核電廠的操作人員，但那個通報機制好死不死，也壞了。這下子，釋壓閥卡住的事情也沒人能即時發現。

但怎麼會釋壓閥一直開著，接連釋放了幾個小時的輻射蒸汽，都沒有人發現呢？在控制室裡，顯示閥門狀態的開關被標註為紅色跟綠色。由於閥門平日幾乎都是關著的，所以綠燈才應該要代表著關閉——代表著安全、正常，一切順利——就跟紅綠燈一樣；人看到綠燈就知道要前進，看到紅燈就要煞停。但這座核電廠的設計師們很奇葩，他們選擇讓綠色代表閥門開啟，所以當操作人員看向閥門指示燈，在四下警鈴大作的心理壓力下看到了綠色，就以為那代表閥門是關上的，是在正常運作。他們於是以為自己可以過關，小心一點就好。

在這個點上，三哩島的危機稱得上多重巧合：反應爐冷卻不下來；電廠在經由釋壓閥往外噴吐輻射性蒸汽；電廠操作人員對閥門未關一事渾然未覺。輻射一洩漏就是幾個小時，從清晨四點一直漏到早上七點，反應爐的掩體建築（亦稱圍阻體或安全外殼）內部出現了致命程度的輻射量，爐心熔毀已經處於進行式。上午九點，電廠操作人員終於得以讓冷卻水注入，但到了下午一點，囤積在反應爐內部的氫氣爆炸，反應爐掩體的混凝土牆出現裂隙，輻射開始大量逃逸。這場爆炸改變了方程式——小量與大量輻射感染的差別，就是生與死的差別。惟即便如此，在下午兩點，電廠負責人仍對賓州州長表示一切都在掌控之中，沒有必要反應過度。

阿尼會在三十五年後與州長見面，此時兩人都是賓州州立大學紀念三哩島事件的專題講者。在紀念活動當日，阿尼告知州長說他三十五年前被騙了，州長說他知道——是，他是被騙了。然後阿尼追問了一個關鍵問題：「如果當時的你跟現在一樣，知道哈里斯堡有覆滅之虞，你會不會下令疏散？」州長的答覆在這三十年間並沒有改變。他不會下令疏散，他告訴阿尼；因為他就不是那樣的人。「即使是此刻，當我們討論著這個概率很低、風險很高的處境——他當年只剩最後一道防線。一共六道防線，五道都已經失陷，剩下最後一道——他還是說他不會疏散。」州長的意思，我想，是在說他不是膽小鬼。

三哩島核災是一場規模很大、機率很低的意外——許多個別事件出了差錯，疊加出了一場反應爐熔毀的事件；而對州長而言，更重要的是**機率很低**，而不是**規模很大**。他並不覺得自己處於風險之中，所以他判定他轄下的哈里斯堡市也沒有危險。

只看到意外的可能性很低——特別是當這意外的後果包括大規模毀滅的時候——是一種並不罕見的僥倖心態。三哩島核電廠的反應爐要熔毀，需要很多事情同時出錯，而大型意外災難的罕見會給人一種遭到誤導的安心。惟在這次熔毀事件的前後，大型意外正好來了場空前的大會串，而這些像是約好了的災難啟發了社會學與組織心理學的若干先鋒提出疑問：為什麼在這些大型意外發生的時候，我們會這麼在意可能性？當阿尼談起州長只剩下最後一道防線可守時，他所援引的理論就出自這其中的一名學術先鋒——心理學家詹姆斯．瑞森（James Reason），他發展出了一種新的方式去理解大規模意外，名叫「瑞士起司」模型。

千瘡百孔

想像一疊瑞士起司。[8]起司上面有很多洞，對吧？但每一片起司的洞都是獨一無二的，所以即使把一片片瑞士起司疊起來，你也不太可能把所有的洞連起來。[9]詹姆斯．瑞森就是以這疊起司來比喻，在各種複雜的科技作用下，大型意外是如何發生的。比方說在核電廠中，每個安全系統就像是一片起司；警報系統是一片起司，冷卻系統是一片起司，每顆警示燈各是一片起司，一個訓練有素的操作員也是一片起司——一如那些會聽取操作員示警的操作員主管，還有會要求操作員主管聽取操作員示警的操作員工會。起司與起司之間的洞很少會連成一線，但一旦連上了，那就是災難一場。

單片起司上的一個洞，並不足以讓整棟房子傾頹；理想狀態下，在一個安全的系統中，災難可以由其他起司片擋下。某項失誤即使溜過某片起司的洞，也應該會一頭撞上下一片起司，災難也就此被擋下了。今天我們在建立人為環境中最具技術複雜性的部分時，都會考量到如果某個系統失效時，它不會一併把所有系統都拖下水——一顆錯誤燈亮起，不等於整座核反應爐就會隨之熔毀。但在瑞森的模型裡，意外的發生是因為每一片起司的洞出於某種巧合，排成了一條線——

失誤的串聯，導致了核電廠的熔毀。安全系統先是一一失效，然後這些失效的個別系統又被發現以難以預測且出人意料的方式連結了起來。瑞森稱這種眾星連珠的現象是「意外發生機率的軌跡」。[10]

比方說，要用最不拐彎抹角的方式去說明三哩島事件是哪裡出了問題，我們或可說那就是一個紅燈與綠燈意義的錯亂，但你不難看出反應爐的熔毀過程早在很久之前就已經開始。事故的起點可以說是電廠採購了巴布卡克—威爾考克斯反應爐的瞬間——畢竟阿尼早看出該品牌的產品結構不夠強；也可以說是電廠採購人員的受訓期間。在瑞森的模型裡，三哩島核災發生的理由有二：首先，多樣東西同時出錯；其二，這些個出錯的東西以人料想不到的方式產生了互動。核電廠的設計團隊會認為只要正常運作，那冷卻系統、釋壓閥與控制室的燈號就都各是一層安全防護。而在三哩島，每一層防護都不僅失了效，且其失效的方式還都互有影響。這個模式也適用於每一場大型意外，包括那些技術成分沒那麼高的事件，比方說三角內衣工廠大火。報導說那場大火始於有菸蒂點燃了某些碎布，但其包含一眾女工跳樓致死的慘烈結果，其實可以追溯回一層層安全處置的失誤——包括成山的易燃碎布堆滿地板，可供逃生的門被鎖上，也包括沒有法律規範逃生門必須保持不上鎖的開啟狀態。在大火之前，沒有人會想到三角內衣工廠的防竊政策跟地板的整潔與否扯得上任何關聯——而那在某種程度上，也正是瑞森想要表達的重點。瑞士起司模型講的不只是系統失效，它講的是造成災難發生的各系統之間那種詭異的聯繫——各式各樣意外地相互牽扯的危險環境因子。

人類失誤在這當中所扮演的角色，按瑞森所寫，是「在一鍋食材早已煮到透爛的要命燉菜中，加上最後的裝飾而已。」[11]在三角內衣工廠亂丟菸蒂的那名員工，或是在三哩島搞錯綠燈意思的那名核電工程師，都不是意外的煽動者。實際上，他們應該算是「一種繼承者，他們繼承的是由差勁設計、錯誤安裝、不當維修跟低劣管理決策所共同創造出的系統性缺陷。」

瑞士起司模型是一種理解意外以及避免意外的方法，我們在意外發生後的作為會決定同樣的意外會不會重演。鐵達尼號的沉沒與那之後發生的事情，就是一個很好的例子。[12]

陽春版的鐵達尼號故事是這麼說的：很多人在鐵達尼號沉沒時罹難，是因為救生艇不夠（還有蘿絲不肯跟傑克分享門板）。在一九一四年的那場悲劇發生後，《國際海上人命安全公約》（*International Convention for the Safety of Life at Sea*）提供了一個簡單的解決方案來回應這個陽春版的故事——大船必須備齊足夠的救生艇供船上的每一個屁股坐下。當然了，在實際上，鐵達尼號上的人罹難不單單是救生艇不夠那麼簡單，那背後是一層層複雜的原因：救生艇不夠、大船比較不穩、導航有問題，以及小氣的蘿絲不肯分享門板等等。隨著起司上代表失誤的漏洞一個個串起來，各種失誤就會開始以讓人料想不到的方式產生互動。

妄圖用簡單的辦法去解決複雜的意外問題是行不通的；這一點的證據在事隔三年後的一九一五年，出現在了世人面前。有一艘叫作東土號（Eastland）的遊輪準備從芝加哥河出港，船上有足夠兩千五百名乘客坐的救生艇。出發當天早上，大部分乘客都位於船的其中一側，為的是向在岸上的親友揮別，這在當時是一種習慣——但好死不死，他們正好站在船體設計師放置那一大堆新增救生艇的同一側。單邊過重的結果就是翻船，東土號就這樣傾覆在河港中。大約八百四十人罹難，主要都是身穿厚重衣物而沒辦法游泳，休克在冰冷河水中的移民。

把鐵達尼號的覆滅看作是單一失誤（單片起司上的一個洞）所造成的結果，反而引發了更多致命的意外——一如核電廠的反應爐，大船也是複雜的系統。為了理解複雜系統怎麼會出包，我們需要回溯這些理應保障人類安全的系統——救生艇、船體強度、導航程序、浮木的分享——然後看看當中哪裡出了問題，這些問題又是如何在彼此的互動中，導致了災難的發生。

瑞森使用一疊瑞士起司的意象來解釋何謂複雜系統意外，而隨著三哩島核災的塵埃落定，一名叫查爾斯·裴洛（Charles Perrow）的社會學家首先發想出了這個概念——不幸的意外不是隨機發生的偶然，而是系統性的必然。在詹姆斯·瑞森推出其瑞士起司比喻的十年前，裴洛調查了導致反應爐熔毀的各個組織性問題。相對於由美國總統卡特組成的調查委員會將該意外歸咎成「操作員的失誤」，裴洛的分析則催生出了一種對意外的新式理解——排斥了單一人為失誤可以造成一場大型意外的觀念。[13]

意外難免

一九七〇年代，大型意外成為一種流行病。七〇年代的大型石油外溢比那之前的任何一個十年都多；[14]一九七二年，致命的航空意外筆數創下了二十年新高；[15]一九七七年，兩架七四七在跑道上相撞——釀成人類歷史上最慘烈的一場飛機意外。[16]在查爾斯·裴洛開始調查三哩島事件前，這些意外的故事都圍繞著人為失誤、不可抗力、單純的隨機性在打轉。每場意外都被追溯回最後一個經手的個人——拉錯拉桿的機師，或是沒有能注意到警示燈號的核電廠操作員——然後就沒有然後了。[17]

在分析三哩島事故時，裴洛就希望能避免掉這樣的過度簡化。[18]他的結論是，核電廠意外並非單純是人為失誤所致；意外真正的成因，是危險環境條件與脆弱安全系統之間的複雜互動。以對三哩島事件的分析為起點，他發展出一個用來理解大型意外的框架，名為「常態事故理論」（Normal Accident Theory）。簡單講，這個理論框架想表達的是，在複雜性達到一個程度的系統裡，意外是難以避免的事情。

為了定義複雜性，裴洛搬出了「耦合」（coupling）的概念。[19]在一個「緊密耦合」的系統裡，我們很難把某個失誤跟接續的另一個失誤劃分開來；若是在一個「鬆散耦合」的系統裡，那這點就會容易一點。比方說一家工廠，就是一種鬆散耦合的系統——碎布著火了，而你把火撲滅，那災難就避免掉了；一座核反應爐則會是個緊密耦合的系統，其運作是如此的隱密與複雜，一個錯誤就可能觸發另外一種預期外的錯誤。系統愈是複雜、耦合緊密，一個問題就愈可能以讓人料想不到的方式連到另外一個問題，進而導致災難。

在他的三哩島調查中，裴洛深入了石化工廠、水力發電與原油運輸等領域的大型意外，從中發現了各種模式，並將之集結成書，出版了《常態事故：與高風險技術共存（暫譯）》（*Normal Accidents: Living with High-Risk Technologies*）——當中他把他的三哩島事件理論套用在各種大型意外災害裡，結果每次都能成立。某種連結存在於化學工廠、水壩、大船與飛機之間——它們當中都有種由互動構成的複雜性，讓意外變得難以避免，變成裴洛所說的「常態」；沒有單一的人為失誤能為大型意外負起全責。為了滿足人類對貨品、運輸、科技與能源等日益成長的需求，我們建起了各種使意外在預期之中的複雜系統；這些意外都誕生自系統性的因子。自克莉斯托・伊斯曼前去匹茲堡以來，這是美國第一次有人如此鉅細靡遺地讓我們看見，這麼多種看似五花八門的意外，其本質其實出奇地相似。

裴洛的書在一九八四年出版，同年有美國聯合碳化物（Union Carbide；如今成為了陶氏化學的子公司）意外將殺蟲劑生產中的氣體洩漏到印度的波帕爾（Bhopal），造成五十萬人中毒；兩年後有車諾比核能反應爐熔毀與挑戰者號太空梭在發射後爆炸；五年後有油輪埃克森·瓦德茲號（Exxon Valdez）在威廉王子灣（Prince William Sound）觸礁，引發阿拉斯加的原油外洩事件。這些意外的嚴重性都超過當時人類所見識過最大最慘的災害一個數量級（譯註：一個數量級為十的一次方倍，也就是十倍）——但即便如此，這些意外仍算是相對罕見。即便在這個意外災害頻傳的時代裡，最慘的意外仍舊只會一年發生個一兩起。

這種稀罕性可以稀釋掉我們對於大型意外之嚴重性的認知——但其實這些意外是真的非常、非常嚴重。

當我們說大型意外，指的是什麼？

核反應爐熔毀並不常見，但其後果卻稱得上不成比例且驚天動地——一場核災就足以造成廣泛的死亡與毀滅。但由於這些後果是分散在數百平方英里的範圍上，且會如涓滴一般滲漏到幾十年的光陰裡，因此我們對其災難損害的範疇比較難有個確切的概念。

就以三哩島這場部分熔毀的核災為例。工程師最終讓熔毀停了下來——所以有驚無險，是嗎？官方宣稱在事後十八年間都無人死亡。

這種說法，按阿尼．岡德森表示，是一個迷思：在反應爐熔毀後的六年間，居民的罹癌比率在薩斯奎哈納河谷（Susquehanna River Valley）翻了一倍，而且這種等級的意外後果不光是人的死或傷而已。[20]三哩島的清理工作始於一九七九年，到一九九三年才告一段落，財產損失金額估計高達二十四億美元。[21][22]

阿尼跟我說了反應爐熔毀當天的狀況；那是個平靜無風的下午，溫和的天氣將所有的輻射（掩體一裂開就開始噴出，並洩漏了好幾個小時的放射性物質）困在了河谷裡。確實，沒有人在事發當天倒地暴斃，但時間一久，死人是難免的。他向我推薦了已故博士史提夫．溫恩（Dr. Steve Wing）的研究。[23]一九九七年，溫恩以北卡羅萊納大學流行病學者的身分，重新評估了之前以三哩島周遭癌症發生率為題所進行的研究；結果他發現，因為鄰近意外現場而接受到的輻射劑量，與罹癌率的提高呈現顯著的正相關——且大部分人得的都是血癌。另一份研究在核災的二十年後發現，一種直接肇因於輻射暴露的甲狀腺癌，顯著好發於核災當下身在核電廠附近的個體之間。[24]核能業界面對這些研究的態度是，否認到底。

「不是說意外期間沒有任何放射性釋出，但那些輻射洩漏量非常低，低到對人體根本難言會造成任何健康上的衝擊，」美國核能管理委員會（Nuclear Regulatory Commission）的發言人尼爾．施漢（Neil Sheehan）在二〇一九年如此回應，因為有新的報導指出賓州的甲狀腺癌罹患率在全美「名列前茅」。[25]

當然，我們每個人都有「瞎子摸象」的可能性，畢竟三哩島核災在當年是全球第一起大型的核反應爐熔毀事件，沒有人能掌握事情的全貌。但當福島第一核電廠在二〇一一年熔毀之時，科學家已經準備好追蹤這場意外的後續影響；由此，在福島發生的事情可以大大增進我們對三哩島事件的理解，也可以讓我們對日後各地萬一再發生反應爐事故，心裡更有個底。

福島核電廠熔毀的一年後，阿尼去了東京，並在當地隨機於人行道的裂隙中挖點土，就這樣蒐集了五個樣本。返美後他測量了樣本的放射性；他採取到的每個樣本都符合美國對放射性廢棄物的定義——而且那些樣本可是來自距離福島的輻射源頭超過二百四十公里的東京，比從三哩島到華府的距離還遠將近八十公里。

我問阿尼，如果沒有人把三哩島核電廠關掉，結果會變成怎樣——亦即如果三哩島的反應爐不是部分熔毀，而是像福島那樣，一路走到完全熔毀的地步的話。「那我們就必須將被放射性粒子席捲的華府宣告為核能廢棄物棄置場。」阿尼說。

阿尼把溫恩博士取得自三哩島事件的算式套用在了福島之上，結果是他估計在第一代人當中，會有十萬人罹患可致命的癌症——這還沒算上早期發現並被治癒者，不包括發生在後代人身上的基因突變效應，也不包括非癌症的心臟與肺臟病變。這情況完全可以發生在美國，但當然後續病死的人並不常被算進核災的罹難者中。阿尼表示這種流行病學上的模糊地帶——死亡一旦分散在整體人口中跟幾十年的時間中，就會變得很難追蹤——就是核能產業抓著不放的靠山。

這些後果會以各種我們難以理解的方式加總起來：整座城市的封閉、大規模的集體死亡，也會有事隔十年二十年才化身疾病，悄悄摸上來的死神問候。原油外洩時的後果也可以在規模之大與延續時間之久這兩方面上讓人難以想像；埃克森瓦德茲號在一九八九年觸礁後傾瀉了一千一百萬加侖的原油到阿拉斯加灣中，學者估計因此喪生的包括兩千八百隻海獺、三百頭海豹、兩百五十隻禿鷹、二十二頭虎鯨，以及二十五萬隻海鳥，外加數以十億計的鮭魚卵與鯡魚卵。[26]但這場意外其實有著比上述數據所示要更久遠也更廣泛的影響。譬如直到足足四分之一個世紀後的二〇一四年，當地的海獺種群才恢復原本的規模。[27]

埃克森瓦德茲號是當時史上最大的原油外洩事件，直到二十一年後才被超越。當深水地平線鑽油平台爆炸沉沒時，至少一億三千四百萬加侖的原油湧入了墨西哥灣；學者估計因此塗炭的生靈包含至少一百〇二個物種的三十萬到兩百萬隻鳥類，接近兩萬六千頭海洋哺乳類，還有難以計數的大量魚類跟甲殼類。[28]另外，據推估有三十二萬隻海龜游過了外洩的原油；從德州到佛羅里達都有人通報目擊了鳥類身上有油。[29][30]事隔四年，海豚與海龜仍在以破紀錄的數字死去；二〇一九年，也就是原油外洩的九年後，海豚開始被沖刷上岸，渾身布滿了各種病變，而這代表的又是另一波滅絕。[31]學者擔心的是，這一新近的滅絕其實是早先海豚滅絕的延續；若果真如此，那就代表之前的海豚死亡紀錄還在創新高。

「我們或許壓低了意外的頻率，但卻加大了意外的嚴重性。」阿尼點出。「那似乎是太空梭與鑽油平台這類這些高風險人類活動的宿命。這些意外比起從前更加只是久久來一次，但只要來上一次就不是能開玩笑的事情。」

隨著時間過去，我們也不斷針對人類至為複雜的科技中各種堆疊的安全系統在解決各種問題——人員訓練的優化、控制室設計的改良，一切的一切都在進步。但這一層層追加的安全性，還是趕不上人類能源需求的快速增長。我們固然發明了個人的急難求生機制來對應極端罕有的意外事件——像是可以收納在飛機座位底下的救生衣——但我們仍願意接受那些顯著到只要暴露在其中就難以存活的潛在群體風險。我們這麼做，就等於是容許了既大且難以避免的恐怖意外能繼續存在，而這有一部份的原因是我們的主觀心境與情緒扭曲了我們的客觀感知，我們無法確切掌握「可能」一詞到底是什麼意思。

一場意外的可能性

就算我們明白了這些巨型意外的規模與可能性，我們也可能刻意對其視而不見。[32]大衛・德斯丹諾（David DeSteno）是麻州東北大學的心理學教授，他研究的是情緒對人類角色的影響。他解釋，在大型意外中，那大到極致的震驚與恐怖會讓我們下意識地壓抑自己，讓自己不去想這件事。這有一個專有名詞叫作「同理心疲乏」（empathy fatigue）。

「隨著一場悲劇事件的規模變大，人能對其表達的悲憫水準將難以跟上，」德斯丹諾告訴我。「此時人會開始被慘劇的規模震懾到怔住，忍不住想要瞥過頭。他們會想裝作沒看見。」

但即便我們掌握住了規模，撐住了其鋪天蓋地的震懾力，沒有把眼神移開，我們也還有另外一個考驗人類理解力的問題需要面對，那就是意外的可能性。

當我們欠缺資訊去解釋一場複雜的意外時，德斯丹諾解釋道，我們的大腦便會根據我們已知的東西去進行估算，而一旦調不出清晰的記憶或屬實的資訊，我們就會隨著自己的感受行事。這是一種演化的結果——如果你學會了看到猛虎要害怕，就比較不會喪命於虎口。情緒會形塑我們的預判，左右我們對事情接下來會怎麼發展的想像，我們會希望這想像能帶著自己逃出生天。但大型意外的罕見，也意味著我們基本上不會有可以引用的記憶，我們的預測也會偏離答案甚遠。

學者針對「人對意外可能性之預測何以會出錯」的探索始於一九八三年，當時開先河的是卡內基梅隆大學跟史丹福大學各一名心理學者所共同進行的研究。[33]這對研究搭檔進行了一場實驗，來測試我們的感性會不會影響我們評估意外可能性時的準確度。在這份研究裡，五百五十七名受試者閱讀了各種意外的新聞報導，然後這兩名心理學者請受試者估計其他特定的意外發生在他們身上的可能性有多高，以及這些意外發生在廣大世界上的頻率有多高。結果顯示，如果受試者讀了報紙上某個致命意外的報導，他們覺得「自己——跟其他人——也會遇到這種事」的程度也會升高，同時更加覺得自己也會涉入（心理學者提示給他們看的）其他幾種意外當中，反之亦然。這點十分重要；讀到某次意外最終有驚無險的報導，會讓受試者更傾向於預測全數的意外都將只是虛驚一場。心理學者可以使用某次意外的結果去影響受試者對另外一次意外之可能性的主觀認知；操控我們的心境，就可以左右我們對可能性的判定。你感覺悲傷的時候，德斯丹諾告訴我，你就更可能會覺得不論接下來發生什麼，都一定是壞事；反過來也一樣。

大型意外都會慘到一個不行，所以根據這些研究，一旦我們在人生中歷經了一次這樣的意外，之後就會每一次都相信天會塌下來；只不過政客與屬於大型意外災難常客的產業中的企業高層，都知道如何操控我們的感受——就像核能產業從過去到現在，對於三哩島週邊罹癌率上升時所帶過的風向。核反應爐熔毀的報導或許都會先起一個超級環保災難的頭，但在故事的中段與結尾尚未寫成之前，我們都有可能被人牽著鼻子走。

針對核電意外操弄我們的感受，是阿尼．岡德森還在核能產業任職時的職責之一。[34]在三哩島熔毀事件後的那些日子裡，他上電視對賓州的所有人說可以安全外出。[35]你也可以在原油外洩事件後看到這種用來定調的發言；首先是政治人物跟產業高層會跳出來宣稱意外沒有外傳的嚴重，然後是志工們會集結起來「清理」爛攤子——即使對原油外洩而言，所謂的清理其實不會有什麼效果。[36]但只要這些表面工夫能讓我們對原油外洩感覺不那麼嚴重，不那麼洩氣，我們就會覺得下次的外洩大概就不會來臨了吧。

有時候，為了在意外之後操控我們的感受，企業高層會挑戰報喜不報憂的極限。在深水地平線鑽油平台爆炸的不到一個月後，英國石油執行長東尼．黑沃（Tony Hayward）是這麼說的：「墨西哥灣是片很大的海灣。外溢的石油與我們投入的石油分散劑（驅散石油的界面活性劑）相較於海水的量體，只是滄海一粟。」[37]

企業高層還會臉不紅氣不喘地說謊，只為了改變我們對意外的認知。大衛．瑞尼（David Rainey）身為英國石油的一名副總經理，對國會的一個小組委員會報告說，原油的外洩速率是單日約五千桶；[38]他避而不談的是英國石油公司工程師交給他的預估，裡頭提供的數據是單日十四萬六千桶。在英國石油關上油井的蓋子後，公司高層預估已經外洩的原油量是三百一十九萬桶，換算成單日外溢量是瑞尼刻意壓低的數據的七倍。在事發後的一個半月中，密西西比州長哈利．巴布爾（Haley Barbour）矢口堅稱他的州內看不到能裝滿一個牛奶罐的黑油。[39]「過去四十八天內你隨時往密西西比灣的岸邊一站，都看不到一滴石油。焦油球（溢入海洋的石油經過長期的風化作用變成的一種黑色或褐色的形狀不一的油球）是有一些，但焦油球我們每年都有，那是墨西哥灣的自然產物。」他告訴記者。

就如同把錯推給小型意外中的工人，說工人有易出意外體質的老闆一樣，一口咬定**事情沒那**

麼嚴重的政客或企業高官是大型意外中的固定班底。當然你可以說這是為了避免輿論恐慌，這點白色謊言是不得已的；問題是，稀釋我們的恐慌也等於削弱我們對災害的關心。[40]我們的同理心疲乏是一道後門，讓有權有勢之人暢行無阻。我們一聽到政客或產業高官出來闢謠說某場意外災害其實還好，或者志工已經蓄勢待發要幫我們收拾乾淨，我們為災難懸起的一顆心也就能放下來了；這麼一來，我們對意外發生的過程與原因也就沒有了關心的動力。

這一切的一切——清理、謊言、政商高層的各種夸夸其談——都無異於是「有易出意外傾向之員工」與「方向盤後的瘋子」的翻版。然而，大型意外規模太大也太過眾所周知，要把錯全推給一個人做了一件錯事的難度實在太高。惟推卸責任的需求仍在，相關人仍需要設法讓外界忽視核能發電與抽取原油過程中的危險環境，於是你就會看到有權力的人開始混淆你對問題本質的視聽。

關於石油外溢清理這種例行公事會如何稀釋我們的緊張情緒，以及這當中的危險性，我們可以舉一個小例子來說明。且不論新聞媒體報導了多少回收石油的努力、不論有多少志工戴上橡膠手套在撈取，也不論控制漏油範圍的攔油繩在海上綿延了多少英哩，學者判定埃克森石油的清理措施就只能回收瓦德茲號百分之十四的漏油。[41]英國石油說他們從深海地平線那兒回收了百分之二十五的漏油——但那是他們的一面之詞，所以即便是這麼點不算高的數字也都令人存疑。[42]

整體而言，在漏油發生後，被清理過的鳥兒仍會有高於同類平均的死亡率，能活下來的不到百分之一。[43]科學家發現，把石油從鳥兒身上洗掉的過程，可能對鳥兒造成不遜於石油的傷害；在加州的一次漏油事件中，大部分的褐鵜鶘在經過清洗野放後都至死未曾交配。在二〇〇二年一場西班牙的漏油事件後，科學家與志工清洗了數千隻鳥兒；大部分都沒活過一週。在加拿大北部外海一次駭人的科學實驗中，學者故意把石油洩漏進屬於北冰洋一部份的波弗特海（Beaufort Sea），他們想根據實驗結果來決定要不要在那裡掘井採油。該實驗造成了當地的北極熊死於腎衰竭，同時鳥兒也無法倖免，原因是學者無法把石油圍堵好。該計畫的結論是清理石油基本上都是清辛酸的，不會有太大的效果；但加拿大仍放行了在波弗特海的鑽油活動。

但話說回來，那些又擦又洗還是能達成某種目的。那些擦洗等於是原油外洩的「回應劇場」（譯註：一如九一一後有所謂的「安全劇場」，也就是在機場做些華而不實，旨在讓人心安的安檢），那些表演所傳達的訊息是：這些意外沒事，因為它們是**可以**被清理起來的。假裝我們可以把漏油清掉，是石油公司在漏油事件發生時的風險控管利器，這麼做可以讓事情在外界眼中顯得沒那麼嚴重。

風險中到底包含了哪些東西，可以是個即便是專家也不一定說得清的謎；大型意外裡含有數目不詳的許多小意外，而要觀察大意外中的這些「小零件」，我們得去請益一個在本書中有著最酷職稱的朋友：普羅桑塔．查克拉巴提（Prosanta Chakrabarty），他是一名魚類策展人。

大意外裡的小死亡

在原油外溢後，所有的目光都集中在普羅桑塔．查克拉巴提所稱的「魅力型巨型動物群」身上，說白了就是親人的鯨豚、聰明的海獺、會讓人想一看再看的鵜鶘——各式各樣讓人目不轉睛的海洋居民；但這些並不是他的研究領域。[44]查克拉巴提作為隸屬於路易斯安那州立大學生物科學系的魚類策展人，是一名魚類學家，也是魚兒的代言人。

在二〇〇八年，也就是深水地平線鑽油平台爆炸的兩年前，查克拉巴提在一趟墨西哥灣之行中發現了兩種新的小型底棲魚類，牠們屬於棘茄魚科（又稱蝙蝠魚科）中的副棘茄魚，俗稱鬆餅棘茄魚。

在抵達路易斯安那前，查克拉巴提已經先針對棘茄魚做了功課，期間他注意到在美國自然歷史博物館所持有的那有限的標本中，有種奇怪的現象。館方將他們取得自墨西哥灣的個體標本都列為同一種棘茄魚，但那些個體在他看來，卻好像存在著一些差異，導致他懷疑那些個體可能分屬兩個不同的物種。但由於那些都是有些年代的標本，顏色都有點褪了，所以他只是稍感有點違和，但也未予深究；直到他得到了一個可以出海到墨西哥灣的機會。在那趟行程中，查克拉巴提對棘茄魚的懷疑得到了證實；他發現了兩種新的棘茄魚，並得知魚類學家曾以為廣泛分布於墨西哥灣的一種魚，其實是三種魚。

等到他發表了這些發現之後，最壞的事情已然發生。深水地平線鑽油平台已經爆炸，然後突然之間，記者紛紛打電話給查克拉巴提；鬆餅棘茄魚登上了美國有線電視新聞網的官網首頁。[45]記者想知道，墨西哥灣裡滿滿的油汙對這種新發現的魚類會有什麼衝擊。

靠著全球定位系統的數據，查克拉巴提可以估算出受影響的魚類數量——不光是棘茄魚。[46]他查看了一百二十四種在墨西哥灣的已知物種，當中七十七種是特有種——也就是全世界只有這裡才有。在這些物種中，百分之六十四的棲地與原油外洩處重疊；而在特有種當中，過半數生活在漏油的範圍內。更糟糕的是，事隔五年後，查克拉巴提發現自外洩事件發生以來，過半數的墨西哥灣特有種已經完全沒有了目擊記錄。但沒能在廣大的海洋中抓到一條小魚——有些魚比人的手掌還小——並不代表牠們就必然已經絕跡；查克拉巴提跟我說，他無法肯定地說原油外洩對鬆餅棘茄魚造成了什麼影響，因為他對這些魚在原油外洩前的生態也一無所知——他才剛發現這些魚而已。新品種的鬆餅棘茄魚讓他更深刻體認到自己對墨西哥灣的了解之少——而且在一場災難性的意外中，知之甚少代表我們可能損失了所有我們還沒來得及發現的生命型態。二〇二〇年，學者發現了一樣事實，那就是原油外洩與其影響的生活種群，都要遠大於我們之前的判定。[47]雖說水面的浮油在衛星影像中的面積是五萬七千平方英里，但追蹤水面下石油團塊的學者發現，其足跡要比水面浮油大上百分之三十——「足以大規模滅絕在該範圍內的海洋浮游生物。」同一批學者說。[48]

海洋浮游生物或許是石油外洩所害死最小的生物了；其潛在的大規模滅絕在事隔十年後被發現，顯示出查爾斯．裴洛與詹姆斯．瑞森的看法是對的。意外是一層一層的，而一旦事情出了差錯，每一層的失誤就會以複雜、令人意外，且往往看不見的方式產生互動。這一點固然在核反應爐熔毀與原油外洩等大型意外上屬實，但在乍看之下沒有層次、並不複雜、規模也不大的意外中，這一點其實也同樣適用。

所有的意外都是「常態」

本章提到的許多系統性意外都始於船上、鑽油平台上、工廠的四面牆壁裡，或是核反應爐的密閉範圍內，各種理論與模型——常態意外理論、瑞士起司模型——其初衷都是要套用在這些大型但有物理性邊界的系統上。

但我讀到的意外故事愈多，我就愈慢慢相信，所有的意外都是系統性的意外，也都是常態性的意外——設計、管理與組織在複雜設定中的例行性失靈——並且所謂的一個系統，完全可以不像一座工廠或反應爐一樣那麼具體；一個系統可以是一張公路網，也可以是一片海洋，或一個能源市場。為了真正理解意外，我意識到自己對裴洛跟瑞森的理論應用不應該侷限在具體的跟有範圍的空間中，我應該將那些理論應用在社會體系上、經濟系統上，乃至於整個人造環境上。

在三哩島，採購脆弱反應爐的決定對齊了常態性的跳機，跳機對齊冷卻系統的鎖住，鎖住的冷卻系統對齊讓人誤以為閥門關著的控制面板燈號——形成了一個緊密耦合的複雜系統。但整個能源生產的社會機制不也是同樣的情形？誠然，油井防噴閥的設計是一片瑞士起司，還有更多起司——包括讓深水地平線鑽油平台進駐墨西哥灣的決定，還有在事後信誓旦旦地說事情真的沒那麼糟糕的政客。鬆餅棘茄魚會陷入生死交關，或許是因為深水地平線鑽油平台的意外沒能被避免，但那也同樣是因為一開始有人做了決定，要用鑽油平台這種意外頻傳且後果重大的技術去進行能源開採。

在你指控我是那種會把簡報釘滿牆壁、還用紅線連起來的陰謀論偏執狂之前，請想想二疊紀盆地（Permian Basin）——這不是一間工廠，不是一家企業，而是一個誕生自壓裂技術，繁忙新能源市場的所在地。[49]如果把能源市場看作是一個系統，一疊瑞士起司片，那我們就能看出這市場能如何以各種複雜的方式去推動小小的意外。比方說，隨著開採頁岩油所需的水力壓裂法在二疊紀盆地的應用增加，油氣產業勞工的意外死亡率也一併升高；[50]由此，到了二〇一〇年，該意外死亡率已是其他所有產業加總起來的七倍。而這或許也在意料之中——危險的新技術走到哪，工安意外就會去到哪。

跟隨頁岩油這種新能源市場冒出頭來的，不是只有一種意外——有些意外會誕生在人意想不到的交叉口。在二疊紀盆地的一個郡裡，交通意外增加了七成；原油產量的增加直接對應了警察破獲大量甲基安非他命的件數大增，外加鴉片類的用藥過量形成一種流行病。[51][52] 毒品問題是一種副產品，其成立的條件有兩種；一種是某地區內有勞工從事高薪的危險工作而荷包滿滿，另一種是無雇主的契約工因為沒有健保，而得在多日忍痛工作後自我療癒。

這些都是誕生自不同的大型系統之間那些複雜且讓人料想不到的互動中，常態性的意外；這些大型系統包括了能源市場、毒品市場、承受不了人潮湧入的鄉村公路系統。這些系統的邊界並不是一間工廠的四面牆；實際上，這些系統的真身是社會系統、經濟系統、組織性的系統。所有的意外都是系統性的事件，但要了解這當中的一些系統，我們必須把鏡頭拉遠。我們不能只看到一個人從鑽油平台上掉下來，也不能只看到另一個人賺飽了錢在狂吸毒。種族歧視是一種系統，汙名化是一種系統，聯邦基礎建設預算也是一種系統。意外本身的規模再大，也大不過這一章裡所提到的那些案例了，但造成那些意外的系統則還可以更加包山包海——而系統愈是包山包海，那當中的風險也就愈難獲得控制。

第四章 風險

有個新方法可以測量一個人死或傷於意外中的風險高低，那就是去估算所謂的「耐撞性」（crashworthiness）——指的是你綁著安全帶坐在裡面的任何一種容器，不論那是一輛車、一艘船或是一架飛機，其扛撞、避免你受傷的能力到哪兒。耐撞性的測量可以在防護裝置存在的情況下為之（像安全氣囊跟有護墊的靠背都可以加上去），也可以在把危險環境因子拿掉的情況下為之（銳利的旋鈕或衝撞時會解體的座艙都拿掉或換掉）。休．德黑文在一九五〇年代完善了這個測試，做為他創立在康乃爾大學的「汽車碰撞損傷研究中心」（Automotive Crash Injury Research）的一部分。首先，他會把撞擊測試用的假人放進車內，然後讓車進行碰撞。這些假人被撞完的「下場」會讓他知道，在類似的車子與類似的撞擊中，你跟我的曝險程度有多高。這聽起來很直觀，但其實不然；工程師打造的撞擊測試用假人幾乎都是同一個人設：重約七十七點五公斤、高約一七五公分的男性。[1]測試跟管制在美販售車輛之風險，是美國國家公路交通安全管理局作為主管機關的權責，然而在他們局裡，僅有的「女性」假人完全沒有女性的身形——那只不過是小一號的男性假人而已。[2]事實上，那個女性假人只有一五〇公分高跟四十九公斤重；這麼苗條的身材在美國只占百分之五的女性人口。沒有哪個碰撞假人能夠解釋男女身形在生理學上的差異——胸部、肩膀、臀部的寬窄——或是乳房的有無以及女性的曲線。[3]女性身體在車禍中有其

內建的風險，單純是因為女體沒有在撞擊測試中獲得考量；由此，或許我們也不應該驚訝，在過去四十五年中，女性在正面撞擊的車禍裡受傷的機率高於男性百分之七十三，死亡的機率高於男性百分之二十八。[4]就連執行耐撞性測試的專家都不太清楚過半數人類所面臨的風險是什麼。

對風險的渾然不覺，似乎在整條意外光譜上都看得到。專家在進行牽涉到風險的決定時——那些會形塑人造環境的決定——會帶著主觀的偏見而非實際的專業。這麼一來，用來測量風險的系統（像是耐撞性測試），就會以讓人料想不到的方式與其他的系統（像是性別歧視）產生互動。女性更容易在車禍意外中蒙受傷亡，是因為我們沒有針對女體進行的撞擊測試假人，而欠缺女性假人是因為性別歧視是一種系統性的偏見。這些全都不在任何一位女性駕駛人的控制範圍內——她仍可能在車禍發生後遭到責怪，仍可能被說成是方向盤後的瘋女人。

「人的行動之所以達不到最理想的狀態，是因為他們被困在一種處境裡，那裡頭沒有他們要做出理想行動所需的工具或資訊。[5]結果他們卻會為了他們控制不了的事情遭到責怪，」巴魯奇・費許霍夫（Baruch Fischhoff）解釋道。他跟保羅・施洛維奇（Paul Slovic）還有已故的莎拉・萊奇登斯坦（Sarah Lichtenstein）共同在一九七六年創辦了一個名叫「決策研究所」（Decision Research）的智庫，擔任起風險知覺研究的先鋒。「相反地，那些應該要以更實際也更方便的方式提供人們資訊的人，或者應該賦權給人、讓人更有能力把自己日子過好的傢伙，卻因此被卸除了責任。」

風險知覺專家如費許霍夫跟施洛維奇主張，我們作為個體，其實相當擅長感知跟避開風險，但很多時候當意外發生時，風險根本脫離了我們的控制。就拿DC-10的乘客來說好了，他們不會知道曾有個叫艾波蓋特的工程師兼吹哨者曾想讓飛機停飛；又或者是雞肉處理場的員工不會知道，他們若不想在被鎖住的門後替OSHA從來不會來勞檢的工廠打工，還能到哪裡去；又或者一九五六年的車主想要買輛福特，就只能買那種方向機會在車禍時貫穿自己的車款。風險不只脫離了個人的控制——這些人還不知道他們暴露在什麼樣的危險之中，也不知道他們可以運用哪些資源去避開危險。

我們可以把這兩種因子理解為實際風險與風險知覺——我們實際面對的危險，以及我們理解這些危險的方式——而這兩種因子互動的方式是非常重要的。風險知覺專家發現，感覺到對處境有某種控制力，可以讓我們覺得暴露在小一點的風險裡——這一點無關乎實際風險的高低。由於D-10客機的乘客或雞肉工廠的勞工或福特的車主都不知道他們面對的危險，所以風險對他們來說既存在但又無法察覺，而這就變成一種雙重無法避開且脫離他們掌控的處境。

感覺到有控制力的「好處」

在過去四十五年中，研究人類如何感知風險的學者已然鎖定，有幾種內在的偏見會影響我們對一項活動究竟是有風險或沒風險的感知；而感覺局面在自己的控制之中，就在讓我們感覺安全的事物清單上名列前茅。比如我們會傾向於低估車禍的風險，一部分的原因是身為駕駛，我們覺得自己控制著車子；掌控的感受也說明了何以我們大部分人會喜歡開車更勝於當乘客，以及何以擁槍者不像無槍者那樣覺得槍是一種風險很高的東西。6

「你會感覺一槍在手，自己的人身安全就操之在己。」保羅・施洛維奇這麼告訴我。「事實上，不在我們控制之中的元素很多，但那種有控制力的**感受**是如此之強大，我們會因此低估了對風險的知覺，提高了對風險的接受度。」

還有另外一種情況會讓人願意容忍風險，那就是當這麼做有好處的時候——這也是我們低估車禍風險的另外一個原因。想想我們對兩種化學品強烈而且相反的反應，這兩種化學品分別是：農藥與藥物。[7]施洛維奇與費許霍夫所進行的調查顯示，大部分人認為農藥的好處少、風險高；對藥物則有相反的觀感——低風險、好處多。但事實上，兩者都是化學物質；兩者既都有好處，也都很危險。甚至就我們個別的生存狀況而言，農藥在統計上還不如藥物風險高——美國平均一年只會有二十三人直接死於農藥，但每天光死於鴉片類處方藥的人數就有三十八人。[8]只因為我們對農藥的印象較差（包括要不要暴露在農藥中這一點並不在我們的控制之中），加上農藥帶給人類的好處並不能被我們直接觀察到（除非你務農），因此我們會主觀判斷農藥的風險較高。[9]而說回藥物，我們可以直接因為吃藥而覺得身體變舒服了，而且要不要吃藥、何時吃藥、吃多少都全在我們自己的控制中，因此我們會覺得其風險沒那麼高。從這個角度出發，我們就不難看出何以擁槍（憑藉其待給我們的安全感）以及駕車（憑藉其帶給我們的方便性）會同時在風險性上遭到大部分人的低估。

施洛維奇與費許霍夫還指認出了其它會扭曲我們風險知覺的因子。我們會因為恐懼一件事情而高估其風險——比方說，對空難的恐懼與對開車去買東西的恐懼就是一種很好的對比。[10]一件事情如果是人禍，感覺就會比較危險，比方說核電反應爐的熔毀；而如果是天災，感覺就相對沒那麼危險，比方說地震。如果我們對一件事情沒有選擇，或是那件事必須以信任他人為前提，或者那當中牽涉到小孩，或者那是件新鮮而不常見的事情，或那是件被經常宣傳的事情，我們都會覺得風險比較高。威脅到我們跟威脅到他人的風險相比，前者會讓我們感覺更為恐怖。如果上述種種條件疊加起來——恐懼、人禍、脫離我們控制、新鮮感、該意外的高知名度，例如在二〇一八與二〇一九年的先後發生空難兩架七三七Max機那樣——那麼我們對風險的感知就會受到推升。

當然了，這些只是主觀的認知。不論是買槍或服藥，都能讓我們**主觀上的**主導權升高、不安全感降低，但那並不等於我們就**真的**有了主導權跟獲得了安全。真正主要決定我們**實際上**危不危險的，是那些設計道路、製造槍枝、包裝藥品的人——但那些人也是人，他們也跟我們一樣會高估或低估風險。

知道了我們對系統性意外所知道的一切後，風險與知覺之間的落差握在專家的手裡就變成了一個很讓人感到驚恐的前提。應用在一整個系統上——不論該系統是工程師如何設計道路或軍火業者如何設計槍枝——誤判風險的後果會在人口中不斷產生加乘效果。比方說，若你只因為覺得自己方向盤在手就大權在握，而且以車代步給了你很多移動方便的好處，那你的車就會愈開愈快；而車一開快，你就會極小化對風險的估計，進而讓你自己跟身邊的一些人暴露在升高的風險中。但如果你是個負責設計道路的交通工程師，那你的風險知覺就不是你一個人的事，而是會影響很多很多人，在一條道路長達幾十年的生命週期中造成無數的車禍。一個人的風險知覺可以隨著他或她的權力在手，而為我們所有人創造出危險的環境。

速限只是一種感覺

大量的證據顯示，交通意外會以類似的方式重複發生在類似的地方，除非環境有所改變。當交通工程師改變了一條街的設計時——比如將一條駕駛可以舒舒服服在上頭超速的街道，改成一條你要減速才能感覺到安全的街道——那條街上的意外傷亡就會顯著下降。[11]這告訴我們一件事：交通工程師有能力防止車禍的發生。惟即便如此，死於車禍的風險仍然居高不下——二〇二〇年，車禍是美國排名第二的意外死因，死於車禍的人數比被槍枝、火災與其它危險機械的人都多。

艾瑞克．鄧保（Eric Dumbaugh）是在佛羅里達大西洋大學教授都市計畫與區域規畫的一名土木工程師，也是道路安全跨學科合作中心（Collaborative Sciences Center for Road Safety）的副主任；他解釋這種不對稱的發展，是關於風險的資訊品質不良造成的結果。[12]他告訴我，許多交通工程師用來設計道路的準則，都存在過時、誤用與以訛傳訛的弊病。

問題就出在美國大部分的道路工程準則都寫成於一九五〇年代與一九六〇年代；當時美國政府正在根據一九五六年的《聯邦補助公路法》興建全長六萬六千公里長的州際公路系統。與此同時，拉爾夫．奈德正在號召同志對抗車廠；眼看要成為過街老鼠的車廠為了轉移焦點，便如前所見把鍋甩給了方向盤後的瘋子。同樣為了卸責，車廠的另外一招是一口咬定車子本身並不危險，危險的是道路設計。[13]車廠出於自私的理由吹起了交通工程的重要性，但放眼美國最早的交通工程準則書，那些作者並沒有足夠的能力去衡量他們所建道路的風險。那些今天仍用來設計道路的準則就出自這樣一個三合一的交叉路口：衡量風險的能力有限、道路設計作為交通安全的「秘密醬汁」受到了更大的矚目、州際公路系統成為資金充沛但目光短淺的政策重點。

在當時，美國並沒有聯邦機構主掌交通安全事務，車輛撞擊的統計則是由各州各自為政，並不精確，所以整體關於意外風險的數據並不齊全。[14]但早年的交通工程師確實知道，他們在興建的州際公路有著比其它道路系統更低的意外發生率與致傷率。[15]報紙當時也大量報導，一種戲劇化到讓人印象深刻的意外，會發生在跟州際公路完全不一樣的道路上：這種車禍會有一名失控的駕駛，一台衝出道路的車子，還有一堆把樹幹或電話線桿包起來的殘骸。失控會讓這些這些意外感覺格外高風險，這一點也完全表現在媒體曝光的那些令人怵目驚心的照片上。從這兩個因子[16]——波及路旁樹木跟電話線桿的重大意外，還有低出事率的州際公路——去思考，讓我們發想出一個「寬容路側」的概念，也就是一種在設計上對犯錯的駕駛比較「寬容」的路街。

理論上，寬容的路側似乎可以降低風險；在實務上，這意味著工程師開始把其他的道路設計得跟州際公路一樣。相較於其他道路，州際公路更直、更寬，且路肩的淨空處更廣——沒有樹、沒有電話線桿，沒有商店，也沒有匝道。都沒有樹了，你要怎麼把樹包住，對吧？在沒有數據可以佐證對錯的狀況下，這種「改良」很快就成為了標準做法。[17]工程師認定路邊的東西都叫作「路邊的障礙物」。寫入早期美國工程設計標準的這些規則——路邊應該淨空、道路要直、要寬，這樣駕駛才不會失控，車子才不會偏出去——根據的是有關當局對這些路邊障礙物的風險認知。假以時日，強制性的安全氣囊、安全帶與潰縮式方向機柱會降低這些車禍中的傷亡風險，但那些早年訂下的規則並沒有被移除。今日的工程師學的那一套，仍是彎曲的鄉間林蔭道路很危險，就像都市裡彎彎曲曲還有長椅可坐的商店街一樣危險。[18]

這些設計準則讓鄧保感到困惑；他在那些彎彎曲曲還有長椅可以坐下休息的商店街上待過很長時日，從來不覺得那裡有什麼危險。設計準則與現實間的落差，成了他博士論文要調查的題目，結果他的研究證明「寬容路邊」背後的理論基礎並不準確，或至少被誇大了。[19]鄧保發現，貌似州際公路的都市街道其實會增加車禍，反倒是那些看起來生活感十足的路街會讓車禍減少。他挑出了毗鄰郊區的商業街，還有黃金地段的林蔭路段，結果發現車禍根本不會發生在這些地方。這些鬧區跟林蔭路就跟鄧保印象中的一樣安全，而這跟有工程學位的他當年在學校裡所學，還有如今的學校依舊在教的課程內容，根本都不一樣。

「大多市區路邊的車禍都不是隨機的操作失誤，」鄧保告訴我，「而是被系統性寫入道路設計的弊病。」

鄧保發現，大部分城市街道上的車禍會發生，都是因為車輛在車道與巷弄中的行駛與轉向都過快。[20]事實證明，當交通設計師把道路弄得跟州際公路一樣又直又寬，駕駛人就會覺得受到鼓勵，不禁想把市區當成州際公路來開。被設計師拿掉的那些彎道、行道樹與長椅，其實都真有著一種障礙的作用，可以用其所呈現出的風險逼使駕駛放慢速度——少了這些障礙，駕駛會覺得風險變小，對駕車的控制力變大，進而更放心地踩下油門。而車速一變快，車禍跟死傷就會變多——道路的設計，誘發了駕駛的失誤。

鄧保在完成學業後仍不忘研究的初衷。二〇二〇年，他採取了類似的方法去檢視在北卡羅萊納州的夏洛特附近，發生於三年間的共五萬件車禍。[21]他注意到他的交通工程師同仁傾向於把這些意外怪罪到駕駛的操作失誤上，而他的研究發現則顯示，比起有易出意外體質的人類，道路的特性才真正是陷人於險境的元凶。最嚴重的交通意外——那些有人傷亡的車禍——往往都發生在有以下這些設計的路：四線道起跳、速限超過五十六公里；有大量商用車道（譯註：通往商辦或營業設施的連通道路）從幹道上切進切出；沿路設置的公車站讓行人與駕駛人產生衝突。把州際公路的規則套用在這些滿是交會口的市區道路上，是個非常要命的決定。

大多數時候，當交通工程師設計一條新路來連結兩個地方的時候，中間都是空的，至少一開始是沒有東西的。[22]交通工程師進行有關道路設計的所有重大決定——路幅多寬、速限多快、路線多直——其根據的都是「預後」。他們會預測未來三十年的交通流量與土地開發，並設計高速道路來連接重劃區（新開發區）與同區域內舊有的部分。在兩地中間還沒有東西的時候，這條連接道路是完全安全的，但隨著人類的開發將兩點之間的空間填滿商店、住家與學校，原本空蕩的高速道路就會變得熙熙攘攘——而且危險。鄧保在校學的是路邊的障礙就代表風險，但其實真正的障礙是過直的道路與其所鼓勵出的車速。工程師內建到新路裡的風險只會隨著時間增加，因為人類的開發會以道路為中心，不斷地將重劃區填滿。

工程師一設計完快速的道路，就會同時加上一個速限；[23]按鄧保的解釋，這也是基於那些老準則書裡的教誨。那些書裡的規則建議設立速限，不是出於安全考量，也不是要防止意外發生，而是結合了工程師應該在納入考量時一視同仁的種種因素。如其中一本工程準則書所言，「在挑選設計速限時，我們應該要竭盡一切努力在環境品質、經濟、美學與社會或政治衝擊的侷限內，去找到及安全性、機動性與效率於一身的最佳解。」[24]這話翻譯一下的意思就是，交通工程師應該要在把「人會不會死在道路上」跟「人能不能在不塞車的前提下到達沃爾瑪大賣場」視為**同等重要**的考量。

隨著開發計畫沿新道路到來，交通壅塞也會跟上，然後道路上的車速就會變慢。[25]交通工程師所被灌輸最首要的規則就是壅塞是個問題，而速度慢就等於沒效率，所以在「後開發」階段，交通工程師要重新評估速限。他們會為了決定新的速限而進行研究，看看駕駛在街上開得有多快，然後把觀察到的車速製成表格，看看不同速度出現的頻率高低。這類研究幾乎無一例外會看到，大部分人都開在一個類似的車速上，但也會有百分之十五的人開得比其他人快很多。交通工程師就會用這百分之十五的人來當做速限設立的依歸——這百分之十五駕駛的車速範圍下限，就會是新的速限，也就是其餘百分之八十五的人將來要遵守的車速上限。交通工程師稱這是「第八十五百分位數」的速度。工程師在全美各地的主要幹道上設立速限，就是透過這種方式。

「我們看到車子都開得那麼快，就以為那是道路上的安全速度。」鄧保說。「但你要知道，這樣的假設沒有任何的安全依據；我們只是想當然耳地認為大部分人不會沒事想要撞車，所以他們所從事的一定是他們覺得安全的行為。」

大部分速限都沒有物理學或專業的撞擊測試做為依據，而只是大部分業餘駕駛**感覺**出來的安全速度上限。速限是一條道路上**主觀的**安全速度，而不是行駛在那條路實際上的客觀安全速度。專家、工程師和那些大權在握的人之所以設立速限，並不是為了限縮道路上的風險或透過道路設計讓車慢下來；實際上，專家們是設計了一條又寬又直的道路來鼓勵超速，並根據非專家行駛於其上的速度去設立速限。這個問題之所以無人聞問，一個原因是它沒被歸類為問題。比方說在二〇一八年，美國國家公路交通安全管理局將車禍喪生的大約九千人歸咎於超速。[26]事實上，那年美國有超過三萬六千人死於車禍，但只要車禍中適用的是被人為設得過高的速限，那其造成的死傷就不會被怪到超速的頭上——畢竟駕駛會開到那麼快，也是照著速限在開。

一旦憑著駕駛人錯誤的風險知覺或有誤導性的州際公路系統範例在設計道路，工程師就等於是在參考幾十年前的過時方針在工作。[27]那些老掉牙的準則參考書，像是《街道與公路用統一交通控制裝置手冊》（*Manual on Uniform Traffic Control Devices for Streets and Highways*）與《公路與街道的幾何設計政策》（*A Policy on Geometric Design of Highways and Streets*）都是如此地與道路安全的結果背道而馳，以至於那些規定手冊實際上並不鼓勵在路口裝設行人穿越道或行人時相燈號，除非車禍的風險實在太高。按那些書中所寫，低風險的過馬路方式——像是斑馬線或紅綠燈——都是要在每小時通過人數達到一百人的行人流量累計達四小時後，才值得做出的安排。[28]注意，要一百個人才算數，少一個都不行；哪怕少一個，那些寫書的人都寧可讓九十九個人冒著生命危險過馬路。[29]

放眼全美，交通工程科系都還在教授這些書上的規則，而這些科系的畢業生也都還相信，只要遵守這些規則，駕車的風險就可以降低。[30]這些規則也保護了工程師；只要死忠地遵照規則行事，不用管它們有多過時或多沒有根據，工程師就可以獲得不被告的護身符。工程師的道路設計置我們於風險之中，而他們自己就法論法可以高枕無憂；遇到不安全的街道造成車禍傷亡，工程師可以一推二五六地宣稱他們只是照章行事，而他們說得其實也沒錯。

「我是個名校畢業的學霸，頭頂土木暨環境工程博士學位，但我必須說，交通工程是個詐騙的專業，」鄧保語出驚人。「這門科系自命是道路安全的權威，但其實什麼都不懂。這科系作育了一代又一代的學子，灌輸他們不正確的資訊。他們授予人學位，讓他們儼然出落為一方專家，但其實他們肚子裡根本沒有料。美國大部分交通工程學程都沒有為道路安全問題專門開一門課，學生至多可以聽到一兩堂課是在講道路安全——那可能是交通工程學分裡的一個過場，也可能是在講路街設計如何維持高車速時順帶提到。

一項研究坐實了這一點；該研究調查了美國一百一十七所院校的交通運輸工程學程，結果不到百分之二十五自認有提供安全課程。學者深入了解後發現，有三分之一的課程其實只教交通工程暨公路設計——全部都是那套老規則，安全什麼的連個影兒都沒有。[31]

這樣教出來的交通工程師不講究如何控制危險的環境，而是會抓著人為失誤為意外開脫。我就聽一名交通工程師和我形容過，州際公路上——而且不是一般的公路，是他們協助設計的州際公路——的車禍起因是：「車禍依舊難免，因為有些人就是神經病。我不知道那是出了什麼問題，但三寶就是三寶。他們車開得之快，遠高於速限。」

要是你只看交通意外之前的那段時間，那麼你八成也會把錯歸給方向盤後面的瘋子——歸給帶有風險的駕駛人。但如果把鏡頭拉遠，你就會發現系統中存在各個層面的風險——而這些風險都不在駕駛的控制之內。

風險根深植於我們的道路中，因為道路的設計與使用底下藏有偏見與誤解。但在另外一個地方，我們可以看到風險的根扎得更深：我們的開國先賢將風險植入了美國憲法裡。

完全合法但也完全不長眼的槍枝

那些個男人身穿迷彩服與護目鏡，或是防彈背心加打底的灰色T恤，出現在影片裡。[32]他們站在後院或是車庫裡看著鏡頭，嘴裡介紹著他們馬上要放掉的槍。然後，他們就鬆開手，放掉了槍——先從一公尺高，然後從一．二公尺高、一．五公尺高；撞到地面的槍瞬間走火，射出了一發子彈。在YouTube上，槍的掉落測試一個接著一個，由素人人為製作出來——我數到第一百個就放棄了。那些人拿鐵鎚敲打槍枝，讓槍掉落到地毯上、木頭上和土地上。沒有人去扣扳機，但槍還是一次又一次地落地、射出。

那把手槍是德製的希格紹爾P320（SIG Sauer P320）；它會被選為YouTube掉槍擊發實驗的主角，不光是因為它可以隨機發射，還因為它是很多人的愛槍——至少曾經是。在希格紹爾跟美國軍方簽下了價值五億美元的合約，要生產P320來做為軍用手槍後，全美警方也開始採用P320來作為制式武器；[33]槍枝的愛好者受到啟發也一擁而上。然而在採購之前所進行的嚴格測試中，軍方高層發現，當你讓P320掉落，使其照門（譯註：又稱後準星；就是把手槍看成一個L型，位在直角外側的部分）撞擊到地面的時候，P320就可能在無人扣下扳機的狀況下走火擊發。

美軍在希格紹爾公司出貨前指出了這個缺陷，而該公司也把要出貨給美軍的槍枝進行了修正。[34]但其他不是要交付給美軍的P320，就沒有這種待遇了——希格紹爾公司送出了逾五十萬支P320給美國各警察分局，也給其它一心想入手有美軍掛保證之手槍的玩家。

在康乃狄克州的斯坦福（Stamford），一名員警掉落了一支帶槍套的P320在其後車廂旁的地上，結果膝蓋上被貫穿了一槍；[35]奧蘭多的另一個警察讓他帶槍套的P320脫手落地，結果被一槍打在大腿上；[36]維吉尼亞州的一名女性副治安官甚至沒有掉槍——她只是取下槍套，就被自己的P320打裂了大腿骨，她這輩子可能都無法正常走路了。[37]

隨著官司紛至沓來，希格紹爾公司推出了P320自願升級計畫。在官網上，該計畫的常見問題區劈頭直搗事件核心：[38]

問：我的P320以目前的規格使用下去，還安全嗎？

答：是的。P320不僅符合，甚至超越所有美國官方的安全標準。只不過機械安全性的設計是用來補強而不是完全取代安全的操作習慣；用槍不慎或不當都可能造成意外的發射。

這段說詞或許比「方向盤後的瘋子」囉嗦很多，但我們仍可以將之濃縮成「用槍不慎或不當」，然後加入到將意外的發生歸咎於人為失誤的說詞中，成為樫鳥行人跟有易出意外傾向之工人的新夥伴。

希格紹爾公司編出人為失誤的說法，是因為傑夫．巴格奈爾（Jeff Bagnell）在二〇一九年代表其當事人馬西．瓦德奈斯（Marcie Vadnais）對公司興訟。[39]馬西是維吉尼亞州勞登郡（Loudoun）一名有七年資歷的副治安官；二〇一八年二月，她包在槍套內的配槍走火，打到了她的腿，傷勢嚴重到無法回歸維持治安的工作。希格紹爾公司與瓦德奈斯在陪審團審判的第二天達成了和解，但那並沒有改變該公司對她及對任何人的回應態度。[40]

「基本上他們的態度就是，這些人都以某種方式誤扣了扳機，而那是莫大的侮辱——不僅對專業的執法人員十分不敬，甚至對任何一個稍有武器素養的玩家都是狗眼看人低，」巴格奈爾說。如今他代表了許多因為P320受傷的苦主，當中也包括全美各地的執法機構。

半自動手槍被歸類為半自動，是因為它們擊發的方式。[41]不同於搭載外部擊錘的普通手槍，P320這種採用擊鐵來發射的武器是在彈簧的壓力下擊發。巴格奈爾告訴我，擊鐵式的手持武器一旦擊鐵就位且子彈上膛，就會處於一種高風險的狀態；那就像你已經拉滿弓而且箭在弦上，任何一點機械或設計上的缺陷，都等於是坐等意外發生。然後他突然像說錯話似地停了下來。他不想稱那是意外。

「發生這麼多次的事情，不能叫意外。『意外』這說法是槍枝產業的話術，是他們用來掩蓋設計與製造過失的託辭——那過失屬於廠商，屬於企業，而不屬於執法者、不屬於馬西、不屬於任何老百姓。」他告訴我。「一款出包這麼多次的手槍，不知道多少年前就應該全面召回了。」

從生產泰諾（Tylenol，譯註：普拿疼在美國的藥名）的業者到做早餐麥片圈的乾杯（Cheerios）公司，企業召回產品是家常便飯——有時候是政府要他們這麼做，有時候是他們搶在政府開口前主動這麼做。但槍枝從來沒有被召回過，而那是因為他們享有一項特權：他們在美國政府裡沒有安全主管機關；槍枝的設計沒有聯邦標準。[42]一九七二年，全美步槍協會（National Rifle Association）與槍枝廠商說服了美國國會，禁止負責為商用產品設立安全標準並可要求召回危險產品的美國消費品安全委員會（Consumer Product Safety Commission）將槍枝安全納入他們的職權範圍內，由此槍枝可以意外走火而不受追究——這徹底顛覆了擁槍者對於風險的認知。[43]受過訓練的擁槍者所理解的風險，可以透過他們操作槍枝的手法來降低，但訓練對於像瓦德奈斯治安官這樣的受害者，助益趨近於零；希格紹爾公司讓風險成為瓦德奈斯掌控之外的因子，因為她的槍是在她根本沒有進行操作的時候走火。

「我現在做為律師的任務，就是要把消息傳出去，讓配槍或擁槍的每個人都知道P320需要被放進保險箱裡，萬萬碰不得，因為你不扣扳機它也可能擊發。這是不可接受的。你不能說一把半自動的手槍只要稍微碰的地方不對，稍微蹭到牆，稍微轉不對方向，就會砰的一聲發射，那還得了。」巴格奈爾解釋道——而P320就是這麼一把槍。「這把槍基本上就是一顆不定時炸彈，主人根本控制不住。」

還記得施洛維奇跟費許霍夫對風險跟控制感有什麼發現嗎？擁槍或開車讓人感覺局面在自己的控制之中。只要往方向盤上的兩點與十點鐘位置一握，我們就會覺得一**車在手**，其樂無窮；我們想何時出發插進車流，都**操之在我**。同理，去買子彈的是**我們**，扣下扳機的也是**我們**；一槍在手，那種爽度會從控制武器的觸感延伸出去。擁槍還能讓人覺得自己主宰著某種看不見摸不著的抽象事物，比方說自身的安全。事實上，大部分擁槍者都會舉安全防護來做為他們購置槍枝的理由，而這一點隨著時間過去，與犯罪率呈現了反向的發展——我們的國家愈是變得安全，出於安全考量買槍的民眾就愈多。[44]

研究人為什麼買槍的心理學家已經歸納出購槍者有兩種常見的心境：一種是擔心被人襲擊的收斂主觀風險，另一種是覺得這個世界很危險的發散主觀風險。[45]這兩種心境都不是實際上的客觀風險，而是一種主觀的認知[46]——而這也解釋了何以擁槍人數會在社會騷動被大肆報導時有所增加；比如在二〇二〇年間的好長一段時間，黑命貴運動（Black Lives Matter）就引發購槍行為提升至史上新高。而雖然擁槍派可能決定購槍來增加控制感，但此舉也會使人意外開槍打到人，或被人意外開槍打中的風險升高。麻塞諸塞州的兩名學者追蹤了購槍背景調查與意外槍擊事件在桑迪胡克大屠殺（Sandy Hook massacre；譯註：二〇一二年十二月十四日發生在康乃狄克州，造成十八小六大共二十四死慘劇的小學校園槍擊案）後五個月內的異常升高；[47]槍枝專賣店在那段期間的業績比起之前幾年的同期多出了三百萬支的銷量，而死於意外槍擊的人數則比平常多出了六十人，包括大約二十名兒童。

基於對風險的感知與想要掌控局面的慾望而去購槍，反而會讓人陷入更大的風險中。在槍枝管制較嚴格的州，民眾可能會覺得主控權比較不在自己身上，因為州政府會限制州內的擁槍數；但槍擊意外的風險反而就是在這些州最低。[48]因為感覺到風險並為此去買槍控制風險，只會反過來增加我們的風險。

在腦中衡量風險時，我們也會同時衡量我們對控制力的認知，但不僅我們對風險的認知不時會出錯，我們也可能會誤以為自己對局面有控制力。就以希格紹爾P320為例，那把槍所帶有的風險根本不在持槍者的手中，因為擁槍派的遊說者已經成功讓槍械一體適用地豁免於美國的管制體系外；醫藥則正好與此相反——藥品被廣泛地管制，以至於美國人普遍在家吃藥也放著一百二十個心。但如果主關機關對已知的風險視而不見，你覺得服藥在美國還能感覺到安全嗎？

不撒出去才奇怪

要說哪一群美國人的生活跟風險最息息相關，那肯定就是家長了。這種風險意識包圍著各種雞毛蒜皮的風險，比方說有種風險是在給戒尿布的孩子進行大號訓練的期間，若不在家看著可能會發生臭臭「意外」；還有一種風險不僅臭，還可能會危及生命，比方說蓋毯子睡的嬰兒會有窒息風險。家長的風險意識是演化出來的結果，畢竟人類的「幼崽」既沒有烏龜寶寶的硬殼，也沒有狩獵的本能；人類是一個出生幾年內若被遺棄在野外，就只能等死的物種——在那幾年中，家長必須挑起所有的風險。

我們過的是社會生活，而社會生活的設定就包括，相信那些權力大到可以對影響全社會之風險進行控制的人會保護我們，讓我們不受已知危險的傷害。針對危險，只要存在可以保護人的解決方案，我們就會期待政府官員跟企業高層去實施那些方案。但這一點在梅希．吉蘭（Maisie Gillan）的身上並不成立。

亞當跟瑪麗貝絲．吉蘭（Adam & MaryBeth Gillan）並沒有做什麼冒險的事情，但他們九個月的寶寶梅希還是死於了意外藥物中毒。[49]他們控制不了的風險，五花八門。

在鄰居家用晚餐的時候，亞當與瑪麗貝絲讓小梅希在地板上爬了幾分鐘。她的雙親與鄰居一直小心翼翼地看著她，但就在這過程中她不知怎地吞下了一顆美沙冬（methadone；編按：一種鴉片類藥物，用於緩解疼痛或戒除毒癮。）。那顆美沙冬會掉到地上，是因為鄰居的老母親在幾天前想吃止痛藥，結果手沒拿好；梅希的爸媽推測是那顆小藥丸黏在她的手上沒被看見的地方，然後她又把手放進了嘴裡，畢竟小嬰兒都喜歡吃手。梅希那晚上床睡覺後，就沒再醒來過了。

跟我通電話時，亞當與瑪麗貝絲都請了育嬰假在家，他們才剛生了一個寶寶。失去過梅希的兩人如今看著家中的寶寶，心中迥異於以往的風險意識油然而生；如果以前的他們是一對小心翼翼的父母，那現在的他們就是罹患創傷後壓力症候群的父母。亞當說起了那些家長不小心把孩子擱在了汽車安全座椅上——然後鬼迷心竅地，忘了——那些案例成了他揮之不去的夢魘。

「只是開十分鐘的車去雜貨店買東西，我都會在停紅燈的時候去戳一下他，確認他還有呼吸，大概就是這種感覺。」他說。不僅是對小寶寶，亞當對家中老大的風險意識也有所升級。「如果她在客廳看電視而我在廚房，然後我聽到她吃蘋果吃到咳嗽或之類的，我就會衝出來。連之前那麼奇葩的事情都發生過了，我現在只感覺風聲鶴唳。」

奇葩歸奇葩，梅希寶寶的遭遇並不是天意或巧合。她的雙親並沒有做什麼有風險的事情，那麼做的是別人：住在他們旁邊的鄰居，還有鄰居那位把藥掉在地上但撿不起來的老母親。但這風險卻仍被燒錄進了系統中，主要是美沙冬這種高風險的藥物有其特殊的經銷與包裝方式。在此例中，也在每年因為藥品相關中毒而被送急診的逾六萬名五歲以下孩童當中，該風險不像交通工程那樣是被隱藏在傳統中，也不像希格紹爾公司那樣受到遊說團體的保護。[50]事實上，這些風險之所以能苟延殘喘，是因為政府官員與製藥業者的不作為，是因為這兩夥人沒有去保護民眾不受高風險藥物的傷害。「爸媽最清楚怎樣對小孩好」這話常被搬出來強調，小孩要是受了傷，爸媽的責任最大；但在一個鴉片類處方藥被積極行銷給所有美國人的時代裡，小朋友就是會因為不在爸媽控制內的風險因子而死於意外。

米爾頓・泰能拜（Milton Tenenbein）是個專攻急診小兒毒物學與傷害預防的小兒科醫師。[51]我跟他說了吉蘭一家的事情，還有他們是如何排斥「意外」的說法，結果他也對意外一詞頗為感冒。「『意外』一詞對我們這些從事傷害預防的執業醫師而言，就是個不堪聞問的髒話，」他告訴我。「我們不論在開會時、在撰寫政策時，還是在提倡改革時，都不會容許意外一詞出現在我們的開會文件、政策白皮書，還是改革說帖中。」

在長達四十年的歲月中，泰能拜醫師都致力推動政策的改革，包括讓梅希・吉蘭撿到美沙冬藥丸的那種政策。他跟我說了一條通過在梅希出生前近半世紀的一九七〇年的法律——《防毒包裝法》（*Poison Prevention Packaging Act*）；根據這部法律，藥物會歸入美國消費品安全委員會的管轄。這部法律要求該委員會開發出防兒童誤開的包裝法，來降低危險產品造成意外中毒的風險。

在那之前，當小孩子不小心取得藥物而死亡時，藥廠可以把意外責任推給粗心的家長——使其成為又一個人為失誤的悲劇。[52]但《防毒包裝法》創造出了一個系統，可以進行藥丸容器的設計與測試。設計師找來了小小孩跟大人，看他們能不能打開藥丸的罐子——要通過審查，容器的設計必須讓小小孩打不開，但能讓大人打開；這些測試為藥丸的包裝設下了標準，而美國消費品安全委員會就拿著這個標準，測試了所有新藥丸的瓶子設計。

這部法律非常成功——它證明了藥物中毒意外不是家長的失誤。[53]在立法完成後的前二十年間，兒童因為意外攝取藥物而中毒的意外件數腰斬，致死人數更是大降百分之七十五。學者後來估算，光這一部法律，就在第一個十年裡預防了二十萬件兒童意外中毒事件。但從一九八〇年代到現在，這部法律在大幅降低兒童中毒意外的表現上乏善可陳，但這並不是因為這部法律的效力降低了，而是因為高風險藥物變得更為普遍——像美沙冬這種害死梅希的高風險鴉片類藥物，一顆就可以要了小朋友的命。[54]

《防毒包裝法》創造出小朋友開不了的容器，而梅希吃下的那顆美沙冬原本也應該裝在那樣的容器裡，問題是梅希並沒有容器需要開。用處方箋領了藥的那位老太太可能曾讓藥瓶摔在地上，也可能以其他方式撒出了藥丸；要是你的藥丸被撒到了地上，又不撿起來，那防小孩亂開的瓶子就無用武之地了。泰能拜醫生說，在這種狀況下，我們需要用新的策略來因應像美沙冬這樣的高風險藥物；近二十年來，已經有超過六百名五歲以下的兒童為此送命，一個個都成了意外攝取到鴉片類藥物的冤魂。[55]

二〇〇五年，泰能拜醫師著手尋找更有效的因應之道，最後他在補帖藥丸中找到了答案。在一九九〇年代一波年輕孩子的鐵中毒死亡事件後，美國食品藥物管理局（FDA）下令，補鐵藥丸要裝在泡殼包裝中（blister pack；譯註：就是那種一板一板上面有透明突出的包裝，外觀如水泡而得名）——每個「水泡」一次只能擠出一顆補鐵藥丸。泰能拜醫師提到，這是一種被動的安全設計——就像安全氣囊，而不像安全帶；後者你還得主動扣好才能派上用場。你什麼都不用做，安全氣囊跟泡殼包裝就能讓你獲得多一分保障。當然，我們不知道梅希寶貝如何才能不用死，但如果某種已知的危險藥品一次只能爆出一顆，那藥丸撒出而不知去向的風險就會顯著降低；證據也確實顯示，泡殼的導入與風險的降低有直接的相關性。[56]泰能拜醫師檢視了年幼兒童的鐵中毒死亡案例在泡殼問世前後的變化，結果他看到的是大幅度的下降；毒物控制中心接到的兒童誤服鐵劑通報下降了三分之一，而在新包裝上路的幾年後，全年鐵中毒死亡更從二十九例降至只剩一例。在梅希之死的後續中，參議員查克．舒默（Chuck Schumer）和亞當與瑪麗貝絲在羅契斯特的家中會面，期間三人共同向美國食品藥物管理局呼籲，讓泡殼包裝成為鴉片類與其他高風險藥品的強制性包裝。[57]舒默提及，食品藥物管理局有法源這麼做，因為美國國會已經在前一年通過了縮寫為SUPPORT法的《為家長與社區促進鴉片類復健與治療的物質使用異常預防法》（*Substance Use-Disorder Prevention that Promotes Opioid Recovery and Treatment for Patients and Communities Act*）——該法給予了食品藥物管理局各種新的權限，包括對鴉片類藥物的包裝進行管制。對泰能拜醫師而言，這部法案就是一把鑰匙。藥廠不會閒著沒事良心發現去改變任何事情，他告訴我；除非政府出手，讓改變降臨到整個產業上，否則沒有企業會冒著白花錢的風險去當出頭鳥——誰曉得會不會意外是避免了，但公司也賠上了市佔率。就算知道做對的事可以拯救生命，他們也不會主動踏出第一步。

而就算政府劍及履及地迫使了藥廠降低兒童誤服鴉片類藥丸的風險，我們也必須認清，與藥物相關的意外還有很多種；且政府對此外的很多藥物意外都懶得插手。我們來釐清並思考一下這裡的時間線：梅希枉死不到一年，參議員舒默來到吉蘭家，希望能避免同樣的悲劇重演。[58]但其實也不過在一年之前的二〇一八，在鴉片類毒品流行病已經愈演愈烈了二十年後，國會才通過了SUPPORT法案。再回推一年，美國政府在二〇一七年才公告，鴉片類毒品流行病是一場公衛危機。[59]美國國會晚至二〇一六年，才為了回應這場危機而通過了真正的第一筆全國性立法。[60]在那之前的十七年間，美國有接近五十萬人死於吸毒過量的意外中，而藥物中毒則從意外死亡中的第三名爬到了榜首。

美國政府對於保護民眾不受意外傷害的興致可高可低，一切端看意外發生在誰的身上——意外吞下藥丸的無辜孩子值得重視，自己吸毒吸到不小心死掉的成年人就活該去死；這種差別待遇，是針對人的曝險進行了道德判斷。單一個孩子的意外可以讓美國政府當機立斷，一年幾萬條人命卻又可以讓山姆大叔（編按：山姆大叔是美國這個國家的擬人化形象。）一拖十七年毫無作為，這當中的差別反映了我們對意外受害者的主觀感受。有時候我們看著意外發生在某些族群身上，可以無動於衷，甚至在內心拍手。

第五章 汙名

梅希死後，亞當與瑪麗貝絲・吉蘭夫婦就不停在奔波，尋求若干部立法在郡、州與聯邦層級的通過——這當中就包括在全美範圍內強制鴉片類藥丸採用泡殼包裝的法律——來避免自己女兒的悲劇在其他家庭重演。[1]這不是他們夫婦想要扮演的角色，他們告訴我；但按他們看來，他們現在也只能透過這種辦法去對梅希盡到做父母的職責。二〇二一年，他們的一部分努力終於開花結果，在他們所居住的紐約州門羅郡成為了法律：《梅希法》規定，藥局針對每一張鴉片類藥物的處方箋，都必須表示願意提供一劑納洛酮（naloxone），也就是鴉片類使用過量的反轉用藥。

然而梅希法的概念在最初被提出來時，其內涵與此稍有不同。一開始，梅希法的草案是要求門羅郡的藥局要針對每一張鴉片類藥物處方箋，直接**發放**一劑納洛酮，其宗旨是為了讓每一顆鴉片類藥物都能附帶一頂「降落傘」，避免最壞的狀況發生。但立法者在通過法律前多次修改了法條內容，於是等塵埃落定後，門羅郡行政部門簽署的梅希法變成了要求藥局對持鴉片類處方箋上門的客人**提及**納洛酮，並明確提供對方購買的選項。[2]

雖說這個版本的梅希法多少還是可以救命，但立法者對其的閹割讓我們看到了某些人對意外有著什麼樣的認知。立法部門的郡代表表示，他們修法是因為發放納洛酮固然能增進對兒童的安全保障，也可以讓意外的鴉片類中毒有轉圜的空間，但這卻會讓藥局的經營負擔加重，並產生讓納洛酮在社會上流通增加的風險。[3]

納洛酮流通增加之所以被認為有問題，**不是**因為那有造成傷害之虞——納洛酮本身不帶有風險，即便被意外吞服，對人體也沒有害處；所以問題不出在這。政府官員之所以希望限縮納洛酮的發放，他們說，是因為那可能會鼓勵吸毒。[4]這就像有個過時的觀念是，發保險套給青少年會鼓勵他們發生性行為。不論是納洛酮引人犯罪還是保險套引人踰矩的謬論，背後都是同一樣東西：汙名。汙名表現在政府官員的心裡，就是他們覺得青少年跟毒蟲都欲求不滿且毫無意志力可言；而至少在毒品這方面，大部分美國人的想法跟這些官員一致——他們也覺得納洛酮一免費拿，吸毒行為就會得到鼓勵。[5]這種想法的言外之意是，有些吸毒過量的意外其實有點不是意外，而是有一點自作孽。[6]

如果有人撞了車但不是故意的，你可能會稱之為一場交通意外；但如果有人吸毒過量——那也是意外嗎？用藥過量發生在小孩或大人的身上，意義有差別嗎？要是，在分享針頭給別人用毒的過程中，有人無意間傳播了疾病呢？那也能算是意外嗎？你的答案是一回事，但更重要的是你心裡的想法。你心知肚明我們對這些意外有兩套標準。我們看待意外是會大小眼的，而這種大小眼是來自汙名——那是我們針對特定族群身上不同於整體社會的某種特質，所抱持的偏見。[7]

這裡說的污名跟我們之前討論過的人為失誤，有一點點不同。在之前的章節裡，當我們看到車廠與工廠老闆把意外歸咎於人為失誤的時候，那種責怪是跟意外當下的行動綁在一起的——方向盤後的瘋子只有在開車時才是瘋子，有意外傾向的勞工只有在上工時才被汙衊為有易出意外的體質。但汙名就沒那麼多限制條件了，汙名比較是一種即便你下了車、下了班，也還在你身上的內在缺陷，那是你之所以為你，不受環境影響的一種本質。種族、階級與性別都是常見的汙名來源，再來就是吸毒。不同於有易出意外體質的勞工或方向盤後的瘋子，吸毒的人即便沒在吸毒的時候，也會被人認定是個「毒蟲」——就是這點差別讓你覺得車禍是意外而吸毒過量不是。

我們談過了意外是如何發生，而汙名就是我們坐視意外發生的其中一個原因。

你或許會覺得，用藥過量跟交通意外有本質上的差別，但其實在很多方面實情並非如此。意外用藥過量也是在危險環境因子的堆疊中發生——有成癮性的藥物被當成無成癮性在行銷、醫療資源的匱乏、犯罪起訴的威脅，都會讓人求助無門。在本章中，我們會來深究汙名如何使得這些危險的環境因子堆疊到用毒的人身上。汙名是醫生所謂醫療貧富差距的「基本起因」——為什麼有人會意外身亡而有些人不會的一種繞不開的理由。[8]藥物相關的意外會以不同的方式發生，並產生不同的結果，比方說意外用藥過量，或共用設備造成的意外疾病傳染。此外還有所謂的「意外成癮」，這一詞是用來形容一些比較未被汙名化的族群是如何開始用毒（白話來說就是：以處方藥為起點慢慢養成了對藥物的成癮性），並藉此來替他們開脫毒蟲的汙名。[9]「意外成癮（者）」一詞的存在適足以說明吸毒的汙名是何等強大——其威力大到我們需要巧立名目來幫特權者洗白。

我們不喜歡某人，就看不到他的痛苦

厄文・高夫曼（Erving Goffman）是一名心理學家，精確地說，他是發明了汙名一詞的心理學家。[10]他將汙名定義為一種「被毀壞的身分」；社會針對某種特質而放逐了被汙名的族群，而且態度上是一種推到極致的以偏蓋全——單一個特質就決定了我們對某個人的整體評價。而且更重要的是，一旦有事情出了差錯，遭到污名者就會只因為他們的身分而成為代罪羔羊。

高夫曼還根據與汙名者進行的互動去定義了另外兩種人：一種是正常人，一種是智者。[11]所謂智者，高夫曼指的是對未被蒙蔽，對被汙名者的實際狀況有所理解的人；智者可以同理被汙名者的痛苦。正常人指的是按字面意義去看待「被汙名者」的人——被汙名者在正常人眼中就是身上有屎，就是永遠理虧。高夫曼覺得大部分人都是「正常人」；研究顯示他是對的。

芝加哥大學的認知神經科學家們透過一項研究發現，人一旦將在痛苦中的人汙名化，他們同理那種痛苦的能力就會降低。[12]受試者看著影片裡的人演出自身的痛苦，同時讓功能性磁振造影機器追蹤受試者腦中處理痛苦與煎熬的區域。接下來受試者會回報他們的情緒，將影片中人物似乎在歷經的痛苦程度跟自身作為觀眾所感受到的痛苦，分別做一個排名。影片中的人被點名是：（一）健康；（二）因為輸血而感染到愛滋病毒；（三）因為用針頭用毒而感染到愛滋病——而在其他方面，這三組人的條件幾乎一模一樣。所有人都在影片中做了類似的臉部表情。在這三種人設中，受試者所通報最低的痛苦程度與他們自身最低的同理程度——不論是根據他們的主觀回報還是腦波讀數所顯示的結果——都屬於那些感染愛滋病的毒蟲；雖然第二與第三種人感染愛滋病都算是意外，但受試者既無法從他們的臉上看到一樣多的痛苦，也無法以旁觀者的角度同理到一樣多的痛苦。在後續的一項調查中，受試者把用毒感染愛滋的組別排名為最需要為自身處境負責的人，而學者發現，受試者愈是覺得愛滋病患自己要負責，他們就愈無法從病患臉上看到痛苦。

但如高夫曼所說，這就是「正常人」會有的反應。即使鴉片類流行病已經持續了二十年，每十個美國人就有一個以上身邊有人死於毒品，毒癮的汙名還是非常普遍；能把毒癮看成一種疾病的美國人只有一半多一點點。[13]不到百分之二十五的美國人可以接受有毒癮的同事；不到五分之一可以跟對處方藥成癮的朋友或鄰居往來；相當可觀的多數人認為有毒癮的人不應該有與一般人同等的就業權；五分之二的人表示健康保險業者不應該給有毒癮者相同的承保條件；三分之一的人表示鴉片類藥物成癮要麼是一種人格缺陷，要麼是家庭教育失敗的副產品；五分之二的人說成癮者單純是意志力薄弱。[14]

這些統計數據凸顯了許多美國人認為被汙名者活該被歧視，但只要去跟被汙名者交談，你就會聽到一個非常不一樣的故事。我請亞曼達．蕾．艾倫（Amanda Leigh Allen）為我現身說法，因為她被汙名化了整整兩次。她吸過毒，還販過毒。

目無法紀的毒癮者

要講亞曼達．蕾．艾倫的故事，就不能略過比利．雷．布拉鮑（Billy Ray Bullabough）的故事。[15]艾倫人在牢裡，而布拉鮑已經不在人世。二〇一七年春天，在北卡羅萊納州杭特維爾（Huntersville）的一場家庭烤肉聚會後，布拉鮑這名年輕的人父打了電話給艾倫，跟她買二十美元的鴉片類藥物。接著他回到跟父母同住的家中，在他的房間裡讓燈開著，然後吸了毒。

亮著的燈讓他的母親擔心了起來；她在凌晨兩點注意到那些燈一直沒關，於是進了兒子的房間，發現兒子臉朝下躺在床上。他手裡握著手機，一臉蒼白，對母親的叫喚也毫無反應；那是一場吩坦尼（fentanyl）的意外服用過量，禍首是有毒的鴉片類藥物，主要是當中摻雜了某種販毒與吸毒者往往並無所悉的物質（此例中即是吩坦尼），且其強度達到吸毒者平日使用之鴉片類藥物的百倍之高。

手機上，布拉鮑收到了一來傳自艾倫的訊息。「嘿，比利，我應該要把剛剛的貨切一下（稀釋一下）的，但我後來沒有。所以你小心一點，」她在錄音裡說。「不要一次用太多。我想裡頭應該摻了點吩坦尼。小心一點就是了。」

布拉鮑對吩坦尼毫無所悉；作為一名用毒者，他的風險認知與實際的風險大小並不成比例。但艾倫是知道的；她的故事之所以有趣，就在於她寧可讓自己涉案，也想要努力避免用藥過量的意外發生。她揭露了自己是販毒者的身分，只是希望能防止有人發生不幸。此舉看似傳達了一種善念，一種救贖，由此這理應能為她擦去一部份吸毒兼販毒者的污名，但沒有。法官還是判了艾倫一個過失殺人與販毒之罪，刑期十年。

從北卡羅萊納州一處女性監所，艾倫來信對我解釋，藥物上癮是怎麼回事。「一般人不明白成癮者過得是怎樣一種複雜而混亂的日子，」她寫道。「沒有哪個打針的成癮者會出門去偷偷買一袋毒品然後心裡想說，幹，我希望這袋藥品會讓我一命嗚呼！但事實就是在你內心理性的深處，你知道那不是沒有可能。」

她稱這是「成癮者邏輯」或「那種疾病」，而她指的就是對藥物的癮頭。這種邏輯會強化成癮者的一種信念：我不會那麼倒楣，意外不會發生在我身上；她說——這種邏輯會讓你覺得如果少少的劑量會讓你感覺爽，那大劑量就會讓你覺得爽斃了。艾倫說她販毒是為了有錢吸毒，而她也知道自己得為此承擔什麼樣的汙名在身上。

「人類似乎存在某些核心的基本需求，想去：（一）怪罪誰，還有（二）控訴誰。」她寫道。「不這樣我們就沒辦法處理自己的問題，沒辦法建立與人的關係，沒辦法感覺高人一等，沒辦法原諒自己，沒辦法捍衛自己的信念，也沒辦法接受自己的處境。」

她還提到，不論是就汙名而言還是就鴉片類流行病的問題而言，站在錯誤的一邊都是挺辛苦的事情。在監所的來信中，艾倫寫到布拉鮑跟她是朋友。她說她每天都會聽說有某個熟人跟死神擦身而過，還說她自從被捕以來，每個月都有兩三個熟人的死訊傳來。她的入獄並沒有改善這種情形；實際上，事情只是愈來愈糟。

艾倫遭到起訴，反映了關於鴉片類流行病一個新崛起的趨勢。檢方把吸毒意外當成了兇殺案一般的存在，並以此起訴了分享或販售毒品的朋友、伴侶、毒販。我們汙名化艾倫的簡單事實，以及我們比較沒辦法看到或同理她痛苦的簡單事實，都在她的牢獄之災上推了一把。

而這，並不是什麼意外。用毒與販毒的刑事犯罪化，直接在販售成癮性藥品的藥廠身邊成為幫兇。在疼始康定（OxyContin）服用過量的案例愈來愈多，開始威脅到普渡製藥（Purdue Pharma）獲利的同時，雖然公司高層也知道這種藥具有成癮性，但他們還是把錯推給了那些用藥過度的人。[16]到了二〇〇一年，證據很清楚地顯示，疼始康定作為鴉片類流行病的「入門藥物」（gateway drug），具有極高的成癮性，並被導入了非法的地下毒品市場，且服用過度的意外頻傳。[17]理查・薩克勒（Richard Sackler）身為普渡製藥當時的總裁，在一封電郵中說到了公司該如何因應這個問題。「我們必須窮盡一切手段去打擊濫用者，」薩克勒寫道。[18]「他們是元兇，是問題所在。他們是什麼都幹得出來的罪犯。」[19]

該公司後續會持續大剌剌地宣傳自家產品是不具成癮性的藥物，廣告一打就是好幾年，直到聯邦政府針對廣告不實把他們告上法院。[20]但理查・薩克勒明白，這種汙名已經足以讓他靠成癮性藥品牟利；他口中的「犯罪成癮者」就跟「樫鳥行人」、有易出意外傾向的勞工，還有方向盤後的瘋子都並無不同。這些標籤的用途都是要把事情嫁禍給人為失誤，讓人看不到導致意外發生的罪魁禍首：危險環境因子。

確實，用藥的族群得面臨危險到讓人難以想像的各種環境因子；包括疼始康定在內等已知的成癮性藥物都在行銷與販售時被標榜為無成癮性的產品，結果導致意外成癮層出不窮。[21]非法的代用品則摻雜了來路不明的添加物跟有效成分，就像害死比利・布拉鮑的吩坦尼一樣，讓用量過量的猝死接二連三發生；[22]能增加用藥安全性的工具——如乾淨的針筒——常難以合法持有，結果就是疾病的意外傳染更加猖狂；[23]可以逆轉用藥過量的藥物如納洛酮，常常是有錢也買不到；[24]藥物的非法性讓人沒辦法安心求援或就醫，結果就是用毒過量的意外死亡率居高不下；[25]再來就是有助於控制毒癮的藥品（如美沙冬）有極為嚴格的處方箋管制，包括什麼身分的人能在什麼時間跟什麼地方開出這些藥，都有明確的規定，結果就是想要求助的人得天天開車兩小時去特定地點才能如願，而這也就使得對成癮者而言，直接吸毒或用藥成了更可行的方案。[26]

在寄自監所的信中，艾倫跟我說她認為布拉鮑的遭遇是一場意外，且作為一個也會吸毒之人，她覺得所有的用藥過量本質上都是意外。事實上，所有我去請教過的專家都在這一點上與艾倫的所見略同；學者估計，至多僅百分之四的用藥過量致命，是出於吸毒者的故意。[27]學者的另外一個發現是，「意外」一詞在此時可以是弔念逝者時的一種溫柔。[28]

在一份相對性的調查中，孩子死於吸毒過量的爸媽比起孩子死於其他類型意外的爸媽，感受到的哀慟與心理創傷要更為嚴重。學者在這份調查的結論中表示，這些爸媽的創傷後壓力症候群是直接來自於外界對吸毒意外安上的汙名。

當我說世間沒有意外時，我的意思是我們口中的每一場意外都預測得到，也都預防得了；當吸毒的人說用藥過量是意外時，他們的意思是事情的發生並非某人所願，所以令人遺憾。他們的意思是沒有人希望看到好好的人失去生命。若說誰有資格說「那是場意外」，那就只有用藥者本人跟關心用藥者的至親好友，只要意外兩字能帶給後者一絲安慰。

我們在抗議「意外」一詞的時候，重點應該放在受到傷害的是誰、以及是誰在講故事。這本書裡多的是當權者用「那是場意外」來接著賺錢、否認犯錯，拒絕對他們害死或弄傷的人負責。在太多的案例裡，「這是場意外」只是推託之詞，只是在替該為危險環境負責的達官貴人洗地。這些人不會學到教訓，只會一而再再而三地讓「意外」重演。

但當無權無勢的弱勢者說「這是場意外」時，這句話傳達的是另外一種意義。那可能是在說，用藥過量不是誰故意想這麼做，所以後果無論如何都很令人不捨——那等於是換個方式在說：**我不是有意的**。而如果「意外」一詞可以讓這麼說的人感到一點溫暖與赦免，那我會希望大家都能聽聽他們的說法。

只不過，把事情放大到系統的層次上，那就沒有什麼東西不能預測，也沒有什麼東西不能預防。

毒癮不是意外，那是藥廠把明明會成癮的藥物說成不會成癮的產品在賣；用藥過量不是意外，那是可以當成解藥或舒緩癮頭的藥物被故意讓人難以取得；疾病傳染也不是意外，那是可以避免傳染的設備被法律禁止。吸毒之人所面對的，是危險到令人難以想像的危險環境；這些環境並不是吸毒之人本身的錯。如果用意外一詞有助於他們的親友在心理上好過一點，那這個詞就是我們僅有能為他們做的一點事情。

這裡的關鍵就在於，我們在討論毒癮跟討論用毒的時候，聽到的是哪一邊的說詞——是藥廠、警方、檢察官、政府官員想讓我們聽到的那一套，還是吸毒者告訴我們的另外一套。現代鴉片類藥物危機會惡化到如今這步田地，問題就是出在我們花了太多時間在聽當權者的一面之詞，而沒有去聆聽用毒者的故事。那些有權有勢者只會強調，這不是一場意外造成的危機，他們說這是一群壞人所造成的危機。

壞人造成的危機

大衛・赫茲伯格（David Herzberg）擁有本書中第二酷的職稱：毒品歷史學家。[29] 此外，他也是水牛城大學的歷史系教授，著有一本叫作《白人市場裡的毒品：大藥廠與毒癮在美國的黑歷史》（*White Market Drugs: Big Pharma and the Hidden History of Addiction in America*）的書。他提到，現代鴉片類流行病會惡化到這種程度——美國整體的平均預期壽命都因此掉了一些——一個原因就是普渡製藥打著不會成癮的旗號，拼命推銷他們家其實會成癮的疼始康定。[30]

理查・薩克勒說他們必須「打擊濫用者」，其實就是為了圓這樣一個謊，而在很長一段時間裡，這種汙名化的策略奏效了。普渡製藥用人為失誤去解釋鴉片類藥物的流行病，藉此讓人忘記他們把潛在的毒品當成不會成癮的藥品在賣，是多嚴重的一種危險環境因子。而就在藥廠欺世盜名的整段時間裡，毒癮與意外用藥過量的事情就一而再再而三地發生跟累積。在一九九五年與二〇〇一年間，接受鴉片類濫用治療的美國人在緬因州成長了百分之四百六十。[31]二〇〇〇年，西維吉尼亞州開設了州內第一個美沙冬治療計畫，然後在接下來的三年中又追加了六個；二〇〇二年，疼始康定的處方箋數目突破了六百萬；二〇〇三年，處方藥用藥過量的致命意外在維吉尼亞州的一隅成長了百分之八百三十。隸屬於美國司法的緝毒局（Drug Enforcement Administration；DEA）並沒有隨即著手掃蕩疼痛診所與經銷商，而是拖到了二〇〇五年才這麼做；局面發展到那個時節，對成癮者而言已經晚了。[32]到了二〇一一年，絕大多數的用藥過量意外致死仍是肇因於鴉片類藥物；在一九九九到二〇二〇年間，遠不止八十四萬人死於某次鴉片類用藥過量。[33]隨著死亡人數的驟升陡到讓人無法視而不見，藥廠開始倒向另外一種說法：**用藥過量確實不是意外，因為吸毒吸到死的那些毒蟲都是恣意妄為，目無法紀的犯罪者。**[34]

「在毒癮確定成為一種問題後，藥廠的第一道防線（也是效果好得出奇的一道防線）是對外界表示：你們看，我們的產品是好的，醫生也是好的，病人更是好的，但世界上就是會有這些為非作歹的人。」赫茲伯格告訴我。「他們自己染上毒癮就算了，還把我們的藥物拖下水，把我們的名聲都搞臭了。所以我們應該要有所回應，但我們要回應的不是一場意外造成的危機，而是應該把這當成一種壞蛋造成的危機來回應。」

在這種邏輯裡，好人與壞人的區別在於正當性——這是一種跟合法性、種族與經濟階級有關的污名會決定一切的因素。讓我們想像一下，要在一個什麼樣的平行宇宙裡，檢察官才不會以害死布拉鮑的罪嫌起訴艾倫。那會需要她變成艾倫醫師，而布拉鮑意外使用過量的鴉片類藥物是他拿著處方箋去藥局買到的。把距離拉開，我們會發現做的事情是一樣的，但有些人出了事就是意外，有些人出了事就是犯法——兩者的差別就兩個字：汙名。這麼一來，汙名就成了一種被「武器化」的人為失誤說；這跟把錯賴給人為失誤是同一套路數，但犯罪的汙名會讓被汙名者付出更大的代價。他們原本只是藥物的成癮者，但汙名在他們身上加了一個標籤：犯罪的成癮者。

藥廠帶起這種風向——把吸毒的罪犯盡量抓起來——並開始千方百計地散布；為此他們四處置入文章跟社論，花錢養智庫，架設反毒網站，讓人為失誤成為千夫所指的問題所在。[35]如《紐約時報》的一篇文章所寫，「去搔抓某個止痛劑成癮的個體表面，你通常會看到那底下是一個經驗豐富的藥罐子，藥丸、酒精、海洛英或古柯鹼恐怕早就是他的老朋友。」[36]這篇投書的作者是一名女醫生，她所任職的智庫由普渡製藥出資成立，而她在文中引用的研究是由普渡製藥贊助完成，她引述的其他醫師也是普渡集團內部的員工。[37]只要成癮者是罪犯的論述持續佔上風，鴉片類流行病就會是壞蛋造成的危機，該被怪罪的就是人為失誤，而環境因素就永遠不會改變。

但隨著時間流逝，鴉片類流行病已經氾濫到不可收拾的地步，以至於「壞蛋說」已難杜悠悠之口。[38]或者應該說，隨著愈來愈多陪孩子去比賽的白人「足球媽媽」，跟看上去乾淨整齊的郊區青少年成為鴉片類藥物的成癮者，壞蛋說實在已經掰不下去了。為了繼續狡辯，藥廠又發想出了另外一句口號：意外的成癮者——一群一個不小心，「意外」陷進藥癮的無辜人士；藥廠推出了一款新論調，說成癮者裡頭既有犯罪者，也有意外的無辜者。

「搬出意外這個標籤，其一部分的目的是要操作成癮者的無辜與有罪與否。」赫茲伯格點出。「我們覺得有些人無可指摘，又覺得有些人罪無可逭。而誰會被分到哪一邊，存在一種相當暴力的模式。」

這不是汙名，什麼才是汙名——同樣的人為失誤卻有著天差地遠的定義。一邊是犯罪，一邊是意外，哪個是哪個則由其他遭到汙名化的特質來定義，譬如種族與所得高低；甚至是一種你可能聽都沒聽過的分類標準：你是不是會去看醫生的階級。

用違法犯紀去汙名化藥癮，是一種跟藥品量產的歷史一樣久遠的傳統，而且這個故事還在克莉斯托·伊斯曼於匹茲堡巡視太平間、工廠、煤礦的同時，又變得更有趣了。

壞蛋的歷史

美國第一場鴉片類藥品流行病，發生在工業革命之時。[39]在美國人煤礦愈挖愈多、工廠一間間蓋，意外層出不窮的同時，我們用的藥也愈來愈多。煤礦與工廠擴張所帶來的意外促成了整批的法律過關，創造出來的安全與賠償系統造福了全體勞工，但我們對同期間藥癮危機的回應卻將用藥者分成了兩個階級。有些人用藥過量是意外，有些則是犯罪，這兩者之間還沒有任何重疊——種族、財力與權力決定了你的藥癮屬於哪一種類別。[40]

使用成癮性藥物的其中一群人——佔多數的那群——被稱為病人，是會去看醫生的一群人。[41]他們是出生在美國的中產階級白人，是赫茲伯格所謂的「會去看醫生的階級」。醫生跟立法者明白這群人值得治療，也明白這群人的癮頭是想從疾病中復原的副作用，他們的用藥過量被認為是令人難過的意外；這是意外成癮的第一個版本。面對這種意外，因應之道就是從對醫師跟藥師的教育做起，還有從供應鏈的控制收緊做起。

另一個危機屬於（出於經濟或種族因素）無法就醫的族群：西岸的中國移民、東北部城市裡的南歐與東歐移民、南方的黑人。[42]這些人在十九世紀晚期也接觸過廉價而強效的用藥而出現成癮現象，在當時卻被認為是恣意妄為、有犯罪傾向而行為偏差的一群人。在醫師與立法者的眼中，意外成癮者值得接受治療，但他們也同時認為這群人追求的不是健康，而是快感。

「早在抽鴉片被宣告違法之前，就有白紙黑字用掉了大量的墨水在論及『黃禍』，也論及了被引誘進入鴉片奴隸制的這些中國人對美國的威脅——那麼些腥羶的故事都在講述，這些黃種人是如何出賣他們的靈肉給鴉片，這也是黃色的惡魔，」赫茲伯格解釋說。「翻開一八七四年《紐約時報》同一天的報紙，你會一面看到這群在前往鴉片館的路上絡繹不絕的可憎之徒是如何被狠狠地鎮壓，一面又看到一些感性的文章在訴說著無辜者是如何不幸地因為信任醫師而染上毒癮。」

那份《紐約時報》出刊後不到四十年，美國政府將把這樣的隔閡寫入了法律。[43]為了因應當時的鴉片危機，美國政府通過了各種新法，當中有不同的法律分別適用遭到汙名化的用藥與未受汙名化之用藥。這些法律嚴格遵循了「人為失誤—危險環境」的區隔——在一些案例中解決危險環境來預防意外成癮，在其他案例裡則無視同一種危險環境甚或讓危險環境每況愈下；一味地責怪是人為失誤，促使意外成癮不斷增加。

這當中的第一部藥物法《一九〇六年純淨食品與藥物法》（*Pure Food and Drug Act of 1906*）保護了會去看醫生的那個階級，但並沒有將持有任何藥物列為非法；該法只是要求，不論是醫師開立的處方藥或在藥局販售的成藥，都要在容器上如實附上標籤，且標籤上要詳述瓶身中的內容物。[44]通過於一九一四年的第二部藥物法是為了那些無法去看醫生或看不到醫生的人所設——即《哈里森麻醉藥稅收法》（*Harrison Narcotics Tax Act*）；這宗法案宣告了持有藥物亦須兼有醫師的處方箋，否則就是違法。這兩部法律一部是在保護消費者——為看得了醫生的族群揪出藥物代表的風險；另一部則是在排斥犯罪者——讓看不了醫生的他們面臨更大的用藥風險。政府一面宣告被汙名化的用藥者是罪犯，一面保證了未被汙名的用藥者可以活得比較安全，也比較不會用藥過度。這麼一來，你的用藥行為有或沒有背負汙名，就會決定那片瑞士起司是在保護者你，還是提供了漏洞讓意外能溜過去。

藉由這些法律，有辦法看醫生的人就能合法取得處方箋去購買鴉片類藥物——像是嗎啡——且合法地對嗎啡成癮。[45]在政府的眼裡，他們的藥癮與用藥過量都是意外，但這兩種意外也都不太可能發生，畢竟他們持有的藥物都有詳實的標籤跟醫師的評估——而我們知道用藥過量比較可能發生在藥效不詳與無人監控的時候。在硬幣的另一面，無法看醫生的人光是持有同一種藥品，就會被送進牢裡。

「毒品戰爭」一詞或許是由前總統尼克森所發明，但一場有實無名的毒品戰爭其實老早之前就開打了。[46]截至一九二八年，美國有三分之一的聯邦囚犯是因違反麻藥法入獄，而此時距離美國將吸毒入罪也不過才過了短短十四年而已。而即使是到了毒品戰爭進入新高峰的一九五〇年代，醫生都仍持續在開出處方箋給已經對嗎啡成癮的病人——因為那些人是「意外成癮」，因此無辜而值得給予治療。[47]那不是他們的錯，劇本是這麼寫的，所以他們應該要繼續有嗎啡可拿。

這種區分的重要性顯現在很多層面上，而這些層面的差異又會定義在面對意外時，誰能或不能活下來。汙名畫出的那條線不只區隔開了意外跟犯罪，還同時區隔開了生命與死亡。

汙名如何造成意外

用藥遭到污名化後，用藥過量的風險就會以各式各樣的方式增加；金柏莉．蘇（Kimberly Sue）醫師解釋道。她的身分包括減害聯盟（Harm Reduction Coalition）的醫學總監，萊克島矯正機構（Rikers Island correctional facility）的駐監所醫師，還有《成為廢人：女性、監禁與美國的鴉片類藥物危機（暫譯）》（*Getting Wrecked: Women, Incarceration, and the American Opioid Crisis*）的作者。[48]

以正在接受鴉片類成癮治療但又復發的個案為例；[49]大家覺得理所當然且已經將之內化的各種汙名會推著這些個案以較高風險的方式用藥，像是瞞著親友自己藥癮復發的事情，或是獨自躲起來用藥，把用藥的事情變成一個秘密。在這個過程裡，汙名會讓破口出現在個案的一層層安全防線中，個案就會有很高的風險死於用藥過量——沒有納洛酮可以救命，沒有人可以求助，沒有人可以救活他們，也不會有人曉得要去確認他們平安無事。

惟即使這些人聚在一起用藥，法律與政策中的汙名也還是會讓他們成為意外死亡的高風險者。[50]一起用藥的夥伴如果發生過量意外，其他人也不見得會打九一一報警；誰知道警察會不會以過失殺人的罪嫌把他們抓起來。法律上對用藥器材（如注射針筒）的限制，會導致在用藥時顧及衛生而想要避免疾病的意外傳染，反而變成一件違法的事情。

在醫生這邊也會出現一個「開出成癮性的藥物容易，開出藥癮治療用藥反而困難」的弔詭現象。[51]要開出疼始康定，醫師只要有醫學院的學位就行，此外並不需要特殊的訓練或認證。但要開出丁基原啡因（buprenorphine）這種鴉片類成癮的替代療法用藥來幫助人緩和戒斷症狀，進而讓他們可以在有隱私的自宅中安全地復健——醫師卻得先行填寫厚厚一疊申請文件，向美國司法部緝毒局取得許可，最後完成八小時的講習。而且在這樣大費周章地通關完成後，醫師在開藥的人數上也還是會受到一定的限制。

「大部分醫師都無法開立這種極其有效的藥物，而這也就是我所謂汙名入法的一個經典案例，」蘇解釋道。「除非接受特殊培訓，否能我們不能開立其他藥物的處方箋。」

既然拿不到可以緩解戒斷現象的藥物，硬戒就成了僅剩的選項[52]——而這帶來的一個很大的風險，因為斷崖式的戒斷對身體的衝擊過大，同時也會增加意外用藥過量的風險；主因是硬戒的成癮者一旦復發，人對癮頭的耐受度會大幅下降。然而成癮者常常沒有硬戒以外的第二條路可選；丁基原啡因如蘇所言，來源相當受限。美沙冬作為另一種安全的鴉片類成癮替代用藥，只能在特定的診所發放，並且得天天親自去領；此外就連一個區域內能有多少間診所提供該業務，以及一天接受領取幾個小時，都有政府加諸的限制。[53]

汙名不僅會讓用藥過量變得更頻繁，也會讓其變得更致命；[54]比方說納洛酮作為可以為用藥過量踩煞車的藥品，常常讓有需要的人可望而不可及。[55]田納西州的一項藥局研究發現，一劑納洛酮的均價竟高達一百三十二·四九美元；[56]在加州藥局的研究則顯示，每四家藥局只有不到一家願意配售納洛酮給未持處方箋之人，雖然這麼做完全沒有違法之虞；[57]在德州的研究中，百分之三十一的藥局沒有納洛酮庫存，半數藥局拒絕接受納洛酮的保險給付；[58]紐約州讓納洛酮成為合法成藥的三年後，紐約市仍只有不到百分之三十八的藥局建立了該藥的庫存並啟動販售。[59]而由於這些結構性的汙名仍與我們個人觀念中的汙名相重合，我們必須指出，有遠超半數的美國人認同對於這麼一款可以遏止用藥過量的藥物，政府應該施以嚴格的限制。[60]說起政府官員，他們對用藥的汙名化還會引發各種其他意外，就像在二〇一五年，印第安納州爆發的ＨＩＶ（編按：人免疫缺陷病毒，即愛滋病病毒）疫情。[61]美國的任何一個地方，都沒有理由在已經是二〇一五年的今天還被ＨＩＶ病毒找到突破口——我們知道ＨＩＶ的成因，也知道該怎麼樣去預防。但在印第安納州，持有針筒是違法的行為；違法造成針筒短缺，短缺又造成有需要的人重複與混用舊針筒，結果就是ＨＩＶ的意外傳染。

一開始，蘇解釋說，這場危機獲得了看似不錯的回應。[62]印第安納州沒有第一時間把責任推給人為失誤，而是針對危險的環境條件進行了改善；他們推出了一些專案，讓有需求的用藥者可以合法取得注射用的針筒。但最終他們還是在名為「成癮者是罪犯」的汙名前敗下陣來。

「公衛危機遭到宣告，針筒交換（舊換新）『就地合法』。但繁多的種種限制依舊存在，需要跨越的障礙也繼續橫在成癮者面前。民眾或許可以持卡來獲得合法攜帶針筒的權利，但實務上這並不能避免他們因為持有針筒而被捕。」蘇指出。法律或許部分移除了書面上的汙名，但卻對執法者在實務上的偏見無能為力。

事實上就連政府給用藥者這點「小劑量」的協助，都沒能維持太久：印第安納州鄉下那個爆發ＨＩＶ感染的郡在二〇二一年喊停了當地的針筒交換計畫。[63]那些故事都是陳腔濫調了。西維吉尼亞州在二〇二一年立法限制起針筒交換的管道，只限有州身分證的人方予受理，並強制交換站的人員拒絕將乾淨的針頭提供給那些沒有帶髒針頭來交換的人；[64]紐澤西在二〇二一年驅逐了該州最大型的針筒交換計畫，只因為官員說利用該計畫的人數太多了。[65]

世間對成癮者的寬容會如此之吝嗇，源自於另外一種汙名——用藥者就是心智軟弱而且欲求不滿——而這，也會引發意外。[66]一個例子就是各州僅合法化了用藥者需要用來避免意外發生的一部分設備——如針筒，但不讓其他的東西合法——比方說加熱調製毒品用的炊具。如此一來，用藥者雖然有了乾淨的針頭，但卻仍得跟其他人共用受汙染的設備，由此疾病傳染的風險就無法根絕。

我們還發現，聯邦預算中也存在污名；聯邦預算用於執行和起訴毒品法的資金比用於研究和治療毒癮患者的資金多了數十億美元。[67]學者經研究發現，這些政策決定提高了意外死亡的概率——藥物法的執法支出一變多，死於用藥過量的人數也跟著變多。[68]

此外還有其他研究發現，圍繞著用藥／吸毒的汙名在各個層面上，都影響到了人與合法跟違法藥物的互動。[69]鴉片類藥物的汙名讓苦於慢性病的病人難以取得止痛藥物，也讓尋求藥癮治療的病患更可能半途而廢。這些汙名還影響了醫師，讓他們更可能設下會讓人備受煎熬的規定或政策（比方說限制病人不准抽菸），或中止對成癮者的治療來當作一種懲罰（比方說有病人違反了不准抽菸的規定）。按用藥之人表示，他們感受到的汙名化就是他們不去求助的最大主因，沒有之一。[70]

可以防止用藥過量跟疾病傳染的各種機制會讓人不得其門而入，並不是一種意外；那是直接肇因於同理心的付之闕如，或甚至是因為有人就是想給成癮者吃點苦頭。讓明明存在的預防辦法無法派上用場，其結果就是意外用藥過量的危機被坐視成長的幾十年。而雖然與成癮性如影隨形的各種污名非常致命，但這些並不是唯一危險的污名；對太多人而言，汙名就是一種會不斷愈堆愈高的東西。

入罪化，會讓你成為罪犯

假設你染上了鴉片類的藥癮，成癮性可能代表你需要每幾個小時就來上一點，直到永遠。[71]如果這些鴉片是合法的東西，那你的癮頭就只是麻煩一點，花錢一點的嗜好而已。癮頭可能會讓你的生活上有一點不方便，但還在你的控制能力之內，事實上很多人也都是這樣在過。只要拿得到處方箋，你就不用擔心沒有你所需藥物的穩定來源。

但要是你拿不到處方箋，你的藥物供應就可能會不夠穩定；而要是你需要的鴉片類藥物是法所不容，或是你無法用合法的管道取得，那麼藥癮跟社會汙名就會把你逼進其他跟用藥本身無關，但也背負著汙名的其他處境。[72]比方說，你可能得住在藥物的黑市附近，而那些住宅區的治安可能會比較差；你可能會經常保不住工作，因為你動不動就得長時間消失去找藥。要是你身邊經常是一堆在犯法的人，那你也可能順理成章幹起違法的勾當，畢竟那樣的工作就不會因為你要跑去買藥而開除你。只要你過起一部份遭到汙名的人生，那其他的污名也很快就會被你集滿。赫茲伯格所解釋過的「黃禍」就是一個經典的例子：作為一種雙重汙名，黃禍一方面指某人抽鴉片，一方面指某人是中國移民。黃禍不單單是一群抽鴉片的人，他們是一群抽鴉片的窮困亞洲移民。藥物法應運而生，並不光是為了應對藥物的問題，否則這些法律就應該對所有族群一視同仁；[73]實際上，政府制定跟執行這些法律，其用心是要人為創造出同樣在用藥的兩種階級。「那些在社會上遭到邊緣化的人，原本就被政府視為眼中釘，原本就是政府想要好好管管，也已經以各種辦法在設法整頓的社群，」赫茲伯格說，「而藥物法不過是給政府添了一樣新工具，讓他們有更多預算去增加警力、控制社區，也控制住在那些社區裡的百姓。」

在一九七〇、一九八〇與一九九〇年代，美國政府為了給所謂的毒品戰爭添加柴火，便立了新法來擴大刑法論罪的範圍，訂定基本刑期，以及增列預算規模來滿足巡邏警力跟監所擴建之需。[74]在過去四十年間，美國整體已經讓在監所服刑的人數膨脹了百分之五百，使之突破了兩百萬大關——成為世界各國之最。[75]尤其在聯邦監所裡以毒品犯罪的受刑人最多，其他什麼像非法持槍、性犯罪或盜竊的獄友都瞠乎其後。[76]

在一九八〇年，因為毒品罪名入獄的受刑人不足四萬一千人；[77]時至今日，這個數字已經突破四十三萬人。但其實在那之前，美國政府已經在把毒品戰爭轉大火好一段時間了。從一九二五到一九五四年，立法者、警方、檢方與法官聯手把監獄人口翻了一倍；接著是從一九五四到一九八二年，監獄人口也翻了一倍；接著增速更是有增無減，到了一九九二年，監獄人口又翻一倍；二〇〇八年再翻一倍。美國政府今天所關押的毒品罪犯數量比一九八〇年不分罪種的囚犯總數還多；從一九八〇到二〇一一年，法官與檢察官把毒品犯的聯邦有期徒刑加長了百分之三十六。[78]從一九八八到二〇一二年，毒品犯平均被送進聯邦監獄關押的時間變長了百分之一百五十三，且因為毒品問題被關的人犯明顯是黑人多於白人。「毒品與藥物的改革期常常並駕齊驅，並非意外，而這兩者常常跟民權運動的發展史十分吻合，當然也不是意外。」赫茲伯格指出。[79]

警方每以毒品罪的名義逮捕四個人，就有一個以上是黑人；[80]法官每以毒品罪判三個人入獄，就有一個以上是黑人，但美國人口要每八個人才有大約一個是黑人，且黑人與白人使用非法藥物（吸毒）的比例其實大致相等。醫師在懷孕或接生期間測試黑人母嬰有無毒癮的機率，要顯著高於他們對白人母嬰做這件事的可能性，而這些測試的結果證明了這麼做就是出於種族歧視的污名：黑人並沒有更可能在分娩期間測得陽性，她們只是更常被針對罷了。[81]在金柏莉．蘇醫師的眼中，這就是被種族汙名加重的用藥污名。

「我們知道至少在醫療界，以及在我們的各種社會服務與司法系統中，種族歧視都極為普遍。在我們的各種體系中，體制化與結構性的種族歧視都無所不在，而且這種歧視就是在這些微互動的層面上，於那些第一線人員——醫師、員警、社工——的認知決策過程裡產生作用，」蘇表示說。

用藥行為其實在各種族跟族裔當中，普遍性都差不多，但在現代鴉片類流行病發生前的幾十年間，意外用藥過量在美國就是不成比例地影響著黑人族群。[82][83]這個比例所反映的不是藥物濫用在黑人之間有多普及，而是黑人承受了多少的汙名——黑人用藥更常被視為是犯罪行為，且一般人都覺得他們應該沒有處方箋，所以他們吸毒的風險性更高。但這些看法被坐實為汙名，是因為證據再度顯示美國最流行的鴉片類藥物是有處方箋的，而且還以破紀錄的數字被開給白人。[84]在從一九七九到二〇〇〇年的至少二十年間，黑人意外死於鴉片類用藥過量的比率要高於白人，但當普渡製藥推出疼始康定，並在醫生面前強打它是一種無成癮性的鴉片類止痛藥時，鴉片類用藥過量的意外發生率在美國白人間一飛衝天。[85][86]黑人能逃過一劫，部分原因就在於疼始康定的生產與行銷都是以就醫階級做為目標客群。[87]

此外還有其他汙名也堆疊了起來保護了黑人，讓他們免於疼始康定的荼毒；其中一個就是疼始康定作為止痛劑的定位。[88]學者發現，一部份醫師與醫學生十分相信一種涉及黑人病患的種族歧視神話——覺得黑人的皮厚、神經少、不愛遵照醫囑，而且痛覺比較弱。[89]按照這種想法，醫師與醫學生會以兩倍於面對其他種族時的機率去無視黑人的痛，同時也明顯不太積極去為其止痛。要是白人與黑人的鴉片類處方藥開立比率一樣，那麼學者估計在一九九九到二〇一七年間會有一萬四千名黑人活不到今天——他們會早就喪生於鴉片類用藥過量的意外。[90]

二〇一〇年，白人死於意外用藥過量的比率達到黑人的將近兩倍，主要是疼始康定的處方藥仍在用藥過量的流行病組成中歷久不衰。[91]這一流行病之盛行，震動了美國意外死亡史上的整體統計走向——在二〇〇二年，白人死於（全體）意外的比率開始高於黑人，創下有記錄以來的第一次反轉，原因就在於白人死於用藥過量的情形愈來愈不容小覷。[92]社會大眾會開始注意到鴉片類流行病是一種流行病，不是因為死的人堆積如山，而是因為一轉眼，死的白人堆積如山。

時至今日，黑白之間的差異持續在收縮中。[93]鴉片類用藥過量的白人案例開始走平，黑人的案例持續遽增。[94]二〇一九年，意外用藥過量回歸了舊有的模式，也就是黑人死亡率在上升之餘，也自二〇〇二年以來再次與白人死亡率並駕齊驅；其背景是疼始康定終於納管，意外用藥過量開始主要來自於非法而非有處方箋的鴉片類藥物。[95]但汙名做為意外之仲裁者，其地位依舊沒變；丁基原啡作為一種可以控管藥癮，進而降低意外用藥過量之風險跟機率的藥物，其醫師處方箋幾乎可說是白人的專利。[96]學者調查了二〇一二與二〇一五年間共約一千三百萬次看診數，結果發現突然有很多醫師開起了這種藥給白人，同時間黑人拿到的處方箋則沒什麼變化。雖說用藥過量的黑人增加比白人快，但醫師開出丁基原啡因給白人跟黑人的機率卻是三十六比一。

丁基原啡因比美沙冬好的地方在於，它不需要你天天去診所領——但這樣的好處只有在你夠白的時候才派得上用場，因為只有夠白的人才拿得到處方箋。對拿不到處方箋的黑人而言，你只能選擇意外用藥過量的風險，或是天天上診所領美沙冬的麻煩。這就導致了白人的鴉片類成癮逐步改善、減少，而黑人的鴉片類成癮危機擴大的速度則快到不成比例。

在意外的世界裡，汙名會堆積，而在汙名的世界裡，種族說第二沒人敢說第一。

第六章 種族歧視

一說起「人為失誤」的故事——也就是我們怪罪樫鳥行人，怪罪有易出意外傾向的勞工、怪罪方向盤後的瘋子，也怪罪犯罪的成癮者之時——我們就被拐進了一種聲東擊西的話術；而注意力一跑掉，我們就會看不到那些可以用來預防意外發生的辦法，這就是意外一再重演的原因。

指摘某人的錯誤會散發出一股正義的氣息，給人感覺像在蓋棺論定，也難怪我們會有動力朝之追尋。但如果我們不能讓明明可以避免的結果獲得避免，那等著我們的就會是無孔不入而且致命的不公不義——而這其中的一個後果，就是人會因為種族的不同而以不平等到極點的差別速率去失去生命。

在《理解「人為失誤」的實戰指南（暫譯）》（*The Field Guide to Understanding 'Human Error'*）一書中，作者西尼．戴克做為發明了「壞蘋果理論」與「新觀點」框架去解釋「人為失誤—危險環境」之辯的機師跟安全專家，主張若我們要理解政策、習俗與人造環境如何能造成意外，就得從這些意外之當事人角度去看世界。[1]他以隧道的意象去解釋這一點。

想像你從外部望著一條隧道；隧道的一頭有個即將發生意外的人，另一頭則是意外的結果。[2]從你的角度看過去，關於那場意外的一切都隱藏在隧道內，你唯一能確定的只有隧道的入口處有誰，他們可能在隧道裡出了差錯，然後就是出口處的結果。我們平日在調查意外，常用的就是這樣一種視角——隔得老遠且居高臨下地看著事情的開端與結果，但中間發生了什麼諱莫如深。從這樣的角度去看事情，我們的結論可以有千百種錯法。

比方說，我們會假定壞的結果一定是肇因於壞的行動——**有件事**出了差錯，就代表**有個人**做錯了什麼。[3] 一旦這是我們的結論，那處理意外的辦法就是站在隧道外面，手舉起一本安全手冊；就像第一章裡的喬治亞太平洋紙廠，他們的經理人就是這麼做的。他們一副自己可以回到過去的模樣，把手冊裡的規定與程序強加到了某件已經發生了的事情上。

又或者我們會詳列出可以防止意外發生的每一種辦法，就好像每條細節都是一項事實似的——譬如我們如果說害死六歲男童厄文·奧瑟的那場車禍之所以會發生，是因為他**應該要**（卻沒有）去別的地方玩，而做爸媽的**應該要**（卻沒有）更小心地看好他；於是我們就會回溯意外的過程，然後質問為什麼某人在應該如此如此的時卻那樣那樣。[4] 這種做法的問題在於，我們只想著應該要發生的情形，而完全沒有去了解實際上發生了什麼。

「從旁觀者的角度去事後諸葛會有一個問題，那就是這沒有辦法去讓你解釋任何事情，」戴克寫道。[5]「從這個角度去看事情，你能做的只是批判當事人沒有注意到你（從事後已知中）覺得非常關鍵的東西。」

這完全無助於我們對意外本身有所了解。

戴克鼓勵我們去做的，是進入隧道，從當事人的角度去觀察意外。[6] 如果我們可以不從外部去馬後炮，而是從隧道內部去觀察意外的開展，那我們就可以更容易地去掌握何以某人在事發當時會覺得自己的決定合理。

我要先聲明：犯錯是人之常情。人沒有不犯錯的。但我們已經不把重點放在人的錯誤上了，理由是執著於人會犯錯並不能防止意外的發生，只會催生出更多戴克用隧道比喻所勾勒出的錯誤結論。我們不強調人為失誤還有另外一個原因，那就是許多意外專家覺得世間並不存在真正意義上的人為失誤——這些專家認為實情是，人類在人為環境中的每一個行為，都是那個環境的產物。危險的環境會**引發**錯誤，這派專家是這麼認為的；所以**要是**環境不危險，那錯誤就會自動被消弭，或起碼不會錯到出人命或讓人受到重創。

記住這一點，我們便可回頭去思考是**哪些人**在發生意外，而發生意外又是什麼感覺。在美國，意外死亡之前可不是人人平等。像是種族歧視與汙名就會一方面為意外開脫，一方面造成意外。出於這個理由，我想把戴克的觀念延伸出去：我們不只需要從意外當事人的角度去看待意外，我們更需要從受到意外傷害者的角度去看待意外。只要這麼做，我們就可以追蹤意外到（孱弱的核反應爐、誤植顏色的狀態指示燈等）人造的環境以外，直擊是何種抽象的體系導致了意外的發生。種族歧視定義了誰會覺得自己是意外的高風險族群，以及誰是真正的高風險族群；定義了我們會怪罪誰跟懲罰誰，定義了誰能活下來而誰不能，也定義了最危險的系統在對著哪些人虎視眈眈。

但有個我們必須提出的重點是，關於人類失誤的同一批規則，也適用於種族。就像易出意外傾向不是個無法去除的特質，種族也不會讓人被遺傳什麼東西。[7]只因為某個種族的成員死於某種意外的人數比較多，就把意外怪到人為失誤頭上，那就只是一種種族歧視。

比方說，若我們知曉黑人比較容易被車撞，那我們就可能會想說，一定是黑人在走路時做了比較多不該做的事情——這就是一種從種族歧視出發，在檢討受害者有人為失誤的成見——然後開他們一張樫鳥行人的罰單（實際的狀況還真就是這樣，這我們後頭會講到。）但實情是，黑人之所以更容易被車撞，是一堆原因交叉在一起所造成的結果；當中包括有駕駛會在電光石火間做出種族歧視的判斷，以及有種族歧視的規畫政策會讓黑人住宅區的街道變得更加危險——完全就像威廉·邦吉在《通勤者在波因特鬧區道路上輾過黑人小孩的地點》中所指出的狀況一樣，忘記的讀者可以回去參考第一章。

種族歧視的個人與系統創造出了危險的環境並造成意外，然後再檢討受害者，把意外的錯怪到受害者的頭上；這種打著人為失誤之名的結論能為我們所接受，往往就是因為我們恐怕也是種族歧視者。這麼一來，意外死亡就沿著種族的界線分成了不平等的兩邊，正如意外之後的發展也是一樣。意外之後，白人的過錯比較會被容赦為「意外」，而犯了同樣過錯的黑人則可能被認為罪無可逭；種族歧視決定了我們會把哪種論斷指派給哪一種膚色。這種循環會創造出汙名，也會創造出一種種族差異真實存在的幻覺。[8]社會學者凱倫·費爾茲（Karen Fields）與歷史學家芭芭拉·費爾茲（Barbara Fields）稱這是「種族詭計」（racecraft；譯註：即種族主義者透過各種行為，讓人以為種族是一種生物學現實的過程）——種族歧視會讓人一眼看上去，彷彿種族不只是一種抽象的社會構念而已。

在意外裡，種族詭計會產生作用，是因為我們使用種族或族裔來解釋不平等的結果。讓我們一起來看看種族詭計的其中一種運作方式：以全美而言，拉丁裔要比白人更可能喪生於自行車意外；[9]在紐約市，拉丁裔居民更可能因為在人行道上騎自行車而遭到開單。[10]知道了這兩項事實後，我們就可以發展出一種種族歧視的汙名，並衍生出一種預期心理是：紐約市的拉丁裔居民是高風險且不守法的自行車騎士。這種汙名會降低我們對拉丁裔騎士萬一死在自行車意外中時的同理心。[11]由此，警方可能會針對在拉丁裔社區裡騎車的人更加鐵腕執法，而納稅人整體而言將更不願意支持在這些社區裡設置給自行車用的基礎建設。一旦相信了這種汙名，你又怎麼會樂見好事發生在這群不守法的人身上？紐約市一名種族歧視的社區管委會成員在二〇一七年就表達過類似的立場，她主張在拉丁裔移民佔多數的皇后區可樂娜社區（Corona, Queens）裡暫停自行車道的興建工程。[12]「等川普把所有的非法移民都從可樂娜移走後，」她說，「社區裡騎腳踏車的人就會一個都不剩了。」

你應該可以看出這會如何生成一個惡性循環：意外死亡恐怕會有所增加，因為民眾（自行車騎士）得在社區裡面對更危險的（用車）環境，而這種環境又會隨著種族歧視在社會上散布出去，得以繼續危險下去，只因為意外死亡的成因會被種族歧視的詮釋推到特定民眾（拉丁裔騎士）的頭上去。如果今天是白人死在了自行車意外裡，那種族詭計就不會起作用，輿論的反應就會少一分對死者的檢討，多一分同理心，也多一分對危險環境的檢討——而多一分對環境的檢討，我們就愈有機會找到問題的解決之道。

如同意外中所有的汙名，這些歧視性思路的核心就是在將死者跟傷者「他者化」，在「我們」與「他們」之間烙下無法磨滅的標誌。想克服這一點，需要我們設身處地去考慮受到傷害者的感受。進入受害者的立場，我們就能看出今天位在隧道入口處的如果不是個白人，那意外造成的威脅就會不一樣，那種威脅**給人的感受**也會不一樣。我們會在那裡看到一個非常清楚自己身處在風險之中的人。

白人男性效應

在一九八〇年代，一種前所未見的繪圖研究（我們會在本章尾聲對這種研究有更多著墨）證明，有色人種會因為其居住的位置，而暴露在較高地化學品外洩意外風險中。[13]該研究啟發了第四章出現過的那名風險知覺專家保羅・施洛維奇質疑：這種偏高的實質風險會如何表現在人對風險的**感受**上？[14]化學品意外外洩的風險差距千真萬確，他想知道的是，這種差距會如何反映在人的感受上。

在一項全國性的調查中，施洛維奇對一群有男有女，有白人也有非白人的受試者提出了一系列問題。[15]這些問題牽涉到二十五種大部分都屬於意外的危險——當中除了核災、環境汙染，或科技突飛猛進等大型風險，也有車禍跟火災等比較日常的風險。施洛維奇的研究請受試者進行評比，為此他提供了從「幾乎沒有健康風險」到「健康風險甚高」的不同選項，並在評比完後根據種族與性別進行了資料的整理。

比起白人，非白人感受到風險的頻率與程度都勝過不只一籌。[16]相對於白人女性比白人男性感知到更多風險，非白人的風險感知則幾乎沒有性別上的高低之分。從核廢料到日光浴再到空難，最不覺得活在威脅之中的就是白人男性。

為了判斷這一切的背後有著什麼樣的「為什麼」，施洛維奇問了其他與人口結構有關的問題，結果他注意到了一個明顯的模式存在於有錢、教育程度較高、政治立場偏向保守的白人男性之中；這個族群針對上述的危險情境，表示了最低程度的不安。[17]其它他們回答Yes的問題還有：**你可以接受社會未徵得人同意，就把小小的風險加諸於人嗎？**或是**美國是不是推平權推得太過頭了**？至於這同一群人回答No的問題則有：**地方政府應該有權把他們覺得管理不善的核電廠給關了嗎？**這個問題，自然就是拐彎抹角地在問，改變危險環境的力量應不應該交到身在意外風險當中的人手上？

二〇〇〇年，施洛維奇再次進行了這個調查，依舊得到了類似的結果。[18]

二〇〇四年，另外一名學者發表了一份類似的研究來調查以密西西比河沿岸為家的黑人跟白人男女，並把重點放到了從路易斯安那州的巴頓魯治到紐奧良的這一段——這一段區域發生化學工廠意外的頻率是如此之高，以至於大家都管這裡叫做「罹癌巷」。[19]暴露在這類意外中的人群，壓倒性地都是黑人，但明明罹癌巷就不是個不存在種族多元性的地方。[20]二〇〇四年的研究也得到了相同的結論——黑人女性感受到最大的風險，第二名是黑人男性，僅以些微差距排名第三的是白人女性，至於遙遙落後的則是白人男性。[21]

研究風險知覺的學者也很常發現類似的結果，以至於他們為此取了一個專有名詞叫「白人男性效應」。[22]白人男性要麼面對風險顯得有恃無恐，要麼就是很清楚地知道自己面對的風險確實相對極低。他們不僅甘於冒險，還精準地認知到自己是天之驕子，只有他們的風險是一枝獨秀地低。一九九七年的施洛維奇，曾在筆下發表過近似的論點：[23]

> 或許白人男性在世界各地看不到太大的風險，是因為他們在許多重大的科技發展與

活動裡頭，都扮演著創造者、管理者、控制者跟受益者的角色。而或許女性與非白人眼中的世界會比較危險，是因為他們在很多方面都比較脆弱，是因為他們比較當不成科技發展與體制的受益者，也是因為他們比較沒有權力，比較控制不了發生在他們社區與生命裡的事情。

在這些研究裡，黑人準確地感知到了他們對導致意外的危險環境欠缺控制力，而同樣的這種無力感在意外之後，也是存在的。另一個非白人可能感覺身處於較高風險中的理由是，在意外發生後，他們更可能需要背鍋（而且根據我們對於汙名的認識，這樣的黑鍋也可能進一步增加下一場意外發生的機率。）種族歧視所造成的差別待遇——有些意外是無心之過，有些意外則是明知故犯——並不罕見，我們甚至在人生命的起點就能夠有所發現。

襁褓中的種族歧視

醫師普遍對死在嬰兒床裡的寶寶有兩種診斷，兩種都被歸到突發性嬰兒意外死亡的分類之下。[24]其中一種診斷認為這是一種疾病——一種謎樣而無來由的突發嬰兒死亡症候群，通稱「嬰兒猝死症」，英文縮寫為SIDS；這代表這孩子是殞命於某種不知名也無法解釋的原因。另外一種診斷則認為嬰兒的死是場意外；若按美國疾病管制暨預防中心的說法，這就是「非故意受傷致死」或「意外窒息與在床遭勒斃」，英文縮寫為ASSB。其中後者——也就是意外遭勒斃——造成一歲以下原住民嬰兒死亡的比率，要比造成白人嬰兒死亡的比率高出百分之三十六；

造成一歲以下黑人嬰兒死亡的比率，則要比造成白人嬰兒死亡的比率高出百分之一百三十二。[25]但有證據顯示這種差異性可能是有缺陷且帶有種族歧視的診斷所造成。

在二〇一九年，南達科他州大學的桑福德醫學院（Sanford School of Medicine）有學者開始研究突發性嬰兒意外死亡案例數中的種族區別，以及晚近的嬰兒突發性死因認定開始從縮寫為SIDS的嬰兒猝死症擴大轉移到縮寫為ASSB的意外窒息與在床遭勒斃，又是怎麼回事。[26]結果相關的發現讓他們憂心忡忡。

SIDS的發生率從一九九〇年代初期以來就持續下降，主要是醫師開始告訴家長要讓寶寶仰躺睡在偏硬而沒有毯子的床上。而同一時間，ASSB的發生率則有上升趨勢，原因不詳——有可能是因為醫生慢慢瞭解了什麼是SIDS，什麼又不是，所以後來有愈來愈多的嬰兒突發死亡被歸類為ASSB。又或者，那背後可能有其他因素。然而，這些診斷的數字不論是升是降，其在人口中的分布都並不均勻。SIDS的診斷率在有色人種當中下降的速度，遠超過白人，而ASSB的診斷率則在有色人種間快速上升，速度同樣遠超白人。嬰兒突發死亡的ASSB診斷，在所有種族之中都呈現上升，但在非白人族群之中升速最快。

率領桑福德醫學院進行研究的學者提出了一個假說，他認為不論是誰在對這些嬰兒突發性死亡做出診斷，他們恐怕都一方面不太想把非白人嬰兒的死亡診斷為SIDS，同時也比較不想把白人嬰兒的死因診斷為窒息。實際的狀況似乎是——由於SIDS是比較無辜，比較不涉及人為失誤的診斷——因此醫師比較不願意將非白人嬰兒的猝死連結到SIDS上；ASSB相對之下，就是一種污名化比較嚴重，跟疏於照顧只有一線之隔，而且明顯有人為失誤之嫌的診斷，因此醫師比較不願意把這種解釋安放到白人嬰兒的死因之上。

這種差異的一個理由可能是：標註這些死亡的醫學專業人士比較想對白人爸媽說你們盡力了，但他們的孩子是死於某種無法預防的症狀；同時也比較想怪罪非白人的爸媽，讓他們覺得是自己一個不注意勒斃了自己的孩子。按照這種標準，非白人的寶寶顯然會更常死於意外，因為醫學專業人士赦免了白人爸媽，讓他們不用背負使孩子死亡的羞辱。

復仇的滋味

沿著種族的界線去劃分意外發生時該寬恕還是苛責的做法，每天都看得到，比方說樫鳥行人，就是一種警方看膚色在選擇性執法的違規。

佛羅里達州的傑克森維爾是美國行人最容易死於車輪下的前十大城市之一，而那兒的警察會壓倒性地把亂過馬路的罰單開給黑人。[27]非營利的公民新聞機構「為公眾而報」（ProPublica）旗下有學者發現，截至二〇一六年的五年間，傑克森維爾警方對佔該市人口僅百分之二十九的黑人開出了百分之五十五的樫鳥行人罰單；黑人過馬路被開單的機率比白人高出三倍。類似的研究在行人安全好上許多的城市裡，也發現了可以證明行人違規執法帶有種族歧視的證據，例如紐約。[28]二〇一九年，警察開出了近九成的樫鳥行人罰單給黑人跟拉丁裔的行人，但這兩個族群加起來只佔紐約市的大約半數人口；在二〇二〇年的前三個月，紐約市警方開出了百分之九十九的行人罰單給黑人跟拉丁裔。

種族歧視也廣見於車輛致人於死的刑度當中；[29]身為黑人，代表你更可能因為走路而被開罰單，但如果今天是有人撞死了在過馬路的你，那身為黑人就代表著害死你的人可以付出比撞死白人少一點的代價來賠償社會。學者發現，車輛致人於死（特別是那種並非故意，而是不小心開車撞死人的狀況），其犯罪者會因為他們撞死的是黑人，而被判處比較短的有期徒刑。

在二〇〇〇年，達特茅斯學院與哈佛大學的學者根據受害者的特質，針對美國司法統計局（Bureau of Justice Statistics）的汽車過失致死（大部分是酒駕肇禍）進行了刑期長度的分析。[30]他們看了來自全美各地法庭一落又一落的量刑資料，結果發現，當檢察官以汽車過失致死起訴人時，光是受害人是黑人這一點就可以讓刑期縮短百分之五十三。

如果刑期長短衡量的是受害者生命的價值，那黑人的生命顯然不如白人值錢。這份研究的作者群得到一個結論是，刑期的長短代表的不只是正義的尺度，那當中還有一種更扭曲猙獰的元素，學者們稱之為「復仇的滋味」。

「我就是看不到黑人」

當黑人或拉丁裔過馬路不走斑馬線時，他們比較會被抓行人違規；而當黑人不論有沒有走斑馬線，被車撞死時，犯罪的重量都會輕一些。交通意外之前的事件，跟交通意外之後的結果，都決定在種族歧視者的手中。當然，發生在交通意外中間的事情，也不會在這一點上有所例外。

在二〇一九年，美國駕駛人平均每天會造成二十一名行人死亡。[31]在這些死者裡，有不成比例的很多人是拉丁裔、黑人、原住民；比起白人，拉丁裔行人的意外死亡率要高出百分之八十七，黑人行人的死亡率要高出百分之九十三，原住民行人的意外死亡率要高出百分之一百七十一。黑人走在路上比較容易被挑毛病，萬一被撞死還比較得不到正義，而他們在路上被撞死的機率也確實比較高。

事實上，就連他們踏入人行道但還沒有被撞死的這段時間，一切的狀況也都是操之於種族歧視手中。[32]波特蘭州立大學的學者發現，駕駛人遇到黑人行人，禮讓的機率會有明顯的下降。

塔拉·戈達德（Tara Goddard）做為這項研究的領導者，是以主題關乎「決策中之種族偏見」，且大多存在於交通領域以外的早期研究為藍本，但也同時參考了一份關於手杖與雨傘的交通領域研究。在這份研究中，學者觀察的是駕駛人在決定要不要禮讓時，會不會因為在等待過馬路的人有或沒有拿著手杖或雨傘而改變想法，結果是駕駛確實會因為行人手上拿著暗示其行動不便的物件而更願意禮讓，而這就代表人在開車時的決策會帶有偏見。戈達德想知道，種族歧視是否會左右這些決策，乃至於這能不能解釋何以黑人行人死於車禍的機率會如此之高——即便在我們考慮進社經地位、喝酒的影響與黑人可能住在行人稠密之都會區的事實，這種黑白之間的行人死亡機率差異也不會消失。[33]

二〇一五年在奧勒岡州的波特蘭市，戈達德與她的團隊聘請了六名有著特定身高跟體重的男性——他們的年紀相同、身形也一樣。她讓這些男性穿上同款的衣著，當中三個人是黑人，三個人是白人。六個人通通被派去到某條繁忙的雙線單行道，上頭有斑馬線，但沒有行人用的燈號。學者會在一旁觀察受試者等著過馬路，而受試者若想安全通過這條無號誌的馬路，就必須靠駕駛的停讓。

「這種操作就是所謂的『準實驗』，因為不在實驗室裡，我們對各種事情的發生並無控制力，」戈達德解釋說。「我們想過濾掉盡可能多的雜音，好讓我們可以去問在其他條件相同的狀態下，駕駛會不會因為要過馬路的人是黑人或白人而在停讓上出現不同的選擇。」

戈達德是在田野中進行了這項實驗，她會告訴受試的行人該在何時踏上人行道，好讓每一位駕駛都能有差不多的時間決定要讓或不讓。她指示行人不要看手機。在路口處，她會請每一位行人往前一步，面對開過來的車輛。此時行人會與駕駛面對面，試圖與駕駛產生眼神接觸，並示意他們他要過馬路。戈達德不僅會確認第一台車子有沒有停下來，她還會在若第一輛車子沒有停下來的時候去確認有多少台車連著開過去，以及行人要等多久才過得了馬路。

一個人都不讓的駕駛不在少數。但在駕駛確實停下來的例子裡，那當中還存在是誰在站斑馬線上的差異。在行人共計八十四次要過馬路的嘗試中，車輛平均有兩倍的機率會不停車，直接從黑人的面前開過去；且如果第一輛車沒有停，那後續會有五倍之多的車子接連開過去。駕駛停讓白人的速度要比停讓黑人快上百分之二十四；平均而言，黑人行人得等上長百分之三十二的時間才過得了馬路。姑且不論這反映的是隱性或顯性的偏見，要停讓的決定都明顯帶有種族歧視——而且可能會導致意外的發生。

「這種狀況的一個潛在結果是，若你不覺得有車子會停下來等你，你就更可能會豁出去，一反平時習慣地鋌而走險；亦即你可能會在車陣中找縫鑽，因為你認定等是沒有用的。」戈達德這麼跟我解釋。這種種族歧視甚至會妨礙到我們用走路來換取健康的權益。「很多人會直接選擇不出門，或出門但不用走的，因為他們知道不會有車子停下來等他們。」

一旦出門用走的，有人可能會等過馬路等到上班遲到。要是等得不耐煩了，有人可能會不顧危險先過過看再說。綜合各種狀況，得出的同一種結果就是：駕駛害死的黑人行人是白人的兩倍。[34]

未能停讓行人，其在本質上就是一種不作為，就是在一念之間決定照常往前開。這個過程看似是一個比較不那麼惡劣的種族偏見，但其實是一種更加包藏禍心的歧視，其內在的本質是黑人的命沒有比較了不起，只不過外面包上了一層「挖咧，我不是故意的」跟「我沒有看到他」的面具。

沒有看到人是車禍肇事者一種很典型但爛透了的卸責之詞；只要調換一下某個人有或沒有被「看到」的語境，我們就能——超越上述的數字統計——讓種族歧視才是問題癥結的事實得到進一步的證明。對在手握方向盤的人來說，過馬路的黑人就像披上了隱形斗篷，就在眼前卻看不見；但對手裡揣了把槍的人來說，步行的黑人他們看得可清楚了——清楚到不論在何種脈絡下，黑人都最常成為活靶。

公開持槍（貓）證

比起交通事故，槍擊意外相對沒麼常見——一年車禍幾萬筆，槍擊不過數百件（惟如我們在引言中所討論過的，這些槍擊意外的統計可能遭到顯著低估。）[35][36]在這些相對罕見的槍擊意外中，黑人並沒有像他們在路邊等過馬路時那樣消失不見；反倒是不論是在實驗室還是在現實生活中，黑人都像是槍擊案中的靶子。整體人口意外中槍死亡率相對不高，但比起白人，黑人的意外中槍死亡率硬是高出百分之二十九；原住民的意外中槍死亡率也高出白人百分之十九。在此例中，我們也看得到充分的證據證明，意外槍擊的死亡人數是種族歧視的產物。

二〇〇三年，華盛頓大學的學者找來了大約一百名受試者，讓他們坐在電腦螢幕前，螢幕上是一條小巷裡有兩台垃圾子車。[37]學者請受試者扮演員警的角色，讓他們對從垃圾子車後面跑出來的人物做出反應。而可能跳出來的角色有三：罪犯、警員、平民，但他們全都會做相同的休閒打扮。平民百姓會攜帶人畜無害的物件（像是貓咪、相機、啤酒，或手電筒。）；罪犯與警員則都會帶槍。學者指示受試者要用種族去區分罪犯跟警察，因為他們在其他方面看起來都一模一樣。在其中一個版本的測試中，受試者被告知帶槍的白人是罪犯，而帶槍的黑人是警察，而在另一個版本裡，受試者則被告知了相反的設定。學者兩次進行了這場實驗，好讓所有受試者都能嘗試到兩種版本。具體的電腦操作是：用滑鼠點擊就可以射擊嫌犯，按下空白鍵則可以向警察同事表明是自己人，什麼都不做則可以讓平民百姓無事路過。

不論學者告訴受試者黑人是平民、罪犯，還是警察，結果都不受影響：[38]受試者一概是看到黑人就開槍。這包括受試者比較分辨不出黑人帶在身上的是貓咪還是手槍，結果打死了一堆黑人平民貓奴。至於看清了對方身上帶著把槍的時候，他們也打死了一票黑人警察。

兩名社會心理學家對十年間的四十二份這類「開槍／不開槍」實驗進行了綜合分析，千篇一律的結果是黑人被開槍開得更快速也更頻繁，包括他們沒帶槍的時候也不例外。[39]在槍枝立法較少所以擁槍比例較高的州裡，這類研究顯示黑人被開槍的頻率更高，而且開槍的理由也更加不成理由。

這種看到黑影就開槍的狀況也存在於現實生活中。黑人、拉丁裔與原住民都比白人更可能死於警察之手。[40]雖說這些槍擊都可能帶有一些理由，包括有些警察會宣稱他們受到威脅，但有一項研究發現大約百分之六的警察開槍事件會被身為當事人的員警描述為意外，而在這些意外中，被開槍的人也壓倒性的是黑人。[41][42]就拿二〇二〇年在肯塔基州的布倫娜・泰勒（Breonna Taylor，譯註：二〇二〇年三月十三日，二十六歲的急救醫療技術員布倫娜・泰勒被路易斯維爾警局的四名警官射擊八槍後身亡，但警方的目標其實是泰勒住處十英里外的毒販）一案來說，她的死被稱為是「誤判情勢」。或者是二〇二一年被一名女警打死在明尼蘇達州的丹特・萊特（Daunte Wright），女警說她想扣下扳機的是電擊槍，但不小心開到了真槍。[43]還有尤里・史丹普斯（Eurie Stamps）這名六十八歲的老奶奶在二〇一一年被打死在麻塞諸塞州，當時她手無寸鐵而且俯躺在地上，就這樣死在手持「無須敲門便可入內」的搜索狀，但是逮錯人了的警察手上。[44]或是艾雅娜・莫內・史坦利—瓊斯（Aiyana Mo'Nay Stanley-Jones）這名二〇一〇年被警察打死在密西根州的七歲小朋友，當時警方同樣是手持「無須敲門」的搜索狀，但上頭寫錯了公寓門牌號碼。[45]或是二〇一〇年的伊亞娜・戴維斯（Iyanna Davis），她一覺醒來只聽見在紐約的家門被撞開，於是她躲進了櫃子裡，而帶著攻擊步槍的警員說他不小心腳絆到了東西，結果槍走火打死了她；[46]這名警員也同樣持有不敲門的搜索狀，也同樣是意外走錯了公寓。還有艾柏塔・史普伊爾（Alberta Spruill）這名五十七歲的紐約市府員工在二〇〇三年死於心臟麻痺，原因是警方朝她的公寓裡扔了一枚手榴震撼彈，把她給活活嚇死了，而這些警察又是拿著不敲門的搜索狀，也又是找錯了地址。[47]

美國簡直就沒有哪種意外死亡不受到種族歧視的影響，而且這種情況已經很久很久了。美國的意外死亡統計可以追溯到一九〇〇年，而就從那一年開始，黑人的意外死亡率就年年高於白人，直到二〇〇二年，才由鴉片類處方藥的用藥過量終結了這種典範的霸業。[48]

今時今日，黑人與拉丁裔民眾死於自行車意外的比例要高於白人；[49]汽車駕駛意外撞死過馬路的黑人、拉丁裔與原住民，其比率也高於他們撞死過馬路的白人，且這當中對黑人與拉丁裔而言，他們過馬路被撞死的機率是白人的兩倍，原住民更是直逼三倍。事實上，黑人與原住民死於各種交通意外的機率都是不成比例地高於白人，且對黑人而言，這種差距還持續在擴大，主要是造成白人死亡的交通意外從二〇〇五年以來就持續下探，而造成黑人死亡的交通意外則自二〇一〇年以來就持續往上爬。[50]並且這種現象其實並不限於交通意外，而是適用於所有意外。黑人從出生到十四歲，還有從四十五歲到七十五歲之間，其死於任何一種意外的機率都要大於白人；[51]黑人嬰兒死於意外的比率是白人嬰兒的兩倍多；[52]黑人與原住民因為意外而溺斃或被擊斃的機率也都要大於白人，其中後者包括但不限於被警察擊斃。黑人與原住民有超過白人兩倍以上的機率會意外凍死或被燒死，也有更高的機率會死於「非故意的自然與環境因素」；這種口袋分類裡可能包含意外死於老鼠咬、沒有東西吃，乃至於其他可怕的原因。[53]

在美國要比哪一個族群最容易死於意外，原住民說第二沒人敢說第一。[54]放眼美國疾病管制暨預防中心的「網路傷害統計搜尋暨通報系統」（Web-based Injury Statistics Query and Reporting System）上追蹤的每一種非故意傷害，原住民幾乎都順利拔得頭籌，只有兩個例外：一個是意外死於煙霧、火災與火焰，這一項由黑人險勝了原住民；另一個則是跌倒致死，這一項主要是老人家的專利。想摔死你還得先夠老，而原住民通常還活不到有資格摔死的歲數。

種族歧視導致死亡之前人人不平等的狀況，被流行病學者稱為「健康問題的社會決定因素」。[55]這些決定因素有的具體，有的抽象——社會結構、人造環境與經濟體系各有其不同的分布——可以被理解為你個人的那疊瑞士起司；你會帶著這疊起司進入到各種風險當中。瑞士起司上面的洞或許會一視同仁地連成一條線，比方說藥品的包裝或槍枝的設計就屬於這一類，但這些洞也可能會只專門為你連成一條線，只因為你是誰，和你在旁人眼中是誰。

種族歧視會把危險的環境堆疊在某些人身上，讓他們用一片片起司疊起的安全防護被鑽出一個大洞，而且那個洞還深到你根本不需要再去問個人能夠做出哪些努力去改變他們的命運，因為問了也是白問。我們只消去看一眼是**哪些**意外沿著種族的界線有最赤裸裸的反差，這些意外的必然性就會躍然我們眼前。而最能讓我們清楚看見意外死亡中的種族分界者，莫過於那些最常見也最可以避免的意外，也莫過於那些人造環境裡充滿安全漏洞的時間點。

比方說，人吃東西會不小心噎著的比率在種族之間都相當平均，但原住民意外溺斃的比率卻高於白人百分之五十。[56]同時，最容易溺斃之人往往是去離家最近的湖邊或河裡戲水，而不是去家附近有救生員的游泳池畔游泳。[57]意外噎死與意外溺斃的差別在於，後者有人造的環境可以確保人員的存活率，而也正是在這類意外中，我們可以看到毫無遮掩的種族差異。

我們也可以在火災中看到這種模式。黑人死於意外燒傷的機率是白人的兩倍多，同時他們死於意外家庭火災的機率也是白人的兩倍多。[58]但當我們論及意外火災的種族化結果時，我們就不能不也談到一項事實，那就是一個人死於住宅火災的機率偏高，就代表他們住的可能不是自有的房子；他們的房子可能沒有火災安全裝置，他們的住家建材是廉價的複合木材而不是較為安全也較為昂貴的選項。[59]

相對於安全帶或救生衣作為一層安全防護，可以顯而易見地代表生與（意外而）死的區別，這裡的兩個例子——天然水體vs.人造泳池、磚造房屋vs.塑合板住家——就沒有那麼一目了然了。我們稱為意外的東西，可以是地理位置跟資源配置的問題，而這兩種問題，也可以有著種族化的起因。

為了進一步了解資源與位置如何影響意外死亡，以及種族歧視如何決定誰能活下來，我們不妨一起來看一下工作上的意外——那當中的生與死不僅操之於你做什麼工作，也取決於做這份工作的你是誰，以及你是在哪裡做這份工作。

靠這過日子，也太拚了吧

工作上存在與種族相關的風險，在歷史上其來有自，主要是有色人種大多只能去幹那些最危險的活兒。往回推一百年，黑人勞工殉職的機率比白人高出之多，以至於英文裡直接把最是玩命的工作稱作「黑人的頭路」；[60]這點直到今天仍符合實情。在過去十年間，黑人勞工死於工作上的人數上升了百分之五十一；[61]拉丁裔勞工（特別是拉丁裔的移工）則承受著無人能出其右的意外工傷比率。

這些統計數據或許看來直觀：黑人與拉丁裔的工作難找，所以只能無奈地去從事那些危險的行業。這些數據的有趣之處，出現在我們嘗試把風險放在相同的立足點上比較的時候——也就是拿蘋果去比蘋果、拿煤礦去比煤礦的時候。因為就是這樣一比，我們才赫然發現工作上的意外風險不僅存在種族間的不平等，種族歧視甚至已經徹底統治了人造環境中的差異性，以至於種族因素可以直接被用作為同一項工作上發生意外的預測指標。

在上世紀八〇年代與九〇年代初期，拉丁裔還沒有開始席捲美國最危險、最被人嫌棄的工作，由此當時還是由黑人在意外殉職機率上獨佔鰲頭，高出白人的差距足足超過百分之十二（這個差距甚至在某些州裡還要更大一些，像是在發生哈姆雷特大火的北卡羅萊納州，那兒的黑人有著高出白人百分之三十二的意外殉職率。）[62][63]這多少是因為黑人從事的是比較危險的工作；但即便是做著相同的工作，黑人的死亡率也高於白人。這當中的差別，就在於黑人與白人獲得的工作條件不同。挖煤礦沒有不危險的，但危險的程度在不同的礦坑仍有高低之分，而你只要看一下有多少黑人在裡頭工作，就可以判斷出特定礦坑的危險程度。

這個在美國包辦所有最危險工作的棒子，會在十年後傳到拉丁裔的手中。在一九九〇年，拉丁裔勞工的意外死亡率盤旋在黑人與白人勞工之間；到了一九九六年，拉丁裔勞工在這一點上超車了黑人。且即便在納入了不同工作的相對危險性來進行調整後，殉職率的差異仍舊沒有消失。就跟一個世代前的黑人勞工一樣，即便是同一種職業，你也可以用拉丁裔勞工的人數去判斷某個職場的危險指數。

那是一幅風險與危險環境的嚴峻浮世繪，活在當中你只有兩個選擇，一個壞，一個很壞。你可以工作、填飽肚子、付瓦斯跟電費，然後去一個你控制不了的人造環境裡上班兼賭命，這是一個選擇；另一個是你可以不工作、沒飯吃，繳不出瓦斯跟電費，然後在你沒錢所以控制不了的人造環境中生活兼賭命。在第二種選擇中，你要冒的風險除了被迫捱餓以外，還有身無分文所導致的一票危險環境因子，每一樣都可以讓你死於非命：火災、凍斃、中暑、鼠咬。這些東西沒一樣會被視為是工作上的意外，但我們可以稱它們是「人為了避開工作上的風險，而必須在生活中賭一把的意外風險。」惟無論怎麼選，結果都是一樣的——種族歧視定義了你身處的意外風險，靠的是先定義你的工作環境或生活環境。而定義你生活環境的其中一樣東西，就是你的家在哪裡。

我們城市中的毒性

美國有一萬三千五百座化學設施。[64]相關企業會在這些地方儲放石化產品與肥料，或製造塑化樹脂、合成橡膠、家用清潔劑，乃至於各種殺蟲劑。總歸一句，這些設施創造出了每年數億磅的有毒廢氣跟危險廢料；意外在這些地方的發生稱不上隨機，也不是不能預期——而當這些不是意外的意外終於發生時，那些吃虧的人也不只是剛好倒楣。[65]

化學意外中發生的第一件事情，早在任何一個獨立的失敗事件發生之前的事情，是設施的建成，或是有人搬進設施附近的住家。想也知道，人住得離化學品愈近，化學品意外外洩時的傷亡機率就愈高。同時我們只要掐指一算，就能知道是哪些人住在那種地點。美國全國有色人種協進會（NAACP）的一項研究發現，黑人住在有毒廢棄物設施周邊的機率比一般美國人高百分之七十五。[66]學者還發現，愈是高風險的設施，旁邊住的黑人就愈多。[67]有色人種有將近兩倍於白人的機率住在危險性最高的化學設施旁——這些設施發生意外的次數是白人社區裡之同類設施的兩倍。[68]

第一次有這樣的發現出現是在一九八七年，當時美國聯合基督教會種族正義委員會（United

Church of Christ Commission for Racial Justice）發表了一篇《美國有毒廢棄物與種族》報告（而該報告又觸發了保羅．施洛維奇對本章一開始提到的風險知覺展開了調查。）[69]這是美國第一次有全國性的調查工作探究了兩樣東西的重疊性：一樣是美國化學品的製造、混合、儲存與販售是在什麼地方；另一樣則是有色人種的居住地。

啟發該研究的，或許可說是自從小馬丁路德金死後，美國南方最令人矚目的公民不服從示威運動。一九八二年，大約五百五十名群眾坐下等待被捕，原因是他們計畫要找出多氯聯苯的掩埋場位置，地點大致在北卡羅萊納州瓦倫郡（Warren County）一處鄉下黑人社區的外圍。[70]有六個禮拜的時間，抗議者往街上一躺，硬是阻斷了道路，讓滿載有毒土壤的傾倒式卡車無法通行。我們今天所知道的環境正義運動，可以說就是以那場示威作為發軔。[71]

在地圖上，美國聯合基督教會的發現顯得格外令人怵目驚心；[72]有毒產業的分布與有色人種佔多數的地區，在全美各地重疊出了一種模式。該教會的研究發現，貧窮也是個不容忽視的因素；意外風險與種族分布的交會之處，往往也是極度貧困的所在地。在存在多個危險廢棄物設施的地區，你會發現那兒有三倍於無危險廢棄物設施地區的有色人種人口。這些數據即便在考慮進都市化與區域經濟發展的差異後，也依舊能夠成立。當時美國每五個黑人與拉丁裔，就有三個「住在設有有毒廢棄物設施的社區裡」，而這引號裡的說法放在半數的亞裔與美國原住民身上，也同樣能成立。

數十項研究會繼之而起，而它們也一一得出了同樣的結果。沒有哪一種環境危險因子的來源，是在全美公平分布的——煉油廠不是、焚化爐不是、化學工廠不是、發電廠不是，垃圾傾倒場也不是。[73]學者發現十之八九，這些危險的處所都圍繞著有色人種而生，幾乎沒有例外。

二〇〇七年，這些研究的老祖宗——《美國有毒廢棄物與種族》報告——得到了再製。[74]在兩次研究中間的二十年裡，資料取得變得更加可行，解讀資料的方法也有所改進，唯一沒有改變的是做出來的結果。事實上，二十年的光陰過去，問題變得更糟糕了；如今，窮人及有色人種與危險設施當鄰居的機會又更高了，特別是那些洩漏起東西或爆炸起來會很誇張、很可怕的設施。

惟不見得每場意外都是在突然之間發生的。這就要說到所謂的「超級資金場址」（Superfund site）；主要是有些意外現場的有毒化學品外洩範圍過大，以至於排毒工作需要規模非同小可的資金。一般來說，這類超級資金場址的形成都是經年累月，而化學品的外洩就在是意外也好有意也罷的這個過程裡，一而再再而三地重演。比方說，北卡羅萊納州有家生產多氯聯苯變壓器的工廠，他們的老闆每天晚上都把有毒的廢油傾倒在公路的邊緣，就這樣倒了一年，為的就是不想花錢去進行廢油的正規處理（所以北卡羅萊納州才要在瓦倫郡興建掩埋場，其初衷就是要接納這些正規處理後的多氯聯苯廢棄物。）

有項研究觀察了將近一千七百處超級資金場址，結果發現黑人與拉丁裔民眾以遠超其人口占比的超高比例生活在超級資金場址附近，且罹癌的機率也高得非比尋常。[75]另外一項研究觀察了超過一千八百處超級資金場址，結果發現拉丁裔、黑人與亞裔美國人以破格的比率生活在超級資金場址的方圓三英里內。[76]今天你把觀察範圍更改為全美、各城市、各州，結果也不會有所改變。[77]

跟超級資金場址當鄰居，你會更容易得癌症；話說罹癌並不是種意外，誰家旁邊會有個超級資金場址也一樣不是——但土地會變得有毒則往往是意外所導致。這加起來的意思就是，超級資金場址作為一個把小小的意外日積月累起來的地方，創造出了一個我們可能幾年或幾十年都不知不覺的危險環境。

種族歧視就是瑞士起司上的一個洞

不是所有的意外都會害死比較多的有色人種，會這樣的只有那些環境因素影響很大者。比起白人，原住民死於住家火災的比率要高出百分之四十三，黑人要高出百分之一百一十二；[78]黑人意外溺斃的比率比白人高出百分之二十二，原住民則要高出百分之五十一；黑人死於自行車意外的比率比白人高出百分之十一，原住民則高出百分之三十。這些意外的共通處都是當事人的生死只完全取決於一件事情，那就是人造環境的本質與品質。

在美國，具有種族歧視的決策過程可以定義公共政策、左右預算配置，也可以影響政府資源的分配。光是因為人與人一對一的互動，並不會造成意外，但規則與政策則可能會讓某些人暴露在比其他人更危險的環境中。

而這些決定可能在歷史上其來有自。一九三〇與四〇年代在美國有所謂的紅線政策，也就是把窮困社區劃歸「紅線區域」，並在銀行貸款上歧視這些區域的居民。[79]這種政策讓黑人的擁屋率受到重擊，並使得美國早年（那些種族歧視）的公路興建者有恃無恐，把路直直地從黑人社區中間開過去。在當時，公路是一種種族隔離工具，而今天，黑人更不容易擁有自己的房子，且更可能在住家的邊上就有一條公路。[80]那些歷史上的政策，是因；今天的意外頻繁，是果。首先，沒有自己房子的人，會更可能死於住家的火災意外裡；[81]再者，被劃入紅線範圍內的社區住起來，會有更讓人難以忍受的高溫，主要是一旁的公路會帶來汙染，由此住在公路沿線的居民也會更可能死於中暑意外。[82]其三，住處鄰近公路的結果就是有更多車輛會直接不減速就進入住宅區的街道上，由此社區居民便會成為車禍身亡的高危險群。[83]

學者甚至發現，隨便一條都會區或郊區鐵路計畫都有兩個現象，一是如果這條鐵路是要服務白人的，那它建成的機率就會過半，另一個是如果這條鐵路是要服務有色人種的，那它被砍掉的機率就會過半。[84]軌道旅行之每英里意外發生率要比自行開車低超過二十倍，在建與不建鐵路的決定過去幾十年後，有色人種將面對的現實是他們沒有別的選擇，只能在不安全的道路上頭或旁邊開車、走路或騎自行車，並為此遭到更多意外的摧殘。[85]

就在這樣的過程裡，長達一個世代的經濟與種族隔離政策導致了下一個世代的一場場意外。將我們與意外隔開的那一層層想像中的安全防護——以及瑞士起司上那些讓意外穿過的一圈圈空洞——可能抽象了點，但你將之想成一條安全帶或一顆壞掉的方向燈的話，感覺就具體多了。基礎建設融資的歷史、道路設計與車輛設計、駕車者的種族、步行者的種族，還有他們狹路相逢的社區屬性——這一切的一切都會影響意外的發生或不發生，乃至於誰能或不能活下來。當詹姆斯・瑞森開發出瑞士起司模型時，他相信那些洞是大大小小的無心之過，而他口中那「意外發生機率的軌跡」是那些漏洞的隨機重疊所致。[86]但意外其實等於特定的人物在特定的時間處於特定的位置；由此，白皮膚本身就是一種護身符。而要說有一樣東西可以改變「有易出意外傾向者」的命運的話，那就是白花花的鈔票了吧。

第七章 金錢

一九九九年，黛博拉．吉拉塞克醫師（Deborah Girasek）這名服務於美軍軍醫大學（Uniformed Services University of the Health Sciences）的流行病學家意識到一件事，那就是在她的公衛同仁們都在迴避「意外」一詞的同時，好像從來沒有人想到要去問問看一般民眾覺得意外是什麼意思。[1]利用電話訪問了九百四十三名成年人之後，吉拉塞克醫師得到了一些答案：大部分人的觀念是意外可以預防但無法預測——而這種矛盾並不會讓人難以接受。然而眾人最有共識的一點，也是與我們在此的討論最有關的一點，還得算是大家幾乎都覺得意外不是誰故意的。超過百分之九十四的受訪者說意外「並非誰有意為之」。

吉拉塞克醫師對於受訪者有志一同地認為意外非故意，提出了一種理論。[2]在像她這樣的公衛專家眼裡，意外是發生在整體人口身上，這些專家會按照年齡、性別、種族與收入等人口結構因素去計算意外的發生率。但普羅大眾不會處理這種大數。事實上，大多時候當我們在解釋意外時，我們尋求的都是要去理解一場單一的悲劇；會這樣聚焦在意圖上，正是因為我們一次只看一場意外。

這種對意圖的聚焦有助於我們理解，何以人為失誤常常在被用來解釋意外的理由中名列前茅。畢竟如果你一聽到「意外」就想到「他們不是故意的」，那問題的解決之道就會是去幫助人，讓他們把行為跟意圖同步，讓他們只要想不讓意外發生，就可以不讓意外發生。

但很顯然，並不是所有人都會把焦點放在意圖上。當吉拉塞克按種族與收入把她的受訪者進行分類後，她發現變身後的資料顯示，會相信「意外不是故意」的人，基本上都是有錢的白人。[3]說得更具體一點，她發現會把「意外」跟「非故意」連在一起的人，比較可能符合兩種條件，一個是白人，另一個是年收超過兩萬五千美元（相當於今天的大概四萬美元）的人。黑人有兩倍於白人的機率會說所謂意外，其實是故意的，而低所得的受訪者有將近兩倍半於白人的機率會說意外是故意的。這些數字反映了意外死亡率——黑人與窮人更可能在多數的意外中身亡；而身為有最高風險死於意外的一群，他們不覺得意外是意外也不足為奇。[4]

會有這種現象，可能是因為這群覺得意外是一種故意的人，他們看到的不是一場一場分開的意外，而是黑人或窮人同胞身邊清清楚楚的威脅；須知從這個角度去看事情，種族與社經階級決定了人死於意外的機率高低，而那看來看去，都不會像是「不是故意」。只要我們真的想預防意外，這種視角就非常重要——比誰幹的（人為失誤）或他們並非有意為之（意圖）都更重要。我們對於意外所需知道的一切，包括意外為何發生，也包括我們可以如何去阻止意外發生，都可以用這種視角去理解：意外造成的傷害是誰在首當其衝。

經濟上的不平等，包括種族歧視，讓美國人之間有了貴賤之分跟主奴之別。意外也是一種這樣的工具，只是比較低調一點——作為一種圍繞著財富與白皮膚的意識形態體現，這種工具與美國的社會秩序融為一體，並決定了人在家中、在職場上、在道路上，能因為他們的種族與階級得到哪些層面的安全保障。在這個過程中，意外雖然看似不是故意，但它們其實固化了一種宛若種姓的社會階級，讓開始於幾百年前的債務、資本、奴役與原住民族奮清洗等體制得以不退反進——同時還能一路上披著一件有錢白人最喜歡，能把責任推得一乾二淨的藉口外衣：我又不是故意。

種族或階級

褚克伍迪・昂瓦奇—桑德斯醫師（Dr. Chukwudi Onwuachi-Saunders）曾在美國疾病管制暨預防中心任職期間，以美國政府幹員的身分發表了一篇論文[5]——《傷害中的黑白差異——種族或階級？》（*Black-White Differences in Injury: Race or Social Class?*）；與她合作的作者是社會學家達奈爾・F・霍金斯（Darnell F. Hawkins），兩人發表論文的場合則是美國流行病學學院第十屆年度科學會議（Tenth Annual Scientific Meeting of the American College of Epidemiology），那年是一九九一。她回憶道，身為公務員，那是一篇她千辛萬苦才通過政府審查的論文；要知道討論種族歧視的論文原本就不受待見，更別說她的研究還等於證明了政府每次講到意外就會搬出來的那一套說法，就是一堆幹話。

在當時——昂瓦奇—桑德斯對我講起古來——政府面對傷害致死的種族差異最鍾愛的做法，就是將之視為人為失誤問題造成的結果，並搬出教育跟執法做為相應的解決之道。對於黑人比白人更常死於住家火災的事實，政府官員的回應是敦促黑人不要在床上抽菸，並在他們的孩子被燒死時起訴他們，罪名是殺人。

對昂瓦奇—桑德斯來說，這種做法不僅腦袋壞了，而且也看不到成效；[6]基於種族的差異屹立不搖。她針對黑人意外死亡率高於白人的各個面向進行了觀察；在當時，你想獨立出大部分的種族差異，可以靠觀察三類意外：溺斃、住家火災，還有被車撞。惟雖說這三種意外的死亡率中都看得到明顯的種族界線，但她發現要改善這些意外的死亡數據，希望似乎不在改變人的行為，而在於從財務面下手。昂瓦奇—桑德斯發現，對某些人來說，問題不再於安全體系的失靈，而在於從來沒有人願意花錢去蓋出一個這樣的體系。

在住家的火災意外中，昂瓦奇—桑德斯發現，死亡的風險因子包括住在燒得比較快的次等房子裡，包括住在沒有煙霧警報器的房子裡，也包括住在欠缺消防隊編制跟設備的貧困鄉間地區。她發現意外溺斃的風險因子包括：沒有上過游泳課就去游泳、在天然環境中或在沒有救生員的地方游泳。至於被車撞，風險因子也同樣牽涉到經濟問題與可及性：沒有讓孩子可以放心玩耍的安全遊樂區；沒有斑馬線設置於危險的處所；沒有路燈。

「我們的發現是，種族是社經地位的代理人，」[7]她告訴我，「許多人就是因為種族歧視，才不得不生活在較低的社經階級裡。」

再多的計算或執法，也無法弭平人造環境中的缺口。事實上，在這每一種意外的因果關係中，昂瓦奇—桑德斯都發現了同一種結論：沒錯，黑人就是這樣才會死於意外，但窮人也是這樣才會死於意外。要解決意外死亡中的種族落差，她寫道，我們必須採取經濟性的手段：整修劣等的住房、安裝火焰偵測器、購置現代消防設備來供貧困的郊區使用、規畫興建安全無虞的游泳區域，以及針對行人有橫越需求的馬路進行優化。

「如果人住在年久失修或貧民窟的房子裡，而且又連火焰或煙霧偵測器甚至一氧化碳偵測器都要什麼沒什麼的時候，那他們的死就不是什麼意外。就算技術上那可以被歸入『住宅火災』的類別裡——那仍不是意外，」昂瓦奇—桑德斯指出。「那背後有更大的社會問題在造成特定人的喪生。」

昂瓦奇—桑德斯在一九九一年所得出的發現，至今也沒有改變。今天，黑人與活在貧窮中的人仍以跟白人相比不成比例的比率在死去——同時他們也仍沒有擺脫三十年前昂瓦奇—桑德斯所研究出的死因。[8]

救命的經濟衰退

昂瓦奇—桑德斯發現，種族歧視、所得高低與任何一種意外死亡之間都存在著直接的相關性，但經濟因素對意外發生的影響程度就是要宏大許多。二十世紀初的經濟大蕭條與二十一世紀初的經濟大衰退都造成了意外死亡人數的下降。[9]綜觀歷史，每當經濟發展蒸蒸日上時，也就是意外死亡達到高峰的時候；[10]就全美而言，貧富差距的擴大就意味著意外死亡的增加。

只要把觀察距離拉近，你就會發現反覆重複的模式。學者發現傳統上只要失業率增加百分之一，交通意外的死亡率就會下降百分之二點九。[11]在經濟衰退中，載貨的需求會降低，在路上跑的卡車司機也會少一點，而隨著失業率上升，所有人移動的距離都會縮短，交通意外件數也會下降。車輛交通流量在經濟衰退期間的減少，會把瑞士起司的其中一個洞塞起來，讓所有人開車上班時都變得安全一點。（新冠肺炎的疫情爆發讓事情又變得更複雜了一點[12]——雖說經濟衰退時的路上車輛會變少，所以交通意外理論上會變少，但在二〇二〇年，全美的封城讓塞車的狀況驟降，結果是車禍意外不減反增。在那些突然變得空蕩蕩的街上——那些艾瑞克・鄧保跟我們說是為了速度而建的道路上——駕駛開始恣意超速，意外的發生也變得接二連三，死亡率上升了百分之八，創下一九二四年以來最大的年增幅度。[13]值得注意的是，這種增加裡也存在種族間的差異，原因同樣是經濟條件的不同：黑人在二〇一九到二〇二〇年間的交通意外死亡率增幅比白人高出十九個百分點，專家認為這證明了在世界陷入封城狀態的時候，更多的黑人仍必須要離開家去上班。）[14]

這並不只是一種工作與意外死亡之間一對一的關係；如果人常在製作小玩意兒的時候死掉，而經濟衰退讓這種小玩意兒的工廠停工，那這些工人就不會上班上到死掉，同時也不會死在開車上班的路上，不會從某個高處摔下來死掉（小玩意兒做起來實在太無聊，太啃食靈魂，所以下了班一定地要喝酒，而喝了酒平衡感就會變差……。）這是一種曝險的指標：工作量少，各方面的風險值都會變小。

時間在繁榮的經濟中也會比較值錢，那意味著你所甘冒的風險會比較值錢，你拒絕去冒的風險則會有比較高的機會成本。比方說，如果你的時間變得更值錢，那超速對你的誘因就會變大。並且同理，你也會比較有動機去從事危險一點的工作。在這種狀況下，我們可以說危險的環境不光是美國的道路，危險的環境就是美國的整個資本主義制度。

這些經濟上的路口會像漣漪般向外擴散。超速上班或許是出於經濟考量的個人決定，但其成本——有人受傷送醫耗用的醫療資源、撞完車之後的護欄修復成本，聯邦醫療保險（Medicare，美國的老人健保）的給付支出——得由全社會去承擔。美國國家公路交通安全管理局估計，交通意外造成的直接社會成本——車輛與財產的破壞、人員的傷亡——累計達到每年兩千七百七十億美元。[15]至於長期成本——像是破碎的家庭或是殘缺的身體——則可以達到每年五千九百四十億美元；這些還只是車禍的部分。

我們能活下來，還是會死在意外裡，是一種表現在經濟政策上的決定。這類決定無論如何都是要花錢的，只是先花後花的差別——錢花在前面，後面的意外就可以獲得避免。比方說興建在地的游泳池並聘請救生員，就是一種可以防止有人溺斃在河邊或湖邊的財務支出決定；把建泳池跟請救生員的錢省下來，最終只會讓我們付出更大的代價：急救人員的薪水、醫院的帳單、官司的成本、警告標誌與路障的裝設費用，還有增加巡邏警力；免得再有人枉死在非正式戲水區的支出。我們可以付錢避免意外的發生，或是在意外發生後為後果付出更大的代價——但就因為我們覺得意外就是「意外」，不見得真的會發生，所以我們鮮少會未雨綢繆去撥這樣的算盤。

意外的成本不只會出現在意外的現場，而是會遍布在整個社會，且這些成本會與我們的經濟融為一體。[16]整體而言，我們之所以不去計算這些社會成本，是因為我們已經太習慣於把這些成本直接付掉。任何一個城市或州政府都有一定數量的緊急救援單位編制，也都會撥出一些預算來供修復路邊護欄之用，因為他們已經有每年固定發生多少件車禍的預期。

不去支出這些成本，也會導致進一步的意外死亡。比方說醫療費用就是讓貧窮問題在美國愈演愈烈的一大主因。[17]很多地方，特別是鄉下地方，我們看到醫院一間間在關門大吉，原因就是他們服務的對象都太窮了。[18]維持私人醫院的營運在某種程度上是社會成本，但負擔最重的還得算是醫院背後將本求利的企業體。一旦利潤開始消失，醫院就會跟著消失；而地區性的醫院一消失，意外傷害就沒辦法得到最有效率的處理——錯過治療的黃金時間，意外傷害就可能演變為意外死亡。[19]

死在路上

二〇一九年，凱爾．赫斯特（Dr. Kyle Hurst）這名西維吉尼亞州布里吉波特（Bridgeport）聯合醫院中心（United Hospital Center）的內科主任成為該州第二名獲得緊急醫療認證的內科醫師。[20]作為一名急診室的醫師，他明白醫療在什麼情況下得分秒必爭；而在西維吉尼亞州，緊急送醫關乎錢、關乎空間，也關乎意外造成的性命垂危。布里吉波特不是個大城市，人口也就是九千上下，但赫斯特所服務的聯合醫院中心要接收很大範圍的病人——它是周圍各郡的「目的地醫院」。[21]事實上，西維吉尼亞州有很多醫院都屬於這種定位，而這些醫院都很有的忙。每年，西維吉尼亞州的醫院出院人數都與人口將近西維吉尼亞兩倍的猶他州不相上下，「病患—日數」（patient-day：譯註：一個病人一天所需的醫療量能）的紀錄量甚至還超過猶他州。[22]西維吉尼亞州的問題在於他們的人口數小但州本身卻不小——西維吉尼亞是全美第三大鄉村，也是美國最貧窮的州之一。[23]該州的醫院經常在賠錢，而最近的醫院往往都離意外現場很遠很遠——而且那中間的距離還在愈變愈長。

在西維吉尼亞，鄉下醫院有半數左右都有難以為繼的風險。[24]在這些岌岌可危的醫院裡，有八成的存在被認為是「至關重要」——決定一家醫院是否至關重要的因素包括其責任區發生意外與人員受傷的頻率、醫院服務之弱勢民眾的人數、下一家醫院的距離遠近，還有萬一醫院關門，原有醫護編制重新就業的難易程度。[25]如果一家重要醫院關門，轉送下一家醫院的時間就會變長，而這也就是說，當重要醫院關門後，後頭不會有下一片瑞士起司來把漏洞補上。

在布里吉波特，聯合醫院中心每年看的病人數目超過當地人口的七倍——總數落在六萬左右。[26]這些病人找上門來，為的是腹痛、咳嗽，流感，還有少不了的意外受傷。在急診室，赫斯特與他的同事們會處理輕傷的意外，包括有人跌或割到自己，但整體沒有大礙；他們也會處理嚴重的意外，包括有人摔斷骨盆，然後就從此離不開醫院了；這在西維吉尼亞的老齡化人口中是常見的狀況。此外還有病人會帶著槍傷上門，但大部分的人受槍傷不是因為暴力犯罪，而是因為打獵或清槍不小心，或是因為把褲腰帶當槍套結果一個不小心。以前還很常見有人被礦坑的坑頂塌下來壓傷，或是被礦坑裡的機器重創，赫斯特說；但如今更多的是有人被頁岩油鑽取的爆炸燒傷。

但赫斯特在急診室最多見的意外，往往牽涉到毒品、一般車輛，還有越野摩托車；這些意外可以歸咎於地理與空間因素。[27]一個大都市的居民在過馬路時遭到車撞，那可能是因為城市太擁擠，人跟車子的距離太近，但在西維吉尼亞，車輛意外的發生是因為鄉下地方的空間開闊，所以開快車致傷的機會更多，同時一旦出事，送醫的距離也會遠很多。

「我們遇到的問題，完全不同於都會區會有的問題——特別是轉送到我們醫院的那些病人。看到病人從一個半到兩小時的車程外轉送過來，於我們都不算稀罕。這裡就算是一個小時的轉院時間，都算是家常便飯，」赫斯特告訴我。

轉送時間的長短，會決定一個人是用藥過量，還是用藥過量致死[28]——而這種風險正在持續升高。赫斯特眼看著他所處裡的鴉片類用藥過量出現了質變；過往的主流是屬於處方藥的止痛藥丸過量，現在則愈來愈多人是海洛英或海洛英摻有很多人渾然不覺的吩坦尼。就算是普通的用藥過量，得等上一到兩小時才看得到醫生也是很危險的事情；以吩坦尼這種以強力著稱的藥物，等這麼久就神仙難救了。由此，該州處理這類意外靠的是空中醫療程序；對此赫斯特表示，西維吉尼亞在這方面格外先進，包括他們擁有訓練有素的航空急救人員，外加有送醫直升機派駐在州內各地的醫療重地。

「很多時候遇到嚴重意外發生在遠離我們醫院之處，前往接收病人的都是直升機，」赫斯特說。「當然，偶爾也是會有雲層過厚或者其它問題，導致直升機無法安全升空進行後送——在西維吉尼亞，醫療資源是如此之缺乏，以至於在意外中存活下來要看天氣的臉色。赫斯特醫師治療的意外傷害往往關係到火災；[29]火災是西維吉尼亞第六常見的意外死因，該州又在全美與火災有關的意外死亡率中排名第十。[30]這種普及性牽涉到鄉村的屬性與貧窮的問題——消防員趕抵鄉下住家所需的時間，把燒傷病人後送醫院的時間，還有廉價房舍燃燒的速度。生活在貧窮中的人，也更可能會用燒柴或丙烷（桶裝瓦斯）的爐子來取暖；赫斯特表示這也會提高一氧化碳中毒的機率。[31]他們家中很可能沒有能正常運作的煙霧偵測器，更沒有上頭附加的一氧化碳偵測器——這又是一條花下去就可以避免意外死亡的錢。赫斯特醫師看過那些病人——頭痛變成神智不清，神智不清又變成一氧化碳中毒，然後時送醫可能就遲了——至少在西維吉尼亞應該是來不及。

一氧化碳中毒是一種——至少在理論上——在社會上已經「有藥可醫」的意外，主要是我們已經發明了一氧化碳偵測器。由此這也就變成了一種事前預防得花錢，而如果事前不願意花這個錢，事後整個社會就得花錢去善後的意外；而一旦善後的錢用光了，我們就會沒有夠近的醫院去在意外發生時救你一命。疾病可以比較不在乎醫院的遠近，但意外就沒有這種餘裕——意外的傷或亡往往在幾分鐘之內決定。

在屬於鄉下的各州中，西維吉尼亞並不是唯一一個意外醫療照護資源在縮水的孤例。自二〇〇五年以來，全美關門大吉的鄉間醫院已經有一百八十間，而且趨勢看似有加快的感覺，因為這當中有一百三十六間是在二〇一〇年之後結束運作，其中二〇二〇年的關門家數更是創下新高。[32]綜觀全美，半數鄉間醫院在二〇二〇年的經濟衰退之前，就已經是開一天虧一天的狀態，每四間鄉間醫院就有一間面對難以為繼的風險。[33]同時，將傷者接送到醫院的志工急救服務也在凋零，背景是人手不足與沒有經費提供必要的教育訓練。[34]三分之一的鄉間急救單位都在二〇二一年瀕臨停止運行的邊緣——這意味著如果前往醫院的車程是一到兩小時，那這途中可能全無急救可以施作——這還不是最壞的，有人可能連救護車都叫不到，根本連送醫途中都談不上。[35]

這些醫院的關門與急救服務的中止是經濟不景氣的果，也是讓經濟衰退每況愈下的因。地方醫院一關門，失業率就會上升，人均收入的降幅可以達到七百美元。[36]

這當中的數學並不複雜；赫斯特的病人在全美算是年紀偏老且收入偏低的一群，從聯邦醫療保險的給付到食物券的發放，政府福利被砍的每一刀都會增加醫院需要的預算。我們可以在某些州削減社會服務而某些州擴充之的過程中，看到這一點屬實的證據。《患者保護與平價醫療法案》（*Affordable Care Act*；譯註：簡稱《平價醫療法》，縮寫ACA，簽署於二〇一〇年三月的歐巴馬任內，俗稱「Obamacare」，也就是「歐巴馬健保」。）提供了有法源的資金給各州，以擴大提供聯邦醫療保險給幾乎全數的低收入民眾，包括所有收入水準在聯邦貧窮線之百分之一百三十八或以下的美國人。[38]但有十二個州出於對這項立法的抗議，拒絕了參與該政策，而這也代表在這十二個州裡頭，聯邦醫療補助（Medicaid；譯註：美國的窮人健保）依舊讓所得在貧窮線之百分之四十一跟以上的低收入民眾可望而不可及。以二〇二〇年的幣值計算，那相當於家庭年所得僅八千九百〇五美元——你只要賺超過這個錢，在那十二個州就領不到任何醫療補助。學者追蹤了歐巴馬健保法簽署之後十年間的鄉間醫院發展，結果發現在擴大了窮人健保的各州中，鄉間醫院的關門機率低了百分之六十二。[39]學者還排出了前兩百一十六家關門風險最高的鄉間醫院——當中每四家就有三家出自拒絕擴大窮人健保的州。二〇一〇年以來九個鄉間醫院關門家數最多的州，全都出自抗議歐巴馬健保而不肯擴大窮人健保的那些州。德州與田納西州作為州境內鄉間醫院關門家數的前兩名，分別有二十一家跟十六家醫院自二〇一〇年以來結束營業；這兩州想當然耳，也都拒絕擴大聯邦醫療補助的覆蓋規模。[40]

西維吉尼亞並不在這張清單之上；在ACA於二〇一四年正式實施後，該州也擴大了聯邦醫療補助的實施規模。但即便有這樣的利多加持，二〇二〇年的西維吉尼亞也有四到六成之間的鄉間醫院是在沒有賺錢的狀況下營運；[41]二〇一九年，西維吉尼亞明戈郡（Mingo；在布里吉波特以南）僅有的一家醫院關門大吉；[42]同一年，位在西維吉尼亞州惠靈郡（Wheeling；在布里吉波特以北）俄亥俄谷醫學中心的也撐不下去了；[43]西維吉尼亞費爾蒙特郡（Fairmont；距離布里吉波特三十二公里）唯一的一家醫院在二〇二〇年走到了盡頭。這當中有一家醫院會在新冠肺炎期間重生為一個二十二床的臨時緊急部門——但也就只有一家罷了。[44]鄰近的醫院包括聯合醫院中心在內，會吸收原本由這些關門醫院負責的意外，而就在醫療資源如此捉襟見肘的狀況下，每一場意外都將隱含更大的潛在危害。

美國最容易出意外的地方

我之所以挑出赫斯特，是有原因的。西維吉尼亞有著自二〇一〇年以來，全美國最高的人均意外死亡率，新墨西哥州就是在那一年被擠下了首位。西維吉尼亞的意外死亡率比起州界另一端的維吉尼亞，要高出百分之七十。[45]

逐州觀察過去二十年，意外死亡率從一九九九年到今天為止的變化都不大，甚至連經濟大衰退期間都還滿穩定的。[46]年復一年，加州、紐約州、夏威夷都是以這個順序排名在全美「你最不可能死於意外」的前三名，也同時在人均政府支出中排名前十五，並在稅收金額上排名前十。[47]「你最有可能死於意外」的幾個州有西維吉尼亞、肯塔基州，還有新墨西哥州——這三州在全美同時也是貧窮率前五高的州。

這些統計數據作為一種果，其成因是全美前所未見的經濟表現趨異。[48]傳統上，經濟學者測量美國的經濟狀態，用的都是就業率、稅收等數據的全國性**趨同**。但如今有愈來愈多經濟學者開始追蹤所謂的「空間性貧富差距」——那是種基於地理位置所表現出的經濟衰退與停滯趨勢，但外頭被其它地方的經濟優越性披上了一層面具。放眼全國，一切看起來歌舞昇平，但如果按各州跟各郡去進行拆解，你就會發現有些地方的落後幅度打破了你的想像。比方說富裕地區跟貧困地區的平均壽命就有著空前的差異——多達二十年——而且還持續在擴大。[49]

我們常想當然耳地以為平均壽命的這種差異是一個人活到六十歲，一個人在州界的另一頭活到八十歲，但平均壽命顧名思義，就是平均值；平均壽命最低的那些地方之所以會被拉低平均，是因為有人因為意外英年早逝；貧困地區的平均壽命會如此之低，一個原因是那裡的人不是活到六十，而是只活到十八或二十。

觀察一個地方的意外死亡率跟經濟發展程度，其相關性告訴我們一件事情，那就是至少在某些地方，意外的預防是可以用錢買到的。比如學者發現，致死工安意外與州政府高負債之間的相關性證明；願意花錢的州——不論這錢是花在基礎建設還社會福利上——往往也是那些你比較不會意外死在那裡的地方。[50]其它的研究在觀察到貧富差距愈大則意外死亡率愈高之餘，也發現了願意多花錢在道路上的城市，會有低百分之十四的意外死亡率。[51]

這話反過來說也同樣成立：可預防的意外之所以發生，是因為錢沒有花在可以預防意外的基礎建設上。一項研究在調查過美國六十條最常有行人喪生的道路後發現，這些殺人道路裡每四條就有三條毗鄰居民所得低於美國平均的社區，而即便你把焦距拉近，這個現象也依然成立——每十條最致命的街道裡就有近九條毗鄰所得不僅低於全美平均，甚至是低於街道所在地區平均的社區。[52]

說起美國基礎建設的衰退，西維吉尼亞還真的是重災區，畢竟那兒的公共建設支出已經連掉五年。[53]在該州二〇二〇年的預算中，州長辦公室提到，當地的公路因為缺錢而年久失修，其中那些歷史超過六十年的橋梁就需要投入三十億美元來重建，重鋪路面則需要超過四億元的經費。[54]再者，有潛在的落石跟坍方對路面或人命造成威脅的地點之多，側面補強所需的預算達到數千萬美元之譜；我們這還只是討論到交通的部分。

你可以說西維吉尼亞窮；或者你可以說，許多西維吉尼亞民眾生活在貧窮中，是因為西維吉尼亞的現狀就是意外的溫床，而意外一發生，後果就必須由整個州、整個郡，還有全體民眾來承擔。一項研究發現，致命鴉片類用藥過量的案例對所在州造成的人均成本，以在西維吉尼亞州為全美最高，因為那兒的致命用藥過量案例正在推動一場意外死亡的流行病；[55]同一種成本則在夏威夷為最低，因為那兒的人均意外死亡率是全美最低。這裡所謂的後果（或者說是社會成本），包括了醫療照護、犯罪起訴，還有一些比較抽象的東西：被耽誤的工作、身體的疼痛、身心的折磨。學者發現這種成本上的落差相當巨大——西維吉尼亞州的人均意外處理成本是五千兩百九十八美元，比夏威夷的四百二十九元高出百分之一千一百三十四，也就是十一倍多。我們可以這麼去理解這一點：意外會生出更多意外，而意外的成本會隨著應對意外的資源被用罄而開始上升——如果所有的急救人員都忙到分身乏術，那你就得花錢去訓練更多人，而就在你訓練新人的期間，原本可以不用死的傷患就會持續累積。

這當中存在一個兩難：如果你家鄉的經濟在衰退，那你就需要開車到更遠的地方去求職，而這就代表你得在老家沒什麼錢把路鋪好的時候出門，讓自己暴露在更高的車禍意外風險中；急需收入的你也可能為了縮短待業時間而將就做比較危險的工作。萬一捲入意外，你會被醫療費壓得喘不過氣，而那又會讓你繳不出州稅，讓州更沒錢去鋪路。就連這樣一個例子，都跳過了許多可以讓風險遭到加乘的因子：安全性較低的老爺車、長途通勤與貧窮生活所衍生出的疲勞與壓力；與醫療院所的距離；低到讓你得冒險走路或踩腳踏車上班的薪水。意外可以讓你不小心淪為窮人，窮困可以讓你不小心死於意外，而貧困的地方政府則無力投入經費去防止意外。

即便在更基層的行政區中，上述的陳述也同樣成立。放眼全美，居民最易死於意外的「人口普查區」（census area，譯註：人口普查區是美國政府為實施人口普查而劃定的區域，一部分與郡縣鄉村等行政區大致相當，不過在沒有設郡的地區，人口普查區的界定就會比較隨興）冠軍，是在阿拉斯加州鄉下的「湖泊—半島自治市鎮」（Lake and Peninsula Borough），該地有百分之七十六的原住民人口。[56]而參考一九九九到二〇一六年的郡級死亡率資料庫資料，意外死亡率中具有可觀人口數的亞軍是南達科他州的奧格拉拉—拉科塔郡（Oglala Lakota）。奧格拉拉—拉科塔郡人口超過一萬四千人，全境都在松脊原住民保留區（Pine Ridge Reservation）之內。[57]那兒是美國一個很大也很窮的保留區，一個集各種慘事之最於一身的地方：平均壽命最低、人均所得最低、全美兩個赤貧社區的所在地。

奧格拉拉—拉科塔郡堆疊著各種危險的環境因子；[58]多數的住家缺水缺電、無法保暖，也沒有汙水下水道；大部分人距離其上班的城市車程起碼是一小時起跳，且氣候十分極端（夏天的高溫可達攝氏約四十三度，冬天的低溫可以達到攝氏零下四十五度）——這些都為「非故意的自然與環境因素」造成的意外死亡設好了舞台。但同一個舞台，準備好登場的還有一些比較常見的意外；比方說部落中雖然有由印第安事務局（Bureau of Indian Affairs）管理的道路與橋梁需要養護，但奧格拉拉—拉科塔民族（部落的正式名稱）收到的每英里州級道路支出要比全國平均低超過百分之九十五，也比南達科塔州其它地方低超過百分之八十二。[59]二〇一九年，積壓的道路養護需求達到六千萬美元，而例行的橋梁養護只在橋梁達到緊急狀態時才會發生。同時部落也不能課稅，不能像很多州會拿燃油稅的收入來補齊支出與聯邦挹注之間的缺口。

在意外發生率偏高的美國各郡中，前十名裡有九個是原住民過半的郡，而這些地區的人均所得只有全美平均的一半，貧窮率則是全美平均的三倍。[60][61]作為美國國會支援機構的政府責任署（Government Accountability Office；其前身是審計總署），其官員已經標註了印第安事務局——職責包括保護美國印第安民族，以及管理從醫療到道路鋪設，所有足以引發或預防意外發生在部落土地上的環境因素——為「高風險」機關，理由是其「無力應付舞弊、浪費、濫用職權與管理不當」等問題。二〇一五年，印第安教育局（Bureau of Indian Education）跳過了其體系中三分之一學校的安全稽查，瀆職率自二〇一二年以來上升了將近百分之五十；[62]那當中有一間學校發生過瓦斯外洩，外加四台鍋爐因為一氧化碳濃度過高而稽查未通過的紀錄（瓦斯外洩對應的是氣爆的意外風險，一氧化碳濃度過高則等同持續性的意外中毒），而且這種情況一連維持了八個月，只因為該校師生走投無路。二〇一八年，印第安衛生局（Indian Health Service）花在每位病患上的支出是三千七百七十九美元，比全美平均的九千四百〇九美元短少了大約三分之二。[63]在「印第安保護區道路計畫」（Indian Reservation Roads）中，八成的街道沒有鋪面，且每四座橋就有超過一座需要大規模的結構性整修。[64]

相較於全美其他地區，聯邦緊急事務管理署（Federal Emergency Management Agency；FEMA）不論是核准給原住民的事前防災準備補助，還是核准給部落的災後重建補助，件數都一概較少。[65]這會導致小型的意外，像是可能會緊接在洪水、野火、暴風雪或熱浪之後的溺斃、火災、凍斃或中暑等意外死亡，也可能出現聯邦緊急事務管理署職權範圍內的大型意外：水壩、堤防、隧道與橋梁崩塌；各種爆炸；牽涉到生物、化學與各種有毒物質的意外。不論是在部落土地上發生大型意外的之前或之後，原住民族都只能拿到比較少的補助資金去保護自己或解決問題，而結果就是最壞的情況變得無法避免。就是在這種危險的環境下，原住民族的意外死亡率才會高於其他美國人，這包括他們有兩倍於其他美國人的機率死於車禍、火災與溺水事件，也有三倍的機率因為過馬路而喪生。[66]

這個問題在部落土地上相對嚴重，但其實到處都看得到；基礎建設的支出在美國已經連著幾十年下滑，在二〇一八年達到了二十五年來的低點。[67,68]美國每五座橋梁就有兩座落成超過五十年；每八座就有一座是八十歲起跳。[69]自來水總管爆開的比率愈來愈高，畢竟當中不乏鋪設於十九世紀的老骨董；美國的堤防平均建成有半世紀，飲水與廢水管線的平均年齡也只年輕五歲。美國有逾兩千三百座水壩存在重大的結構問題——但它們仍拚了老命在擋住湖泊或河流，且位置都在萬一壩體出現崩塌，必然會造成人命損失的地方。光在密西西比，地方官員就已經關閉了不下四百座橋梁，只因為擔心繼續使用的下場會是意外崩毀。[70]在西維吉尼亞與南達科他州境內那些易於發生意外的地點，大約每五座橋裡就有一座具有結構性上的不健全之處；鄉間道路的路況糟糕到每英里的行路死亡率是美國所有其他道路的兩倍多。[71,72]美國半數的油氣管路都至少已經存在了五十年，百年歷史的管路長度超過三千兩百公里。[73]

這些只是我們日常生活中許許多多安全體系漏洞裡的冰山一角。這些漏洞是已知的：政府選擇不花錢去進行修理。聯邦政府花在美國道路與水利基礎建設上的支出，目前佔GDP的比重是幾十年來的最低水準。[74]通膨調整過後的政府基礎建設支出，在二〇一七那年甚至低於十年前的水準——而隨著基礎建設支出呈現出頹勢，能透過重建來治本的銀彈也愈來愈不敷使用；愈來愈多的錢只能用來貼補丁和修理東西，但這些都是治標的做法，無法釜底抽薪。有些州已經在設法振作——在三十五號州際公路西向（I-35W）的橋梁於二〇〇七年意外垮掉後，明尼蘇達州調高燃油稅以挹注二十五億美元到州境內的橋梁修復工程上。[75] 但其它的州，特別是那些窮鄉僻壤的州，仍舊擺脫不了易生意外的體質。

（在本書付梓的期間，美國國會正在準備表決一項基礎建設注資法案，其宗旨是要開始修復一個危險環境快要多到滿出來的美國——如若通過，這將是睽違十年以上，美國最大手筆的一次聯邦基礎建設支出。[76] 如果在這本書打開在你手上時，這部法案已經過關，那我們跟沒有欄杆的懸崖將從零距離拉開到相隔一步——沒錯，也就只有一步。這個新的基礎建設預算法案也可能創造出一些新的問題；比如雖然有規模達四千三百五十億美元的修復工作待辦，但這部法案並不要求各州先修好舊公路或讓舊公路變得安全，然後才能動用資金來拓寬現有的公路，而這就會讓危險的環境因子變多。這部法案也不要求各州先把舊公路處理好才能去興建新公路，而蓋更多的新公路只會讓開車的人變多——這本身就是一樣危險的環境因素。另外，這項法案也不禁止「退步的安全目標」，也就是說各州可以取得資金去興建新道路，即便這些新道路會造成交通意外的增加是預料中事。）

二〇一二年，布朗大學學者分析了美國共十四年份的意外死亡資料——這是一項內含一百六十萬名受害者的超大型研究。[77] 個人的貧困與財政窘迫的地方都與最高的意外死亡率年年重合，沒有一年例外。同時，貧困較普及的地方也有較多人死於意外。更糟糕的是，這種存在於地方貧富差距之間的意外發生率落差，在隨著時間而漸漸變大。

自身的貧窮跟住在貧困的地方都是危險的環境因子——而且它們重疊的方式還助長了意外發生的可能性。就以道路基礎建設為例，美國土木工程師學會（American Society of Civil Engineers）認為，美國每五英里的公路就有一英里的鋪面屬於「狀況很差」。[78]美國運輸部（即交通部）估計，有超過三分之一的人之所以死於交通意外，是因為他們行經的道路需要修復、重新設計，或是整個重鋪。[79]放眼全美，行人死亡率也是以貧窮人口為高；[80]你可以看到這些意外的地理分布形成了兩條水平的「汽車死亡帶」，一條橫越美國的深南地方，另一條則貫穿北美大平原，兩處的道路死亡率都是全美最高；[81]你也可以看到汽車死亡帶的發展沿著各州的貧窮、GDP規模、所得水準，乃至於大學畢業生人數分布前進。為了有錢用基礎建設去改變沿汽車死亡帶的危險環境因子，一個機會是聯邦燃油稅，那是聯邦政府進行道路基礎建設的主要財源。燃油稅的稅率自一九九三年以來就沒有再調升過了，而那些二十幾年來都是通膨絕緣體的低油價，無異於鼓勵民眾捨其它低風險的交通模式而更頻繁地自駕——換句話說，我們一面看到美國的道路因為投資縮減而愈變愈危險，一面又看到更多人開車上路，加入潛在意外受害者的行列。

這些危險的環境——個人的貧窮疊合體制性的貧窮——並不限於汽車的世界中。跌死、溺斃與中毒身亡等意外死亡，都是在愈窮的地方增加愈快。[82]在有美國國內汽車產線遭到車廠關閉的郡中，意外死於鴉片類用藥過量的人數要比全美平均高百分之八十五。[83]

這些人死的時候，相關的報導會說哪裡哪裡發生了一場意外。但意外不會**平白無故**發生，那些意外的原因寫在了柏油的裂縫裡，也寫在了送醫的途中；經濟地理是如此強烈地影響了意外死亡率的高低，以至於活在富裕社區裡的窮人，都比貧困社區裡的同等窮人要更長壽一些。[84]財富是阻絕風險的護盾，貧窮則是風險的放大器。有錢人不論住在貧困地區還是高級住宅區，都一樣可以長命百歲，但對窮人來說則完全沒有這回事。住在貧窮地區的窮人比起住在富裕地區的其他窮人，前者的壽命會短很多，意外死亡的機率則會升高。有錢在美國就有光環，而窮人光是挨在有錢人身邊也可以沾點光。

自身有錢或跟家附近的人有錢，都是一種防護罩，而貧窮在美國不光會致命——還會讓你成為被羞辱的標的。窮人以黑人、拉丁裔或原住民為大宗的事實，更讓這種汙名揮之不去。資料也支持這一點：超過五分之二的美國人覺得人窮是自己的責任，他們相信貧富差距是源自於那些人吸毒、酗酒、不求上進。[85]

而事實證明這種風向——覺得窮人是咎由自取——可以撓到我們大腦深處的一種癢。窮人更常因為意外喪生的事實，或許會讓某些人更覺得貧富差距只是剛好而已。

壞事是壞人的專利

我們之所以不花錢去保護人不受意外傷害，理由就跟很多美國人覺得窮人要為自己的貧窮負責一樣：人為失誤的解釋赦免了我們所有的責任。但把責任推給人為失誤，也是一種有大量文獻記載的認知偏誤，而我們就是靠著這種認知偏誤，才得以把這個不公不義的世界看作是一個公義的地方。[86]這種偏誤——也被稱為「公義世界謬誤」——有助於我們在這個殘酷的世界裡活得心安理得，因為它會讓我們只用個人的行為去解釋系統性的社會失靈跟結構性的不公不義。我們會專挑各種證據來支持一種論點：善有善報，惡有惡報。簡單講，相信世界是公平的，就是一種謬誤。

德州拉瑪大學（Lamar University）的社會學教授凱文．史密斯（Kevin Smith）專攻公義世界謬誤在經濟面上的體現，而按照他的解釋，人會千方百計去維護這種信念。[87]他表示，在目睹意外發生時，我們會穿鑿附會，用莫須有的理由去合理化我們的觀念——東拉西扯地去說死者或傷者肯定是自找的，因為可憐之人必有可恨之處。這是一種把責任推給人為失誤的認知偏誤。

有一個用來解釋公義世界謬誤的一個經典實驗，牽涉到兩組受試者看著同一個女人接受測驗，且這名女子會為了自己的答案被打叉而感到震驚。[88]第一組人可以彌補女性受到的委屈，而第二組人只能袖手旁觀。事後被問起這名女性受試者，第一組人堅稱她是個好人，但第二組人則一口咬定她爛透了。為了在一個女性只能吃悶虧的世界裡不會良心不安地活下去，第二組人**需要**她扮演反派，需要她成為一個罪有應得的壞蛋。

按照這種邏輯，方向盤後的瘋子不僅是句聰明的行銷口號，是一句成功地掩蓋了汽車危險性的話術，它還代表了一種想在意外發生時看熱鬧看個夠，但又不想受到內心良心譴責的人性衝動。在一個公義的世界裡，死於用藥過量的毒蟲會化身為目無法紀的成癮者，他們會死都是因為自身膽大妄為；在公義的世界裡，被車撞死的行人就是**樫鳥行人**，被方向機捅死在車內的駕駛是**方向盤後的瘋子**，被欠缺防護機制的機具削掉手臂的傢伙，是**有易出意外體質的工人**。

當然，這並不是一個公義的世界，上頭的那些說法也與事實不符——但它們就是能讓我們的良心比較過得去。

把他人的痛苦貼上一個罪有應得的標籤，可以讓我們跟那種痛苦劃清界線。[89]堅信這是一個公義的世界，就等是換句話再說：我跟那些人不一樣，那些事情永遠不會發生在我身上。我們抓住這種邏輯，是為了在不公不義的亂世中維持內心的平衡；建立起因果鏈，你就能讓心理健康獲得保全，否則我們就必須接受我們活在一個善惡沒有定數，一切都是隨機的混沌世界裡——那種認知狀態會讓人坐立難安。

史密斯進行了一系列的實驗來研究公義世界謬誤可以如何解釋世界上有貧有富。在針對德州人進行的隨機民調中，他對人進行了分類，分類的標準是人如何回應這一類的陳述：「這陣子，美國的黑人有跟白人一樣的機會得到好的工作」跟「只要在城裡好好打拼，你終究能出人頭地」。愈是相信公義世界謬誤的人，就愈會認同這兩種說法——而這種人也愈無法認知到結構性與社會性的貧富差距。[90]這群人也通常比較養尊處優；白人往往更傾向於認同公義世界謬誤，尤其是有錢的白人，乃至於有錢的共和黨白人。這些公義世界謬誤的信徒更容易把意外的錯怪到人為失誤頭上，更會去詆毀因為意外受傷的人。在另外一項研究中，史密斯徵詢了人對於富人何以富跟貧者何以貧的看法，結果在研究所提供的現成理由中，多數公義世界信徒都選了那些可以歸類為「事在人為」的答案，亦即他們認為——「努力與上進」造就了有錢人，而「道德觀鬆散而且酗酒成性」或「懶於付出」則是窮人之所以窮的原因。[91]認同這類看法的人通常都有錢得離譜。

按照我們對貧窮與意外已有的討論，你應該不難看出這種觀念會如何將現狀合理化——並進一步造成更多的意外。如果處於社會階級頂端的人相信貧窮是一種正義，而窮人又更常在意外中喪生，那麼我們對於意外就什麼都做不了了，甚至也不該去做。事實上按照這種邏輯，意外根本是天理昭彰的好事——出事的人要麼罪有應得，要麼是自甘墮落。

加州大學洛杉磯分校與哈佛的學者發現，公義世界謬誤的信徒也傾向於認同威權主義、宗教信仰、保守主義，而且大體支持維持現狀。[92]其他研究也支持這種看法——像我們於本章前面提到過的調查就是一例；當中有逾四成美國人覺得窮人窮是自己的錯。[93]該調查還依政治立場進行了分析，結果是絕大多數保守派都認為人窮是因為那些人不走正路而且不夠努力。但地平線上不是看不到希望；近期至少有一項民調顯示，這種世界很公平的誤解在慢慢退燒，而且不分黨派。[94]在愈來愈多人的眼中，貧窮已經不是一種意外或人為失誤，而是一種系統性的狀況。當然啦，一心只盼著「公義世界」的人還是所在多有。

「這就像二十年前，我們會覺得愛滋病患會得病，是因為他們做了不該做的事情——這種想法可以避免我們的認知失調。我們可以藉此在認知上與心理上，保持這個世界的穩定，」史密斯告訴我。「那些堅信『公義世界』長存的人，會覺得那些窮鬼肯定在某個時間點上做了某些事情，才導致了他們今天的一文不名——他們肯定是不求上進，肯定是揮霍無度，肯定是好吃懶作，肯定男女關係很亂，肯定吸毒成性——而這樣的他們就該接受貧窮的懲罰。」

當然，世界並不是這麼回事。

窮人不等於壞人，有錢人也不等於好人，意外的受害者並沒有什麼特殊的體質；人為失誤做為意外的成因是一種錯誤的構念。[95]歸咎於個人只反映了一樣東西，那就是怪罪者的心態，僅此而已。

但話說回來，過失的歸屬仍多少造成了美國意外數目的增加。二〇一七年，美國住房與都市

發展部部長班・卡森（Ben Carson）對記者說，窮人就是有一種不好的態度：[96]

> 貧窮在很大程度上，也是一種心理狀態。今天如果是一個心態正確之人，你可以從他們身上奪走一切，把他們丟到街上，但我可以跟你保證不用多少時間，他們就可以反彈回來，恢復原本的生活。而如果是一個心態錯誤的人，那即便坐擁得天獨厚的條件，他們也自然有他們的辦法墮落到生命的谷底。

「貧窮是一種心態」，就是卡森內心的公義世界謬誤，而由於他位高權重，因此他的這種想法就會被轉換成更多的意外死亡，特別是窮人的死亡。二〇二〇年，卡森背書了一項自廢武功的聯邦預算法案，主要是該法案砍了他所屬部會八十六億美元的預算，讓他少了一大筆錢去做自己的工作——興建並維護供窮人居住的住宅。[97]如果你真的相信貧窮只是一種心境，那這自然是一個很好的決定，但如果你就生活在貧窮之中，那這消失了的八十六億美元就會導致你跟意外之間的那一層層瑞士起司上，一下子多出了一大堆洞。

做為個體，我們會透過歸咎的過程把自己與痛苦隔開，假裝正義會獲得伸張。美國的貧富差距現狀也證明了公平是一種幻象；如果意外發生在窮人身上是因為他們窮，而窮人之所以窮又是活該，那有錢人有錢自然也是天經地義。就是這樣的一種「正義」，導致了我們去捍衛、去維護那不正義的底層結構，並進而把意外歸咎於死者。

第八章 歸咎

人會把問題歸咎於某人，是因為我們需要一種辦法去控制內心的恐懼，而這種恐懼的來源便是意外悲劇看似具有的隨機性；然而這個過程不具有任何的建設性。如以研究羞恥與脆弱著稱的學者布芮尼・布朗（Brené Brown）所言，「歸咎只是在釋放痛苦與不適。」但為了預防意外的發生，我們必須學著與不適共處一室。[1]

凱文・史密斯作為一名研究「人為什麼拚了命要追尋公義世界」的社會學者，對這種歸咎衝動的了解更甚於他自身的研究領域。[2]史密斯的兒子薛爾比死於德州公路上的一場車禍，事後所有人都想知道薛爾比是不是咎由自取。

薛爾比・史密斯在大白天要去公司的路上，天氣也不差，身體也沒有異狀。但就在這時，他錯過了一個交流道出口，車子開始翻滾，然後他就死了。

「大家都想搞清楚那是怎麼回事。這場車禍是怎麼發生的？這麼可怕的事情為什麼會發生在一個好孩子身上？」史密斯告訴我。「我記得很清楚。我會被問起：警方有沒有說他開太快了？還是說他血液中有沒有被驗出什麼——當然他們不會問得那麼直接，但我會聽說有人想知道薛爾比有沒有喝酒或吸毒之類的。」

這就是史密斯的專業領域了；他知道窺探者之所以想為悲劇找到一個可以怪罪的對象，是在尋求什麼樣的心理慰藉。但即便如此，他還是在跟我說這故事的時候哽咽了，也破音了。

「就跟其他人一樣，我也找了又找，一找再找，就希望有一個符合我認知的理由能說明意外為何發生，」他說。「那些人並不壞，並不是惡毒地想要在我的傷口上撒鹽。他們只是想要讓這件恐怖的事情變成一件合理的事情。我不知道在那個可怕的瞬間，究竟發生了什麼事情，我想那個答案永遠都不會有人知道，但人就是會想知道，他們就是會想弄清楚事情的來龍去脈。」

這些人沒有惡意是一大重點。相對於方向盤後的瘋子、有意外體質的勞工、犯罪的成癮者等當權既得利益者用來推卸責任的話術，他們丟出這些概念是因為不想承擔意外對應的代價——解決問題需要付出成本，提供賠償也是一種成本——而歸咎則是一種我們所有人都會做的事情，其背後並沒有什麼惡劣的動機。歸咎可以讓一件可怕而陌生的事件變得相對不那麼可怕，相對不那麼陌生；[3]歸咎不僅能讓人鬆一口氣，還能讓人擺脫無力感。我們把意外歸咎於某人，就等於把全世界的複雜性（以及每一層的瑞士起司）都濃縮成了一顆內核，一個成因：有個人是壞人。[4]

要是有能力讓不可控的世界無法出來作怪，那就太好了——所以我們才會如此喜歡歸咎受害者：死人沒辦法抗議我們行使這種能力。不信我們來看看廖怡君（Allison Liao）小妹妹的遭遇。

我是怎麼淪落至此？

二〇一三年十月六日，在紐約皇后區的法拉盛，三歲的廖怡君跟奶奶廖清華（Chin-hua Liao，音譯）說她想要吃西瓜。[5]清華奶奶於是帶著怡君從家中下樓來，穿越了主街，來到了三條街區外的商店。買到西瓜後，祖孫二人在回程途中第二次穿越主街。

斑馬線上，一名駕駛開著運動休旅車撞上怡君跟清華；孩子經不得這一撞，當場就死了。

關於為什麼會出事，各種報導眾說紛紜，但大致上不是孩子的錯，就是孩子跟奶奶的錯——媒體上基本不出這兩種說法。員警告訴紐約《每日新聞》（*Daily News*），怡君在掙脫祖母的控制後，衝到了休旅車前面；廣播電台1010 WINS也報導，怡君脫離了清華奶奶的掌控；CBS地方分部的一名記者提到，數名目擊者指證了清華奶奶該為事件負責，其中一人說清華光顧著吃西瓜，沒有注意小孩在往哪裡跑；駕駛堅稱是小孩跑到他的車前才會被撞。[6]

事後有好幾個月的時間，怡君小妹妹的死都只有以上的說法——一個不受控的小孩跟一個不負責任的祖母，共同造成了一死的悲劇。但真相完全不是這樣。

大約一年之後，警方調查到的錄影畫面被公諸於世——行車紀錄器清楚錄下怡君殞命的過程。影片中，三歲的怡君小妹妹跟清華祖母手牽手在主街過馬路，行人專用號誌也閃著可以通行的白色燈號；一名駕駛從她們左後方開過來要轉入主街，才造成休旅車撞上了祖孫二人。該名駕駛先用保險桿撞上了祖母，接著又用前後輪兩次輾過了怡君。怡君自始至終沒有離開祖母的掌控。事發時，清華人就在孫女的右側，路權屬於行人，之前的媒體報導可說是謊話連篇。

怡君死後的事態發展之所以值得檢視，是因為各界的表現令人髮指，而且我們有證據證明他們錯了。旁觀者、記者、警方的集體表現離譜到令人震驚；一群目擊者與專業調查者，共同捏造出了一套虛假的說詞——讓痛失親人的家屬還得受到酷刑般的二次傷害。要理解這些人的行為，我們可以去觀察他們抵達現場的方式。

關於車禍發生是祖孫的問題，一開始的報導有三個來源：電視新聞記者、目擊者、警方——

而這三種人會在到場後把車禍歸咎給祖孫，可能就跟他們抵達現場的方式有關。這三種人可能都有開車的習慣，並且都是開著車抵達車禍現場。這場行人意外發生在皇后區，而皇后區在紐約的各區中算是鮮少發生這類意外的一區，主要是這裡幾乎家家戶戶都有車子。[7]警方大部分時間都開著巡邏車執勤；[8]電視新聞記者因為需要重型設備，幾乎也都是搭乘廂型車趕赴意外現場。綜合以上，我們可以假設目擊者、警察跟電視記者在認為怡君小妹妹被輾死是咎由自取之餘，其實也多多少少是在認同害死她的駕駛，因為他們實在擔心今天的休旅車駕駛就是明天的自己：**下次要是換成我壓死小孩，那該怎麼辦**？

但做為一名去哪兒幾乎都靠走路的人，我聽到怡君小妹妹的故事後的直覺反應就是譴責駕駛；而我會有這種反應，是因為我害怕自己會是下一個怡君。

心理學家稱這是「防禦性歸因」（defensive attribution）——把意外歸咎於跟你不一樣的人，是因為你能切深感覺到意外造成的痛苦與不適，亦即這是一種成見。[9]在歸咎的當下，我們不是在扮演正義的仲裁者，只是在試圖保護自己——讓世界知道我們站在誰的一邊。[10]有時候這種立場是很明顯的——開車的挺開車的，走路的挺走路的；種族跟經濟階級相同的一邊，不同的在另外一邊——但也有些時候，我們歸咎於誰與怎麼個歸咎法，要看我們把意外說成一個什麼樣的故事。

藏起古柯鹼

目擊者對怡君小妹妹之遭遇的描述，是在對人為失誤做出裁判。為了釋放其所目擊之意外讓他們感受到的痛苦與不適，他們決定了是誰做錯了什麼。但如果你聽到他們對意外的描述，你對意外該歸咎於誰的想法也可能有所改變。

在一九九〇年代初期，俄亥俄州大學的心理學家馬克・艾利克（Mark Alicke）做了一項實驗來深入了解，與意外帶有一些個人距離的人會和意外形成一種怎樣的關係——所謂帶有距離的意思是，這些人不是因為意外受到傷害的人，不是那些犯錯而造成意外的人，也不是看到意外發生的目擊者，而是如我們一般廣大的普通人。他發現人對意外發生**前**的事情有什麼感受，會決定他們在意外發生**後**將之歸咎於誰。

在該實驗當中，艾利克將受試者分成兩組，並分別對兩組人講述了不同版本的車禍過程。在其中一個版本中，一名年輕駕駛之所以超速，是為了趕回家把給爸媽的結婚週年禮物藏好；另一個版本裡的年輕駕駛超速則是為了趕回家把一小瓶古柯鹼藏好，免得被爸媽發現。兩個版本中都含有其他的危險環境因子：路面上有油汙、交通標誌遭到樹枝遮擋；最終年輕駕駛與另外一輛車相撞，造成該車駕駛受傷。兩個版本的結果都是不好的，但造成結果的心思則不全是壞的。

艾利克問受試者兩件事：他們覺得年輕駕駛對這場意外的發不發生有多少控制力？他們覺得年輕駕駛應該負起責任到什麼程度？結果是根據受試者聽到的故事版本不同，他們的意見也會天差地遠。比起要趕回家給爸媽驚喜的駕駛，想要回家藏毒品的駕駛被認為要負起更大的責任，同時也被認為對意外的發不發生**有更大的控制力**。在兩個情境中，意外的發生都不是故意的，駕駛也都對自己有控制力的處境做出了欠周詳的決定——這裡說的是超速。但對於聽取這兩版故事的人而言，其中一個人要比另外一個人可惡得多。聽者會覺得其中一個人的責任更大，因為他明明有更大的控制力可以讓意外不要發生。對於他們不認同、不喜歡的那名駕駛，受試者會放大其對意外發不發生所具有的控制力，也會更強烈地去指責這名駕駛。這種控制力被艾利克取名為「有罪的控制力」（culpable control），這對應的是——我們對與意外無關的某件事的看法，會影響我們將意外歸咎給誰，以及更根本地，我們會不會將之理解為一場意外。

這所導致的是一種表現在歸咎行為上的部落主義。受試者對年輕駕駛的「判決」是基於他的動機，過程中他們會堅守早在聽取故事前就已經對吸毒或超速所持有的定見。在這個實驗的其他版本中，以艾利克為首的學者發現，這樣的判決也可能源自於個人經驗（我們自身是否曾經飆過車或藏過古柯鹼）或個人特質（像是名聲好壞、外貌美醜、種族、階級、性別）。[11]這時候歸咎的過程就會像開車時打進倒檔；我們會先決定事情是誰的錯，然後再用倒推的方式去說一個讓一切變得合理的故事。也就是先射箭，再畫靶。

「這個過程內建顯著的腐敗元素，」艾利克說道。「沒有人生來就是睿智的所羅門王。我們生來就是要在一瞬間決定誰要幫我們跟誰要害我們，而這瞬間的決定，不是不可能錯得離譜。」

艾利克拿來做實驗的歸咎過程是人際之間的狀況，但同樣腐敗的歸咎過程也可以發生在體制層面上。要在現實世界中舉例，我們可以來看看兩種與駕駛相關的限制是如何以不同的方式獲得執行，其一是眾所周知的速限，另一則是縮寫為BAC的血液酒精濃度上限。如果速限是時速四十公里，沒有人會因為你的時速是四十八公里而攔你下來。在德州，你要超速百分之十以上才會遭到記點；在紐約市，速限的科技執法也只會在你超速十六公里以上時啟動攝影鏡頭。相較之下，血液酒精濃度的限制會讓達到規定濃度的人變成違法酒駕。在美國大部分的州，BAC限制都是每公升〇・〇八毫克，達到〇・〇八就要坐牢；以此例而言，歸咎並未與可能造成的傷害連動，因為超速或酒駕都會造成每年差不多的人數死亡，且兩種度量——車速或血液酒精濃度——的些微改變，都會對意外的結果產生影響。[12]這兩者真正的差別；在於坊間對其觀感的不同；很多人覺得超點速沒什麼，誰不超速，那根本沒什麼大不了的，但酒駕的人就真的是王八蛋。

偏見、恐懼、想抱團的心態與事情的結果如何，都可以形塑出一種歸咎的判斷。在這樣的過程中，你如何評估一場意外，決定於你最終想要將之歸咎給誰。今天有兩個人打成一團，而你跟其中一個人比較要好，那你對先出口傷人的那句話，對先打出的那一拳，對兩人意圖的推定，就都會有不同的判讀。[13]你會本能地做出歸咎的反應，然後以此回推去看待意外中的種種細節。

但只要某人想，他們都可以保證讓你產生某種直覺反應，而且方向看它們高興。

密錄器的視角

本書的一開始，我們提到過一群激動的民眾追打意外在街上撞死小孩的卡車駕駛。你要說整群民眾都是意外的目擊者，那是不可能的。但那群人還是有志一同地將車禍歸咎於司機。在推動那群所謂暴民的怒火與恐懼中，群眾很可能體驗到了社會心理學家所謂的「歸咎的從眾性」，或所謂「歸咎的感染性」——那代表眾人的感受在對某個壞人的指責上，達成了統一陣線。[14]

學者發現，人有強烈的動機想在某種意外中，口徑一致地指責某人——由此當某個大嗓門登高一呼點名誰該負責時，眾人都會傾向於加入他，一起吶喊助威。[15]部分目擊者的證詞會影響其他目擊者的陳述，而且影響的力道還很大；由此當聽到某人說問題出在誰身上的時候，很多人關於誰是罪魁禍首的記憶也會隨之改變。

在關於這個現象的一項研究中，受試者看了一段影片裡有兩個男人，兩個人都因為滑手機分心，結果撞在了一起。[16]兩個男人的動作都屬於中性，兩個人看起來都同樣有錯。他們看起來頗相像，移動的方式也大同小異。在看過影片之後，受試者閱讀了三版目擊者筆錄中的其中一個版本——讀了歸咎於其中一個男人的版本，受試者會傾向於怪罪那個男人；讀了不歸咎於任何一人的版本，受試者也會傾向於那不是任何人的錯。且不論受試者是在實驗之後馬上接受詢問，還是隔了一個星期才被要求表態，結果都沒有差別。

關於歸咎的問題——除了人性中免不了的偏見跟部落主義外——還可以分成兩個層面去探討：一個是我們都喜歡朝著主流的聲音去選邊站隊，另一個是有心人可以利用這一點去塑造主流聲音的內容。

另外一個關於歸咎從眾性的類似實驗，是由學者讓一百名受試者觀看另外一段有個男人撞上另一個男人的影片。[17]其中半數是從密錄攝影機的角度去看，那是很多第一線警察會配帶在身上的蒐證工具；半數則是用行車紀錄器的角度去看，那是警方巡邏車上的半基本配備。結果發現，受試者對影片中互動的解讀產生了很大的不同；根據他們進行觀察的視角，有人覺得是惡意造成兩人互撞，有人則認為那純然是一場意外——看行車紀錄器的人會傾向於認為相撞是故意，看密錄器的人更覺得相撞是意外。學者推測這是因為密錄器會讓受試者處於一種更切身、更身歷其境的角度去體驗撞人者的感受，進而產生了想與對方同進退的心情。

學者接著把同樣的測試實施在警方在現實中的影片裡。在一段影片中，一名員警敲破了車窗；在另一段影片裡，一名員警對某人開了槍。[18]看了密錄器的受試者會覺得警方的行為基本上是無可厚非的意外，而從行車紀錄器角度看到中性影片的人則傾向於覺得員警的舉措確有可議之處。

看事情的角度就像透鏡，可以扭曲真相；大權在握者就可以利用這些扭曲的真相去控制我們，讓我們歸咎誰就歸咎誰。[19]警方高層可以針對意外槍擊進行輿論的控制，而且做法很簡單——要釋出哪種角度的影片是警方可以決定的。所以說隨著旁觀者影片的愈來愈普及，警察濫權害命也愈來愈容易引起公憤，也就不是什麼值得奇怪的事情了。

運氣好一點，歸咎的過程只會讓我們無法客觀地了解意外；運氣差一點，歸咎的過程會淪為權勢者操控意外後輿論的工具。歸咎會妨礙我們想預防意外的努力，會對從意外中活下來的人造成二次傷害。

秀服大烏龍

史丹福大學的兩名認知科學家進行了一系列的實驗，以了解歸咎的過程會如何影響意外肇事者受到的懲罰。[20]

在一次實驗中，他們告知兩群受試者幾乎一模一樣的故事，故事主軸是一個名叫史密斯太太的女性意外造一家餐廳起火。[21]她的餐巾掉在了蠟燭上，推倒了蠟燭，點燃了桌布，然後又翻倒了餐桌，點燃了地毯。在其中一個版本中，學者用各種措辭去歸咎於史密斯太太：**她點燃了餐巾**，**她弄倒了蠟燭**，**她翻倒了桌子**，以此類推；在另外一個版本中，所有的描述都在避免提及行為人，並盡可能不使用具有明顯歸咎意味的語言：**餐巾燒起來了**，**桌子倒了**，**地毯燒起來了**。最後學者詢問兩組受試者兩個問題：（一）他們覺得史密斯太太應該對起火負責到什麼程度？（二）

他們覺得法院應該判她賠餐廳多少錢？結果第一組人在聽完學者一番歸咎史密斯太太的敘述後，便覺得她應該要多負一點責任，也多賠一點錢。

在使用相同參數的第二場實驗中，學者告訴受試者，一個獨立的調查小組已經判定了史密斯太太該負責任的程度，分別是高、中、低。[22]受試者聽聞史密斯太太被判定該負責的程度愈高，他們覺得她該賠償的金額也愈高。歸咎的力量就是這麼大；你可以想想看把受試者換成陪審團成員，把調查小組的判定換成已經成立的罪名，陪審團會如何去給人量刑。

在一項相關的研究中，學者請受試者思考一下二〇〇四年的美式足球超級盃中場表演一案：[23]當時大賈斯汀（Justin Timberlake，譯註：相對於小賈斯汀〔Justin Bieber〕）意外扒開了珍娜・傑克森（Janet Jackson）的上衣，讓她在全國的電視觀眾面前走光。在該研究中，四組受試者閱讀了這場「秀服大烏龍」的報導內容；其中一部分人也一併收看了走光過程的影片。其中半數受試者讀到的報導將事件歸咎於大賈斯汀（他有解開釦子跟扯掉衣服的動作），另一半讀到的報導則沒有把事件歸咎於誰——**一顆釦子鬆掉，胸衣被拉了開來**。且不論受試者有沒有看過事件發生的實況畫面，並藉此形塑出自己的觀點，總之只要是那些讀過報導中是如何歸咎大賈斯汀的人，都認為男方的責任較大，並比起讀了中性報導的人認為他應該多賠三萬美元的罰款。這就是歸咎所具有的感染力，以及歸咎會在現實中造成的影響。

不幸地是，在啟發這項研究的真實案件中，責任的歸屬還要更加不公平。在二〇〇四年的超級盃當時，少有人責怪身為白人男性的大賈斯汀，雖然他明明就是罪魁禍首；事實上，連大賈斯汀自己也不諱言，幾乎沒有人怪罪他。[24]反倒是秀服被扯開的黑人女性成了輿論與企業的箭靶。

接下來的葛萊美獎官方禁止了珍娜．傑克森出席頒獎典禮，大賈斯汀卻仍能像沒事人一樣繼續在典禮上獻藝。[25]當時身為媒體財團維亞康姆（Viacom）總裁的萊斯利．莫文維斯（Les Moonves），命令公司旗下的VH1、MTV等頻道跟各個關聯廣播電台停播珍娜．傑克森的音樂，造成她在超級盃後的第一張專輯銷售遠不如預期。在事發的當下，女方的知名度與形象原本都遠優於男方，但在事件爆發後，事業就開始走下坡，反倒是大賈斯汀的演藝事業開始蒸蒸日上。二〇一八年，大賈斯汀重返超級盃的中場表演舞台，珍娜．傑克森則成了超級杯的絕緣體。

歸咎足以讓一個世界級明星的聲勢毀於一旦，只因為她站在舞台上，被另外一個名人當著全球電視觀眾的面前扯開上衣；而她可還是有影響力、有財力足以護體，有千百萬目擊者可以替她作證的人，那我們這些什麼都沒有的普通人呢？歸咎對我們的殺傷力自然只會更加嚴重：法律上、道德上、財務上都是如此。這些後果如果不涉及意外，那或許其影響就只限於個人的生活；但如果我們是將意外的發生歸咎於某人，那其後果的影響所及就會遼闊許多，影響到危險的環境因子將如何改變，乃至於會不會無從改變。

行走的車禍命案

說起歸咎造成的結構性後果，一個格外誇張的例子發生在喬治亞州。二〇一〇年春天，拉蔻兒．尼爾森（Raquel Nelson）帶著三個孩子下了瑪麗耶塔市的公車，站在奧斯泰爾路跟奧斯泰爾圓環的交會口，等著過馬路回到就在對面的自宅。[26]尼爾森作為一名單親媽媽，帶小孩出門都是搭公車，就跟她公寓社區的大部分住戶一樣，畢竟她買不起車。[27]雖然公車站就在尼爾森家的馬路正對面，但那是一條四線道的公路，而且最近的斑馬線不論往左或往右走，都要走二十分鐘以上；而就像同社區的大部分鄰居，尼爾森會偕孩子一起走路穿過繁忙的馬路，而不會花二十分鐘繞路。[28]這一天，二〇一〇年四月十日，天色很暗，而由於尼爾森一家已經錯過了前一班公車，加上她四歲的小孩手提著裝著金魚的塑膠袋——她們用繞圈來換取安全的動機就更弱了。[29]正當他們過馬路到一半，一個名叫傑瑞・蓋（Jerry Guy）的男人開著廂型車，輾過了尼爾森的一個孩子。蓋在肇事後逃逸，四歲的A・J則傷重不治；尼爾森與其他兩個孩子僥倖逃過一劫。

蓋是個半盲人，此外他承認自己酒駕，並在當天稍早服用過止痛藥，甚至於他身上還背有兩筆肇事逃逸的前科；一筆發生在一九九七年的同一天，另一筆則發生在他撞到尼爾森兒子的同一條路上。[30]警方移送他的罪嫌包括肇事逃逸、對兒童施暴，以及車輛過失殺人。經過審理，法官撤銷了肇逃以外的所有罪名，並判處他兩年有期徒刑。最終他只關了六個月。

另一名法官也因為小朋友的死而起訴了身為母親的尼爾森：罪名包括危險行為、在無行人穿越道處穿越馬路，還有——聽好了——車輛過失殺人。其實就法論法，行人作為行為主體並無過失殺人等級的罪名，但法官實在太想把事情歸咎於尼爾森了，所以只好搬出原本是車輛專用的致死條文。一個全白人的陪審團針對那最後一條罪嫌，判了尼爾森這個黑人婦女有罪。她就此面對了三年有期徒刑的命運，直到全美媒體注意到這件事，才有另一名法官提供了她重審的機會。[31]她最終被改判為一年的緩刑與四十個小時的社區服務，罪名是照顧不周導致孩子死於他人之手。諷刺的是，她恐怕得用跑的跑過那條害死她兒子的四線道，才能趕上去參加社區服務的公車。

以刑事罪名起訴傑瑞・蓋這個半盲又酒駕的殺童肇逃累犯，算是很合理的歸咎行為；說不定這種懲罰會能讓他不能繼續開車，讓其他用路人能少受一點威脅。但用刑法去起訴拉蔻兒・尼爾森這麼個只有兩隻手，卻要帶三個小孩過四線道馬路的單親媽媽，就標準是對歸咎行為的濫用了。但不論是將這件事歸咎於半盲酒駕的肇逃累犯，還是兩手要牽三個小孩過四線道的單親媽媽，都不能起到讓意外不再發生的效果，因為歸咎並不能改變造成這場意外的危險環境因子，也就是在行人有過馬路需求的地方未劃設斑馬線的事實。

尼爾森住在一個以車為本的郊區，那兒就是個給擁車者住的地方；但她跟一群日益成長的當地居民都沒有購車的經濟條件。[32]那兒有公車站，卻沒有行人穿越道；有公寓社區跟路口，卻沒有紅綠燈；有四線道的公路，卻沒有方便人過馬路的地點。[33]在以喬治亞州首府亞特蘭大為中心的整個都會區中，汽車駕駛從二〇一〇年到二〇一九年共造成超過一千一百名行人喪生，當中許多人的死法都跟尼爾森的兒子如出一轍。[34]在亞特蘭大都會區裡，每四件行人挨撞的案件裡就有高達一件發生在距公車站不到三十公尺處。[35]若把範圍擴大到以公車站為中心的方圓約九十一公尺，那這個比例就會直逼每兩件就有一件。不論是喬治亞州在美國各州中的排行，還是亞特蘭大都會區在全美各大城市中的表現，都是行人在美國處境前二十危險的地方，而且年年如此。[36]

史考特・希格利（Scott Higley）是喬治亞州運輸局的策略公關處長，他在一封電郵中解釋，在事故之後，亞特蘭大都會區交通運作處（Atlanta Traffic Operations）的一個團隊前往進行調查，過程中統計了如尼爾森和她的鄰居一般有（跑著）過馬路需求的行人數目。[37]希格利沒有回應關於當天需要有多少人跑著過馬路，該機構才願意採取行動的問題，他只說：「那樣的人數還不夠」，還不足以合理化在那裡設置斑馬線跟紅綠燈的決定。

如果喬治亞州運輸部遵循的是艾瑞克．鄧保介紹給我們的那種規則手冊，那所謂「足夠的人數」將會是連著四小時，每個小時都有一百人得冒著生命危險跑過馬路，或是每年有五個人像尼爾森的兒子一樣被車子撞上——那就是在路口安裝紅綠燈，或在街區中段設置行人穿越道的規定門檻。[38]如果官方數到跑過馬路的人只有九十九個，而九十九個人裡頭只有一個人被撞，那依法行政的工程師就可以把責任推得一乾二淨。

在接受美國全國公共廣播電台（National Public Radio）訪問時，非政府組織「美國交通組織」（Transportation for America；譯註：旨在打破各種人為藩籬，打造平等交通體系）發言人大衛．葛伯格（David Goldberg）尖銳地解釋，何以都會區亞特蘭大交通運作處會決定不在尼爾森跟她鄰居需要過馬路的地方設置斑馬線。[39]該機構之所以不去解決那裡的道安問題，是因為他們不想承認那裡有個問題；畢竟一承認，設計該道路的交通工程師與工程師身後的那些州級與地方官員就會變得責無旁貸。把責任推給撞人的蓋或被撞的尼爾森，他們就什麼事情都沒有了。

「跳下去解決問題，」葛伯格解釋說，「那就等於默認了問題存在。」解決問題意味著問題得先存在；歸咎於某人意味著那個人就是問題。

砸裂在煎鍋邊上，是雞蛋的錯

歸咎會造成一個最主要的後果，就是讓意外連預防都無從預防起。[40]把事情的責任歸到某人的頭上，就等於直接否定了一件意外是意外的可能性。[41]

研究顯示這個簡單的行為——找個人來頂罪——會讓人比較看不到系統性的問題所在，也比較不會去尋求系統性的改革。[42]有項研究提供了各式各樣的意外新聞給受試者：理財操作失當、空難、工業災難；當報導把錯怪到人為失誤上時，讀者會比較傾向於給予懲罰，而比較不會去質疑人造環境，也比較不會設法調查那些存在於意外背後的組織。不論是哪種意外，歸咎都可以讓預防工作無從開展。

你的腳踏車用安全帽就是關於這一點一個很經典的例子：安全帽是一種很基本而低成本的吸震器；在接觸到堅硬地面時，它會吸收一部份衝擊，降低腦震盪的風險。而要是騎士沒戴安全帽，那有心人想把事情歸咎給他或她，可就方便多了。

安全帽多多少少會有幫助；如果你騎在鄉間道路上，撞到坑洞，身體被拋飛起來，那安全帽就會扮演重要的傷害防護罩，讓撞擊獲得緩衝。但如果你是騎在都會區的道路上，被一台近兩噸的汽車或六噸重的卡車輾過，那安全帽只會陪著你一起粉身碎骨。[43]

雖然有這些事實，但在腳踏車意外的事後，騎士有戴或沒戴安全帽幾乎都是一定會被提到的訊息；新聞報導與意外報告中都少不了告訴你騎士有戴或沒戴專用的安全帽。艾瑞克被酒駕者撞死時，《紐約時報》就指出他沒戴安全帽；問題是他有戴安全帽也好，沒戴安全帽也罷，一頭撞上他的都是一輛二〇〇〇年出廠的BMW 528i跑車，那輛車都足足有一千五百八十五公斤重，當時的車速也高達每小時約九十六公里。[44][45]硬要扯艾瑞克沒戴安全帽，就等於責怪煎鍋邊上那顆破掉的雞蛋。

大量的證據顯示，要預防自行車的意外，最好的辦法就是讓路上的腳踏車與機動車輛分流。[46]只要能改變腳踏車與機動車輛在路上交錯的危險環境因子，那腳踏車騎士有沒有戴安全帽這點人為疏失，就枝微末節到不值一提。分流可以讓超速的駕駛人數減少，讓腳踏車騎士、汽車駕駛與行人的意外減少，傷亡數目也一併獲得降低。[47]

還有一些證據顯示了幾種狀況：汽車駕駛開在有戴安全帽的腳踏車騎士附近時，會表現得格外魯莽；要求騎士戴安全帽的法律會讓人降低騎腳踏車的意願（廢除這些法律則會讓人更願意騎腳踏車）；還有證據顯示而這種效應——騎腳踏車的人變少——反而會讓人均的腳踏車意外件數增加。[48]雖說一個區域內的自行車騎士數目愈高，地方醫院內出現的受傷腳踏車騎士就會愈少，但這種相關性在有法律要求腳踏車騎士戴安全帽的地方是看不到的。[49]在有高比率的人騎腳踏車的國家中，最少騎士戴安全帽的國家也正好就是那些腳踏車騎士死亡率最低的國家。[50]在美國，腳踏車騎士配戴安全帽的比率傲視各國，但我們的腳踏車騎士死亡率也是各國之最。就連吉羅（Giro）作為北美一家非常大型的安全帽製造商，都不諱言公司設計的安全帽無法保護騎士不受到汽車衝撞造成的傷害。[51]

這並不是說安全帽就不好或無用——安全帽絕對不只是個讓人看不到真正問題的障眼法而已；就跟汽車的安全帶一樣，腳踏車的安全帽確實可以降低某些意外的發生機率及其所造成的傷害嚴重性。只不過牽涉到安全帽的錯誤歸咎——如新聞報導中提到遇害的腳踏車騎士有戴或沒戴安全帽——反而會增加未來意外發生的機率，因為安全帽會錯誤地轉移人的注意力，讓我們忘記去改善真正造成意外的危險環境。[52]

而放眼全美，腳踏車安全帽的法規執行面表現出一個特點，那就是連警察都不相信這個法律的用意是出於安全考量。在西雅圖，警察有多達六成的安全帽罰單都開給了無家者；[53]一項關於安全帽罰單的研究顯示，在西雅圖，騎腳踏車的黑人有四倍於白人的機率被攔下來，而原住民則是兩倍。在佛羅里達州的坦帕，被攔下來的腳踏車騎士有八成是黑人，但其實坦帕是一座只有大約四分之一人口是黑人的城市——這個問題在坦帕當地之嚴重，逼得美國司法部都介入了調查。[54]《達拉斯晨報》（*Dallas Morning News*）發現，在由白人盤踞的高級住宅區，騎腳踏車沒戴安全帽的罰單一張都沒開出，但明明那裡一堆人都明目張膽地不戴安全帽騎車。[55]事實上，排除掉在中央商業區被開出的罰單，剩下的這類罰單有九成六都被開在了以少數民族佔多數的社區裡，八成六是被開在了窮人佔多數的社區裡。《洛杉磯時報》發現，十五年間有十一起事件是由攔檢腳踏車升高成警察殺死了騎士——而這十一起案件的死者都是黑人或拉丁裔。[56]類似的狀況從奧克蘭到紐奧良再到華府，在全美各城市都看得到。[57]腳踏車安全帽是如此具有代表性地標註了「歸咎」在美國腳踏車意外中所扮演的角色，以至於德國海德堡大學的一名學者受到了啟發，決定來追蹤看看。[58]他分析了美國二十五座城市的腳踏車騎乘安全建議，結果發現當中對於安全帽的強調實在太氾濫，以至於他決定將之稱為一種「執念」。歸咎是這種執念中的核心，透過安全帽所表達的安全建議更像是一種泛道德化，動不動就會被給予特殊的地位——由此你會看到安全帽被標上驚嘆號、斜體、特殊效果——相較之下其他的安全建議彷彿是以素顏示人。這名學者的結論是安全帽是一種手段，為的是讓腳踏車騎士的死亡在外界的眼中，變成一種意外；為的是方便人歸咎跟卸責，為的是分散人的注意力，讓人忘記要去檢討一項核心且系統性的危險環境因子：汽車是一種殺人的凶器。

刻意強調騎士沒有戴安全帽，就像是在吹響一種人為失誤的狗哨，就像是在召喚樫鳥行人、方向盤後的瘋子，還有身為罪犯的成癮者。學者發現，當我們讀到一場意外的報導，然後突然聽到沒戴安全帽等人為失誤被提及的時候，就會像飛蛾撲火一樣被吸引過去。[59]這種吸力是如此之強，以至於我們一讀到報導裡提到有人被發現是罪魁禍首，我們就會強烈地想要看到那個人被懲罰，而無視於那些亟待改革的體制性或系統性的危險環境，比如不安全的路街。

假設我們把意外裡的腳踏車換成行人，把沒戴安全帽換成衣服穿得不夠亮，那上述的現象是不是也會成立。一項研究就做了這件事情，結果學者發現，閱讀意外報導的人一看到人為失誤被提及，就會反射性地想要把意外歸咎於行人。[60]學者針對有行人死亡的車禍事故準備了三種版本的描述，然後擇一告知受試者：其一稱這場車禍是一場意外，並把重點放在行人做了什麼，包括他們身穿什麼顏色的衣物；其二把重點放在汽車駕駛做了什麼；其三把重點放在駕駛在人為環境的脈絡中做了什麼，包括了街道的特性，以及那年一共有多少人被車撞死。讀到以行人之行為為重點——包括我說用「狗哨」把衣服顏色太暗等人為失誤召喚出來——的版本後，受試者會認為行人的責任比較大。同樣的情況也發生在第二個版本的故事中；受試者在聽完駕駛的行為後，也會覺得駕駛的責任比較大。但此研究中的學者還發現了另外一件事情：歸咎部落主義的解藥。受試者在閱讀過那個未提及衣物顏色，而是在人為環境的脈絡下去理解意外之發生的故事版本後，其既不怪行人也不怪駕駛的機率會增加多達百分之兩百五十。最後一組人也比前兩組更可能支持對人為環境進行預防性的改革，具體而言包括降低速限、拓寬人行道還有設置斑馬線。這組人比較不會去支持學者所謂要行人當個「聰明用路人」的說法，也就是把責任推給弱勢的行人，訓練行人更小心地過馬路。哪怕只要稍微看一眼導致意外發生的那一層層安全缺失，我們就可以知道要放下歸咎的衝動，轉而去支持改革危險的環境。把事情是誰的錯放到一邊，我們就朝改變置我們於險地的環境邁出了第一步。

類似的關係也存在於錢的花法跟死於意外的都是哪些人的問題上。有項研究針對預算、意外死亡跟人口在十萬人以上的美國城市共同進行了觀察，結果學者發現在貧富差距愈大、整體的意外死亡率也愈高的背景下，有兩項因素會影響死亡率的升或降。[61]花比較多錢在警力上的城市——也就是把意外歸咎於人，投入更多資源在糾察人行為的地方——其意外死亡率會比一般城市高出百分之二十三；而花比較多錢在道路上的城市——也就是投入資源在危險環境的改善上的地方——其意外死亡率會比一般城市低百分之十四。

其他研究也證實了懲罰跟意外預防成效之間的負相關。一項為期十二年的研究分析了三十三州的警方進行交通攔查的紀錄，結果並不能在交通攔查數跟車禍死亡人數之間找到任何的正相關性。[62]像這種糾察與懲罰無助於預防意外，但當權者還是執迷不悟的結果，我們在幾乎每一場意外中都能看到。每次只要一能找到人為失誤來推卸責任，有權改革的人就會忙不迭對那些危險的環境因子視而不見。事實上這種模式是如此之明顯，美國空軍早在七十年前就已對其了然於胸。

如何預防意外

在二戰之後，一名空軍上尉理查・瓊斯（Richard Jones）與同樣隸屬美國空軍的心理學家保羅・費茲（Paul Fitts）在人為失誤與危險環境之間，做出了一個劃時代的連結。[63]因為想知道致命的錯誤會如何發生在受過訓練的飛行員之間，費茲與瓊斯蒐集了四百六十份敘述，裡面都是飛行員描述他們在戰時於駕駛艙中所犯過的錯誤。從這些敘述中，費茲與瓊斯一下子就觀察出固定的模式；同樣的錯誤在不同的飛行員之間、不同的情境之中、還有不同的駕駛艙類型中，都會重複出現。精確地說，學者從那當中確認出六種反覆出現的錯誤；重點是，這六種錯誤可以一一對應到飛機的某種設計上。這兩個人在一九四七年發表了他們的研究發現——《在飛行器控制設備的操作過程中，造成四百六十次「飛行員失誤」經驗的因素分析》。

費茲與瓊斯把「飛行員失誤」放在引號內是有原因的。他們發現大部分被怪給飛行員失誤的意外，其實都可以歸因於飛行器控制設備的設計問題。[64]飛機本身就是一種危險環境；製造商把功能天差地遠的設備設計成一模一樣的外型，又把至為關鍵的按鈕與拉桿放在不同飛機上非常不一樣的位置；一個很常見的例子就是飛行員會動不動就把襟翼跟起落架收放桿搞混——主要是這兩個東西實在長得太像、觸感也太像、位置跟排列順序也沒有固定的標準：有時候是襟翼在左，有時候是襟翼在右。襟翼控制器可以改變飛行器的升力與阻力，而其大小與形狀就跟旁邊的起落架收放桿一模一樣；很多飛行員因此在戰區中想要提高飛機升力時，一不小心放下了起落架。

在費茲與瓊斯進行研究之前，這些操作錯誤的「個案」都像是獨立的人為失誤，都是個別飛行員拉錯了拉桿。但放在一起，這些錯誤顯示出一種模式，它們都是明顯、可預期，且高度可預防的結果，重點是其成因都是飛機的設計問題。當費茲與瓊斯把「飛行員失誤」擱到一旁之後，他們便看出了內建在駕駛艙內的危險環境。「我們應該有可能，」他們寫道，「排除掉一大部分的飛行意外，而且做法很簡單，就是按照人的需求去進行控制裝置的設計。」

這個在當時算是全新的概念——按照人的需求去打造機器——其實就是後來的「人因工

程」；先觀察人的大腦與身體是如何運行，然後再打造可以與之對應的環境。

在費茲與瓊斯的研究中，最劃時代的一部分便是：與其歸咎於飛行員，然後就讓調查工作畫上句點，這兩人覺得飛行員的失誤是在點醒他們，於是他們把這種歸咎當成了調查工作的起點。他們的結論是，那些失誤固然是飛行員的錯，但那些錯幾乎沒有例外的，都是肇因於人造環境中的某種缺陷。[65]

惟即便如此，把意外歸咎給人為失誤，在今天仍是產業的常規操作。專家就跟我們一般人一樣，也會忍不住這麼做——甚至連空難調查員也不例外。[66]為了證明把意外歸咎給個人失誤在這些專家之間也是很氾濫的現象，一名人因工程師兼認知心理學家把從一九九九到二〇〇六年間由美國國家運輸安全委員會（National Transportation Safety Board，NTSB）所執行的所有大型意外調查，進行了一次整理跟分析。他發現在這七年間除了一個例外，NTSB所有的調查結果都把意外成因歸給了人為失誤——經驗不足、判斷失準，甚至是按錯按鈕。而就連在那僅有的一次例外中，雖說意外成因很明顯是機械問題，但NTSB還是把一名負責生產品管的檢查員給扯了進去。

正式的意外調查會始於一種假設，那就是有某人出了問題，而且這個人通常是與意外關係最近的人；接下來調查就是一個回推的過程，試圖把該負責的人推導出來。[67]今天你把調查的起點換成任何一樣別的東西——比方說改成假設是人造環境出了問題，是不安全的環境造成了意外的發生——那有人不樂見改變的現狀就會遭受到威脅。

承接費茲跟瓊斯起的頭，西尼·戴克將這類觀念帶進了二十一世紀，並建立起一個在世界各地的工業職場中應用這些觀念的職涯。戴克研究了我們是怎麼出包的，研究了系統可以如何確保我們的安全，並著重於了解我們對人為失誤的回應。在《理解「人為失誤」的實戰指南》一書中，戴克解釋了「歸咎」是一種可以理解的人性；[68]人都有壓力要保護自己的聲譽，而找一個基層的壞蛋來頂罪就可以為自己護住顏面。但問題是這會造成一個後果，那就是相同的意外會一而再再而三地發生。把意外歸咎於人為失誤對有力量這麼做的一眾當權者而言，是雙贏（當權者贏兩次）的選擇。錯在下屬代表意外不是系統性的問題，而只是「區域性的異常所致，而非系統整體運作有什麼不順之處」——還能讓指責人的人一副英明神武，劍及履及在處理問題的樣子。[69]

「每當面對這些系統失靈的深層複雜性，我們就會忍不住想縮回去，巴不得能用十五秒就把整場慘劇交代完，最後來上一句**啊啊啊，我們找到戰犯了，我們找到不應該簽名讓那個東西過關，但還是這麼做了的傢伙，**」戴克告訴我。[70]我們忘了飛行員或勞工或行人或駕駛或藥物成癮者，都無一例外地是其所屬環境的產物，就像我們每一個人。

這連帶的歸咎與懲罰或許能滿足人對於復仇的渴望，但懲罰戰犯與從錯誤中學習是相斥的兩件事。[71]懲罰會讓一種信念屹立不搖：系統很安全，人為失誤才是禍源。要從錯誤中學習，我們首先要能認清系統中內建了哪些問題，然後以此去挑戰系統的完善性；懲罰則跟預防是兩條平行線，彼此沒有關係。

研究結果也支持這樣的看法，至少在職場上是如此。[72]研究顯示，員工犯錯時得面對的懲罰愈狠，他們的同事就愈不願意把環境的危險性袒露出來；[73]還有其他研究顯示，懲罰性職場政策所引發的恐懼心態，只會讓勞工對通報問題變得興趣缺缺。[74]還有更多研究發現，在勞工會因為受傷而被怪罪的職場中，勞工會傾向於隱瞞自己受傷的狀況，而這也就代表讓他們受傷的危險環境會一併被隱藏起來。[75]

「懲罰的一個特色是把問題集中在單一的因素或部件上；[76]在一個複雜的系統中，你絕對不可能只抓著單一部件的表現好壞，就去解釋系統的運作情形。至於想要通過單一部件的表現去改善整個系統的運作，那就更是緣木求魚了。」戴克如是說。「複雜的系統之所以失靈，或是能夠成功，都是全體因子互動所產生的結果。」

相對於歸咎與懲罰，戴克主張我們應該針對導致意外的系統，就其每一層結構進行分析。這我基本同意，但我也不想要不切實際；要做到這一點，我們需要有心人投入各種想法與考量，需要自我檢討與自知，需要抱持對代罪羔羊候選人的同理，需要有（通常是政治上與財政上的）意願去推動改革，去挑戰八風吹不動的固有體系——不論這個體系是地方政府也好，大型企業也罷。

再讓我們想想拉蔻兒．尼爾森的小兒子是怎麼死的。如果想將之歸咎於人為失誤，你可以說造成這場意外的是（a）尼爾森過馬路沒走斑馬線，或（b）蓋在身體有異狀又吃了止痛藥的狀況下酒駕。但如果你真的想要解決問題，那你就該去問是什麼讓（a）跟（b）得以發生。尼爾森會不走斑馬線過馬路，是因為那裡就沒有斑馬線，而她又有三個小孩要顧，而那也是因為她開不起車；蓋之所以半盲還可以開車，是因為喬治亞州知情但還是發了駕照給他，同時也多半是因為他有開車的剛性需求。至於會撞上小孩，則是因為喬治亞州運輸局拒絕在民眾有過馬路需求的地方設置斑馬線與紅綠燈。這種種因素，都只是其中幾片瑞士起司上的漏洞而已；你可以繼續深入挖掘，一一去探究各種環境因素。但總之漏洞疊在一起，意外就不再是意外了。

要按照戴克所倡議地方式看到深層的故事，我們首先必須為尼爾森跟蓋平反——不把責任推給他們，然後接受一項令人不安的事實：這種事也可能發生在我們身上。讓公寓社區蓋在公車站遠端的土地使用委員會必須要重新檢討他們的審核程序；大眾運輸業者需要重新思考公車站點的規畫流程；喬治亞州運輸局需要改寫他們的道路設計政策，把生命安全置於交通效率之前。而上述系統背後的所有領導者都必須忍住不要互踢皮球，不要怪罪死者跟所謂有易出意外體質的人。就算是在省略到不能再省略的故事版本裡（我是說在那個把逼著尼爾森得坐公車而蓋可以開車的種族、經濟、地理與基礎建設等貧富差距都略去不計的版本中），預防意外都仍會是項挑戰；但不這樣做，事情的難度只會更高。

只要放下歸咎的衝動，我們就能看到意外是如何發生在危險環境因子匯聚在一起（也就是瑞士起司的孔洞連成一線）的情況裡，也能看到把錯怪給某個個體，將如何讓這些危險因子落地生根，讓同樣的意外反覆發生。但如果某個人**就是想要**把起司的洞連成一線呢？要是有人看著佈滿弱點的系統，看著那些讓意外變得順理成章的條件都擺在那兒了，然後決定要利用這一點呢？

如何「不」預防恐怖攻擊

殺死我摯友的男人是最有機會扮演替罪羔羊的人選，他符合各種我們已知可以成為眾矢之的的條件——他（一）看上去不是白人；（二）有個非白人的姓氏；（三）開著名車；（四）酒駕；（五）還剛開完趴；（六）就超速；（七）把車開到人行道上；（八）只因為不想跟其它人一起塞車。

更糟糕的是，他這些錯誤行為造成了很嚴重的後果，而且被他害死的人還很招人喜歡。艾瑞克身上沒有任何汙名，他就是個健康、英俊，在公立學校當老師的年輕人。報紙說了一個壞蛋害死好人的故事，一個正義終得伸張的故事。[77]害死艾瑞克的傢伙進了監獄，但死去的艾瑞克已無法復生。全劇終。

然而，如果你試著在這一片指責聲與刑事起訴聲中豎起耳朵，你會在艾瑞克喪命的人行道上聽到從走路、慢跑與騎腳踏車的人口中傳來的，另外一種故事。

艾瑞克死在一條將哈德遜河與紐約市西側公路隔開的休閒步道上，其中西側公路是一條挨著曼哈頓西側的八線道快速道路。由南向北鳥瞰，你會依序看到哈德遜河／休閒步道／西側公路／剩下的曼哈頓。但在哈德遜河與步道之間的某些地方，存在著一些蓋在碼頭上的設施——拖吊保管場、運動中心、停車場、公共船位——而想要往來在這些設施跟公路之間，駕駛必須駛過步道。那條休閒步道是全美使用量最大的自行車道兼人行步道，步道中間設計有雙黃線，就跟美國任何一條雙向道路一樣。[78]

害死艾瑞克的男人在碼頭上的其中一處設施參加了公司的派對，就位在自行車道跟公路的另外一端，而他也就在那天晚上轉錯了彎——被輕描淡寫為酒後的脫序行為。但在關於艾瑞克之死每則新聞下面的評論區，你都看得到步道的使用者直指出，這種轉錯彎（跟那個男人一**模一樣**的轉法）天天都在那裡發生。每天都有駕駛人把車開到步道上——包括一些警察、一些公園管理處的員工、想省兩步路的人，也包括迷了路的人。[79]

汽車入侵步道是一個問題的證據，可不是只有網友口中的評論而已。從艾瑞克意外身亡回推六個月，就在同一條步道上往北四十條街區處，一輛警方的拖吊車當著人家妻子的面，輾死了一名叫作卡爾・亨利・納赫特（Carl Henry Nacht）的醫師；[80]然後是艾瑞克死後九年，又在同一條步道往南十條街區處，有人酒駕輾死了一個名叫歐爾加・庫克（Olga Cook）的女性。[81]艾瑞克死後一年，一些在地的社運份子調查了該步道的使用者——超過三分之一的路過者曾看過駕駛把車開上來。[82]這群人在艾瑞克死後進行這項調查，是為了推動政府官員在步道上裝設永久性的路障，藉此讓駕駛不得其門而入；畢竟有些地方真的會讓駕駛不知不覺就開進去了。[83]這群行動者要求政府官員盡可能關閉車輛的進出點，可駛入點的地方則要安裝金屬製路障來保護行人。[84]他們還偵測步道，確認出七處格外危險的地方；這些地方會固定有車輛開上來，或是散發一種就是要讓車子開上來的氣氛。[85]社運人士將這些高風險地點製成清單，連同解決方案發表了出去，當中他們建議：將穿越步道的車道收窄；設立路阻以防止車輛駛入艾瑞克遇害的那段步道；利用油漆清楚區別車道與步道；增設標誌與燈號來凸顯人車殊途。

政府官員的差勁表現，證明了社運人士所提並不是什麼過分的要求。[86]大約在歐爾加・庫克死於步道上的同一時間，高盛證券在不遠處步道靠河岸一側開設了一處巨大的辦公空間，且建築物外頭在高盛的要求下，由政府官員設置了堅固的金屬路阻。你還是可以把車開進步道，但就是會被阻擋在高盛的前門之外——這代表高盛不是不知道風險的存在，他們只是選擇以鄰為壑，死道友不死貧道。

社運份子指出他們所提建議中的一大重點——用金屬路障隔開人車——可以發揮多重功能，而不光是能預防車禍意外而已。[87]這個解決方案也有助於預防犯罪；事實上，社運份子在文中提及，政府官員已經在其它地方做過這種事了，包括在九一一恐攻之後，他們就開始會把大型金屬路阻設在不少政府機構的外面。用事後諸葛的角度去看，社運人士真先知也。

二〇一七年十月三十一日——幾乎就是艾瑞克被BMW駕駛撞死的十一週年——又有一個叫賽夫洛・薩波夫（Sayfullo Saipov）的人租了一輛卡車，將之直直地開進了瑞士起司的孔洞裡頭。[88]不同於撞死艾瑞克的那個人，薩波夫沒有酒駕，他單純只是草菅人命而已；跟撞死艾瑞克的那個人一樣的地方，則是薩波夫開上了步道，而且一路朝著人多的地方，全速衝入步道的中心。就在BMW駕駛撞死艾瑞克的大概同一個地方，賽波夫輾過了不下二十人；那是一個假日的豔陽天早上，群眾相當多——他最終造成了十二傷八死。

賽波夫是在西休士頓街進入步道，那不就是社運人士在十年前指出過，七處駕駛人動輒會闖入步道的地方嗎？西休士頓街就是其中之一。[89]

這是一次隨機犯罪，而不是意外。但對於有殺人意圖的個人而言，該地點已知的危險性讓其所欲實施的犯罪變得「成功在望」；害死艾瑞克的意外，讓殺人犯有了一個方向可以按圖索驥。

不管意外害死了多少人，都沒有人想到要去保護每天湧入美國最熱鬧自行車道與步道的幾萬人——直到有人故意在那裡預謀殺人。

第九章 預防

一八五〇年代，一場霍亂流行病橫掃了倫敦，直到一名英國醫師約翰．史諾（John Snow）想出了一個辦法來防止疫情的擴散。[1]而這，也就是流行病學作為一種專業的濫觴。

在當時，人們以為霍亂是透過空氣中的「蒸氣」傳染，但史諾覺得這種病應該是經由液體傳播。他繪製了霍亂疫情擴散的地圖，結果發現病例都集結在水源處。在知道水源遭到汙染後，史諾醫師既沒有叫人把水煮沸，沒有提供乾淨水源的地圖，也沒有怪罪那些不聽他的話而感染霍亂的病人。他做了另外一件事情，那就是指示官員去把髒井的幫浦把手拆掉。他改變了會造成感染的環境，成功讓疫情開始消退。這便是預防工作的其中一招。

另外一招——說服人做出改變——難度非常高，至少我們在引言中見過的流行病學家蘇珊．貝克是這麼說的。[2]就像她之前的克莉斯托．伊斯曼與休．德黑文，蘇珊．貝克也是在太平間得到了她職業生涯最關鍵的發現。[3]貝克花了四十年針對死者的傷勢做了沒有人做過的研究，並以此爭取了兒童安全座椅的誕生與普及，開發出至今仍在急診室檢傷中通用的「外傷嚴重度分數」（Injury Severity Score）系統，還為從汽車安全氣囊到住家灑水系統等各種傷害預防性科技，進行了立法的遊說工作。在當時，她並沒有找到太多證據能證明我們有辦法阻止人類犯錯。此外她還跟我說，比起改變人的行為，改變人身處的環境要容易多了——肯花錢就有了。[4]這一點正好說明了何以美國會在意外死亡人數上遙遙領先其他的富裕國家——我們沒有為了讓人更安全，而花錢去改革人造環境的文化。

像蘇珊·貝克這樣的流行病學家常把人染病或出意外的不同途徑拿來比較，藉此說明何以比起改變人，更有效的辦法是改變環境。比方說，如果我們在小兒麻痺盛行的年代去專注於人為失誤，那麼預防該疾病的唯一辦法就會是叫大家不要去游泳池；[5]要預防愛滋病，我們就只能叫大家禁慾。如果我們用面對意外的態度去面對疾病，那小兒麻痺的疫苗就不會發明出來，愛滋病的療法也會繼續從缺。但我們並沒有用對待意外的方式去對待疾病——除了當疾病與意外有交叉口的時候。比如我們固然有藥物可以治療造成愛滋病的HIV病毒，但可以降低HIV意外感染的工具與資源（像是乾淨的針筒）卻常常被立法禁止。[6]我們寧可出一張嘴，叫人不要吸毒，然後再在他們控制不住自己的時候去懲罰他們。

當然啦，我們並沒有傳統意義上的藥物可以用來預防意外的發生或擴散，但那不等於我們就全無辦法預防意外——一切只看我們要或不要。看著在任何一種事故前堆疊的環境因素有何等的寬度與深度，我們可以去修理的東西只會多，不會少。[7]這是一個我們願意放棄多少東西去拯救一條生命的問題——按照意外類型的不同，可以搬到檯面上的籌碼會包括我們生活中的金錢、時間、方便性與社會階級。

如何避免恐怖攻擊

二〇〇九年——艾瑞克去世三年後——紐約市府的一名都市計畫師在關係到艾瑞克之死與他

身亡處之步道的取證聽證會上，完成了作證的程序。[8]該計畫師替紐約市運輸局監督各種建設計畫，包括（艾瑞克殞命處之）步道沿線的那些。

在聽證會上，一名律師給計畫師看了張照片。[9]照片上的地點，就是撞死艾瑞克的人看到公路前面塞車，並因此闖入人行步道的地方。律師指出照片上一個他稱之為「交通錐」的黃色東西。都市計畫師糾正了他：那是一種路阻，學名叫作彈性交通柱。對此律師問道：「這東西的作用是什麼？」

「它是用來（在步道上）劃分出專用的自行車道，讓騎士知道要騎在什麼地方，也讓他們知道中央步道在哪裡，藉此促成步道的雙軌運用。[10]另外也多多少少是在警示機動車輛吧，我想，」規畫師說。

規畫師這麼說，意思是彈性交通柱的主要作用是讓腳踏車騎士靠右，外加一個隱含的次要功能：提醒——而非攔停——在車內的駕駛人。

「這些黃色的彈性交通柱，如果被機動車輛開上來，」律師詢問規畫師，「它們會潰縮、倒下，還是會有其他的結果？」

「他們會潰縮，」規畫師答道，「然後它們多半會在車輛經過後反彈起來。」

交通柱可以是有彈性的塑膠，就像政府官員拿來保護自行車道的那些，也可以是硬梆梆的金屬路阻，就像被官員拿來保護高盛證券之水岸商辦的那些。[11]交通工程師在自行車道上選擇可潰縮的軟腳蝦，就是在為必要時想開過去的駕駛開一道方便之門。

出了意外，賠上艾瑞克一條命，換得的改變卻少之又少。不過在意外的隔天，政府就派工把被凶手輾過去的軟性路阻重新裝了回去。[12]

但就在賽夫洛・薩波夫開過同一處交通柱的幾天後，紐約市府跟紐約州運輸局就在步道的每一個入口處都安裝了混凝土與鋼製的路障；[13]在三十一處駕駛獲准穿越步道的車道邊上，新的路障阻斷了他們的去路，讓他們不再有辦法把車子轉進步道；在二十六處車輛一般不會獲准駛入但硬要仍可以插進去的人行路口，新的路障讓車子偷雞的空間沒有了。這次的做法算是滴水不漏——政府官員一不做二不休，合力確保了同樣的事情沒有再一次發生的餘地。意外反覆發生所做不到的事情，凶殺案一件就做到了。

薩波夫在曼哈頓造成十二傷八死的慘劇，且地點就在我摯友被人撞死的現場不遠。我在事發短短幾個小時後，就寫了一篇文章來比對這兩場撞車的異同——一場是意外，另一場是恐攻；一場是車輛過失害命，另一場是車輛預謀殺人。[14]我在文中談到被兩輛車輾完並成功彎過去的交通柱，兩次的交通柱都是有彈性的，也都留了讓車子通過的空間；那只是做為潛在人為失誤的一種警示，而不是保護行人安全的實質路障。但我也以較宏觀的視角檢視了在系統的層面上，是什麼樣具有危險性的環境因子把這兩起事件連了起來；這個連結，我在文中提到，就是車子，混以滿是人的街廓。同一個地方、一年當中的同一個時間、同樣的武器——唯一的差別就是其中一個被冠上了意外的名號。這在以前也發生過，我寫道；未來也會再次發生，但這並不是我們不能去預防的東西。當時是攻擊事件發生後才幾天，官員還沒有決定要安裝那些混凝土跟鋼製的路障。我提出了一個更宏大的解決方案：城市裡但凡有很多人在走路跟騎腳踏車的地方，都應該限制車輛進入。

文章發表後短短幾小時，我的信箱就被塞爆了。一堆人來信問候我媽，說我智障，說我是腦袋有問題的「蕭查某」，乃至於各式各樣反猶綽號。有頭有臉的保守派看到這篇文章，在社群媒體上將之轟得體無完膚。[15]他們羞辱我的角度跟電郵中那些叫不出名字的路人如出一轍，只不過顧及公開媒體的尺度而調整了一下用語，說法算是有斯文一點（就像凱文・史密斯教授所指認出的那些公義世界信徒；我惹毛得最厲害的那些最根深蒂固的歸咎者，都是保守派。）《華盛頓觀察家報》（*Washington Examiner*）以一篇社論回應了我的文章，他們說這個社會如果遵照我提議的預防措施去做，那就等於是告訴恐怖分子他們贏了。[16]「我們不能動不動就為了配合邪惡的意圖或恐怖分子的行徑，去調整我們既有的生活方式，」上頭寫道。「我們不應該支持這種做法，擊敗邪惡才是正道。」

整體而言，所有的反對聲浪可以歸結如下：說什麼要預防，其實就是投降。對歸咎與懲罰避而不談，就是把勝利讓給了壞蛋。

這些反應之尖銳讓我知道，我應該做對了什麼。事實證明「預防」這個字大家都會用，但我們心裡想的卻很可能是完全不一樣的事情。有些人，就像《華盛頓觀察家報》的那些人，說得好像懲罰可以預防什麼一樣。而還有些人，像是威廉・哈登，他們關注的是人犯錯時會產生的結果，並把重點放在如何未雨綢繆地避免人受到傷害。把這點放在第一位的結果就是，哈登發現了上百萬種辦法去預防各種意外。

馴服老虎

一九七〇年，威廉·哈登——這個有厚厚一疊意外預防履歷的男人：美國國家公路交通安全管理局首任局長、公路安全保險協會（Insurance Institute for Highway Safety）會長、公路損失資料研究所（Highway Loss Data Institute）所長——在《美國公共衛生期刊》（*American Journal of Public Health*）上發表了一小篇社論，改變了我們對意外的理解。[17]該文題為〈關於老虎的脫逃：一個生態觀點〉（On the Escape of Tigers: An Ecologic Note）。

在這篇文章裡，他主張世界上所有的傷害，不分故意還是非故意，都來自於脆弱人體與某種能量形式的互動——被釋出的能量、被消耗的能量、被後腦吸收的能量。他把能量化約為各種類別：[18]動能（撞擊、墜落）、熱能（熱火、凍結）、化學能（藥品、毒物）、電能（電擊），以及離子輻射能（核電廠熔毀）；你可以把任何一種危險的環境因子追溯回被釋出到這世間的上述某種能量。而預防，他意識到，就是要控制住這些能量。

一如他文章標題中的猛虎，我們只要控制好牠，不要讓牠被釋出，就能控制住老虎所能造成的傷害。哈登此言謔而不虐。他要讀者重新思考他們對意外的反應；老虎跑出來了！我們比較務實的做法是去懲罰動物園員工，還是去設計更萬無一失的虎籠？要得到正解，我們首先得把意外的**成因**跟意外造成的**傷害**區分開來；後者至關重要，而前者其實怎樣都好。控制住危險的環境因子，你就能把人為失誤的影響從檯面上抽掉。「只要你把碎片包好，摔破的茶杯就傷不了你分毫。」哈登寫道，「就算把那包碎片拿去交寄，讓它保持移動，讓它被震動、被摔落、被堆疊，甚至被糟蹋，問題都不大。」簡單講，你沒辦法讓人不犯錯，人為錯誤是不可免的，但你可以控制人造環境，並藉此去預防死傷。

我們只要避免上述的老虎逃跑，就可以控制住脫韁猛虎的強大能量，對吧？那你要如何才能預防老虎逃跑呢？按照《華盛頓觀察家報》的邏輯，你可以訓練動物園員工把老虎的繩子綁得更緊，可以開除動物園員工，可以把老虎出身的國家或把動物園員工去學習動物管理的地方炸掉，也可以跟老虎說你壞壞，然後把牠打一頓。

就我個人而言，我寧可準備一只大籠子（或者如果老虎不是一種比喻的話，我會希望透過規畫，把老虎安全地放回到牠天然的棲息地裡。）哈登舉的例子很極端，所以也很方便說明事理。我想不太會有人主張你可以改變老虎的天性，也不會有人期待動物園員工可以練到比老虎還強壯，所以你需要的，就是打造一個老虎可以獲得控制的環境。

又或者，我們可以嘗試把這個辦法套用在艾瑞克之死的案例上。「在時間或空間的層面上，將能量與易受影響的結構（無論是有生命的還是無生命的）分隔開來」哈登寫道，而他所舉之例跟我可謂英雄（雌）所見略同：「善用人行道，訂定行人與車輛各自可通行的獨立時相，從兒童跟成人常用的社區領域中裁撤掉車輛與車道。」其中最後一點說大白話就是：禁車。

當然，禁車談何容易，而預防工作按照哈登的描述，也不是只有一種辦法——在上述的例子中，他提議的做法包括鋪設人行道、錯開交通時相、禁車、縮減道路來控管車禍中蘊含的動能。預防工作是把各式各樣的減傷作為集合在一塊兒，朝著世間的許許多多問題扔去——預防是一把散彈槍，而不是一擊命中的狙擊槍。哈登稱這些散彈是「反制措施」；其中一項反制措施就是

「預防危險的產生」——例如讓希格紹爾P320停產；另外兩項反制措施則是「預防已經存在的危險被釋出」跟「讓危險減量」——就像讓兒童安全藥（丸）瓶可以預防現存危險的釋出，而鴉片類藥物的泡殼包裝可以讓危險減量。哈登一共寫了十種反制措施，但其基本的概念都跟上面三種一樣。

哈登的這些反制措施，是在對應**做為傷害源頭的能量**，而這也在我們討論意外的論述中引入了些許調整。透過對能量的控制，我們可以**完整預防**某些意外；包括在自行車道或人行步道邊上裝設金屬交通柱，讓車子想開也開不進來，釜底抽薪地杜絕錯誤的發生。針對其它錯誤，我們還可以**預防傷害**；包括在車內安裝車速調節器，好讓錯誤就算發生了（比方說駕駛不小心把油門踩太深），其能量值也可以獲得控制，死傷也可以被降到最低。但控制能量並不只等於設置具體的路障與限制，也可以透過工具與資源的提供來實現；你可以提供喝酒者不用開車的交通選擇來避免酒駕意外；你可以讓納洛酮的無所不在媲美阿斯匹靈，好避免意外的用藥過量；你可以讓全美家家戶戶都安裝自動灑水系統，好避免火災意外的發生；你可以將水電瓦斯等事業國有化，讓安全的居家溫度從特權變成人權，藉此避免過熱或過冷造成的意外死亡——這些工作說白了，都只是在控制能量。

在哈登跳出來之前，「那是場意外」就能讓你用一句話交代事情出差錯時的來龍去脈。是哈登促成了「短話長說」，讓細節被加了回去，也讓我們很不方便老用同樣的說法，一次次把事情搪塞過去。

我們可以在二〇〇一年的葡萄牙，看到哈登流的做法大展身手；當時葡萄牙面對意外用藥過量的案例數與針筒傳染的病例數上升，必須要設法因應。[19]回到二〇〇一年，葡萄牙估計有百分之一的人口染有海洛英毒癮，該國的HIV感染率也是歐盟各國最高。經過幾十年來把吸毒者通通關起來之後，葡萄牙官員換了一個做法；這一次，葡萄牙人想把好幾種危險的環境因子改革移除，並藉此來控制海洛英／HIV問題。葡萄牙對各種毒品進行了全面的除罪化；這種做法削弱了黑市的力量，並讓超強效的合成添加物（如吩坦尼）在毒品供應鏈中銷聲匿跡——這正是哈登所提的另外一種反制措施：「在體量上縮減能量的陣勢」。葡萄牙的改革提供了安全的用藥機制給有需求者，讓他們能夠取得無菌的工具，並在有醫師駐點的場所完成注射。此舉也確實降低了疾病的傳染率——即按哈登所言「適當修正了（能量的）接觸面、地下接觸面，或是（能量）接觸的基本結構。」而萬一還是有人用藥過量，新制也能讓患者得到最快速的治療——即哈登所謂「對於已經發生或正在發生的傷害進行快速的偵測與評估，並反制傷害的持續與蔓延。」此外，葡萄牙還拓展了對有物質濫用問題的病人提供的醫療服務；此舉讓人得以有管道去克服癮頭——按哈登的說法就是「強化有機或無機結構。避免其遭到（能量）進入轉移的傷害。」（威廉・哈登此時早已與世長辭；他提出的反制措施能夠應用在葡萄牙的當代毒品意外中，足見這套理論之優秀。）

哈登的反制措施集合起來，提供人們豐富的資源去支撐自身的生機。這些反制措施應用在毒品相關意外上的成效之優越，以至於根據美國學者指出，各城市每多花一塊錢在治療上，他們就能因為不需要再打擊毒品相關犯罪而省下超過一塊錢；而他們每多花一塊錢在針筒的交換上，就能省下六塊以上HIV病毒造成的社會成本。[20]

這些成果也會彼此強化。在葡萄牙，鴉片類的意外用藥過量與HIV的意外感染案例數連袂下降，接受毒品治療的人數則上升了百分之六十二。[21][22]同樣來自葡萄牙的還有一個非由哈登提供的教訓；預防可能需要耐性——而這會使決策變得非常艱難。兇殺案件數在毒品除罪化後連升了七年，因為毒品市場的任何變動都會讓暴力犯罪增加。[23]但到了二〇〇八年，兇殺率展開了跌勢；到了二〇一四年，葡萄牙的兇殺率降至了至少二十年來的最低點，且至今都不曾回彈。

其實想看到哈登描繪的各種力量是如何環環相扣地預防了死傷，證據就在比葡萄牙近得多的地方。傷害預防的裝置已經徹底融入了我們的生活中，以至於我們顯少想起它們：安全氣囊、安全帶、紅綠燈、自動灑水器、安全剪刀、扳機鎖、銳器專用容器、焙果斷頭台（可以安全把焙果剖開成兩個圈圈的工具）、樓梯扶手、火災逃生用的太平門、在泳池內標明深水區用的浮標繩索。這些裝置的共通點在於，它們微調了我們身邊的世界，降低了意外傷害發生的機會跟萬一發生時的嚴重性。這種形式的預防，接受了意外會發生的事實。

讓酒鬼也能好好活著

跟著哈登工作了幾十年的蘇珊・貝克告訴我，要理解哈登的理念，一個辦法是專注在所謂的「最小公倍數」用路人——即集各種缺點於一身，最惡劣的駕駛，或是最不專心的行人。[24]你若是想降低傷害，你該執著的不是怎麼糾正這些人，而是打造一個環境去控制可能與這些人有所接觸的能量。她稱之為她最具爭議的立場——我們應該要打造一個讓酒鬼也能活得很安全的世界。

「說到底，這個世界如果連喝得醉醺醺的傢伙都不會出事情，那其它人就更不用擔心了，」貝克說。「如果你想打造的是一個不能太笨而且頭腦清醒的正常人才能安全活著的世界，那麼對酒鬼、沒睡飽的人、掛記孩子手術而想要趕緊回家去關心的人，這就不會是一個安全的世界。」

但今天，我們正好在做相反的事情——打造完人專用的道路。我們可以看到美國政府就是用這種「希望用完美來預防意外發生」的態度在回應當前行人死亡節節攀升的趨勢。從二〇〇九年到二〇一九年，美國運輸部公告的美國行人死亡數暴增了百分之五十一，原本大約每年四千人出頭的數字，現在已經突破六千人大關。[25]值得一提的是，行人與腳踏車騎士的致死意外件數與汽車駕駛跟乘客的死亡事故件數呈現負相關，一升一降；主要是車身外的人死得愈多，車體內就愈多人能活下來。[26]

年復一年地看著行人與騎士愈死愈多，聯邦政府做了什麼？他們分析了數據，然後用其回應的方式汙辱哈登留給後世的禮物。二〇一八年，美國政府針對行人與腳踏車騎士在被輾過之前「正在做什麼／當下的狀態」進行了分析跟製表[27]——但那只是一張人為失誤的清單：「難以辨識（衣服不夠亮）」、「不專心（在說話、吃東西等）」、「不當處於車道上」、「突然衝出來／在快跑」。重點是，這張分析表只有對受害者的檢討；駕駛在開車輾過人之前都在幹些什麼，分析內隻字未提。

冤魂數愈疊愈高，美國運輸部連同上述年度分析發表的另外一分清單也愈做愈大——「重點安全提醒」（Important Safety Reminders）。[28]這部分倒是有分成駕駛版跟行人版；行人版本裡的提醒事項包括：「隨時保持讓人看得見的狀態。白天要穿著明亮的衣物，晚間要穿會反光的材質或打開手電筒。」駕駛版裡的提醒事項則包括：「隨時注意四面八方的行人，不可稍有鬆懈。行人動輒會不走在他們該走路的地方。」值得注意的是，在兩個版本的內容中，力量最小但風險最高的行人都變成該負責或被歸咎的一方。這份安全提醒清單年年出刊，活像是謀殺懸疑小說派對上一張跳針的唱片，為一個個不斷消失的與會者提供背景音樂。

這些官方分析的言外之意，是行人死亡數的增加是人為失誤所致；但這並非事實。行人死亡增加[29]——而且跟車內死亡人數的發展背道而馳——是因為愈來愈多人開起了運動休旅車、皮卡貨車與廂型車等體量大、馬力強的車輛。在死亡意外中，肇事車輛的平均重量從二〇〇〇到二〇一八年上升了超過約一七七公斤。[30]在此同時，運動休旅車佔路上車輛的比率也上升到近六成。在二〇〇九到二〇一六年間，行人被運動休旅車撞死的總數上升了百分之八十一；某學者估計，在二〇〇〇年與二〇一八年間，如果把在路上跑的每一輛運動休旅車、皮卡車、廂型車都換成普通轎車，那如今又有八千一百三十一個人還能健在。[31][32]

這些車界的龐然大物不僅更容易把人壓扁，更容易讓人被捲進車底而非掉在引擎蓋上，而且這些車的高度還影響到了駕駛的視野，讓他們容易看不見行人。二〇二一年款的凱迪拉克「Escalade」運動休旅車在重達兩千兩百六十七公斤以上之餘，車高還將近有兩公尺。這代表如果有小朋友坐在車前三公尺內的死角中，駕駛是看不到的。[33]這類前方盲點造成的意外——駕駛在停車場或車道上前進並用車將人輾過的意外，也被稱為「前壓式」（frontover）車禍——造成的兒童死亡人數，在近十年中增加了百分之八十九。

倒車也不會比較好；大型運動休旅車後方的盲區對一般身高的駕駛而言，有五・八公尺長——要是你矮一點，那這個盲區甚至可以有約九・五公尺長。[34]

雖然提醒事項中說行人要帶手電筒出門，又說駕駛要提防行人會在不該出現的地方出現，但其實美國政府早就知道真正的問題根本不是這些。他們的工程師早就知道，車子體型愈變愈大、速度愈來愈快，動力愈來愈強，才是造成傷亡愈來愈嚴重的主因——幾十年來都一直知道。[35]最早在一九七五年，美國運輸部就歸類出決定一個人會不會車禍中受傷的三大因素：車重、車高，還有車頭高度與行人身高的差距。[36]一九九七年，美國運輸部表明，像運動休旅車與皮卡車等大型車一旦發生撞擊，其造成行人死亡的機率要顯著大於小型車。[37]然而從那之後，這類車子還是不斷在成長—不僅個頭變大，在路上跑的數量也愈來愈多。最早在二〇〇一年，學者就預期運動休旅車的風行會讓當時正在下行的行人死亡數重新回升；二〇一五年，隨著死亡人數持續上升，運輸部的研究再度指向熱門的運動休旅車是罪魁禍首。[38]他們發現成年人遭到運動休旅車撞擊，死亡率比被轎車撞擊高出兩到三倍；兒童被運動休旅車撞擊的死亡率更是被房車撞的四倍。[39]但即使有這樣的研究，隨著行人的死亡人數上升，美國運輸部仍在敦促行人要「小心走路」。[40]問題是，美國唯一有權力管制車輛如何製造的政府機關就是美國國家公路交通安全管理局，其上級單位就是運輸部。

整體而言，交通意外死亡都會涉及最弱勢的一群人，而「運動休旅車／行人」危機也不例外。在紐約市，十七歲以下跟六十五歲以上的步行者是最容易死於運動休旅車駕駛之手的兩種行人，遙遙領先其他年齡層。[41]女性購車比較不會選擇含運動休旅車在內的大車，而她們也比較容易死於交通意外；[42]低收入的民眾比較可能駕駛撞擊測試評等較低的老車，也因此比較容易在車禍中喪生。[43]如運動休旅車之屬的大車車主幾乎清一色是白人；而我們都知道，最容易死在各種車禍中的行人不外乎黑人、拉丁裔跟原住民。[44][45]

哈登的反制措施提供了眾多辦法去改變這個等式，但我們必須知道，哈登的模型並沒有考慮到一件事：意外走火比較可能發生在黑人手裡沒槍的時候，而車禍意外比較可能發生在沒有人花錢去修繕道路的區域；種族歧視跟貧富差距在哈登的定義中不屬於會傷人的「能量」。但如果我們能意識到那些已然內建在生活環境中的種族歧視跟階級差距，再應用哈登的反制措施，那就能以預防為目標，去修復那些改革最為迫切的環境。

被車廠強推進美國市場的運動休旅車不僅已經被美國政府點名是行人殺手，它們的危險性根本就應該讓它們被禁止上路，或者至少得被禁止進入非道路的地方。在美國，所幸有拉爾夫·奈德跟威廉·哈登的努力，車輛一律得接受評測，來判定它們對在車內的人安不安全。但歐洲從一九九七年開始，還有日本從二〇〇三年開始，車輛已經被規定得接受評測，看萬一駕駛撞上行人的時候，車輛對行人具有什麼等級的安全性。[46]換句話說，歐洲與日本車廠會透過對安全性的規範，同時照顧車子內外的人類——並讓消費者知道他們他們要買的車安不安全。

當這些安全規範最初根據聯合國的建議而獲得發布，並在各國獲得採納時，美國並不願意跟進。[47]等美國國家公路交通安全管理局總算建議建立一套行人安全評等系統來強制納管所有車輛時，老牌車廠通用汽車首先跳出來反對；美國運輸部也就這樣讓這項政策的進程自二〇一五年起停滯不前。[48]這造成了在美國，行人死於交通意外的人數從二〇〇九到二〇一九年成長了百分之五十，但在歐洲與日本，變多的是活下來的人。[49]歐洲的行人死亡人數在十年間下降了超過三分之一，日本的行人死亡人數則自二〇〇〇年以來下降了超過一半；二〇二〇年，英國議會開始辯論要不要禁止進口美國的運動休旅車，因為其內建的風險實在太高。[50]

與其採用行人安全的國際標準，美國官員們仍在屍體開始堆積的同時，將意外歸咎給人為失誤；他們仍在要求行人必須當個完人。二〇二〇年，如時任美國運輸部長的趙小蓮（Elaine Chao）在描述十月是運輸部一年一度的行人安全月之後說，「我們每天都會當行人，安全是我們共同的責任！」[51]

乍聽之下你會覺得這話四平八穩，就是句出自政府官員之口，普通的公益宣傳口號。但仔細想想，你會發現這是在強調我們應該讓教育去取代預防工作。政府明明知道有預防的辦法，卻對其視而不見，一心只想用這些無效口號去糊弄民眾，要他們當個完人——當個完人，你就不會變成死人了。

行人死亡人數持續上升，是因為美國官員的不做為。但在另外一個死亡人數不斷上升的領域中——滑跤跌倒造成的死亡——政府則劍及履及地採取了行動，只不過這行動是懲罰值勤時間有人摔倒的醫療人員。政府對摔倒死亡人數上升的官方立場，是把那些毫無效力的政令宣傳跟開罰結合起來，而其結果就是意外愈發生愈多。

注意：冰面很滑

跌跤在美國是老人家最常見的意外死因——比起車禍、中毒或任何一種外傷，跌跤都是更大的老年人殺手。美國人跌倒死亡的人數自一九八〇年代以來，已經穩定上升了幾十年，期間在不同年份曾躍升為意外死因排行中的第二或第三名。[52]在一九九九與二〇一九年間，意外跌倒死亡人數的升幅超過百分之一百九十九，這有部分原因是美國人口的老化。但做為一種流行病，那些負責處理跌倒意外預防的官員也要負起一些責任，因為他們只知道把眼光聚焦在完善人的行為跟懲罰人為錯誤——而不是去控制往下跌落時的能量。

跌跤並不是一種很常出現在我們視野中的意外，就算是跟其他能見度偏低的意外死亡流行病放在一起，跌跤恐怕也是邊緣人中的邊緣人。然而在二〇一九年，美國死於跌跤意外的比率比意外槍擊死亡的比率高出六十五倍；同年，大約三萬九千四百四十三名美國人因摔跤而死。[53]然而，比起槍擊意外是晚間新聞的常客，跌跤意外在我們的雷達上根本是隱形飛機——但當然有一個地方的雷達是看得到的：政府。

二〇〇五年，美國全國高齡化理事會（National Council on Aging）發起了他們的「免於跌倒運動」（Falls Free Initiative），包括他們每年九月都會舉辦「跌到預防意識週」；[54]美國疾病管制暨預防中心則成立了縮寫為STEADI的宣導計畫，全名是「別再讓意外、死亡與受傷發生在長者身上」（Stopping Elderly Accidents, Deaths, and Injuries）。[55]這項宣導計畫有一個由美國國家高齡化研究所（National Institute on Aging）所開發出的版本，當中列出了各種預防跌倒與骨折的建議，包括：「在潮濕或結冰的表面上走路要格外小心，它們可以非常滑！」[56]其他的建議還包括要穿品質好一點的鞋子，不要喝酒，避免睡眠不足。這各式各樣的提醒都是泛泛之論，泛到讓人覺得很蠢。而且這所有的建議都可以總結為一個印在手冊上或分享在社群媒體的圖片上一條鬼打牆的口號：「年老不等於你就要跌倒！」；也可以總結成各種叫人避免失誤的雙關冷笑話上（跨出這些步伐〔採行這些步驟〕去避免跌倒！）。[57]

「避免跌倒」自然是一句很廢的幹話；身為人類，豈有不跌倒的。我是不知道你啦，但我不時都會絆到什麼、腳下一滑，或是踉蹌一下——有時候我知道地上滑，但那又怎樣，我照樣跌給你看。

這些公益政令宣導固然毫無幫助，但至少還算是人畜無害。然而，為了控制與摔倒相關的死亡流行，並節省一些費用，美國政府將這些宣導計畫與一種遠不那麼無害的制度——對醫院的財務處罰體系——相結合。二〇〇八年，聯邦醫療保險暨聯邦醫療補助服務中心（Centers for Medicare and Medicaid Services）發布了一道指令：如果病人在醫院跌倒，造成美國政府得負擔相關的醫療給付，那他們就會懲罰醫院（美國高齡者作為跌倒的高風險群，幾乎全數都是聯邦醫療保險的保戶）。[58][59]跌倒已經成為美國政府口中在醫院裡的「零容忍事件」（never event）[60]——意思是這種意外的情節之惡劣，連一次都不該出現。這項政策生效後，如果有人在醫院範圍內跌倒，聯邦醫療保險或聯邦醫療補助將不再給付因跌倒而衍生出的必要醫療，相關費用必須由院方負擔。在號稱歐巴馬健保的《平價醫療法》通過後，美國政府又再提高了罰款金額；與此同時，聯邦醫療保險暨聯邦醫療補助服務中心針對跌倒率最高的醫院祭出了給付總額的調降。

這些執法的整體結果催生出一種流行病，或者該說是一種惡性循環；主要是長者會反覆循環地入院接受治療，而造成他們必須如此的正是為了避免跌倒矯枉過正的各種限制。[61]將跌倒宣告為「零容忍事件」且附帶財務上的罰則，意味著醫院開始無所不用其極地防止有人在院區範圍內跌倒，結果反而造成了病患在返家過程中更可能跌倒的反效果。放眼全美國，原本好手好腳的長者只是約好時間去醫院看一下病，就突然發現自己被限制在兩側有護欄的病床上，還被告知不得移動；一想要自行走動就會被綁在身上且內建動態感測器的警鈴出賣——即便有研究顯示那些警鈴根本達不到防止跌倒的效果。老人家的肌肉經不起被物理性束縛幾天所造成的肌肉萎縮，結果就是很多人在出院時的狀態比他們去看病前還差。[62]

一項研究注意到了這個現象。[63]他們參考了俄亥俄州兩家醫院超過兩千兩百名高齡住院者的資料，觀察了他們所謂的「日常生活活動」功能——包括自行盥洗、進食、穿衣的能力。結果學者發現，在住院期間，這些病人的疾病與外傷都有所改善，生活功能卻變差了——原因是他們住院期間的行動遭到限制。從入院到出院，資料中全體病人的三分之一以上跟其中八十五歲以上病人的一半以上，都在自行盥洗、進食與穿衣的能力上出現了顯著的衰退——更別說走路想要不跌倒了。

學者研究了醫院內的護理師跟助理護理師，發現「零容忍事件」政策的雷厲風行——包括每天換班時的宣導、每週與每天的電郵宣導、標語，跟每個月的團體討論，樣樣都在疲勞轟炸跌倒的預防——創造出了一種風聲鶴唳的文化，結果就是護理師會嚴格限制病人走動，以求自保跟保護同事。[64]學者的結論是，這使得護理師調整了他／她們照料病患的方式，以限縮病人的行動力，進而影響到了病人的自癒。

跌倒或許是最不複雜的一種意外了；人跟地板之間並沒有多少層瑞士起司，而正是因為這一點，上述的狀況很好地解釋了預防工作到底應該如何進行。美國政府提供了充分的證據證明，想要不讓人犯錯，下場只會更慘。沒有誰能阻止人犯錯，但我們可以讓錯誤發生時的衝擊獲得緩衝。

跌倒是一種運動技能

麥可．葛利格斯比（Mike Grigsby）是一名住在俄亥俄州的退休生醫工程師兼武術教練，而他既沒有設法讓老人家動彈不得，也不曾叫他們不準跌倒。[65]反之，他教人「以跌倒為前提」改變生活環境。他的做法正好與聯邦醫療保險暨聯邦醫療補助服務中心背道而馳；他跟長輩說他們九成九會跌倒，然後傳授了他們能力去控制那股能量。

「我們知道基本上，害怕跌倒只會讓你更容易跌倒，因為那股恐懼會讓你動起來變得綁手綁腳。你的動作會變得要做不做，平衡感被打亂，」他告訴我。那些警示老人家冰面很滑的公益政令宣導，讓他看了非常倒彈。「他們知道自己得甩掉對跌倒的恐懼感，但他們的方法就是當隻鴕鳥，那就有點像是在說：**對重力說「不」就好了**。」

一如許多練武之人，葛利格斯比原本就是摔跤的專家。他有一個女性朋友就曾經狠狠摔過一跤；這一跤讓她斷了手腕，也對家中的廚房地板產生了陰影。等她手腕復原後，葛利格斯比表示願意教她怎麼跌倒。就這樣，她成了他的第一個學生。

二〇一二年，他開了一門課程叫「跌倒免驚」（Fearless Falling），內容是指導學員如何控制他們觸地的環境。他把重點放在兩項技巧上，分別是他所稱的「拍技」跟「坐技」；拍技指的是你在絆到東西往前倒，眼看要用臉去撞地的時候，可以使出的護身倒法——課堂上學員會模擬人往前倒的動作，然後拍打一片三角形的墊子，練習用手臂肌肉去吸收接觸到地面時的衝擊力。坐技指的是你腳下一滑，即將一屁股要往後砰一聲時，可以使出的落地技巧——他教導學員要朝胸部的方向縮起下巴，然後盡可能讓屁股落在腳的旁邊；這是為了讓身體盡量處於一種安全的、宛若胎兒般的抱腿姿勢，而不要全身攤開——降低頭部著地的風險。他的學員學著控制自己如何跌倒，並懂得用身體比較有韌性的部位——像是手臂肌肉，而非脆弱的腕骨——去吸收衝擊的能量。

經年累月，以俄亥俄州中部為基地，葛利格斯比指導了以長者為主的大約四百六十名學生正確地跌倒。[66]有時候他的學生會重新連絡他，跟他說他們狠狠摔了一跤——這類電話或電郵他數過，大概有三打——每個學生都很堅定地表示，因為知道怎麼摔，讓他們的傷勢明顯變輕了；好幾個人甚至回報說是護身倒法救了他們一命。

葛利格斯比並不是個案。在荷蘭，「跌倒教室」的人氣正在不斷累積，數以百計這類課程正由職能治療師負責授課，某些荷蘭保險公司也支付了一部份的學費。[67]參與課程的學員會走在平衡木上，或是坐在椅子上傾斜身體，還會在不穩定的地面上拄著手杖走路。最重要的是，他們會一躍而倒在軟綿綿的墊子上——藉此來學習護身倒法。

這些課程提供了簡單的技巧去改變人往下倒時的動能，然而即便是面對比跌到複雜很多的意外——像是吸毒造成的意外疾病傳染——簡單的預防之道也是存在的。對於用藥／吸毒之人，一個基本的工具（乾淨的針筒）就是他們全部所需。但不同於跌倒，吸毒被認為是道德敗壞且不可容赦的人為失誤，所以吸毒者要取得這種工具並非易事；換句話說，要讓世界變成一個被汙名者也可以安全活下去的地方，是一場硬仗中的硬仗。

為了減傷而不惜犯法

在一九八〇年代，英國的默西賽德郡（Merseyside）存在著海洛英的問題，影響所及包括當地第一大城利物浦與周遭的其它市鎮；與此同時，ＨＩＶ的傳染率也連帶上升。[68]為了因應非法毒品吸食問題，官員研發出了一種在公部門中聞所未聞的做法：默西減傷模式（Mersey Harm Reduction Model）。這種模式落實在服務中心裡，讓這些服務中心變成了對吸毒者敞開雙臂的避風港，港內沒有汙名的問題。來到服務中心，吸毒者可以順利丟棄已經髒掉的吸毒用具，並重新取得乾淨的替換品，而單是這一點就能有效降低他們暴露在危險環境因子中的程度。

全稱是「默西區域毒品訓練與資訊中心」（Mersey Regional Drug Training and Information Centre）的這個模式有著位階不同、按部就班的各種目標。[69]首先，官員希望藉此降低針頭共用的情況，然後減少毒品的注射；再來是減少街頭毒品的用量，最後則是減少毒品的整體用量。這些目標的位階區別是很重要的：默西（賽德）郡官員建立這種架構時所參考的，只有一件事情，那就是潛在的傷害性。毒品的整體用量是官方最不在意的一點，因為比起共用針頭、注射毒品、在街頭買毒，單純的吸毒是潛在傷害性最低的一種行為。

新方案的效益非常顯著。「資歷」長達二十五年的海洛英使用者破天荒第一次，來到了毒品治療中心。[70]利物浦成為了美沙冬大本營，全英國有三分之一的人拿著處方箋到那兒領藥。而且最重要的是，當時在世界各地大爆炸的ＨＩＶ流行病並沒有發生在利物浦或整個默西郡；一九九六年的居民調查顯示，在整個利物浦都會區，經由注射毒品而感染ＨＩＶ的人數只有二十個，當中還不乏是生了病才搬到利物浦的人。

默西郡的這種概念慢慢向外擴散，開始有了進展。在十個國家（含澳洲、加拿大跟八個歐洲國家），安全的注射場地提供了乾淨且有醫療人員監控的環境給吸毒者使用，而各地導入這種做法，都是為了減少吸毒的情形跟用藥過量的死亡案例。[71]其中我們觀察到最戲劇化的案例發生在葡萄牙；該國將減傷納進官方的政府政策中，透過將毒品除罪化，釜底抽薪地將人為失誤的問題從ＨＩＶ感染的算式中抽離，並透過治療診所、替換針頭、安全注射場地的廣泛提供，把控制吸毒環境的能力交到吸毒者手裡。比起毒品跟針頭都還不合法的二〇〇〇年，二〇一五年的葡萄牙ＨＩＶ感染率下降了百分之九十六。[72]

直到非常近期，美國才開始有了安全的注射地點；聯邦政府的威脅也不斷撲向地方政府想開設這些場所的努力（二〇二一年夏天，羅德島授權了一個兩年期的專案，讓人可以在專業人員的監督下使用他們已經自行取得的毒品。）[73][74]但其他版本的減傷計畫已經出現，特別是在鴉片類流行病的領域內。

在明尼蘇達州的小瀑布市（Little Falls）這個人口不足九千的小地方，當地政府成功讓海洛英問題獲得了緩解，主要是他們不把吸毒者視為邪惡的存在，而是將他們看做是需要幫助的個體。[75]該市投入了一百四十萬美元的州補助款，一方面增加毒癮治療用藥的供應，一方面設立各種讓吸毒者可以接受治療而無須入獄的專案。這些專案顧慮到了毒癮可能衍生出的各種需求——不光是處理用藥過量的納洛酮，或是緩解戒斷現象的丁基原啡因；他們還提供了經過專業訓練、知道如何辨識出成癮現象的醫生，可以不帶偏見地提供醫療協助。地方醫院幫助了逾六百人慢慢戒除鴉片類藥；在急診室現場，前來索取止痛藥原本是病人掛急診理由的第一名，結果慢慢地連前二十名都排不進去。在西維吉尼亞州的杭廷頓（Huntington）這個一度被稱為「美國用藥過量首都」的地方，一家老藥局變成了提供就業、居住與成癮治療服務的諮詢中心，那兒的意外用藥過量案例在一年內減少了四成。[76]

倒也不是所有的結果都是好的。在同屬西維吉尼亞的查爾斯頓（Charleston），一處針頭交換中心——該州最大的一個——開設在二〇一五年。[77]排隊人龍一直延伸到門外，交換中心員工每週協助多達四百人，有時候一天給出的針頭就多達五千支。這麼做也確實產生了效果：鄰近的各郡都有HIV的疫情爆發，但查爾斯頓卻逃過了一劫。兩年後，針頭交換中心關門大吉，原因是大量的廢棄針頭引發民怨；市長批評這項計畫是「針頭工廠」跟「毒蟲的迷你賣場」。

就是由於有像查爾斯頓這樣的地方，所以減傷工作往往無法由官方出面：沒有政策，只有抗議；只能在民間由個人幫助個人。

二〇一五年，潔米．法瓦洛（Jamie Favaro）人在一場全美的減傷主題會議上，當時《大解方：海洛因後的希望（暫譯）》（*The Big Fix: Hope After Heroin*）作者崔西．赫爾頓．米契爾（Tracey Helton Mitchell）上台發表了演說，講題是如何利用網路減少吸毒造成的傷害。[78]當時的法瓦洛已經在減傷領域有深厚的知識基礎——在針頭交換中心服務了超過十年，包括曾於二〇〇五年在紐約華盛頓高地社區創辦了一家交換中心。但這些都是屬於地區性的小型努力；米契爾那天的演說讓她意識到，她可以幫助到的人其實可以多上非常多。

米契爾說到她在社交媒體上的毒癮復健論壇認識到住在鄉下地方的人，那兒的救護車可以花上一個小時才回應九一一的報案電話——等到救護車抵達現場，人都死了。[79]為了幫助這些人，米契爾開始從她在加州的住處郵寄納洛酮到全美；納洛酮在她住的地方拿得到，但在全美大部分其它地方是拿不到的。

法瓦洛已經從零開始建起過一座針筒交換中心，但實體的交換中心只能幫助到方圓一定半徑內的人。她意識到，要是可以複製米契爾模式並放大其規模，就可以為多上很多的吸毒者降低死亡或染病的風險。

那場會議的兩年後，她推出了NEXT減傷專案，而這也是美國第一個線上的郵寄型減傷方案。[80]該組織架設了兩個安全無虞的加密入口網站——分別是受理針筒交換跟發放的「NEXT Distro」，以及負責提供用藥過度反轉用藥納洛酮的「NEXT Naloxone」——並自二〇一八年起配送針筒與藥物到全美各隅。

「個人難以取得減傷耗材與納洛酮的三大主因，分別是位置、成本與汙名，」法瓦洛告訴我。「這兩個網站計畫都是專門設計來服務那些無法親身取得資源的人。」

美國社會會需要這樣一款援助事業，就是因為美國人欠缺管道取得耗材與藥物，而這些東西又正好可以預防用藥過量與疾病傳染的發生。法瓦洛沒有確切證據，但她在想，應該有一些人覺得，因為無法取得預防性方案而導致的意外死亡跟染病，對那些選擇吸毒的人而言，就是活該。[81]

「政府並不想把納洛酮提供給吸毒者，因為他們希望看到用藥過量變成吸毒的一種『下場』，」她表示。不積極提供預防資源給用毒者，其實就是以一種拐彎抹角的方式在回應意外，就是在用對意外的懲罰去取代對意外的預防。她指出，意外用藥過量案例數最高的那些州，就是納洛酮最難取得的那幾州；這是在把可以反轉用藥過量的藥品，變成了一種施展權力跟控制人民的工具。[82]把納洛酮交給警察，就是在強迫吸毒者在失去生命跟失去自由之間二選一，她說；但如果你把納洛酮提供給社區，民眾就可以自行決定他們要不要用藥／吸毒，而不用為了跟警方交涉而賭上生命或自由。

在NEXT減傷專案上線後不久，法瓦洛就開始從全美各地收到求助的請求。[83]這些請求都非常急迫：求助者包括在共用針筒的人、重用針筒二十次以上的人、不確定自身是否感染了HIV的人。有些人曾多次用藥過量，卻始終受制於複雜的州法規範或／與高昂成本而無法取得納洛酮。法瓦洛解釋道，NEXT在紐約屬於合法運作，而在開設後不久，該專案就已經把觸手伸進合計三十八州，美國百分之五十六的郡內。而到了這個點上，我才意識到NEXT的工作或許不是在每一個州都屬於合法活動，但法瓦洛還是堅持要公開受訪。

「在討論合不合法之前，更重要的我們是減傷主義者，我們的信念是劍及履及，是直接的行動。想要支持那些用毒的人，我們就需要直接的行動。」她說。「我們首要的考量是我們支持的人安不安全，有沒有隱私。身為減傷主義者，我們最關心的不是自己在法律上站不站得住腳，也不是自己的福祉，我們更關切的是我們服務的對象。」

法瓦洛跟其它的減傷主義者已經在威廉·哈登的觀念上，往前再有所躍進。他們不只在嘗試理解人是如何死於意外，乃至於要如何阻止人死於意外；他們已經關心起意外死傷在全美範圍內的分布是多麼不平等，並針對這種不平等做出了回應；他們拒絕接受明明可以預防的死亡，並賭上了自己的金錢、舒適與福祉去預防他人受到意外的傷害。

要是可以一個人都不死——

克萊斯・丁瓦爾（Claes Tingvall）是瑞典的一名交通安全專家，毒品的氾濫跟美國的西維吉尼亞州對他來說是另外一個世界，但這並不影響他認同同樣的概念——我們必須不惜一切代價去保護人命；他這麼告訴我。[84]

一九九五年一月，丁瓦爾就任瑞典交通安全處長才不過短短幾週，該國的交通部長就問了他一個問題：**我們對於有多少人死於車禍應該設定什麼樣的目標？**

接下來發生的事情拯救了具體數目不詳的很多條生命。身為事務性官僚，丁瓦爾做了一件他可以不做的事情，而女性的瑞典交通部長也做了一件她身為政務官可以不做的事情——他們都放下了成本的考量，把期望值拉到了最高。

沒有人應該死於車禍，丁瓦爾對交通部長說。他把瑞典人所謂的「道路運輸系統」比做職場；瑞典原本的觀念就是沒有人應該在職場中丟掉性命，而很多人的職場就是道路——所以沒有人應該死在路上不是理所當然的嗎？「她在腦中突然想通了這個道理，然後對我一笑，說這是個好主意，」丁瓦爾跟我說起那段往事。「房間裡還有其他人，而他們差點沒昏過去。因為當官的人是不能這樣說話的；在道路運輸系統的規畫上，沒有什麼東西應該獲得高於其它所有東西的至尊地位。」

在瑞典，老式的道路設計是在安全、效率與成本之間求取平衡——不要有人死很重要，但沒有人上班會遲到或沒有哪個地方的成本會太高也一樣重要；這仍屬於美國式交通運輸系統的觀念。[85]克萊斯．丁瓦爾與瑞典交通部長在那天啟動的事情，變成了後來的「零死亡願景」計畫——他們把安全／效率／成本的老式平衡觀念丟出了窗外，騰出了空間給一個唯一的目標：零死亡。

這是一種責任上的移動；政府不再責怪樫鳥行人或方向盤後的瘋子，不再認為他們必須要為自己的死負起責任。[86]從此之後，一旦有人死在路上，該負責的變成了政府官員與交通工程師；這兩種人必須說明自己為什麼會讓這種事情發生。而與其以用路人都是完人的幻想去設計道路，相關的官員必須把道路設計的原點調整為：哪些地方可能出問題？利用執法與開罰將問題歸咎給某一方，將不再是執政的當務之急；蓋出一條能讓必然錯誤造成最小傷害的道路，才是政府該優先去做的事情。

瑞典正在實現的是哈登的理念；但就像法瓦洛，瑞典也再將哈登的理念再往前推進了一步。「零死亡願景」計畫把人的生命安全放在第一位；為此方便性可以犧牲，再高的成本也不足為惜。

二十年間，交通流量雖然持續擴大，但瑞典仍把死在道路上的人數砍掉了一半；時至今日，瑞典的人均致死車禍比率不到美國的三分之一。[87][88]設計道路的人必須對使用道路的人負責，而就是這麼一個簡單的動作——讓最有權力的人變成被究責的對象——讓有能力預防意外的人終於開始行動。

第十章 究責

究責是一種要求人負起責任的行為；遇到有意外發生，常會被跟究責混為一談的那個東西，叫作「懲罰」——在意外發生後去尋找人為失誤，然後懲罰犯下這個失誤的個人。交通罰單看起來是交通發生意外時的一種究責，有期徒刑看起來也是一種究責，但這些懲罰其實對預防死傷毫無用處。

懲罰只是在強迫某人為錯誤的行為負責——在這個過程中，其實沒有人真正為錯誤的後果負起責任。懲罰會讓我們滿眼只看到被罰的人，結果就是可預測、可預防的意外形成路徑乏人問津。在找戰犯的過程裡，我們失去了對那些危險的環境因素負起責任的能力——也失去了那些與預防意外有關的豐富資訊。

職場安全專家西尼・戴克解釋道，有效的究責是要把我們自己放到犯錯者的立場上。[1] 只有設身處地去體會他們的感受，才能理解意外是怎麼發生的，才能了解那股能避免死傷的力量存在於何處；從這種角度去看，我們就可以提出一些有用的建言。惟戴克表示，這些建言可以是他所謂的低階或高階建議，並警告我們要提防前者。[2]

「一項建議的實施容易度，跟一項建議被實施後的有效性，兩者呈現的是反比關係。也就是說：一項建議愈好推銷跟施行，那它的效力就會愈低，」他寫道。[3]「反過來說，有些建議瞄準較高格局的目標，這些目標包括關乎資源、關乎科技，也關乎人員在職場裡所面對之壓力的結構性決定。」

高階建言按他筆下所言，會是具有「實質性、結構性，或整體性」的東西。[4]這些建言會較為昂貴，會牽涉到身處在意外的範圍之外，離得很遠的人物——通常是當權的大人物。戴克說，想真的控制意外，就要從這些外圍的大人物著手。

在意外發生後提出建言，我們勿忘兩項核心的目標：一個是我們要秉持同理心行事，一個是我們要修復傷害。與這些意圖密不可分的，是負責任的過程。我們同理，所以我們學習——所以我們會去了解人為什麼會在事發當下做出那樣的決定。只要我們能做到這一點，我們就可以看出針筒交換中心何以能預防意外，就跟藥錠的泡殼一樣，跟交通號誌或人行道一樣，也跟指導醫學生去認清根深蒂固的種族歧視一樣。

就像手拿鐵槌的人眼裡只有釘子一樣，如果我們工具箱裡唯一的法寶就是懲罰，那我們能看到的就永遠只是人為失誤。但因為真正的究責是為了修復傷害，所以它可以打破意外一再發生的循環；究責可以補起瑞士起司上的孔洞。

按照監獄廢除運動領袖馬里安・卡巴（Mariame Kaba）所言，「你不與人建立強大且同理的關係，就不可能有永遠的、真正的安全。」[5]這恰好就是潔米・法瓦洛所努力的目標——想確保用毒者的安全，我們就必須用同理心對待他們，就必須要提供他們所需要的所有工具跟資源，讓他們不會有吸毒致死之虞。而這也就是克萊斯・丁瓦爾所努力的目標——想確保用路人的安全，我們就必須把他們的安全放在高於其它一切考量的第一位，就像你會把你自己的安全放在第一位一樣。

以結構性跟整體性的究責工作而言，我們目前在美國的現狀既不夠有同理心，也不夠關注對傷害的修復。[6]我們有東拼西湊的系統網絡去讓企業跟地方政府出錢，讓他們為沒能預防意外付出代價，希望這種代價能讓他們動起來去從事各種預防工作：稽查、管制、民事上規範侵權行為的法律。比方說自一九一一年以來，勞工的薪酬法律就已經讓企業必須為職場意外負起責任，具體而言就是要讓企業在意外發生時付出代價。

拉爾夫·奈德視這種結構性、系統性的究責是意外預防的關鍵，也視「意外」這種說法是預防工作的阻礙。[7]

「意外一詞，」他告訴我，「是一種反認知也反智、反價值的字眼，使用意外的說法就是在為企業犯罪開脫。」

我問他，不然我們應該怎麼說？他提出了一些口袋建議。

「你有很多並非定於一尊的說法可以選：可以直接稱之為衝撞、流血事件、水源的毒物汙染。或者你基本上可以說那是企業過失殺人，」奈德說。

在過去兩百年間，按奈德所稱的企業殺人歷史上，我們沒少看到大權在握之人拒絕為意外負起責任；但我們確實看到有人發起了小規模的攻勢，為的就是要把究責工作系統化。

奈德就率領了許多這類小規模的攻勢；他把企業應該正式為意外負責的觀念變成了美利堅合眾國的法律。他的努力在美國政府中催生出了整體性的究責系統：美國國家公路交通安全管理局、美國職業安全與健康管理局、環境保護署、消費者產品安全委員會——每個局處都是一個勞工或消費者安全的管制系統，旨在預防特定類型意外的發生。

由這些官署所發布跟執行的政府管制措施會鼓勵企業去負起責任，把瑞士起司上的漏洞補起來，為此他們對讓人死於意外的企業祭出了財務上的罰則。而在這些管制未能順利預防意外的時候，還有侵權法可以被用來填補漏洞；除了為傷者或死者家屬提供了法律上的救濟管道去追索賠償，也能讓企業有系統性的動機去預防未來再發生類似的意外。

這些究責系統終究只能追究財務上的責任——讓那些只在乎錢的人能被迫扛起責任——但即便只是這樣一個相對狹隘的究責觀念，都面對著惡意的顛覆跟年復一年的弱化。近四十年來，大約每兩個總統就有一個是打著反管制的旗號在競選大位，而即便是沒有這麼做的那個也不會多積極去保護管制措施。[8]提出侵權訴訟的人數在這二十多年來穩定下降，就像意外倖存者或遺族獲判的平均賠償金額也亦步亦趨地在持續走低。[9]就連我們現有的有限究責體系也不斷遭到拆除、顛覆與壓制，而在這麼做的正是這些體系的究責目標：企業。

不受監理的自動導航：珊雅．史都摩之死

聯邦管制是我們現有可以預防意外最強大的系統，但四十年來，企業的影響力一直在挖聯邦企業究責系統的牆角。但其實這麼說也有點誤導，因為聯邦的管制體系並沒有被一磚一瓦地拆掉，而是被「逮住」了——一間明明屬於政府的官署被其負責管制的力量給反過來控制住了。這種「監理架空」（regulatory capture）的現象指的是公權力被鳩佔鵲巢，是主觀機關表面上在制衡著產業，但其實卻早已被該產業反過來接管——就像在二〇一七年，美國任命了一名原本的礦業

高層出掌一間理應保護礦工不受危險礦坑環境傷害的公務部門。

二〇一一年六月二十七日，在西維吉尼亞州的羅里郡（Raleigh），一名叫作喬瑟夫．卡賽爾（Joseph Cassell）的煤礦礦坑工頭死在了部分坍塌的老鷹一號礦坑中，其所屬的公司是犀牛資源夥伴公司（Rhino Resource Partners）。[10] 礦業安全暨衛生管理局（Mine Safety and Health Administration）進行了調查，結果發現工人僅有一台機器可以用來安裝撐起礦牆的木材與螺栓，但這台機器並不夠力，這也迫使工人只能在牆壁結構最薄弱的地方安裝安全防務的基礎建設。這種事情早就不是新聞——礦業安全暨衛生管理局在幾個月前就警告過類似違規愈來愈多的犀牛資源公司。礦坑牆壁支撐不足向來是一種危險的環境因子，會造成意外死亡是意料中事，而公司為此也已累計繳納了四萬四千五百美元的罰鍰。

大衛．扎特扎羅（David Zatezalo）是犀牛資源公司在事發時的一名核心高層，這不是他任內第一次發生致死工安意外了——由他分別在俄亥俄州與肯塔基州擔任主管的公司在，二〇〇一、二〇〇三與二〇〇七年，都發生過礦工意外死亡的事件；而川普總統在二〇一七年任命他出掌礦業安全暨衛生管理局長。他新官上任的第一件事就是撤銷一項規定，讓安全稽查員不需要再在礦工實際工作時進行勞檢。[11] 新規還提到，如果業者能快速修正安全疑慮，那礦業安全暨衛生管理局就必須將違規紀錄抹消。[12] 礦業安全暨衛生管理局表示這麼做的目的是「減輕監理工作的負擔」跟「減少並控管監理的成本」，而如此改制的結果就是稽查員愈來愈無法檢查出危險的環境因子，主管機關要長期追蹤出危險性（包括造成這次意外的那種）的難度也會愈來愈高。

究責的表象看似未變，畢竟主管機關與其監理機制也都還杵在那兒。被哄騙的我們會誤以為企業的力量仍能受到有效的制衡，但其實原有的監理機制已經變成了一個空空如也的幌子。按拉爾夫．奈德所說，這會讓我們傻傻地相信我們身處於保護之中——而這就是奈德的孫姪女珊雅．史都摩（Samya Stumo）在二〇一八年殞命於衣索匹亞航空三〇二號班機空難的原因。[13]那班飛機已經是波音七三七Max第二次發生致命的空難，而波音公司跟美國聯邦航空總署（Federal Aviation Administration）早就知道七三七Max是一款不安全的飛機。[14]

「『監理架空』比零監理還糟糕，因為監理架空會投射出一個監理的表象，讓民眾遭到欺瞞，」奈德告訴我。「他們以為聯邦航空總署真的在保護他們，完全不知道政府把安全監理的職能授權——甚至是『遜位』——給了波音公司。」

因為手動把故障的飛機迫降在哈德遜河上而聲名大噪的「薩利機長」切斯利．B．「薩利」．薩倫伯格（Chesley B. "Sully" Sullenberger），解釋了波音公司在第二次七三七Max空難後的國會聽證會上，有哪些證詞並不對勁。[15]他說飛機設計裡充斥著各種內建的空氣動力與自動化異常，所以空難才會難以避免；波音公司的人員卻說了一個人為失誤的故事——把出意外的錯怪給了機師，說機師與自動化系統的互動過程存在問題。

波音七三七Max是改版自舊式的波音七三七。[16]在生產與測試的過程中，工程師與試飛員發現新設計在提高了燃油效率之餘，也讓機體變得比較不符合空氣動力學原理。但波音公司並沒有因此就喊停生產來重新設計，而只是增加了軟體，也就是一個名為MCAS的系統。作為飛機機動性欠佳的遮羞布，這個軟體會不時在機師沒有輸入指令時就自行把機鼻壓低，而如果這個軟體失靈，波音會期待機長去接手處理。簡單講就是：波音造了一架很難飛的飛機，然後設計了一個軟體去自動修正這些難點，接著又自顧自決定，萬一軟體失靈，機師要能跳出來收拾亂局——靠人的腦筋與手動飛行使事情變得皆大歡喜。

「有人表示，就算MCAS軟體有瑕疵，出事班機上的機師也應該要表現得更好一點，也應該要能處理這樣突發的意外，」薩利機長對委員會表示。[17]「波音公司甚至說在設計MCAS的時候，他們就沒把MCAS的失靈歸為嚴重的問題，因為他們想當然耳地認為機師的操作才是最終的防線。」

波音公司的這種假定，可以說徹底違反了專家對「人類與自動化設備互動」的認知——亦即人是很不善於監控機器的；再怎麼優秀的機師也經常在自動導航功能啟動後放空。[18]薩倫伯格告訴委員會，我們不應該造一架有問題的飛機，然後期待機師去擔任飛機的後盾，這種標準太低了。[19]機師可以處理鳥擊危機，可以像他那樣把被癱瘓的飛機迫降在哈德遜河上，但內建有陷阱的飛機設計可不在機師可以處理的危機範圍內。

而且事實證明，波音七三七Max根本是一架處處危機的陷阱專機。

MCAS——全稱是Maneuvering Characteristics Augmentation System，也就是「操控特性增益系統」[20]——的運作是會自動把飛機尾翼抬高，藉此讓機鼻朝下，而其做此決定的根據是飛機前端的感測器。遇到飛機快要失速的時候——波音七三七Max可是出了名容易失速——MCAS的這種作動就能產生預防的效果。飛機前方的感測器會記錄下逆向氣流的角度，如果這個角度過高，感測器就會通知軟體飛機要失速了，並且自動啟動軟體。所以沒錯，這整個程序只需要一個感測器——只要一個錯誤的讀數——就可以發動。而那也正是兩場七三七Max空難所發生的事情；感測器採集到了錯誤的讀數，讓其誤以為飛機在失速。結果就是在飛機並沒有要失速的狀況下，軟體自動降低了機鼻到最大程度；即使機師意識到軟體讀到的是錯誤的資訊，但軟體還是會拒絕機師想要控制飛機的企圖，機器就這麼把飛機撞到了地面。波音甚至沒有讓機師知道，MCAS的存在或是其運作邏輯。[21]

波音七三七Max的空難是可以不用發生的——更別說還發生兩次——而這兩次空難之所以會發生，就是因為美國聯邦航空總署身為有權力讓飛機停飛的組織，多多少少被波音公司架空了。政府監理理應要把這些洞都補起來，讓草率建起的不穩定飛機通不過審核才對。而這飛機之所以能通過審核，就是因為在航空總署，安全的監理機制都掐在波音的手裡。

監理架空的問題入侵了飛機設計的每一隅。[22]比方說飛機安全曾經是由領航空總署的薪水並對其負責的工程師來進行監控。但在波音的慫恿下，也在小布希總統第二任期中的去監理政策帶動下，美國政府把飛機安全的監理工作移交給了飛機製造商，意思是波音可以雇用安全監理人員——他們領波音的薪水，只對波音負責。以他們的立場，面對航空總署在核發適航證前要求飛機修改，這些監理人員會跟航空總署打對台，跟他們爭辯。這種權力轉移的結果在很多層面上，都在波音七三七Max兩次空難中一目了然。

首先，波音空難發生時的航空總署飛安主管是波音公司出身的遊說人員阿里・巴赫拉米（Ali Bahrami）；而在意外發生前，巴赫拉米曾成功在航空總署內部進行成功的遊說，讓波音對新飛機設計的核可獲得更大的控制力，而航空總署反而對此變得更使不上力。[23][24]再者，當波音用飛行模擬器在測試MCAS的時候，機師曾對雇主回報這個系統有瑕疵，但波音並沒有把這些意見通報給航空總署的主管官員。[25]波音公司甚至從機師手冊中移除了所有提及MCAS的內容，航空總署對此也表示支持。[26]

「該軟體基本上是內嵌在飛機的操控特性中，所以當你在飛機上受訓時，你基本上就等於在MCAS上受訓。」[27]執行長丹尼斯．繆倫伯格（Dennis Muilenburg）在MCAS的內容從機師手冊中被略去的新聞傳出去後，如此對記者表示。「那並不是一個需要另外進行訓練的獨立系統。」就此，MCAS徹底隱身在七三七Max的機師手冊中。波音捍衛這個決定的解釋是，MCAS的目的就是要讓七三七Max開起來感覺跟前代的七三七沒有差別；波音公司讓機師被蒙在鼓裡，是因為要讓MCAS這個用來修正已知空氣動力效率問題的軟體能在飛機的設計決策中成立，就不能它跟飛機中其它不可或缺的機器有任何差異——它也同樣必須是飛機上本來就該有的東西。

《紐約時報》報導說，在第一架七三七Max墜毀之前，正機師曾把飛機的控制權交給副機師，接著正機師在他人生的最後幾分鐘去做了兩件事情——第一件是去跟上帝求救；而在那之前，他先去翻閱了機師手冊，想從中找出飛機不對勁的原因。[28]但那只是一場徒勞——跟MCAS有關的內容早就被人通通拿掉。

那是一場不令人意外，而且很慘烈的空難，還在幾個月後又重演了一遍。這兩場空難讓人不注意到也難；愈是七三七Max在全美遭到了停飛，國會聽證會也因次被召開去調查波音在監理流程中扮演的角色。

惟正如克莉斯托．伊斯曼告訴我們的，這類大型意外會吸引我們的注意力，是因為它們實在太慘了，但我們大部分人其實是三三兩兩地死在了接二連三的小意外裡。這兩場空難在二〇一八與二〇一九年造成共計三百四十六人罹難；也就是說在這兩年裡，大部分的空難死者都出自這兩場意外。在這兩年中，死在美國道路上的人數分別是三萬六千五百六十人與三萬六千〇九十六人；這些小車禍完全得不到大空難得到的社會關注，背後卻是比波音架空美國航空總署更加不堪聞問的人謀不臧，更加嚴重的監理失靈。針對某些車禍意外，主管機關是連演都不演，直接在監理工作上擺爛——而這在新一代自動駕駛開始在全美進行道路測試的此時，會是對全體美國人的一種威脅。

不受監理的自動導航：伊蓮．赫茲伯格之死

優步（Uber）來到亞利桑那州對他們的無人自動駕駛車輛進行路測——州長承諾放手讓優步在州級道路上任意測試，不會進行監理。[29]相比於加州拒絕讓優步的車輛在州境內進行路測，理由是優步的車子在不遵守監理規定之餘還闖了好幾次紅燈（這部分優步把錯推給了人為失誤）；亞利桑那州反而把在究責上的自廢武功當成政績。[30]

「亞利桑那會張開雙臂跟開闊的道路歡迎優步的無人車，」該州州長在二〇一六年的一份書面聲明中宣布，優步的自駕車將進入該州進行測試。「加州用官僚作風跟多餘的管制對創新與改變踩了煞車，但亞利桑那會把路鋪好來迎接新科技跟新商機。」

事隔兩年，來到二〇一八年的三月，一輛優步的無人車偵測到伊蓮．赫茲伯格在亞利桑那的一條街中間過馬路，然後就將她輾了過去。[31]雖然偵測到了路上有東西，但車子卻沒有停，這是因為優步並沒有在程式中加入人會在斑馬線以外的地方過馬路的設定。[32]在事後的調查中，行車

紀錄器顯示，系統似乎將伊蓮先後認定為未知物體、車輛、腳踏車，而且當中的間隔很短。[33]當然，無人車可以被設定成小蟲打到擋風玻璃就踩下煞車，或是一有人走進二十碼範圍內就放開油門，但這一輛不但沒有這樣的設定，反而還由優步將之解除了緊急煞車系統——讓最後關頭的安全防護都沒有了。[34]

優步說他們這麼做是為了「降低車輛行為失控的可能性」；想了解這一點，我們可以透過一種車廠用來表示車輛自動化程度的指標，也就是所謂的「脫離」（disengagement）——說白了就是無人車在行駛過程中解除自動駕駛並請求人為介入的次數。無人車脫離自動駕駛系統的次數愈少，一家公司的自動行駛系統就愈先進，也愈安全。優步之所以關閉了車輛內建原本能救赫茲伯格一命的緊急煞車功能，可能是因為讓緊急煞車開著，會讓自動駕駛脫離的次數增加；緊急煞車的存在是為了促進安全，但讓它開著卻會讓車輛**顯得**更不安全。

緊急煞車要開不開，都看優步高興——而這不光是因為撞死伊蓮·赫茲伯格的車子是在亞利桑那州測試；在各州的相關監理政策有鬆有嚴、天差地遠的同時，聯邦層級的監理於二〇二一年之前交了一張白卷——須知美國國家公路交通安全管理局在二〇二一年之前，針對自動車沒有發布任何監理規定。[35]這一點有所改變，是因為在美國國家運輸安全委員會對赫茲伯格之死完成調查並提出了建議之後，美國國家公路交通安全管理局才為了有所回應，第一次開始要求車廠將包括意外與致傷資料的各種安全數據通報給聯邦政府。[36]在這之前，自動車適用的安全標準就跟普通車輛無異——而且車廠還積極透過遊說工作，希望能讓自動車連這些基本的規定都一併豁免。[37]截至二〇一九年，超過一千四百輛自動車進行了路試，約莫半數的州政府容許自動車在公共道路上進行田野測試。[38]二〇一九年，美國運輸部提撥了兩千一百萬美元的預算——不是要規範自動車產業，而是恰恰相反：「要削減監理障礙來促進自動車產業的發展。」[39]

瓊・克雷布魯克（Joan Claybrook）原本是拉爾夫・奈德的頭牌遊說專家，後來前往美國國家公路交通安全管理局替威廉・哈登效力。[40]一九七七年，美國總統卡特任命她出掌該機構，而她也在一九七〇年代尾聲的任上證明了福特**Pinto**的油箱設計存在缺陷，因此在車禍中有車輛爆炸起火之虞。[41]她還證實了福特知情；該公司曾進行過成本效益分析來判定強化油箱需要多少錢，結果福特發現坐等油箱出包，然後再在侵權訴訟中跟被燒傷的駕駛或乘客和解，才是比較便宜的做法。為了不讓福特得逞，克雷布魯克主導設置了新的監理法規，並以此去要求車廠建立安全無虞的燃料系統。包括這一項在內，克雷布魯克在她於國家公路交通安全管理局的局長任內，推動了二十餘項機動車輛安全標準法，包括強制繫安全帶、車頂承壓要求、兒童安全座椅。時至今日，她告訴我新規定的增加愈來愈少見了。譬如關乎慢慢崛起的無人自動駕駛車輛，美國運輸部就應該頒佈新的監理規定，但該部門已經表示車廠可以自訂規則。[42]

沒有聯邦的監理規範坐鎮，她表示，自動車就不應該進行田野測試，特別是不應該在行人與自行車密度較高的城市裡路測。[43]克雷布魯克點出，若人類駕駛需要視力測驗，那無人車也應該要有類似的測試。美國國家公路交通安全管理局一直沒有去要求車廠以證據證明自動車的感測器在日間跟夜間都一樣準確，也沒有要車廠證明感測器可以分辨出小型物品、兒童、動物，或是公路上的標誌。她說美國國家公路交通安全管理局完全丟失了其做為主管單位的使命與立場。

「從信念上，他們就已經不相信監理這回事，」她告訴我。「監理工作於他們而言無關乎公衛與安全，無關乎有沒有人會枉死在車禍中，那只關係到一種政治、哲學的視角，而該視角讓他們覺得天底下沒有什麼東西應該被監管。這種看法實在令人髮指。」

放著監理的正辦不管，美國國家公路交通安全管理局針對自動車發布了一種他們稱為「自發性準則」（voluntary guidance）的東西。[44]美國國家公路交通安全管理局是唯一一個有權限制優步等車廠，讓他們無法用機器人去自動殺人的聯邦主管機關。但就是這樣一個有權力的機關，卻對其當事人的角色有著與眾不同的定義——「對涉及自動化的自發性標準給予認定與支持」是他們的說法。而所謂的自發性標準，當然對該有的究責不會有太多助益；主管機關都不管了，車廠還客氣什麼。

聯邦監理之死

聯邦政府理應是我們最無所不在的意外預防體系；過去因為有聯邦安全監理，我們的車裡才多了安全帶跟安全氣囊，職場上才會再也看不到致癌的石綿或隨亂放的爆裂物，豬肉香腸才會真的只有豬肉。但到了今天，聯邦監理體系已經大幅弱化——成了瑞士起司上的一個大洞——意外的受益者都很清楚這一點。事實上，現今的意外之所以發生，正是因為大企業架空並操控起了原本可以預防意外的監理程序。[45]比方說，普渡製藥對疼始康定的行銷並不是在全美的力道都一致；該公司是把重點放在處方藥監理力道最少也最弱的各州，導致這些州裡有更多的處方藥，也有更多例的用藥過量意外。[46]

阿米特·拿浪（Amit Narang）是非營利消費者倡議組織「公共公民」（Public Citizen；一九

七一年由拉爾夫・奈德所創）的監理政策專家，他指出聯邦監理機關的成立旨在「保護」。[47]「整體而言，這些主管機關獲得國會授權，主要目的就是要實施那些設計來保護社會大眾中特定族群的法律，」她告訴我——所謂特定族群就是勞工與消費者。

從一九五〇年代到一九七〇年代，環保、反核、反戰與勞工運動的社運份子對政府提出了一波波訴求，他們要求政府要保護他們不受企業的傷害。[48]這些抗議運動帶動了《潔淨空氣法》與《潔淨水源法》的通過，殺蟲劑ＤＤＴ的禁絕，還有美國環保署、消費品安全委員會、國家公路交通安全管理局、核能管理委員會與職業安全與健康管理局的創立。

一九八〇年，美國人選出了雷根當總統，而他的政見裡就包括要拔掉上述機構的「毒牙」。[49]他上任後簽署了一份行政命令，藉此要求所有的監理規定都要在實施前進行成本效益分析——這等於是心照不宣地在告訴美國人一件事：省錢比救命重要。[50]接下來的四十年，企業的遊說專家奮力且成功地不僅拆掉了安全監理機制，而且還洗腦了大眾，改變了他們對政府保護抱持的心態。[51]

很多證據顯示政府監理可以拯救生命，但也有許多人在帶風向，說政府監理會讓經濟窒息；拿浪解釋道——這類幾無或全無根據的宣傳，都是在無的放矢。[52]直到今天，我們都還是很常看到立場錯亂的主管機關要麼跟企業目標一致、要麼跟企業想法一致。

就以美國國家公路交通安全管理局對強制車廠召回某款車子的態度為例；車子會需要召回，通常是因為意外頻傳，且意外的起因是豐田上的煞車會失靈，或是吉普車容易著火。[53]但這些召回即便涉及同一款車輛的同一個零部件，在美國跟在海外也會有不同的做法。在二〇〇四到二〇一四年之間，至少四十二種不同的車輛瑕疵引發了海外市場的車輛召回，但這些車在美國卻都還是可以合法上路，沒有一次例外。沒有一次，國家公路交通安全管理局拿出了其公權力去強制車輛召回。二〇一七年，國家公路安全交通管理局對車輛瑕疵的調查件數達到了史上新低——從一九八九年算起下降了超過百分之九十三。[54]

而企業除了架空主管機關以外，他們還透過遊說工作弱化了這些機關在各方面的監理力量——讓這些機關要錢沒錢，要人沒人。環保署如今的預算在經過通膨調整後，只剩下一九七九年時的一半不到；美國的經濟與人口都在不斷成長，國會也把更多的責任交給了環保署，但這個負責保護我們不受環境危害的機構卻反而在規模上縮水了。[55]職業安全與衛生管理局的人員編制也不增反減——二〇一九年，職場勞檢員的人數落至了該機構的史上新低。[56]在從二〇一六到二〇一八的短短兩年內，職業安全與衛生管理局就讓能保護勞工不受職場過熱意外傷害的勞檢次數減少了將近五成，與化學品外洩意外相關的勞檢次數減少了兩成，同時也讓能預防意外爆炸的勞檢減少了二成五。但其實早在二〇一六年之前，勞檢的狀況就已經很糟糕了。

在二〇一三年，德州威斯特（West）的威斯特化學與肥料公司起火爆炸；該爆炸夷平了半徑五個街區內的建物，留下了一個二十八公尺寬，三公尺深的坑洞，外加造成至少十五死（含十名消防店員）與兩百人輕重傷。[57]職業安全與衛生管理局最後一次勞檢該工廠，是在一九八五年——也就是擺爛了二十八年。環保署准許該工廠自行通報，而該工廠也就這麼做了；他們回報的起火或爆炸風險都是零，但其實該工廠存放有兩百七十公噸的硝酸銨，也就是一九九五年奧克拉荷馬市爆炸案的主要原料，外加二・五噸的無水氨——這是種有毒的揮發性肥料，以能讓人眼瞎、燒傷與窒息著稱。環保署排定勞檢的優先順序，參考的就是這些自我通報。

監理的目的就是未雨綢繆，所以當監理失靈時，死人也是剛好而已。[58]這些事件都被冠上了意外之名——德州威斯特肥料工廠爆炸、優步無人車撞死人、波音七三七Max墜機、犀牛資源公司礦災——但拿浪跟我說，這些都是人性出於貪婪所做出的選擇。

「企業無意犧牲任何一丁點獲利，而遵循監理規定就代表公司得把原本可以放進口袋的錢拿去花在別的地方，」拿浪說。企業不只想把遵循監理規定的成本省下來，而且連違反規定時的法律責任都不想負。「所以釜底抽薪之道於企業而言，就是從根本上削弱這些主觀機關的力量；那代表他們不僅可以省下嚴格遵守規定必須支付的成本，而且就連違反規定被抓到時的法律責任都會變輕。那代表資方面對勞工會更能為所欲為，因為勞工將無從伸張自己的合法權利。」

早在這本書的一開始，我們就討論過企業高層會如何在意外發生後搬出員工安全手冊來推卸責任。拿手冊中——根本窒礙難行——的規定當擋箭牌，企業高層就可以主張意外發生是因為員工違反規定，藉此模糊焦點，讓人對造成意外的危險環境視而不見。然而在這些企業高層內心，他們真正想追求的是才不是把責任推給規定，他們要的是一種跟規定完全相反的東西——一個什麼規定跟監理都不存在的世界，一個出了任何問題都是意外的世界。監理架空與監理規定的卸除會帶我們回到工業革命初期，當時所有的災難都會被怪到最弱勢的族群頭上——有易出意外體質的工人、亂走路的樫鳥行人，方向盤後面的瘋子。

去監理化有其社會成本。救護車、醫療體系，公共基礎建設在意外被毀後的重建，樣樣都需要納稅人掏錢買單，而這些都是我們事前盯好產業就可以避免的後果。美國行政管理和預算局

（Office of Management of Budget）[59]針對這些社會成本跟如果全無監理會造成的損失進行了估算。該單位估計了發布於二〇〇六到二〇一六年之間的一百三十七項監理法規，結果發現其社會利益總計高達九千一百一十億美元，而監理保護換回的年度利益則落在一千〇三十億美元與三千九百三十億美元之間。[60]如果去監理化繼續下去，那這些社會利益就會變成我們（而非企業）負擔愈來愈重的社會成本。

所幸在聯邦主管機關對他們所監理的企業愈來愈卑躬屈膝的同時，民事法庭系統跳出來提供了另外一個究責的體系。正是靠著這個新興的體系，伊蓮．赫茲伯格的遺族方得以跟優步公司達成和解，死於獅子航空六一〇班機跟衣索比亞航空三〇二號班機的罹難者家屬才得以對波音公司興訟。侵權法提供了意外發生後的究責之道，但更重要的是，侵權法給了人動機去避免未來再發生類似的事故。[61]鮮少有懲罰可以有減少意外的效果，而侵權法就是其中一種；這是因為侵權法讓有實權可以控制意外發生或不發生的人物負起真正的責任。但企業影響力也已經弱化了這個系統，且力道不下於他們弱化政府的監理。

民事正義之死

侵權法就是處理意外的法律，讓人得以在最壞的情況發生時，去追溯企業或政府的責任。這類訴訟可以用幾種方式完成究責。[62]侵權訴訟可以幫助個人或他們的家庭在企業或政府意外造成人員傷亡後，獲得財務上的賠償；而想到要打官司，也可能讓不想上法院的企業與政府去未雨綢繆，在意外發生前處理好危險的環境。還有一點是，由於侵權官司多半涉及公開審判，所以它還有一個功能是提醒公民與政府，讓其意識到他們原本一無所悉的嚴重問題。

但到了今天，提出侵權法訴訟的人愈來愈少，而且就算是成功提出了的侵權案件，其卷宗也愈來愈常會被法院封存。[63]在一九九三年，侵權訴訟的比率大概是每千人有十人提出；到了二〇一五年，這個比率已經降至每千人不到兩人——換算起來就是減少了一百七十萬筆案子。侵權案之所以會減少，是因為有法律限制了你出庭的權利，特別是如果你身為當事人的意外是由企業造成時；這些限制就是所謂的「侵權改革」。

侵權改革是一種包藏禍心的文字遊戲——改革聽起來就是好事一樁，不是嗎？

嗯，不是。侵權改革只是一種話術，其內涵就是侵犯你在民事法庭上興訟的權利。[64]這種話術與司法修惡的始作俑者，就是那些侵犯你權利的受益者。

一九八六年，美國幾百間最大型的企業聯手保險業者，組成了「美國侵權改革協會」。[65]十二年後，美國商會創立了他們自身的「侵權改革」分支，也就是「法律改革研究所」，而這個研究所如今也已經是放眼全美，極甚具規模的遊說組織。大約在同一個時期，小型且看似是草根性質的侵權改革組織也一一崛起，但他們背後其實也都是大企業在資助[66][67]——他們只是被偽裝成免稅的公民倡議團體，彷彿尋常百姓會這樣組織起來，只為了限縮自身的訴訟權利；殊不知這些反濫訴公民組織、停止濫訴協會、濫訴觀察組織、公平司法體系協進會，一個個背後的創立者與出資者都是想要保護自己不因為意外而被究責的企業。這些企業組織與側翼聯手在全美推動通過了各種法律，無一不是在限制民眾追究企業責任的能力。[68]

如《密西根產品責任法》（*Michigan Product Liability Act*）就為藥廠披上了一張寬廣的金鐘

罩，讓他們可以豁免於被遭到自家產品傷害的人提告。[69]該法案講到，只要聯邦主管機關核准了一種藥，那你就不能因為藥物造成的非故意傷害去控告藥廠。密西根州檢察長曾控告默克藥廠出售了一款會造成心臟病發跟中風的關節炎藥丸，訴訟金額高達兩千萬美元，照樣被這宗法案擋了下來。如今有無數的受害者難以以鴉片類流行病為由在密西根州控告普渡製藥，同樣是因為這款惡法。

《密西根產品責任法》是該州獨有的法律，但《十年除訴法》（*Ten Year Statute of Repose Act*）則已被寫進十九個州的法律中。[70]除訴法案限制了產品責任的追訴期間為自購買起算的十年——就算產品要了你的命也一樣。如果你今天買的產品是洗衣機，那這規定聽起來就還算合理（頂多有點小器），但侵權改革的立法其實都很刻意在求廣、求模糊、求包山包海——為的就是使其能適用各種影響力廣泛，而且使用年限遠超過十年的產品。所以在二〇一七年的俄亥俄州博覽會上，當名為「火球」的遊樂設施於半途意外解體，導致許多人被甩到會場地面，造成一名十八歲的乘客死亡跟另一名乘客的雙腿斷裂，外加至少七人受傷時，你也沒辦法去控告主辦單位。即使設施中的一段金屬支撐梁已經徹底鏽蝕——這個瑕疵普遍且危險到製造商這些年再三警告主辦單位要有所作為——但死者遺族與家屬仍控訴無門。「火球」在意外發生時已經出廠逾十年，所以死者跟傷者不僅坐到火球很倒楣，事後在司法途徑上也一點也不走運。

《密西根產品責任法》與《十年除訴法》只是兩個例子，此外還有更多法案也屬於美國立法交流委員會（American Legislative Exchange Council）所謂的「模範立法」[71]——也就是他們用「瘋狂即興」（Mad Libs；譯註：一種故事填空遊戲，故事中有許多關鍵詞用空格代替，玩家在空格處依照提示填上名詞、動詞、形容詞、副詞，填滿後便可得到一個爆笑的故事）的方式寫成或推介，希望民意代表可以將之置入他們州內的法律；很多這些法案的宗旨都是要限制你在意外造成傷害時對企業提告的能力。這類法案的其中一例——《比較過失法》（*Comparative Fault Act*）——讓企業只要過失比重不超過百分之四十九，那他們就不需要受制於意外發生時的責任，受害者也無法對其提出告訴。[72]還有其他幾種——像是《非經濟性損害賠償授予法》（*Noneconomic Damage Awards Act*）與《完整暨公平非經濟損害法》（*Full and Fair Noneconomic Damages Act*）這兩個名字很誤導人的法案——則限制了陪審團可以授予的賠償金額，乃至於一家企業可以為了其造成意外受害者的痛苦、磨難、生活品質下降（即非經濟性損害）而付出的賠償。美國立法交流委員會手握大量這類法律，就等著「對的」民意代表跳出來幫他們立法。這類法案會不定期在全美的州議會中被提出來，且往往與美國立法交流委員會的提案一字不差，更別說這些法案的通過率要高於大部分立法。[73]在這些法案的掣肘下，民事上的侵權法已經持續式微二十年之久，唯一不受影響的民法侵權領域是：合約糾紛——有人因為欠債、因為房屋被查封、因為繳不出租金而被提告。[74]從一九九三到二〇一五年，這類案件數目從佔民事訴訟的比重只有百分之十八，跳到了佔超過一半。[75]喬安妮·多洛肖夫（Joanne Doroshow）作為「公義與民主促進中心」（Center for Justice & Democracy）背後的律師，而該中心又是美國第一個也是唯一一個以打擊侵權改革為宗旨的消費者權益組織，她認為這就叫作「柿子挑軟的吃」。

「非常非常少意外受傷者告上法庭，」多洛肖夫告訴我。「看看統計數據，你會發現侵權訴訟件數就像石頭在下落了好長一段時間。唯一你真正能看到在增加的，只有銀行與大企業在收的債。

對企業提出的侵權訴訟會愈來愈少，有樣東西也推了一把，那就是圍繞著侵權訴訟這個主題發揮著作用的各種話術——像是「濫訴社會」就是其中一個。多洛肖夫解釋道，濫訴社會是一種被企業發明出來保護企業的迷思。侵權改革所斬獲的很多支持，都來自於這種話術激發出的回應——這是由屬於被告大戶的企業所發想出的一種聰明「行銷」；這種話術化身各式各樣罵人不帶髒字的酸言酸語——「不勞而獲」、「拿訴訟當兒戲」、「追著救護車跑」——嘲弄起我們維護自身權益的權利，並滲透進了我們的言談中。

而這一樣樣發展，都算是企業的勝利。如果要舉一個經典的案例去說明這種話術的勝利，那就不能不從麥當勞咖啡的溫度講起。[76]

一九九二年，一名女性在不小心把咖啡打翻到大腿上後控告了麥當勞公司。我對這件事最早的記憶是惡搞主題雜誌《抓狂》（*MAD*）拿這件事大作文章，且極盡諷刺之能事。但其實這類嘲諷在當時的流行文化中所在多有；情境喜劇《歡樂單身派對》（*Seinfeld*）中，男二克拉瑪一角告了戲裡的爪哇世界咖啡公司（那段劇情是克拉瑪在看電影的時候把咖啡灑在身上，而他告咖啡公司的理由是他們的蓋子不夠緊。）脫口秀主持人傑・萊諾（Jay Leno）與大衛・萊特曼（David Letterman）都講了以熱咖啡為題的單口喜劇笑話；鄉村歌手托比・基斯（Toby Keith）用「撒了杯咖啡，賺了百萬元」的歌詞去諷刺美國夢的蒙塵。麥當勞的咖啡案就此被帶出了這樣的一個風向：濫訴成風的社會裡有個女的想不勞而獲，所以就拿訴訟當兒戲，還有追著救護者跑的律師當幫兇。但這與事實不符。

事實是：麥當勞的政策規定其加盟主要保持咖啡溫度在攝氏八十二到八十八度之間；在當時，咖啡業界的標準飲用安全溫度是攝氏六十五度，也就是比麥當勞的政策低了二十多度。人類皮膚的痛覺起點大概是攝氏四十四度，一度燙傷始於攝氏四十八度，二度燙傷則始於攝氏約五十五度；麥當勞累計收到了七百份嚴重意外燙傷的通報是源自於他們家的咖啡。

一九九二年二月，一名七十九歲的史黛拉奶奶坐在停好在麥當勞停車場內的車子裡，旁邊是他剛買好餐點的兒子。結果她也把咖啡打翻在自己的大腿上。旁人趕緊把她送到醫院；二與三度燙傷覆蓋了她百分之十六的身體面積。熱咖啡把她大腿內側與私處的皮膚燙掉地如此徹底，底下的肌肉與脂肪組織都暴露了出來；最終她歷經了若干次皮膚移植，住了八天院，出院後還復健了兩年。

史黛拉的家人聯絡了麥當勞，請他們負擔奶奶的醫藥費，金額大約是一萬美元；麥當勞只願意給八百。於是晚輩們一狀告上了法院，結果在訴訟中的「證據開示」階段，事情才真相大白；原來麥當勞的咖啡被加熱到了遠超業界安全標準的熱度，且麥當勞早就接到過幾百份意外燙傷的通報。在審判時，陪審團命令麥當勞支付史黛拉將近三百萬美元來支應她的醫療費，多出來的則當作她的肉體與精神賠償。

史黛拉的家人並沒有拿到那三百萬；麥當勞提出了上訴，最終以保密的金額達成了和解，但想也知道比三百萬少很多。

「全美各地的侵權改革協會牢牢抓住了這個案例，畢竟他們看到任何可以操弄或取笑的案例都不會輕易放過。他們開始卯起來帶風向，並將之上升到大眾文化的層次，」多洛肖夫說。「所以很多人開始聽說這件事，而他們知道的版本都是：我用咖啡灑了自己一身，就可以賺到三百萬美元。這導致了社會上一些根深蒂固而且極為錯誤的負面觀念：上法院告人的不是好東西、陪審團很失控、我們需要侵權改革或賠償上限，瘋狂的傢伙拿到瘋狂多的錢——這些瘋子就是亂源，不能沒有人來阻止他們。

相對於這種宛若打不死的蟑螂、趕都趕不走的話術，侵權改革的主張則已經大體遭到了證偽。[77]其中一支主張說的是，我們需要侵權改革，是因為害怕醫療過失訴訟的醫師們會為了自保而拚了命要求病患進行包山包海但根本不必要的檢驗，但《新英格蘭醫學期刊》（*New England Journal of Medicine*）的一項研究顯示，侵權改革在美國三州的通過並沒有改變當地的醫療檢查數量或住院人數。[78]在密蘇里州，事情的發展正好與侵權改革派的預測背道而馳；醫療意外的增加——誤診、給藥劑量錯誤、醫師在醫療行為中造成的傷害——是跟著另外一樣東西在走，那就是侵權改革對於誤診賠償金額的上限規定。[79]密蘇里健康基金會（Missouri Foundation for Health）在二〇一二年報導了侵權改革諸法造成的真實結果：「唯一顯而易見的影響是，申訴與訴訟量減少了，誤診保險業者的利潤變高了。」

侵權改革的成功對社會一點很大的危害是，它限縮了一個既能創造出該有的究責，又已經被證實可以極有效預防致命意外的侵權法體系。在一九八〇年代，麻醉失當造成的意外死亡導致了若干場大型的侵權訴訟，而這幾場訴訟又帶來了醫療上的改革：機器性能、監控過程與人員訓練都獲得了提升，麻醉醫師在每次值班間的休息時間也有了定額。[80]短短十年，每年意外死於麻醉的人數從六千名病患中有一人，降到了二十萬名病患才有一人。

同時我們也有很充分的理由相信，侵權改革降低了那種讓麻醉醫學從根本改革起的訴訟威脅，進而讓更多意外得以發生。在美國目前針對涉及產品或個人傷害的侵權訴訟中，非經濟性損失賠償——肉體與精神痛苦、肢體損傷與毀容所能得到的金錢賠償——設有上限的九個州中，六個有著高於全美平均的意外死亡率，三個在意外發生率可以排到全美前十名。[81]

這種種發展的結果就是，意外造成的成本對企業而言變得可控。當侵權改革將企業需要支付的意外賠償金額設下天花板後，意外就變成了可以納入到公司正常營運成本中的一環。這麼一來，企業就不再需要去施作工廠的防火工程，也不再需要去召回車輛、把藥丸裝進安全的瓶子裡，或是停售有成癮性的藥物——因為意外都已經算進成本裡了，而且這成本公司還負擔得起。

修復正義

在監理被架空而侵權訴訟式微的同時，一個不同版本的究責在回應全美意外叢生的過程中成長了起來。那是一種正式而偶爾會獲得法院認可，從修復傷口出發的究責流程，名稱就叫作「修復式正義」（restorative justice）。

肯・賈瑞（Ken Jaray）第一次聽說修復式正義的時候，身分是一名在審判中代表意外傷者的律師。[82]當時他主要在侵權官司中擔任意外受害者的訴訟代理，此外也會以調解人之姿協助化解意外糾紛——當兩造都想在法庭外達成和解時，調解人就會從中介入。這樣的工作內容讓他清楚認知到一件事情：意外發生後的究責絕非康莊大道。他的工作具有交易的性質——金錢會在這個過程之中轉手；但從他的角度去看，沒有哪一邊最終會覺得發生的事情得到了一點彌補，也沒有人做任何事情去防止同樣的意外再度發生。

「法庭系統並沒有提供足夠的討論過程去解決意外糾紛，」賈瑞表示。法庭只處理錢跟懲罰，但他的當事人想看到的是傷害了他們的人可以出來解釋一下事情的前因後果並做出彌補，嘗試修復意外造成的損傷。「法庭系統沒有處理到的是人性的元素，」他說。

為了尋找答案，他對修復式正義的實務進行了了解，然後將之融入了他的法庭案件中。修復式正義讓在意外中蒙受了傷害的人可以決定為了讓事情變好，有哪些事情該做，有哪些話語該說。相比於刑法上的正義是用來懲罰加害人，修復式司法追求的是修補事件造成的損害。[83]而所謂的修復可以呈現出各式各樣的面貌——這正是其重點所在：可以是一句道歉，可以是一個解釋，可以是立誓以後一定會怎麼做或一定不會再怎麼做。修復式的司法——一種讓法官與陪審團有權參與司法流程，使其成為刑度一部分的制度——已經被寫入美國三十二個州的法律中。這種做法的概念是，除了賠償修車費或替勞工負擔醫藥費以外，涉入意外之人還可能需要處理由意外引發的情緒傷害，包括受害者與加害者的部分。

賈瑞舉了一場醫療意外當例子；沒錯，你可以提出醫療過失申訴，但那當中會少一樣東西，那就是醫師與病患之間的連結——一個解釋、一句道歉、一種這場意外能作為日後之殷鑑，讓類似事件不再重演的理解——一種能讓在醫療意外中受傷之人重新感到安心，重新能好好去看醫生的東西。以上這些事情在傳統法庭訴訟中都不會出現，而修復式正義就可以補上這個空缺。

「我的當事人還在受苦。雖然我們可以替他們爭取到希望的實質賠償，但他們還是會忍不住想問：事情是怎麼發生的？我們怎麼確定這種事不會再來一次？我的當事人想搞清楚事情為什麼發生？並且在很多案例中，他們會希望造成傷害的人來致個意，你說那是道歉也可以。那對他們心傷的痊癒是很重要的事情，」賈瑞告訴我。

而那對他所代表的傷者所產生的差異，賈瑞都看在眼裡。接受了現實且寬恕了加害人的當事人，比起那些做不到如此的當事人，前者不論身心上都能在人生之路上好好地繼續往下走。

一場很特別的意外，外加事後的修復式司法流程，一直留在他心裡想忘也忘不了。一名叫作迪蘭・薩拉扎（Dylan Salazar）的青年，在酒後駕車載著他最好的朋友，大衛・康納德（David Conard）。[84]薩拉扎撞了車，讓車子翻滾了六七圈；他活了下來，但康納德沒有。

薩拉扎在修復式司法流程中是所謂的「負責方」（responsible party）——他進了監獄。對於康納德的家人跟薩拉扎而言，庭審的過程都造成了極大的創傷。這兩方人在意外發生前素昧平生，而他們在法庭上也未獲准交談；一個鑄下大錯而不知所措的年輕人，跟一群憤怒又哀慟的遺族，就這樣拖著腳步進了法庭又走了出去，過程中毫無交集。

薩拉扎的律師正好是賈瑞的伴侶；他們倆都知道修復式司法有助於這種情形，但賈瑞說事情的結果甚至連他都沒有想到。這費了一番手腳，但他的伴侶說服了矯正署對修復式司法程序開了綠燈。

審判的兩造都進行了準備；雙方進行了「場地規則」的約法三章，由此被告與原告終於得以共處一室。

在這個過程的錄影中，你可以看到薩拉扎哭著在道歉。他告訴康納德的遺族說他從事發當晚以來就心心念念想要道歉，因為他真的很抱歉自己奪走了他們親愛的家人；受害者的男性手足隔桌遞過了面紙。在流程的最後，死者的母親跟意外害死她兒子的男人謝過了彼此，也擁抱了彼此。

「原本的她顯然深陷於哀慟之中飽受折磨，直到她有機會跟這名年輕人促膝對談，面對面地體認到他的痛苦，也讓他體認到她身為人母的痛苦，」賈瑞描述著那一幕。康納德的母親說她在那天獲得了新生。後來，受害的這家人說起了在那一瞬間，他們不僅停止了對害死康納德的年輕人懷恨在心，甚至對他萌生了關愛之意。

賈瑞說起了修復式司法流程可以如何解開意外後很常見的那些，歸咎與自責的死結。那典型的發展是這樣一個過程：[85]一名修復式司法的主持人會讓一名受害者代表與責任方共處一室，而考量到意外的影響會如漣漪向外擴散，進而波及一大群人，受害者的社群成員也可以出席。受害者本人或死者的親友可以發問：[86]你為什麼做出那種事情？你為什麼要傷害我的孩子？你為什麼開車不看路？而聽過責任方的回答之後，受害者本人或其遺族可以說明事情的發生對他們的生命造成了哪些影響。然後，討論的重點會變成從預防的角度去提問：我們可以如何去修復傷害？我們可以如何去亡羊補牢？

沒有人能保證這麼做就一定能阻卻未來的意外，但抱持一份意識與負責任的態度，絕對會對事情有所裨益。

上述是一種典型的流程，但修復式司法並不是只能這樣進行[87]——廖怡君小妹妹的雙親所尋求的也是另外一種可能性。即便在行車紀錄器畫面公布出來，顯示廖小妹牽著祖母的手在過馬路，而休旅車駕駛是撞死她們三歲女兒的元兇後，該駕駛也沒有遭到刑事的起訴，於是廖家發起了民事上的侵權訴訟。他們想要的是一個證據去證明，駕駛已經為自己的行為負起了責任——而此舉的第一步就是要知道駕駛有沒有看過那一段錄影。在民事開庭前的證據開示階段，廖家的律師就詢問了肇事駕駛這個問題：他看過影片了沒？他沒有，而且他還說他也不會去看。這一點對廖家很重要，所以以一種傳統上很少見的庭外和解中，他們的律師開出了以下的條件：駕駛要看過錄影，要以公開信的形式為造成廖小妹與奶奶背了黑鍋的撞車意外負起責任，同時駕駛要主動停止駕車，為期五年。

這並不是司法審判，這也不是預防工作。真要說，這是在轉化車禍造成的痛苦——這沒有解決什麼問題，但是當事人得到了（至少某種程度上的）修復。要預防意外，我們需要做得比這更多。

愛與憤怒

川普的任期來到尾聲，聯邦政府默默給了鐵路運輸公司一個方便；主要是政府這邊採行了一種規定，讓高度可燃的液化天然氣得以由火車運輸到全美各地。[88]鐵路業者堅稱意外的可能性微乎其微。或者如伊恩・傑弗瑞斯（Ian Jefferies）這名美國鐵路協會（Association of American Railroads）的高層所言，「由鐵路運輸的危險物品，有百分之九十九・九九都平安無事地抵達目的地。」

當然，如果你生活在鐵軌兩側錯誤的那一邊，那你就會有高出許多的機率發現自己屬於那倒楣的百分之〇・〇〇一。

凡妮莎・基根（Vanessa Keegan）住在規畫中的液態天然氣貨運軌道沿線，而她就很明白這一點。[89]她以反對者的身分作證說：「萬一發生意外，我們隔天不知道還有沒有命跑出來說：『就跟你說了吧。』」

對於在意外後要繼續活下去的我們來講，我們的失去是如此慘重，但我們也會得到一個難以解釋的能力：我們會站出來。我明白這一點，是在艾瑞克死後，當時有一名《每日新聞》的記者敲上了我的門——他想引用我的話，想把我最好的朋友之死寫成一篇報導。**喔**，我記得我當時的想法是，**現在就看我的了**。而從那天到現在的這些年間，我發現了一件事情，那就是我們說什麼跟做什麼都非常重要。面對意外與任由意外發生的系統，有個至為有效的回應存在於，活著的人要用那股傷痛去做些什麼。

在紐約市，我跟一個叫作「安全街道家庭聯盟」（Families for Safe Streets）的團體合作，該團體的成員要麼是交通意外的倖存者，要麼是交通意外死者的家人——只不過他們從來不說「意X」或「X外」。事實上，我協助他們發起的一個活動就叫作Crash, Not Accident，也就是「不是意外，是車禍。」我們的訴求是新聞主播與政府官員應該要棄絕「意外」的說法，將交通事故正名為「車禍」。這個團體裡的成員既相互照顧，也善用了他們內心的痛苦。

艾美・柯亨（Amy Cohen）出力創辦了安全街道家庭聯盟[90]——她的兒子山米在十二歲那年死於布魯克林的一名廂型車駕駛之手，因為那名駕駛從停讓山米過馬路的車子旁邊加速衝出來。當時紐約市區的速限是每小時四十八公里；艾美發起了抗議活動，說服了紐約州官員把速限降低。艾美痛失愛子的兩年後，又有一個孩子在同一條街上被撞，但這次因為速限比較低，所以這孩子活了下來。

茱蒂絲・柯提克（Judith Kottick）是該團體的另外一名創辦人[91]——她的女兒艾拉在二十三歲那年死在巴士駕駛輪下；經過調查，茱蒂絲發現一個名叫吳慧（Hui Wu，音譯）的女子也在幾年前的同一個地點被公車撞死；然後在公車撞死茱蒂絲女兒的一年後，一個名叫艾德格・托里斯（Edgar Torres）的男性也在那裡遭公車撞擊奪命。五年內死了三個人，全都在同一個路口、同一處有著行人通行燈號在上頭閃著白色的斑馬線上——但那點路權根本改變不了他們的命運，他們的死就像是某種變態的土撥鼠日在不斷地重演。茱蒂絲組織了抗議與悼念活動。最終她花了兩年，在二〇一六年，紐約市官員同意了重新設計該路口，包括封閉一條街來限制車輛的進入；那之後就再沒人在那兒被撞死了。[92][93]

這些故事講的是活著的人如何為逝者發聲，如何肩負起責任，又是如何要求究責。

我稱呼這些行動是愛與憤怒之舉。[94]潔米・法瓦洛把納洛酮配送到全美各地是愛與憤怒之舉；克莉斯托・伊斯曼的匹茲堡之行也是。所有躺在北卡羅萊納一條通往某PCB掩埋場的路上，讓滿載毒物的傾倒卡車無路可走的美國人，都做出了屬於他們的愛與憤怒之舉。因為出於愛，所以他們才會代表死者要求究責；若不是滿腔怒火，他們也不會設法預防事情的再度發生。我在跟柯亨與柯提克等活下來的人交談時，他們都能體認到被行出來的善——速限降低了、路口變安全了——但他們也氣憤於那代價之高昂。意外可以預測也可以預防；像這種我們完全有能力去未雨綢繆的事情，一點也不應該讓我們在付出這麼慘痛的代價跟興起這麼大的怒火後，才得以去令其停止。但那就是我們這些活下來的人，應該要去承擔的責任；我們的愛與憤怒，便是我們僅有的一切了。

結論——意外

艾瑞克・詹姆斯・黃生於一九八四年二月八日，父母親是東尼與溫蒂・黃，此外他也是姊姊艾莉森唯一的寶貝弟弟。艾瑞克的忌日是二〇〇六年十二月一日。

這兩個日子之間的生命，實在太短了——哪怕能讓這兩個日子之間的歲月多出一天，什麼樣的代價我都願意給。

但就在這兩個日子之間，卻也有著那麼多的愛。

艾瑞克是布魯克林一間中等學校的數學老師。艾瑞克愛騎腳踏車。艾瑞克會寫詩。艾瑞克會為了社會上的不公不義發起抗議。艾瑞克是我們高中時的文學刊物主編，還拿著獎學金上了大學。艾瑞克只要在廣播上聽過一遍，就可以用吉他把歌彈出來。我認識他的時候，他會的樂器已有小提琴、貝斯跟吉他。然後有一年，他心血來潮自學了電子鋼琴，隔年又無師自通了爵士鼓。

有一回，艾瑞克潛入了MTV頻道的《互動全方面》（*Total Request Live*）觀眾中，然後衝到這個現場點歌節目的鏡頭前秀出他自製的抗議T恤，上頭寫著「對伊拉克戰爭說不」；再過幾天，國會就要表決通過這場他眼中非法的戰事，讓美軍出征伊拉克。還有一次，他和幾百人一起在街上被捕，原因是他率著一群人朝著紐約上城而去，要讓在那兒的共和黨全國代表大會開不下去。我們用手臂把彼此鎖成一道人牆，直到警察把我們一個個扯開。

遇到錯的事情，艾瑞克從不會悶聲不吭；生氣的時候，他永遠會採取行動。艾瑞克內心有滿到溢出來的愛意，他對自身的怒火毫不懷疑，而那也是他電郵的簽名檔——**愛與憤怒，艾瑞克**。

艾瑞克在天之靈，一定會羨慕死我能跟拉爾夫．奈德說話。

艾瑞克的髮質很好，肌肉很大，舞跳得比我認識的任何人都好。在我們會去度週末的地下室龐克秀上，他會秀一手單臂大車輪（嘻哈舞蹈中用單手撐地，讓身體倒立旋轉的地板動作），然後周遭的群眾會邊往後退，便在目瞪口呆中哇聲連連。艾瑞克有善良的心地，有所有人的愛戴。艾瑞克風趣。艾瑞克會給自己繪製刺青。艾瑞克酷到讓人難以置信。

我在夏令營打工、結識艾瑞克時，他年方十六。我在那兒教體育，他在那兒維護場地。他總愛說我認識了在撿垃圾的他。

艾瑞克是塊磁鐵，而我愛上了他，當場。而我仍能深感驕傲地說，他也愛我。

艾瑞克的死，在他二十二歲那年。

一想起他死得這麼年輕，一想起他原本可以擁有的人生，就讓人想不生氣都不行。他的被迫缺席讓人怎麼也吞不下去——那些我再也接不到的電話，再也無從寫給他的信，再也沒辦法因為房間被剛走進來的他點亮而露出的一次次笑容。

與年僅二十二歲的他或她天人永隔，你根本無從想像自己究竟失去了多少。

早在我為本書提筆的很久之前，我曾經讓腳踏車陪著我東南西北地跑，就跟當時還在世的艾瑞克一樣，也跟我們共同認識的每個人一樣。艾瑞克跟我跟每一個用腳踏車代步的紐約客——我們每次分別是都是互道同一句話：**騎車小心**。那是紐約市開始在街上設置自行車專用道之前，所以有人死是家常便飯。即便在痛失艾瑞克之前，大家身邊都有認識的人命喪街頭，我們自身更是不知多少次與死神擦肩而過。我們互勉**騎車小心**，是因為我們都知道威脅無所不在，無處可逃。

我寫成這本書，幾乎都是在新冠肺炎的疫情期間。寫書過程不可免地會需要大量寄電郵跟打電話給陌生人，而在當時，我發現自己把習慣的道別語更新成了新版：保持安全，我會說；對超市櫃員說，也對辛苦的送貨員說，更對許多這本書引用過的專家們說。但我比大多數人都心裡有數，保持安全並不操之在我們自己。如果是卡車來撞你，那你騎車再小心也沒用，就像如果你得在疫情期間出門上班，那你確診就算不上意外。這些都不是意外，這些都是社會建構在不平等之上，讓有權有勢者可以恣意在別人的痛楚與苦難邊緣賺飽荷包，所不可避免的結果。但保持安全不是一種指示，那其實是一種懷抱希望講出的祈禱。而且那是短版，長版的祈禱生得這幅模樣：願你保持安全，願在美國那些有權決定誰生誰死的力量能行動起來去保護你；願你保持安全，而萬一你做不到，願你能得到一個好一點的說法，不要只得到一句「那是一場意外」。

但那真的不是意外嗎？

有個問題如影隨形，在我寫作這本書的過程中不絕於耳。這個問題有各種變形，但其核心的訊息不外乎是這麼一句：

但如果那**真的**是意外呢？

跟我說這句話的有聰明過人、用心良善，許多令我尊敬的人——意外預防專家、工程師與學者。他們都挺**真的**二字，而且挺得有點奮不顧身。

追問之下，我發現了一件事，那就是他們一個個都有別的顧慮。萬一是**我**在意外中傷了人呢？萬一該負責任的是**我**呢？萬一發生了壞事但**我**不是故意的呢？他們都害怕犯錯，都害怕被怪罪；這就是一個國家把懲罰置於一切之上時，會產生的現象。害怕被怪罪的心情強大到他們只能無視於自己可以去預防傷害的潛能。而這就是何以我始終把下面這句話掛在嘴上：

一件事是不是意外，到底為什麼重要？

一把某件事稱作是意外，我們就會當場覺得鬆懈下來，當場忘記要去預防這件事的再度發生。我們想要真正開始去預防意外，首先就得超越這種心態。我們要記得，在本書一開始把喬瑟夫．懷茲拖出群眾中的巡警柏奈特，他對於預防下一個孩子被撞死的貢獻度是零，就像那些一路追著喬瑟夫喊打喊殺的暴民，他們對悲劇的預防也無用至極。

我明白我們為什麼面對意外會是現在的這種反應，為什麼我們會不去正視意外，只想混吃等死往下過。這個世界已經有滿滿的恐怖在裡頭，滿到不斷地溢出來，而這種狀況下我們還要雪上加霜地要人去正視意外，認真思考那一樁樁悲劇，好像平日裡的那些痛苦還不夠我們品嘗似的，這是有點強人所難。我們若是還想讓人獲得他們想倖存下來會需要的工具、支持與資源，那更是難上加難。

意外不是設計問題——我們知道怎麼去設計人造環境來預防意外死傷；意外也不是監理問

題——我們知道哪些監理手段可以降低意外死亡的人數。意外真正的屬性，是個政治問題，跟社會問題。為了預防意外，我們只需要有意志力去重新設計我們的體系，有勇氣去面對我們最不堪的人性，有力量去約束那些坐視意外一再發生的當權者。

下一站，何方？

來年將會有大約二十萬美國人死於意外。我可以這麼告訴你，是因為去年就有二萬美國人死於意外，而一年的時間不會改變什麼。

這些數字是可預測的最低值，但如果我們繼續虛度歲月，繼續毫無作為，就可以等著這些數字繼續上升，因為二十萬的意外死亡人數還沒有反應我們日益脆弱的地球生態、日益無效的主管機關，日益自動化的人造環境。隨著零工經濟擴張，愈來愈多人在工作時受到危險的威脅，也愈來愈多美國人會死於工作時的意外；隨著宅配經濟日益蓬勃，愈來愈多美國人的職場變成了開放道路，愈來愈多人會成為車禍中的亡魂。隨著企業界對監理的抗拒不斷往前進，讓企業必須為意外付出更高代價的法規將不斷往後退，而隨著這些法規一個個倒下，從原油外洩到病人出院後滑跤摔倒等一樣樣意外的件數也將持續上升。

隨著全球暖化益發嚴重，意外也將以出乎人意料的方式增加。我們會意外凍死在沒有暖氣的家中，只因為我們的家鄉向來是不下雪的——二〇二一年在德州，那兩百一十名罹難者就是這樣死在了莫名其妙來襲的暴風雪裡，大部分人的死因都是失溫。[1]我們會因為停電而意外在自家公寓裡中暑，這種事情在這個不斷變熱的世界上已經愈來愈普遍——從二〇一五年以來，停電的次數已經上升了百分之六十，且據估計每年已經有一萬兩千人因為與熱相關的因素死於非命。[2]我們會因為超大型暴風雨的殘存外圍環流帶來不下於本體的降雨而溺斃——像是二〇二一年在紐約市區與近郊就有四十三人如此罹難，當中許多人都是死在泡水的公寓地下樓層，主要是登陸處遠在路易斯安那的颶風久久不去，結果隔著大老遠在美國東岸打破了一則則降雨紀錄。[3]氣候災難會逼著我們緊急遷徙，也會讓我們慘遭意外荼毒，像是二〇二一年就有人在穿越美墨邊界的時候遇難——四月份，一輛運動休旅車內塞進了二十五人要越境進入加州，當中有十三人死亡；八月份，一輛廂型車裡擠進了三十人要越境進入德州，結果至少十人死亡。[4]

在這一個個案例中，歸咎都會轉移我們的注意力，而且其轉移我們注意力的方式乍聽之下頗為新穎，但其實都跟本書在歷史上追蹤過的老套模式並無差異。餐點外送平台業者會把錯歸給死於自行車意外中的送餐人員，說是他們自己不遵守交通規則，但其實如果都按照交通規則去走，哪個要養家活口的人打得了他們這份工；建商會把錯歸給死在墜落意外中的建築工人，是說他們自己違反了防墜吊帶的配戴規定，但其實如果他們每天都大費周章地去把吊帶穿戴好，那多花的時間早就讓他們被「辭頭路」了；藥廠會把錯歸給死於用藥過量的吸毒者，但其實納洛酮就可以就他們一命，只要他們所屬的州有供藥就行。

而一個意外的新時代即將降臨，主要是愈來愈多的車廠開始在公共道路上測試起無人車，愈來愈多的零售業者用機器取代了員工，飛機製造商開始把新的自動化系統內建到飛行為中。我們很快就會看到死亡，不是誕生於人為錯誤中，而是誕生於沒有人性的機器在程式的驅策下，對人命的無視。那會是怎樣的一種滋味，我們已經在亞馬遜的倉庫裡初嚐到了；那兒引進的自動化是用機器人根據訂單搬運商品；隨著這些機器人的出現，意外受傷率也跟著上升——比起非自動化的倉儲最多高出五成——部分原因是亞馬遜使用機器人來當作加速產出的理由。公司的目標是在二〇一八年讓意外發生率下降百分之二十，但實際上意外發生率不降反升；二〇一九年，公司的目標是讓意外發生率下降百分之五，但結果是意外件數持續上升。亞馬遜沒能達到目標的原因是，其一面希望降低意外發生率，一面又在提高員工的產出配額。當然，這些只是我們知道的傷害；亞馬遜在華府杜邦圓環附近的倉儲裡（那兒的意外受傷率是二〇一九年全美亞馬遜倉儲中的第一名，同時也比產業平均高出五倍），有名急救經理通報說，他的老闆對他管轄下的勞工說，只要某個班可以做到零意外通報，那他就招待大家開披薩派對；於是乎員工們都變成了悶葫蘆，只因為他們不想害沒出意外的同事吃不到免費的披薩。[5]

雖然天候改變與自動化造成了更多意外，但我預測我們會愈來愈聽不到有人提到克莉斯托・伊斯曼與拉爾夫・奈德所奮力爭取的究責系統——也就是那些可以為意外創造出代價的法律跟規定。而如果我想得沒錯的話，意外的數量將持續上升。

隨著愈來愈多人死於意外，我預測我們還會愈來愈常聽到有人說，保護我們不受意外傷害的做法其實是在侵犯我們的自由。保護孩子不被意外槍擊的扳機鎖侵犯了美國憲法第二修正案賦予我們的自由；監理機關是對自由市場的一種壓迫；獨立承攬工作者或許得不到正職勞工的福利，但他們可以想在哪兒工作就在哪兒工作；你想買多大台的運動休旅車都是你的自由，就算引擎蓋高到讓你看不見有小孩在你的路線上玩也沒人管得著。

只要沒有天翻地覆的改變，這就是我們的未來。

意外會發生在美國，而且發生率比起全球各國還高不只一點，原因是在美國，所有東西的建立都是以賺錢跟省錢為出發點；都是以白人霸權、懲罰文化還有凡事靠自己的迷思為根基。而解決之道很簡單：停止懲罰錯誤，停止假裝人可以臻於完美。我們要捨棄自立自強的寓言故事，開始接受人需要工具跟資源才能存活，並開始堅定地相信社會應該要提供這些東西。把減傷模式應用到人造環境的每一個角落；不論是建構職場、道路與住家，還是打造法律與政策，我們都要把重點放在減少意外相關的傷害、為一切衝擊提供緩衝，還有不惜一切代價保護人的生命、健康與尊嚴。謹記住最常死於意外的人，也往往就是最脆弱的一群人——年幼者、年長者、被歧視得最厲害的人，以及最沒有錢的人——並以這兒為起點出發，把人的脆弱當成你的關懷。

要為意外流行病在美國畫下句點，我們有特定的步伐可以大步邁出。我們可以將侵權改革的法律一一廢止，把要求對管制措施進行成本效益分析的規定取消。我們可以設法修改政治獻金法來限制企業對政府政策的影響力，可以對企業遊說份子入主公職的能力設置更多限制，藉此來恢復聯邦監理系統的操守完整性。我們可以立刻並完整地提供資金給監理機關，並授予它們兩種使命：一個是增加安全檢查跟調查，特別是要以大企業為目標；二來是要開始發布新的安全規定並持之以恆。我們可以增加對美國頂級富人跟大企業的稅務負擔，並拿這些錢去挹注基礎建設的構築，讓我們普通人在面對到意外時能受到保護。我們可以通過法律要求每個新家都要設置灑水器，每座游泳池周遭都要設置圍欄，免得有人不小心跌進去。[6]我們可以通過規定要求每輛車裡都要裝齊各種已有的自動安全科技——自動緊急煞車、盲點偵測、酒精偵測器、速度控制器。我們可以強制規定運動休旅車要設計成車禍時傷害性最低的車體大小，規定紅綠燈的秒數要根據行人而非駕駛的需求來設定。我們可以規定家家戶戶都要設計成水槽跟爐子靠在一起——這樣就沒有人需要提著一壺沸水橫越房間。我們可以要求所有青少年都學會納洛酮的用法，並要求他們要學會哈姆立克法（氣管阻塞急救用）跟心肺復甦術才能從學校畢業。我們可以賦予意外額外的代價，並向有權力控制危險環境的人收取這筆費用。我們可以針對沿種族與地理分界造成意外的歷史與現行危險環境因子建立起賠償的機制。我們可以把全副精力集中投入在傷害的降低上，並同時避免把事情歸咎給人為錯誤。我們可以去挑戰白人霸權、階級主義、汙名化等讓意外得以持續發生的惡質文化。我們可以步下權力的王座，穿上死者或傷者的那雙鞋，藉此調整自己看待意外的視角。此外我們還可以讓資本主義在美國不要太放肆，可以限制自由市場，直到企業領導人把究責的重要性置於賺錢之前。

但由於以上種種我們都無法獨力做到，那就讓我們先從下面這些做起吧：

讓我們在建立自身環境時去假定身邊的人都會犯錯。然後，我們可以盤點我們控制得了的力量與能量，不論那多麼有限，然後在我們的能力範圍內去控制這些力量。比方說，我們可以開體量跟馬力都小一點的車子，並盡可能捨棄自行開車而採取風險比較低的移動方式——步行、騎自行車、搭公車。我們可以接受納洛酮的使用訓練，然後隨身攜帶來預防我們目擊用藥過量的意外。隨著年齡漸增，也隨著我們身邊的人年齡漸增，我們可以找武術老師來傳授我們護身倒法。看到有人喝醉，我們可以確保他們有辦法安全返家。在我們的家中與辦公室裡，我們可以安裝坡道跟握把來創造一個活動力再差之人也可以暢行無阻的空間。我們可以把槍枝跟藥丸都鎖起來收好。我們可以把職場工會化。我們可以向我們能接觸到之最有權有勢者——老闆、房東、主管人造環境的地方官員——提出這種種要求，為最弱勢者爭取到能確保他們安全的工具與資源。我們還可以在做這一切的同時去意識到自身的那一疊瑞士起司——去意識到在我們受到保護的同時，別人可能正因為汙名、種族歧視、貧富差距而暴露各種意外的風險中——然後採取行動去讓最需要幫助的族群變得安全一點。而當官方對意外的回應是教育或執法的同時，我們可以提出質疑：這些努力真的能預防什麼嗎？

首先從同理心說起。我們要去注意那些被內建在系統中的汙名與偏見，要去聽取那些在發出呼聲的人為錯誤，別讓它們被投擲到意外的旁邊，成為用來分散注意力的閃光彈。當歸咎看似是唯一的答案時，請設身處地從傷者的立場去思考，傾聽從他們的角度訴說的故事。

歸咎是一條食物鏈，永遠要往最頂端去看。誰有最大的權力？誰能發揮最大的效應？這些問題的答案鮮少是最靠近意外的那些人——魯莽的駕駛，或是在應該降低機身時拉高飛機的飛行員，或是那個在值勤時打瞌睡的電廠操作員。把意外跟犯罪怪到個人頭上的人，幾乎都是在設法讓人不去注意到那些造成傷亡的系統，而系統才是有最大潛力能供我們預防意外再度發生的地方。能力範圍內，盡量把焦點指回可以讓意外發生之軌跡產生改變的人事物之上。

我們還要去傾聽「意外」這個字，注意這個字是如何被鋪在死亡與毀滅上，就像一張濕毯子似的。請你去尋找每一場意外之間的微妙區別。對於沒有系統性解釋的意外不要輕易接受。請你去要求一個有長度、有細節的說法，去問清楚為什麼瑞士起司會疊成現在這幅模樣；每場意外都誕生於失敗的堆疊。請你找出導致了某場意外的是什麼系統——大的還是小的，個人的還是整體性的，道路的設計還是車輛殺人起訴中的種族歧視。這才是能避免意外再度發生的唯一辦法。

我平日並不使用「意外」一詞，我在這本書裡每次不得不用上這個詞，都覺得很不舒服。每當這個詞從我的舌尖滑出，我都覺得尷尬。在知道我如今全心投入的工作以後，你就知道這聽起來像是一句種族歧視的髒話，因為那真的跟髒話沒有兩樣，因為在一個種族歧視與貧富差距都跟意外死亡密不可分的世界裡，**這是一場意外**就跟美國人用「inner city」（市中心）來暗指黑人的懶散、貧困與犯罪天性一樣，或是用「entitlement spending」（應享權益支出）來指涉各種社會福利，都是所謂「狗哨政治」（dog whistle politics，譯註：用特定暗語來號召特定族群的政治手法，就像有些高音只有狗聽得到一樣）的歧視性隱語。

你可以，也應該停止使用「意外」一詞。但比起不要說這個字更加重要許多的，是要聽到意外一詞——不論是別人對你說還是你對別人說出意外一詞的時候——所夾帶的種種東西：包括那當中的歸咎之意，或是這個詞是不是在分散我們的注意力，讓我們忽視了更重要的事情。確實，請不要使用「意外」的說法，但在此同時，讓**這是一場意外**變成一聲警鐘，一處跳板，讓你得以去問出：這是怎麼回事？為什麼發生？這之前也發生過嗎？這之後還會繼續發生嗎？要是你能一聽到「意外」一詞，就反射性地問出這些問題，那我們就算是向前跨出了一步。

今天，數十萬條生命的殞落，無可計數讓生命出現巨變的傷害，還有無法測量的環境毀滅威脅，都是肇因於我們相信：**歸咎是上上策**，**壞事只會發生在壞人身上**，**可憐之人必有可恨之處**，**還有自立自強才會是我們的救贖**。但實事求是地去正視意外，意味著我們必須拒絕接受世界上存在所謂的意外。因為世界上沒有什麼意外，從來沒有。

致謝

這本書寫成於紐約布魯克林區的皇冠高地與瑞奇灣，也寫成於曼哈頓紐約公立圖書館本館的「費德列克・路易斯・艾倫紀念室」（Frederick Lewis Allen Room，譯註：該室專門保留給簽了書約的作者寫作用）中。這本書經由對事實一絲不苟的凱瑟琳・巴納（Katherine Barner）檢查，對她我充滿了感激，因為她以各種方式讓我的論證變得更加無懈可擊。要是還有任何的錯誤或疏漏通過查核的過程而進入到這本書中，責任都是我一個人的，與他人無關。

開門見山，我要感謝溫蒂跟東尼・黃，感謝他們把艾瑞克帶到這個世上，還有他的姊姊艾莉森，須知她對於艾瑞克的影響至深。艾瑞克改變了我的生命。謝謝你們在這個危險的地方跟我分享他短暫在此的時光，也感謝你們容許我撰寫他的死亡。

在作者之家（Writers House）版權公司，我的經紀人史蒂芬・巴爾（Stephen Barr）把我愛與憤怒的精神，帶進了為這本書找到一個家的過程裡——為此他甚至在提案的簡報中加入了一張我在抗議中被逮捕的照片。在賽門舒斯特（Simon & Schuster）出版社，我很幸運地有能洞察一切的齊波拉・貝奇（Tzipora Baitch）能身兼讀者跟我的編輯，還有珍妮・拜恩（Janet Byrne）、安德莉亞・戈登（Andrea Gordon）、喬登・柯魯奇（Jordan Koluch）、傑米・塞爾澤（Jamie Selzer）、凱爾・卡貝爾（Kyle Kabel）、莎拉・基琛（Sara Kitchen）、理察・艾爾喬尼斯

（Richard Ljoenes）與賈姬・蕭（Jackie Seow）把這本書做到讓我面子十足。

但尤其特別的，在賽蒙舒斯特出版社的部分，我要肯定伊蒙・多蘭（Eamon Dolan）的貢獻。這幾年來他已經在我的公寓裡成了家喻戶曉的名字，他崇高的指引更是被我們在家裡一天到晚掛在嘴上。

說他編輯了這本書，感覺完全搔不到癢處；伊蒙培育出了這本書，就像他拿了塊石材將之雕了出來，從無到有。他不僅讓這本書變成了一本超乎我能力所及的作品，還在編書的過程中教了我如何寫書。我虧欠他一份恩情。

我的感激還需要傳達給很多很多報導與研究被穿插引用在本書中的記者、學者、專家。我在本書中提出的論點能站得住腳，是因為它們浮在體量驚人的學術研究與新聞報導之上；這些報導與研究中幾乎沒有我的付出，但我卻享盡了它們提供的好處。雖然很多人的名字已經書裡出現過，但我還是想點名西尼・戴克，他的研究是我再三回訪的對象，他的觀念帶我走出了一條又一條的死巷。

這本書能夠順利成形，得感謝許多認識且熱愛艾瑞克的朋友。他們值得我在這裡說一聲謝謝：給史考特・史瓦茲（Scott Schwartz），感謝他替我開了一扇通往學術界的後門；給蘿倫・史賓瑟（Lauren Spencer），我心目中的姊妹，感謝她一路上伴我同行；給莎拉・保羅（Sarah Paule）與莫拉・羅斯福（Maura Roosevelt），感謝她們堅持跟我團結在一起；給我的雙親，葛蘿莉亞跟約翰・辛格（Gloria & John Singer），感謝他們教會了我不要輕信任何一件事情；給我長年的朋友們，感謝你們在我無暇第一時間回覆時充滿耐心，也感謝你們常常用對話帶我抽絲剝繭，走出書中那些論點的迷宮。

當然也有一些人無緣結識艾瑞克，但他們依舊卯盡了全力在幫助我。伊莉娜・桑托蓋德（Elena Santogade）一眼就看出了這本書的潛力，並指引了我穿過了出版的深水區。我在紐約非營利組織「交通替代」（Transportation Alternatives）從過去到現在的同事，還有他們努力不懈的奮鬥精神，讓我有了永不放棄的動力。安全街道家庭聯盟的成員讓我謹記住這本書的價值所在，也讓我在每一個轉角獲得新的啟發。我尤其要感謝那些「意外」的倖存者與遺族有足夠的風範與勇氣能站出來與我分享他們的人生與痛苦：亞曼達・蕾・艾倫、達爾希・坎頓（Dulcie Canton）、艾美・柯亨、亞當與瑪麗貝絲・吉蘭、黛比與哈洛德・康恩（Debbie & Harold Kahn）、茱蒂絲・柯提克、廖熙佩與譚佩思（廖怡君小妹妹的雙親）、詹姆斯・林德（James Linder）、達娜・勒納（Dana Lerner），以及凱文・史密斯。

我最大的肯定要給予我的另一半安德魯・辛德拉克（Andrew Hinderaker），是他看了我的初稿、撫平了我的恐懼、質詢了我的論述、把在字裡行間迷失了的我拉回正途、充滿耐性地用白話把我的想法接回到我的腦裡、在這一切都感覺太過悲傷的時候將我扶起，並一肩挑起了不在他份內的家務與婚姻責任，好讓我有時間跟空間可以完成本作。沒有你，就沒有這一切，我的愛，謝謝你。

至於對所有其他人，我只有一句話想說：注意安全。

States," New York Times, September 2, 2021。

4. 參見：Miriam Jordan, "A Car Crash in the California Desert: How 13 Died Riding in One S.U.V.," New York Times, April 4, 2021; Jesus Jiménez and Alyssa Lukpat, "10 Killed in Crash of Packed Van in South Texas," New York Times, August 4, 2021。
5. 參見：Will Evans, "How Amazon Hid Its Safety Crisis," Reveal, September 29, 2020。
6. 這當中的某些點子來自於我對蘇珊・貝克進行的訪問。另見：Stock, "Safety Lessons from the Morgue."。

85. 科羅拉多州參議員彼特・李為我完整介紹了這個過程。

86. 與肯・賈瑞的訪談。

87. 參見：Amy Tam-Liao and Hsi-Pei Liao, "After Tragedy, a Different Justice," *Vision Zero Cities: International Journal of Traffic Safety Innovation*, July 9, 2018。

88. 參見：Susan Phillips, " 'That Terrifies Me': Trump Rule Allows Natural Gas Transport by Rail in Dense Areas," *National Public Radio*, December 29, 2020。

89. 同上。

90. 參見：Erin Durkin, Maria Villase, and Joseph Stepansky, "Boy, 5, Hit by Car at Brooklyn Intersection Where 12-Year-Old Was Killed in 2013, Key to Vision Zero Initiative," *New York Daily News*, April 9, 2018。

91. 參見：Jim O'Grady, "If NYC Fixed This Intersection, Why Do People Keep Dying There?," *WNYC*, November 6, 2014。

92. 參見：David Meyer, "Families for Safe Streets and DOT Cut the Ribbon on Myrtle-Wyckoff Plaza," *Streetsblog NYC*, December 2, 2016。

93. 該路口的設計可見於「零死亡願景」之Vision Zero View網站：vzv.nyc.。

94. 在此我要特別向Mary Shelley、Erik Petersen／Mischief Brew樂團，以及「愛與憤怒革命無政府主義者聯盟」（Love and Rage Revolutionary Anarchist Federation）致意。

結論：意外

1. 參見：Christine Hauser and Edgar Sandoval, "Death Toll from Texas Winter Storm Continues to Rise," New York Times, July 14, 2021; Shawn Mulcahy, "At Least 111 People Died in Texas during Winter Storm, Most from Hypothermia," Texas Tribune, March 25, 2021。

2. 每年因為與熱相關的因素而死於非命的一萬兩千人未計入阿拉斯加州數字。參見Christopher Flavelle, "A New, Deadly Risk for Cities in Summer: Power Failures during Heat Waves," New York Times, May 3, 2021; Drew Shindell et al., "The Effects of Heat Exposure on Human Mortality Throughout the United States," Geohealth 4, no. 4 (2020): e2019GH000234.。

3. 參見：Anne Barnard, et al., "Flooding from Ida Kills Dozens of People in Four

74. 與喬安妮・多洛肖夫的訪談。

75. 參見：Palazzolo, "We Won't See You in Court."。

76. 我對於麥當勞咖啡案例的理解來自於與喬安妮・多洛肖夫的訪談，也來自拉爾夫・奈德創立的侵權法博物館（Museum of Tort Law）（Allison Torres Burtka, "Liebeck v. McDonald's: The Hot Coffee Case"）。此外還有其他關於此案例的報導也佐證了我的論點，這當中包括《讀者文摘》在二〇二一年二月的一篇文章"Remember the Hot Coffee Lawsuit? It Changed the Way McDonald's Heats Coffee Forever"，當中描述了史黛拉・萊貝克（Stella Liebeck）這名受到駭人傷害七十九歲老人家是個「一路往上告，告到拿到兩百七十萬美元傷害賠償頭獎」的傢伙。（頭獎的強調是我個人所加）。

77. 與喬安妮・多洛肖夫的訪談。

78. 參見：Daniel A. Waxman et al., "The Effect of Malpractice Reform on Emergency Department Care," *New England Journal of Medicine* 371 (2014): 1518–25。

79. 參見：Larry Bodine, "Exposing the Lie of Tort Reform," *Huffington Post*, October 18, 2012。

80. 參見：Steve Cohen, "On Tort Reform, It's Time to Declare Victory and Withdraw," *Forbes*, March 2, 2015。

81. 設限各州的資料來自於「公義與民主促進中心」之"Fact Sheet: Caps on Compensatory Damages: A State Law Summary," August 22, 2020, centerjd.org/content/fact-sheet-caps-compensatory-damages-state-law-summary；意外發生率最高的各州資料來自於CDC WONDER Compressed Mortality File, wonder.cdc.gov/cmf-icd 10.html.。

82. 訪問對象為已退休之修復式正義實踐者肯・賈瑞。

83. 參見：Shannon Sliva and Carolyn Lambert, "Restorative Justice Legislation in the American States: A Statutory Analysis of Emerging Legal Doctrine," *Journal of Policy Practice* 14 (2015): 77–95。

84. 關於迪蘭・薩拉扎和康納德一家的修復式司法程序的故事來自我對肯・賈瑞的訪問，來自於我對科羅拉多州參議員彼特・李與修復式司法實踐者林恩・李的訪問，也來自於科羅拉多州修復性調解專案製作的關於該程序的紀錄片詳，詳情可見：youtu.be/URdw1dPI9gg。

63. 參見：Palazzolo, "We Won't See You in Court: The Era of Tort Lawsuits Is Waning."

64. 與喬安妮・多洛肖夫的訪談。

65. 同上。另參見：F. Patrick Hubbard, "The Nature and Impact of the 'Tort Reform' Movement," *Hofstra Law Review* 35, no. 437 (2006): 437–535; Joanne Doroshow, "The U.S. Chamber's Defective Litigation Machine," *Huffington Post*, April 11, 2016; 媒體與民主中心，"Fact Sheet: American Tort Reform Association," centerjd.org/content/fact-sheet-american-tort-reform-association; 媒體與民主中心，"Factsheet: U.S. Chamber of Commerce Liability Survey—Inaccurate, Unfair and Bad for Business," center jd.org/content/factsheet-us-chamber-commerce-liability-survey-inaccurate-unfair-and-bad-business.。

66. 參見：Carl Deal and Joanne Doroshow, "The CALA Files: The Secret Campaign by Big Tobacco and Other Major Industries to Take Away Your Rights," 媒體與民主中心，1999, digital.library.ucla.edu/websites/2004_996_011/cala.pdf.。

67. 參見：媒體與民主中心的"FactSheet: 'Citizens Against Lawsuit Abuse' Groups," centerjd.org/content/fact-sheet-citizens-against-lawsuit-abuse-groups.。

68. 與喬安妮・多洛肖夫的訪談。

69. 參見：Karen Bouffard, "Michigan Law Shielding Drug Makers Draws Scrutiny amid Opioid Crisis," *Detroit News*, June 14, 2018。

70. 參見：John Futty, "Ohio Law May Shield Fire Ball Manufacturer in Fatal Fair Accident," *Columbus Dispatch*, September 12, 2017。

71. 參見：American Legislative Exchange Council, "Product Liability Act," January 1, 1995, alec.org/model-policy/product-liability-act. See also: Sophie Hayssen, "What Is ALEC? Learn About the Organization Writing Your State Laws," *Teen Vogue*, September 25, 2020。

72. 參見：Brendan Fischer, "Justice Denied: 71 ALEC Bills in 2013 Make It Harder to Hold Corporations Accountable for Causing Injury or Death," 媒體與民主中心，July 10, 2013。

73. 參見：Molly Jackman, "ALEC's Influence over Lawmaking in State Legislatures," *Brookings Institution*, December 6, 2013。

17, 1981), archives.gov/federal-register/codification/executive-order/12291.html。

51. 與阿米特・拿浪的訪談。

52. 同上。另參見:David Levine, Michael Toffel, and Matthew Johnson, "Randomized Government Safety Inspections Reduce Worker Injuries with No Detectable Job Loss," *Science* 336 (2012): 907–11。

53. 參見:Danielle Ivory and Rebecca R. Ruiz, "Recalls of Cars Abroad Prompt No Urgency in U.S.," *New York Times*, December 16, 2014。

54. 參見:Jeff Plungis, "U.S. Auto-Safety Agency's Defect Investigations at Historic Low," *Consumer Reports*, June 29, 2018。

55. 參見:Keith Gaby, "EPA's Budget Has Been Devastated for Decades: Here's the Math," *The Hill*, January 24, 2018。

56. 參見:Deborah Berkowitz, "Workplace Safety Enforcement Continues to Decline in Trump Administration," *National Employment Law Project*, March 14, 2019。

57. 參見:Theodoric Meyer, "What Went Wrong in West, Texas—and Where Were the Regulators?," *ProPublica*, April 25, 2013; Manny Fernandez and Steven Greenhouse, "Texas Fertilizer Plant Fell Through Regulatory Cracks," *New York Times*, April 24, 2013; Colin Lecher, "What Is Anhydrous Ammonia, the Chemical at the Site of the West, Texas, Explosion?," *Popular Science*, April 18, 2013。

58. 與阿米特・拿浪的訪談。

59. 參見:Celine McNicholas, Heidi Shierholz, and Marni von Wilpert, "Workers' Health, Safety, and Pay Are Among the Casualties of Trump's War on Regulations," *Economic Policy Institute*, January 29, 2018。

60. 這些數字是二〇一六年的資料,因為儘管川普政府被要求在二〇一八到二〇二〇年這三年間發佈報告,但他們沒有這樣做,而當他們終於在二〇二〇年發佈報告時,他們發佈的是這幾年的「合併」報告,而且並沒有按要求進行監理的成本效益估計。見:Clyde Wayne Crews Jr., "Trump White House Quietly Releases Overdue Regulatory Cost-Benefit Reports," *Forbes*, January 6, 2020。

61. 訪問對象為「公義與民主促進中心」執行董事喬安妮・多洛肖夫。

62. 同上。

37. 參見：Congressional Research Service, "Issues in Autonomous Vehicle Testing and Deployment," April 23, 2021, fas.org/sgp/crs/misc/R45985.pdf; Andrew J. Hawkins, "Congress Resurrects Push to Allow Thousands More Autonomous Vehicles on the Road," *The Verge*, April 22, 2021。

38. 參見：Darrell Etherington, "Over 1,400 SelfDriving Vehicles Are Now in Testing by 80+ Companies Across the US," *TechCrunch*, June 11, 2019。

39. 參見：Eliza Fawcett, "Driverless Car Makers Want Congress to Free Them from State Oversight," *Los Angeles Times*, July 11, 2018。

40. 參見：Jenny King, "For 30 Years, NHTSA Has Worked to Make Cars, Highways Safe," *Chicago Tribune*, July 27, 1997。

41. 參見瓊·克雷布魯克的 "NCAP at 40: Time to Return to Excellence," *Advocates for Highway and Auto Safety*, October 17, 2019。

42. 訪問對象美國國家公路交通安全管理局前任局長瓊·克雷布魯克與美國國家公路交通安全管理局撞擊調查處（NHTSA Crash Investigation Division）前任處長卡爾·納許。

43. 與瓊·克雷布魯克的訪談。

44. 參見："U.S. Department of Transportation Releases 'Preparing for the Future of Transportation: Automated Vehicles 3.0,' " Department of Transportation press release, October 4, 2018。

45. 與阿米特·拿浪的訪談。

46. 參見：Austin Frakt, "Damage from OxyContin Continues to Be Revealed," *New York Times*, April 13, 2020。

47. 與阿米特·拿浪的訪談。

48. 同上。

49. 欲略知該段歷史，參見：Frank Swoboda, "The Legacy of Deregulation," Washington Post, October 2, 1988；欲詳知該段歷史，見：Craig J. Jenkins and Craig M. Eckert, "The Right Turn in Economic Policy: Business Elites and the New Conservative Economics," *Sociological Forum* 15, no. 2 (2000): 307–38.

50. 參見：Presidential Exec. Order no. 12, 291, 46 Fed. Reg. 13, 193, 3 CFR (February

State Forces It Off Road," *Guardian*, December 21, 2016。

31. 參見：Richard Gonzales, "Feds Say Self-Driving Uber SUV Did Not Recognize Jaywalking Pedestrian in Fatal Crash," *National Public Radio*, November 7, 2019。

32. 參見：Aarian Marshall and Alex Davies, "Uber's Self-Driving Car Didn't Know Pedestrians Could Jaywalk," *Wired*, November 5, 2019。

33. 參見："Uber Car 'Had Six Seconds to Respond' in Fatal Crash," *BBC News*, May 24, 2018。

34. 與專門研究交通與法律交會點的葛雷格・希爾教授進行訪談，增進了我對於赫茲伯格之死的了解。對優步關閉富豪（Volvo）汽車之緊急煞車系統有興趣者，可延伸閱讀：Andrew J. Hawkins, "Uber Self-Driving Car Saw Pedestrian but Didn't Brake Before Fatal Crash, Feds Say," *The Verge*, May 24, 2018，與Daisuke Wakabayashi, "Emergency Braking Was Disabled When Self-Driving Uber Killed Woman, Report Says," *New York Times*, May 24, 2018。Phillip Koopman 和Beth Osyk寫了很有幫助的論文，解釋人類偵測器作為無人車安全失效防護的潛在問題所在，還有何以車廠會想要盡可能減少系統「脫離」（解除自動駕駛）的次數："Safety Argument Considerations for Public Road Testing of Autonomous Vehicles," *SAE International Journal of Advances and Current Practices in Mobility* 1, no. 2 (2019): 512–23。另見：National Transportation Safety Board, "Collision Between Vehicle Controlled by Developmental Automated Driving System and Pedestrian, Tempe, Arizona, March 18, 2018," *Highway Accident Report: NTSB/HAR-19/03*, November 19, 2019: 55。

35. 參見：Aarian Marshall, "Who's Regulating Self-Driving Cars? Often, No One," *Wired*, November 27, 2019; Consumer Reports, "Consumer Reports: Uber Crash Should Be 'A Wake-Up Call' for Companies Developing Self-Driving Cars, DOT, and State Governments," press release, November 19, 2019; Clifford Atiyeh, "Self-Driving Cars' Look, Feel Is Clearer through Final U.S. Safety Rules," *Car and Driver*, January 23, 2021。

36. 參見：Clifford Law, "The Dangers of Driverless Cars," *The National Law Review* 11, no. 125 (2021); Sebastian Blanco, "NHTSA Tells Autonomous Tech Companies They Need to Report Crashes," Car and Driver, July 6, 2021; Marshall, "Who's Regulating Self-Driving Cars?"。

18. 訪問對象是太空總署研究心理學家史蒂文・凱斯納；另見其文章："The Retention of Manual Flying Skills in the Automated Cockpit," *Human Factors* 56, no. 8 (2014): 1506-16。

19. 來自薩倫伯格的陳述。

20.《西雅圖時報》精闢的視覺報導協助解釋了此系統的運作方式。參見：Dominic Gates, "FAA Cautions Airlines on Maintenance of Sensors That Were Key to 737 MAX Crashes," August 20, 2019。另見：Gregory Travis, "How the Boeing 737 Max Disaster Looks to a Software Developer," *IEEE Spectrum*, April 18, 2019與來自薩倫伯格的陳述。

21. 參見：Michael Laris, "Changes to Flawed Boeing 737 Max Were Kept from Pilots, DeFazio Says," *Washington Post*, June 19, 2019與來自薩倫伯格的陳述。

22. 參見：Paul Roberts, "Delegating Aircraft Safety Assessments to Boeing Is Nothing New for the FAA," *Seattle Times*, March 18, 2019。

23. 參見：Dominic Gates, "Former Seattle FAA Official Gets Top Aviation Safety Post, After a Stint at Industry Group," *Seattle Times*, May 25, 2017。

24. 參見：Natalie Kitroeff and David Gelles, "Before Deadly Crashes, Boeing Pushed for Law That Undercut Oversight," *New York Times*, October 27, 2019。

25. 參見：David Schaper, "Boeing Pilots Detected 737 Max Flight Control Glitch 2 Years Before Deadly Crash," *National Public Radio*, October 18, 2019。

26. 參見：Laris, "Changes to Flawed Boeing 737 Max Were Kept from Pilots, DeFazio Says"。

27. 參見：Benjamin Zhang, "Boeing's CEO Explains Why the Company Didn't Tell 737 Max Pilots About the Software System That Contributed to 2 Fatal Crashes," *Business Insider*, April 29, 2019。

28. 參見：Hannah Beech and Muktita Suhartono, "Confusion, Then Prayer, in Cockpit of Doomed Lion Air Jet," *New York Times*, March 20, 2019。

29. 參見：Mark Harris, "Exclusive: Arizona Governor and Uber Kept Self-Driving Program Secret, Emails Reveal," *Guardian*, March 28, 2018。

30. 參見：Sam Levin, "Uber Cancels Self-Driving Car Trial in San Francisco After

（“The Real Crime Is What’s Not Done,” August 24, 2016）。

7. 與拉爾夫・奈德的訪談；一九七五年，奈德將政府的這些保護措施描述為不可知的風險和道德管理問題。他寫道：「消費者能嗅到滲入汽車的一氧化碳的氣味，能發現他們給孩子服用的藥物具有致突變性，或者能嘗到生產食品時使用的致癌殺蟲劑的味道嗎？或者他們能拒絕呼吸當地鋼鐵廠排放的空氣污染嗎？」他寫道。「當消費者暴露在僅靠市場無法控制的技術暴力面前時——儀錶板上的尖銳突起物、DDT、放射性物質、傾倒到我們湖泊中的石棉纖維——那麼政府的監管就是公共安全的人道必要條件。」（Nader, “Deregulation Is Another Consumer Fraud,” *New York Times*, June 29, 1957）。

8. 與公共公民監理政策倡議者阿米特・拿浪的訪談。

9. 參見：Joe Palazzolo, “We Won’t See You in Court: The Era of Tort Lawsuits Is Waning,” *Wall Street Journal*, July 24, 2017; Joanne Doroshow and Emily Gottlieb, “Briefing Book” (2016), https://digitalcommons.nyls.edu/fac_other_pubs/17。

10. 參見：Ken Ward Jr., “Trump MSHA Nominee Could Face Questions About Safety Record,” *Charleston Gazette-Mail*, October 3, 2017。

11. 參見：Juliet Eilperin, “Mining Safety Agency Proposes Relaxing Inspection Rule for Hard Rock Mines,” *Washington Post*, September 13, 2017。

12. 參見：Mine Safety and Health Administration, “Examinations of Working Places in Metal and Nonmetal Mines,” *Federal Register: The Daily Journal of the United States Government*, April 9, 2018, federalregister.gov/documents/2018/04/09/2018-07084/examinations-of-working-places-in-metal-and-nonmetal-mines.。

13. 與拉爾夫・奈德的訪談。

14. 參見：Andy Pasztor and Andrew Tangel, “Internal FAA Review Saw High Risk of 737 MAX Crashes,” *Wall Street Journal*, December 11, 2019。

15. 薩利機長在美國眾議院運輸與基礎建設委員會的航空事務小組委員會前做出的陳述，日期是二〇一九年六月十九日。

16. 參見：Jack Nicas and Julie Creswell, “Boeing’s 737 Max: 1960s Design, 1990s Computing Power and Paper Manuals,” *New York Times*, April 8, 2019。

17. 來自薩倫伯格的陳述。

Cities: International Journal of Traffic Safety Innovation, October 23, 2018。

87. 參見：Zainab Mudallal, "Why Sweden Has the World's Safest Roads," *Quartz*, December 31, 2014。

88. 參見：Woolf and Aron, *Health in International Perspective*, 28–31。

第十章：究責

為了深入了解關於意外的究責在現階段看起來是什麼模樣，乃至於我們要付出哪些努力才能去修復現行的體系，我對談的對象首先是拉爾夫・奈德；是他造就了確實存在於今日的系統性企業究責機制，即便這些機制在其短暫的高峰之後已經顯得舉步維艱。再來是「公共公民」的前遊說專家兼美國國家交通安全管理局的前局長瓊・克雷布魯克（Joan Claybrook）、公共公民監理政策倡議者阿米特・拿浪（Amit Narang）、「公義與民主促進中心」執行董事喬安妮・多洛肖夫（Joanne Doroshow）、專門研究交通問題的法學教授葛雷格・希爾；美國太空總署艾姆斯研究中心（NASA Ames Research Center）的研究心理學家史蒂文・凱斯納（Steven Casner）。凱斯納協助我理解，「必須靠人類偵測器來完成機器的自動化」這點如何以及為何會經常導致意外；還有三位修復式正義實踐方面的專家：科羅拉多州參議員彼特・李（Pete Lee），以及實踐者林恩・李（Lynn Lee）和肯・賈瑞（Ken Jaray）。

1. 參見西尼・戴克的《理解「人為失誤」的實戰指南》，頁195–203。
2. 同上，頁173–81。
3. 同上，頁175。
4. 同上。
5. 參見：Mariame Kaba, We Do This 'Til We Free Us: Abolitionist Organizing and Transforming Justice (Chicago: Haymarket Books, 2021), 97。
6. 律師兼記者切斯・馬達爾在《紐約時報》上寫道：「起訴和監管並不相互排斥，但政治能量和媒體關注卻被刑事懲罰的欲望消耗得不成比例。儘管這類指控滿足了人們對報復的情感需求，對想出人頭地地方檢察官也大有裨益，但它們大多數時候只能成為在媒體上頗具噱頭的安慰獎。當健康和安全法規屈服於企業和政治壓力時，也就只有檢察機關的反應能填補這一空缺了。」

72. 參見：Bajekal, “Want to Win the War on Drugs?”。

73. 參見：German Lopez, “Trump's Justice Department Is Threatening Cities That Allow Safe Injection Sites: A Showdown over Safe Injection Sites Is Brewing Between the Federal Government and Cities,” *Vox*, August 30, 2018。

74. 參見：Drug Policy Alliance, “Drug Policy Alliance Statement on Rhode Island Becoming First in the Nation to Authorize Harm Reduction Centers to Prevent Overdose Deaths,” press release, July 7, 2021。

75. 同上。

76. 參見：Dan Vergano, “Here's How One Small Town Beat the Opioid Epidemic: Little Falls, Minnesota, Didn't Do Anything Revolutionary. They Just Made a Real Effort—and Spent Real Money—Treating Addiction as a Disease, Not a Crime,” *BuzzFeed News*, February 25, 2019。

77. 參見：Kara Leigh Lofton, “Diving Deep into Harm Reduction, Part 1: Why W.Va.'s Largest Needle Exchange Closed,” *Morehead State Public Radio*, November 26, 2018。

78. 受訪對象潔米・法瓦洛，NEXT減傷專案創辦人。

79. 同上。

80. 同上。

81. 同上。

82. 同上。

83. 同上。

84. 受訪對象克萊斯・丁瓦爾（Claes Tingvall）是瑞典「零死亡願景」計畫創辦人。

85. 如二〇一一年版的交通工程師準則參考書《公路與街道的幾何設計政策》（頁2-54）所言，「在選擇設計速度的時候，我們應該窮盡一切努力去在環境品質、經濟考量、美學與社會或政治影響的限制下取得安全、機動性與效率之間的綜合平衡。」在美國道路的設計中，你是死是活跟你會或不會在車陣裡塞車有著難分軒輊的重要性。

86. 參見：克萊斯・丁瓦爾及Maria Krafft, “Defending Vision Zero,” *Vision Zero*

falls-prevention-awareness-week-toolkit，以及STEADI, "Patient and Caregiver Resources," cdc.gov/steadi/patient.html.。

58. 參見：Jared Hossack, "Medicare's 'Never-Event' Initiative," *American Medical Association Journal of Ethics* 10, no. 5 (2008): 312–16。

59. 參見：Administration for Community Living, "2019 Profile of Older Americans," May 2020, acl.gov/aging-and-disability-in-america/data-and-research/profile-older-americans.。

60. 參見：Melissa Bailey, "Overzealous in Preventing Falls, Hospitals Are Producing an 'Epidemic of Immobility' in Elderly Patients," *Washington Post*, October 13, 2019; Hossack, "Medicare's 'Never-Event' Initiative."。

61. 同上。

62. 參見：Kenneth E. Covinsky et al., "Loss of Independence in Activities of Daily Living in Older Adults Hospitalized with Medical Illnesses: Increased Vulnerability with Age," *Journal of the American Geriatrics Society* 51, no. 4 (2003): 451–58。

63. 參見：Covinsky et al., "Loss of Independence in Activities of Daily Living in Older Adults Hospitalized with Medical Illnesses."。

64. 參見：Barbara King et al., "Impact of Fall Prevention on Nurses and Care of Fall Risk Patients," *Gerontologist* 19, no. 58 (2018): 331–40。

65. 受訪對象麥可・葛利格斯比為「跌倒免驚」創辦人。

66. 同上。

67. 參見：Christopher F. Schuetze, "Afraid of Falling? For Older Adults, the Dutch Have a Cure," *New York Times*, January 2, 2018。

68. 參見：Diane Riley et al., "A Brief History of Harm Reduction," in *Harm Reduction in Substance Use and High-Risk Behaviour*, eds. Richard Pates and Diane Riley (Hoboken, NJ: Wiley, 2012): 11–12。

69. 同上。

70. 同上。

71. 參見：Drug Policy Alliance, "Supervised Consumption Services," drug policy.org/issues/supervised-consumption-services.。

環境與公共工程委員會高級成員提交的報告，April 2020。

47. 參見：Angie Schmitt, "While Other Countries Mandate Safer Car Designs for Pedestrians, America Does Nothing," *Streetsblog USA*, December 7, 2017; Insurance Institute for Highway Safety, "On Foot, at Risk."。

48. 參見：Lawrence, Bomey, and Tanner, "Death on Foot."。

49. 參見：Jake Blumgart, "Why Are Pedestrian Deaths at Epidemic Levels?," *Governing*, July 23, 2021; International Transport Forum, "Road Safety Data 2020: Japan," *Organisation for Economic Co-operation and Development*, itf-oecd.org/sites/default/files/japan-road-safety.pdf.。

50. 參見：Roger Harrabin, "US Cars Must Be Left Out of PostBrexit Trade Deal," *BBC News*, July 18, 2020。

51. 取自推特（Twitter）帳號：@SecElaineChao於二〇二〇年十月二十六日發布的推文。

52. 由於鴉片類藥物的流行促使意外中毒死亡人數躍居首位，跌倒和交通意外死亡人數則根據年份輪流佔據第二和第三位。從一九九九到二〇一九年，交通意外死亡人數持續連霸；但到了二〇一九年，交通意外死亡人數為三萬九千一百零七人，意外跌倒死亡人數為三萬九千四百四十三人。惟儘管如此，交通意外的年齡調整後死亡率（控制條件來消除人口年齡分佈差異的影響）仍然更高。見：CDC WISQARS Fatal Injury Reports, webappa.cdc.gov/sasweb/ncipc/mortrate.html.。

53. 參見：CDC WISQARS Fatal Injury Reports, webappa.cdc.gov/sasweb/ncipc/mortrate.html.。

54. 參見：National Council on Aging, "About the Falls Free® Initiative," January 4, 2021, ncoa.org/article/about-the-falls-free-initiative.。

55. 參見：Centers for Disease Control and Prevention, "STEADI: Older Adult Fall Prevention," https://www.cdc.gov/falls/index.html.。

56. 參見：National Institutes on Aging, "Prevent Falls and Fractures," March 15, 2017, nia.nih.gov/health/prevent-falls-and-fractures.。

57. 這種東西四處可見，以下是兩個例子：National Council on Aging, "Falls Prevention Awareness Week Promotion Toolkit," August 3, 2021, ncoa.org/article/

36. 參見：Kea Wilson, “Why Regulators Aren’t Taming the U.S. Megacar Crisis,” *Streetsblog USA*, June 4, 2021。

37. 參見：Charles J. Kahane, “Relationships Between Vehicle Size and Fatality Risk in Model Year 1985–93 Passenger Cars and Light Trucks,” *National Highway Traffic Safety Administration Technical Report DOT HS* 808 570, January 1997, crashstats.nhtsa.dot.gov/Api/Public/ViewPublication/808570; Nathan Bomey, “Why SUVs Are Getting Bigger and Bigger: GM, Toyota, Ford Enlarge Hefty Vehicles,” *USA Today*, December 27, 2019; Tom Voelk, “Rise of S.U.V.s: Leaving Cars in Their Dust, with No Signs of Slowing,” *New York Times*, May 21, 2020。

38. 參見：Devon E. Lefler and Hampton C. Gabler, “The Emerging Threat of Light Truck Impacts with Pedestrians,” *International Technical Conference on Enhanced Safety of Vehicles*, May 2001。

39. 參見：Lawrence, Bomey, and Tanner, “Death on Foot.”。

40. 參見：National Highway Traffic Safety Administration, “Consumer Advisory: Traffic Safety Agency Urges Pedestrians to Walk with Care,” press release, August 6, 2012。

41. 參見：New York City Department of Health and Mental Hygiene, “Epi Data Brief no. 86, Pedestrian Fatalities in New York City,” March 2017。

42. 參見：John Saylor, “The Road to Transport Justice: Reframing Auto Safety in the SUV Age,” *University of Pennsylvania Law Review* (forthcoming, 2021); Insurance Institute for Highway Safety, “Vehicle Choice, Crash Differences Help Explain Greater Injury Risks for Women,” February 11, 2021, iihs.org/news/detail/vehicle-choice-crash-differences-help-explain-greater-injury-risks-for-women.。

43. 參見：Emily Badger, “The Hidden Inequality of Who Dies in Car Crashes,” *Washington Post*, October 1, 2015。

44. 參見：Saylor, “The Road to Transport Justice.”。

45. 參見：CDC WISQARS Fatal Injury Reports, webappa.cdc.gov/sasweb/ncipc/mortrate.html.。

46. 參見：United States Government Accountability Office, “NHTSA Needs to Decide Whether to Include Pedestrian Safety Tests in Its New Car Assessment Program,” 向

Year, United States, 1994–2019," Injury Facts, injuryfacts.nsc.org/motor-vehicle/road-users/pedestrians/data-details.。

26. 在「車內」死亡的人數比例從一九九六年的百分之八十下降到二〇一九年的百分之六十六；在「車外」死亡的人數比例從一九九六年的百分之二十上升到二〇一九年的百分之三十四。見：National Highway Traffic Safety Administration, "Overview of Motor Vehicle Crashes in 2019," *Traffic Safety Facts: Research Note*, December 2020, crashstats.nhtsa.dot.gov/Api/Public/ViewPublication/813060.。

27. 參見：Heidi Coleman and Krista Mizenko, "Pedestrian and Bicyclist Data Analysis," in National Highway Traffic Safety Administration, *Traffic Safety Facts: Research Note*, March 2018, nhtsa.gov/sites/nhtsa.gov/files/documents/812502_pedestrian-and-bicyclist-data-analysis-tsf-research-note.pdf.。

28. 參見：National Highway Traffic Safety Administration, "Pedestrians," Traffic Safety Facts, 2011 Data, August 2013, crashstats.nhtsa.dot.gov/Api/Public/ViewPublication/811748.。

29. 參見：Eric D. Lawrence, Nathan Bomey, and Kristi Tanner, "Death on Foot: America's Love of SUVs Is Killing Pedestrians, and Federal Safety Regulators Have Known for Years," Detroit Free Press, June 28, 2018; Insurance Institute for Highway Safety, "On Foot, at Risk," *Status Report* 53, no. 3 (2018): 1–8。

30. 從一千七百四十四公斤增加到一千九百二十一公斤。見：Justin Tyndall, "Pedestrian Deaths and Large Vehicles," *Economics of Transportation* 26–27 (2021)。

31. 參見：Lawrence, Bomey, and Tanner, "Death on Foot."。

32. 參見：Tyndall, "Pedestrian Deaths and Large Vehicles."。

33. 參見：Bob Segall, "13 Investigates: Millions of Vehicles Have Unexpected, Dangerous Front Blind Zone," *NBC 13: WTHR*, April 25, 2019。

34. 參見："The Danger of Blind Zones: The Area Behind Your Vehicle Can Be a Killing Zone," *Consumer Reports*, April 2014, consumerreports.org/cro/2012/03/the-danger-of-blind-zones/index.htm.。

35. 參見：Lawrence, Bomey, and Tanner, "Death on Foot."。

in our cities but ban all cars. I'm going to go with @realDonaldTrump's travel ban" (November 4, 2017). Erick Erickson retweeted the piece, adding, "Progressivism really is a mental health illness with a defined pathological trajectory" (November 3, 2017)。至以下連結查看截圖：twitter.com/jessiesingernyc/status/930952210594324483.。

16. 參見：Siraj Hashmi, "Let's Not Cave to Terrorists by Banning Cars in Cities," *Washington Examiner*, November 3, 2017。
17. 除非另行註明，這一部份的內容來自於跟蘇珊·貝克的訪談，還有哈登的兩篇論文："On the Escape of Tigers: An Ecologic Note," *American Journal of Public Health and the Nation's Health* 60, no. 12 (1970): 2229–34，以及"Energy Damage and the Ten Countermeasure Strategies," *Journal of Trauma* 13 (1973): 321–31。
18. 哈登的部分觀點是通過關注能量，我們可以增進對預防這件事的理解。與此相關的是一項事實是，能量比速度更能準確衡量意外的潛在危害。譬如說你把車速提高一倍，你可能會認為你受傷的風險增加了一倍，但實際上你的車速提高了一倍，你的動能就增加了四倍，而正如哈登所指出的，在意外裡害死你的是能量。
19. 參見：Naina Bajekal, "Want to Win the War on Drugs? Portugal Might Have the Answer," *Time*, August 1, 2018。
20. 參見：Austin Frakt, "Pointers from Portugal on Addiction and the Drug War," *New York Times*, October 5, 2020。
21. 參見：Bajekal, "Want to Win the War on Drugs?"。
22. 從一九九八年的兩萬三千六百五十四人上升到二〇〇八年的三萬八千五百三十二人；參見：Hannah Laqueur, "Uses and Abuses of Drug Decriminalization in Portugal," Law & Social Inquiry 40, no. 746 (2015)。
23. 謀殺案最初上升後，在二〇〇三到二〇〇五年略為下降，但隨後又再次上升。參見：UN Office on Drugs and Crime's International Homicide Statistics, "*Intentional Homicides* (per 100,000 People): Portugal," The World Bank, data.worldbank.org/indicator/VC.IHR.PSRC.P5?loca tions=PT.。
24. 與蘇珊·貝克的訪談。
25. 參見美國國家安全委員會發布的資料："Pedestrian Deaths in Traffic Crashes by

傷計畫創辦人兼執行董事潔米・法瓦洛、老人醫學學者肯尼斯・科文斯基（Kenneth Covinsky），以及武術專家麥可・葛利格斯比（Mike Grigsby）。

1. 參見：Theodore H. Tulchinsky, "John Snow, Cholera, the Broad Street Pump; Waterborne Diseases Then and Now," *Case Studies in Public Health* (2018): 77–99。另參見：Dumbaugh and Gattis, "Safe Streets, Livable Streets."。
2. 與蘇珊・貝克的訪談。
3. 參見：Robert W. Stock, "Safety Lessons from the Morgue," *New York Times Magazine*, October 26, 2012。
4. 與蘇珊・貝克的訪談。
5. 參見威廉・哈登的"The Changing Approach to the Epidemiology, Prevention, and Amelioration of Trauma: The Transition to Approaches Etiologically Rather Than Descriptively Based," *American Journal of Public Health and the Nation's Health* 58, no. 8 (1968): 1431–38; 以及蘇珊・貝克的"Childhood Injuries: The Community Approach to Prevention," *Journal of Public Health Policy* 2 (1981): 235–46。
6. 與蘇珊・貝克的訪談。
7. 與蘇珊・貝克的訪談。
8. Conn MacAogain於二〇〇九年一月十三日與一月二十七日在紐約市法務局進行的審前取證，通過《資訊自由法》向紐約市有關機構申請獲得。
9. 同上。
10. 同上。
11. 參見紐約非營利組織「交通替代」的"Rethinking Bollards"。
12. 參見：Confessore and Hammer, "Drunken Driver Kills Rider on Bicycle Path, Police Say." 另參見第八章註87。
13. 參見：Paul Berger, "Concrete Barriers to Be Installed Along Hudson River Greenway," *Wall Street Journal*, November 2, 2017。
14. 參見潔西・辛格的"We Should Ban Cars from Big Cities," *BuzzFeed*, November 3, 2017。
15. 參見：Laura Loomer tweeted "@Buzzfeed thinks we should keep Muslim terrorists

1 Year After Biker Was Killed, No Fix to the Greenway," press release, January 3, 2007；以及「交通替代」："A Year After Eric Ng's Death, Greenway Hazards Remain Unfixed."。

86. 參見：Eillie Anzilotti, "If Cars Are Weapons, Then Safe Streets Are the Best Counterterrorism," *Fast Company*, November 1, 2017。

87. 參見紐約非營利組織「交通替代」的 "Rethinking Bollards"，頁15；在二〇〇七到二〇〇九年之間的某個時間點上，紐約市政府在這條十三英里長的道路上安裝了為數不多的金屬障礙（路阻）。這些安裝處也包括害死艾瑞克的司機拐入步道的入口——不過其設置方式仍讓駕駛人可以從其旁邊繞過。（參見：Otterman, "Manhattan Terror Attack Exposes Bike Path's Vulnerable Crossings."）。在近百個汽車駕駛人可以闖入步道的機會中，政府官員只保護了寥寥幾個——那等於是對問題的默許，同時也悍拒去釜底抽薪地解決問題。正如《紐約時報》在那場恐怖襲擊發生後所說的那樣：「儘管當年就有人呼籲改善那條步道的安全狀況，但各種被建議採取的措施並沒有獲得採納。特別是在大多數汽車可以彎入步道的入口處，都沒有安裝路阻——一種可以阻擋車輛進入步道的金屬桿。在那篇文章中，我才華橫溢的前同事Caroline Samponaro，也就是「交通替代」當時的副會長，就指出說把艾瑞克之死理解為「意外」，就等於是自廢武功，自絕於遏止犯罪的能力：「儘管以前有人在那裡死於非命，但我們還是毫無作為，」她這麼告訴《泰晤士報》。「雖然恐怖攻擊是無法預防的，但駕駛人能夠在那裡開車卻是可以預防的。」（參見：Otterman, "Manhattan Terror Attack Exposes Bike Path's Vulnerable Crossings."）。

88. 參見：Benjamin Mueller, William K. Rashbaum, and Al Baker, "Terror Attack Kills 8 and Injures 11 in Manhattan," *New York Times*, October 31, 2017。

89. 參見：Sarah Almukhtar et al., "Trail of Terror in the Manhattan Truck Attack," *New York Times*, October 31, 2017。

第九章：預防

這一章的寫成一方面得歸功二〇一六年《紐約時報》一篇由切斯．馬達爾（Chase Madar）所撰的社論文章〈The Real Crime Is What's Not Done〉，一方面是基於威廉．哈登醫師與流行病學者蘇珊．貝克如寶庫般的各種書寫。再來就是要感謝諸多受訪的對象，當中包括貝克、「零死亡願景」創辦人克萊斯．丁瓦爾、NEXT減

76. 與西尼・戴克的電子郵件對話。

77. 參見：Charles Komanoff, "January 3rd: The Wrongdoer Is Brought to Justice," *Streetsblog NYC*, December 21, 2007。

78. 參見：William Neuman, "State Considering Car Barriers After 2nd Death on Bike Path," *New York Times*, December 9, 2006。

79.《紐約時報》引用了這些說法，同時稱艾瑞克的死是一起意外：「雖然Cidron先生轉錯彎似乎是個意外，但一些經常走這條路——這是腳踏車騎士漫遊曼哈頓很便捷的一條路線——的騎士表示最近沿該路並排行駛的車輛愈來愈多，而他們對此感到十分氣餒。」（Confessore and Hammer, "Drunken Driver Kills Rider on Bicycle Path, Police Say"）。你可以發現有若干類似的評論出現在Jen Chung, "Drunk Driver Kills Cyclist on West Side Bike Path," Gothamist, December 2, 2006中，或是被引用在Joe Schumacher, "Bike Path Barriers Being Considered," Gothamist, December 9, 2006裡。這個問題的新聞價值延續到了二〇一〇年，相關報導可見於該年五月二十七日Gothamist上由John Del Signore所撰的一篇新聞："Sharing the Bike Path with Cars on Hudson River Greenway."。

80. 參見：Jen Chung, "West Side Bicyclist Doctor Dies from Injuries," *Gothamist*, June 27, 2006。

81. 參見：Maya Rajamani, "Cyclist Death Caused by Bad Design at Hudson River Greenway Crossing: Suit," *DNAinfo*, July 3, 2017。

82. 參見紐約非營利組織「交通替代」的"A Year After Eric Ng's Death, Greenway Hazards Remain Unfixed," *Streetsblog NYC*, January 4, 2008。

83. 這群行動者主要來自於「交通替代」這個紐約市的非營利組織。我會在幾年後加入這個組織成為其編制內的寫手，事實上我到今天為止都還是該組織的一分子。關於永久性的路障，見紐約非營利組織「交通替代」的"Rethinking Bollards: How Bollards Can Save Lives, Prevent Injuries and Relieve Traffic Congestion in New York City," July 2007, 13, transalt.org/sites/default/files/news/reports/2007/rethinking_bollards.pdf.。

84. 參見：Sharon Otterman, "Manhattan Terror Attack Exposes Bike Path's Vulnerable Crossings," *New York Times*, November 1, 2017。

85. 參見紐約非營利組織「交通替代」的"Drunk Driver Sentenced, Danger Remains:

63. 西尼・戴克以精彩的摘要說明了費茲和瓊斯在“Disinheriting Fitts and Jones '47,” *International Journal of Aviation Research and Development* 1, no. 1 (2001): 7–18中的研究成果。另見原始研究：Paul M. Fitts and Richard E. Jones, “Analysis of Factors Contributing to 460 ‘Pilot Error’ Experiences in Operating Aircraft Controls,” Memorandum Report TSEAA-694-12, Aero Medical Laboratory, Air Material Command, Wright-Patterson Air Force Base, Dayton, Ohio, July 1, 1947。

64. 同上。

65. 參見西尼・戴克，《理解「人為失誤」的實戰指南》，頁15–20。

66. 參見：Holden, “People or Systems? To Blame Is Human. The Fix Is to Engineer.”。

67. 參見：Perrow, *Normal Accidents*, 146。

68. 參見西尼・戴克，《理解「人為失誤」的實戰指南》，頁1–14。

69. 同上，頁10–12。

70. 與西尼・戴克的訪談。

71. 參見西尼・戴克，《理解「人為失誤」的實戰指南》，頁183–94。

72. 參見：Sidney Dekker and Hugh Breakey, “ ‘Just Culture’: Improving Safety by Achieving Substantive, Procedural and Restorative Justice,” *Safety Science* 85 (2016); Sidney Dekker, “The Criminalization of Human Error in Aviation and Healthcare: A Review,” *Safety Science* 49 (2011)。

73. 參見：Hester J. Lipscomb et al., “Safety, Incentives, and the Reporting of Work-Related Injuries Among Union Carpenters: ‘You’re Pretty Much Screwed if You Get Hurt at Work,’ “ *American Journal of Industrial Medicine* 56, no. 4 (2013): 389–99。

74. 參見：Jeffery Taylor Moore et al., “Construction Workers’ Reasons for Not Reporting Work-Related Injuries: An Exploratory Study,” *International Journal of Occupational Safety and Ergonomics* 19, no. 1 (2013): 97–105。

75. 參見：Jeanne Geiger Brown et al., “Nurses’ Inclination to Report Work-Related Injuries: Organizational, WorkGroup, and Individual Factors Associated with Reporting,” *American Association of Occupational Health Nursing Journal* 53, no. 5 (2005): 213–17。

52. 參見：Holden, "People or Systems? To Blame Is Human. The Fix Is to Engineer"; Nees, Sharma, and Shore, "Attributions of Accidents to 'Human Error' in News Stories"; Goddard et al., "Does News Coverage Affect Perceived Blame and Preferred Solutions?"。

53. 參見：David Kroman, "Nearly Half of Seattle's Helmet Citations Go to Homeless People," *Crosscut, Cascade Public Media*, December 16, 2020。

54. 參見：Kameel Stanley, "How Riding Your Bike Can Land You in Trouble with the Cops—If You're Black," *Tampa Bay News*, April 20, 2015; Greg Ridgeway et al., "An Examination of Racial Disparities in Bicycle Stops and Citations Made by the Tampa Police Department: A Technical Assistance Report," Washington, DC, Office of Community Oriented Policing Services, 2016。

55. 參見："With Dallas Bike Helmet Law, Rules of the Ride Enforced Unevenly," *Dallas Morning News*, June 3, 2014。

56. 參見：Nicole Santa Cruz and Alene Tchekmedyian, "Deputies Killed Dijon Kizzee After a Bike Stop," *Los Angeles Times*, October, 16, 2020。

57. 參見：Dan Roe, "Black Cyclists Are Stopped More Often Than Whites, Police Data Shows," *Bicycling Magazine*, July 27, 2020。

58. 參見：Gregg Culver, "Bike Helmets—A Dangerous Fixation? On the Bike Helmet's Place in the Cycling Safety Discourse in the United States," *Applied Mobilities* 5, no. 2 (2020): 138–54。

59. 參見：Goddard et al., "Does News Coverage of Traffic Crashes Affect Perceived Blame and Preferred Solutions?"; Nees, Sharma, and Shore, "Attributions of Accidents to 'Human Error' in News Stories."。

60. 參見：Goddard et al., "Does News Coverage Affect Perceived Blame and Preferred Solutions?"。

61. 參見：C. R. Ronzio, E. Pamuk, and G. D. Squire, "The Politics of Preventable Death: Local Spending, Income Inequality, and Premature Mortality in US Cities," *Journal of Epidemiology and Community Health* 58, no. 3 (2004): 161。

62. 參見：Anuja L. Sarode et al., "Traffic Stops Do Not Prevent Traffic Deaths," *Journal of Trauma and Acute Care Surgery* 91, no. 1 (2021)。

13 (2019); 以及Meghan Winters et al., "Impacts of Bicycle Infrastructure in Mid-Sized Cities (IBIMS): Protocol for a Natural Experiment Study in Three Canadian Cities," *BMJ Open* 8, no. 1 (2018); Jonathan Nolan, James Sinclair和Jim Savage, "Are Bicycle Lanes Effective? The Relationship Between Passing Distance and Road Characteristics," *Accident Analysis & Prevention* 159 (2021)。

47. 參見：Eric Jaffe, "When Adding Bike Lanes Actually Reduces Traffic Delays," *Bloomberg CityLab*, September 5, 2014; Kate Hinds, "NYC DOT Says Brooklyn Bike Lane Dramatically Reduces Speeding, Sidewalk Bicycling," *WNYC National Public Radio*, October 21, 2010; Marshall and Ferenchak, "Why Cities with High Bicycling Rates Are Safer for All Road Users."。

48. 參見：Ian Walker and Dorothy Robinson, "Bicycle Helmet Wearing Is Associated with Closer Overtaking by Drivers: A Response to Olivier and Walter, 2013," *Accident Analysis & Prevention* 123 (2019): 107–13; Colin F. Clarke, "Evaluation of New Zealand's Bicycle Helmet Law," *Journal of the New Zealand Medical Association* 125, no. 1349 (2012): 1–10; Chris Rissel and Li Ming Wen, "The Possible Effect on Frequency of Cycling if Mandatory Bicycle Helmet Legislation Was Repealed in Sydney, Australia: A Cross Sectional Survey," *Health Promotion Journal of Australia* 22, no. 3 (2011): 178–83; Peter L. Jacobsen, "Safety in Numbers: More Walkers and Bicyclists, Safer Walking and Bicycling," *Injury Prevention* 9 (2003): 205–9。

49. 參見：Kay Teschke et al., "Bicycling Injury Hospitalisation Rates in Canadian Jurisdictions: Analyses Examining Associations with Helmet Legislation and Mode Share," *BMJ Open* 5, no. 11 (2015)。

50. 參見：Angie Schmitt, "Why Helmets Aren't the Answer to Bike Safety—In One Chart," *Streetsblog USA*, June 2, 2016。

51. 「很遺憾，關於安全帽存在許多誤解，」Giro的Eric Richter對Cycling Industry News的Mark Sutton說。「我們設計安全帽，並不是專門為了減少汽車撞擊時的受傷幾率或嚴重程度。」（"Discussion: Are Helmet Standards Overdue a Revision?," July 6, 2020, cyclingindustry.news/discussion-are-helmet-standards-overdue-a-revision.）；另參見：Carlton Reid, "Bicycle Helmets Not Designed for Impacts from Cars, Stresses Leading Maker Giro," *Forbes,* July 10, 2020。

Perceived Need for Punishment," *Accident Analysis & Prevention* 148, no. 6 (2021): 105792。

42. 參見：Richard J. Holden, "People or Systems? To Blame Is Human. The Fix Is to Engineer," *Professional Safety* 54, no. 12 (2009): 34–41; Tara Goddard et al., "Does News Coverage of Traffic Crashes Affect Perceived Blame and Preferred Solutions? Evidence from an Experiment," *Transportation Research Interdisciplinary Perspectives* 3 (2019); Nees, Sharma, and Shore, "Attributions of Accidents to 'Human Error' in News Stories."。

43. 舉例來說，一輛四千磅的車輛按紐約市速限設定的每小時三十英里行駛，其衝擊力將達倒五千四百七十磅，參見："Performance Analysis of the Protective Effects of Bicycle Helmets," *Journal of Neurosurgical Pediatrics* 10, no. 6 (2012)中這項由Tobias A. Mattei 等人完成的研究發現——在四百七十磅力量的衝擊測試中，十三頂自行車安全帽中只有九頂還能維持有效性。"The Impact Response of Traditional and BMX-Style Bicycle Helmets at Different Impact Severities," *Accident Analysis & Prevention* 92 (2016)這項由Alyssa L. DeMarco等人完成的研究發現，兒童的自行車安全帽可以應對每秒六公尺或大於每小時十三英里的撞擊速度。一項研究在對捷克共和國各種自行車撞車事故（有些涉及機動車輛，有些則不涉及）的解剖報告進行分析後發現，在其所審視的死亡案例中，只有百分之三十七的人若戴上安全帽可以倖存下來，而在大多數高能量情境下，尤其是涉及汽車或火車時，安全帽發揮不了任何作用。（Michal Bíl et al., "Cycling Fatalities: When a Helmet Is Useless and When It Might Save Your Life," *Safety Science* 105 [2018], 71–76）。

44. 參見：Nicholas Confessore and Kate Hammer, "Drunken Driver Kills Rider on Bicycle Path, Police Say," *New York Times*, December 3, 2006。

45. 車輛品牌與車款是依據《資訊自由法》（*Freedom of Information Act*）之法源取得自MV-104A Police Accident Report。車子的重量取得自CarFax.com.。

46. 略舉數例如下：Jessica B. Cicchino et al., "Not All Protected Bike Lanes Are the Same: Infrastructure and Risk of Cyclist Collisions and Falls Leading to Emergency Department Visits in Three U.S. Cities," *Accident Analysis & Prevention* 6, no. 141 (2020); Wesley E. Marshall and Nicholas N. Ferenchak, "Why Cities with High Bicycling Rates Are Safer for All Road Users," *Journal of Transportation & Health*

34. 參見：Smart Growth America, "Dangerous by Design: 2021."。

35. 參見：Ellis, "Jaywalkers Take Deadly Risks."。

36. 參見：Smart Growth America, "Dangerous by Design: 2021."。

37. 通過電郵，希格利發言的全文是：「早在該事件發生後的二〇一〇至二〇一一年之間，我們亞特蘭大都會區交通運作處的工作人員就到現場進行了交通工程調查和計數工作，為的就是要確定根據該大致位置當前的行人數量，該區域是否需要設置中段交通信號。惟根據統計結果，該地點的行人數量還不足以滿足設置的條件」。他並沒有回應我請他詳述怎樣才叫「足夠」的要求。

38. 參見：U.S. Department of Transportation, "Section 4C.05 Warrant 4, Pedestrian Volume," in Manual on Uniform Traffic Control Devices, 2009。比爾．舒爾泰斯（見第四章註29）向我解釋說在此例中，喬治亞州運輸部或許也可以考慮一般信號路口之外的另一種選擇，那就是「混合行人信號」（pedestrian hybrid beacon，PHB；一種紅綠燈需要人為啟動的非路口行人穿越道，駕駛至此得自行判斷是走是停）。行人所需「授權」——讓人為干預獲得授權所需要跨過的門檻——在這種非路口行穿道的例子中是比較低的：只要每小時二十個人過馬路就夠了。但如果只有十九個人過馬路，那官方的回應就會是讓風險留在那兒吧。「那，」舒爾泰斯解釋說，「讓我們看輕了事情在官方心中的輕重緩急。行人所需的授權標準是二十人，但其實惟一真正重要的授權標準應該是道路危不危險，附近有沒有人需要使用的公車站，當地是否住著一群擺脫了車輛而需要靠大眾運輸工具的民眾。」

39. 參見："Child's Death Casts Light on Pedestrian Traffic Woes," *National Public Radio*, July 30, 2011。

40. 參見西尼．戴克的《理解「人為失誤」的實戰指南》，頁1–14。

41. Nees, Sharma, and Shore的結論是，「只要有人為失誤歸因在作祟，受試者就會傾向於同意一種說法是個人應該為了意外被處罰，而較不同意一個組織或公司應該會意外負起責任」。「我們的發現顯示當意外在媒體中被歸因為人為失誤時，大眾就可能會比較不期待去對對導致意外發生的系統性缺陷進行檢視或改善（這些缺陷可能包括設計問題或組織習性）。參見：Michael A. Nees, Nithya Sharma, and Ava Shore, "Attributions of Accidents to 'Human Error' in News Stories: Effects on Perceived Culpability, Perceived Preventability, and

而且我認為美國對少數族裔者也有著不甚公平的嚴峻標準。」(Cady Lang, "A Comprehensive Guide to Justin Timberlake's Rocky History with the Super Bowl Halftime Show," *Time*, February 2, 2018)。

25. 參見:Yashar Ali, "Exclusive: Les Moonves Was Obsessed with Ruining Janet Jackson's Career, Sources Say," *Huffington Post*, September 6, 2018; Alex Abad-Santosalex, "The Backlash over Justin Timberlake's Super Bowl Halftime Show, Explained," *Vox*, February 1, 2018。

26. 參見:Tanya Snyder, "The Streets and the Courts Failed Raquel Nelson. Can Advocacy Save Her?," *Streetsblog USA*, July 22, 2011。

27. 參見:"Child's Death Casts Light on Pedestrian Traffic Woes," *National Public Radio*, July 30, 2011。

28.《亞特蘭大憲法報》(*The Atlanta Journal-Constitution*)報導說最近的行人穿越道在距離公車站零點三英里的地方,而平均的成年人步行速度略高於每小時三英里,或是一英里要走二十分鐘,抑或是零點三英里要走六分鐘。尼爾森必須為了過馬路而走兩趟零點三英里(來回),而我們可以合理假設帶著三個小小孩的成年人,其走速會大幅低於獨行的成年人,其中後者應該可以在十三分鐘內往返公車站,前提是過五線道的馬路需時一分鐘,而且過程中完全沒有等到。(Ralph Ellis, "Jaywalkers Take Deadly Risks," Atlanta Journal-Constitution, June 13, 2013)。

29. 參見:Ellis, "Jaywalkers Take Deadly Risks."。

30. 參見:Lisa Stark, "Mom Avoids Jail but Gets Probation After Son Killed by Driver: Raquel Nelson's 4-Year-Old Was Killed on a Georgia Road by a Hit and Run Driver," *ABC News*, July 26, 2011; Ralph Ellis, "Hit-Run Suspect Faced Similar Charges in 1997," *Atlanta Journal-Constitution*, August 11, 2012。

31. 參見:Angie Schmitt, "Georgia Prosecutor Continues Case Against Raquel Nelson," *Streetsblog USA*, September 11, 2012。

32. 參見:"Child's Death Casts Light on Pedestrian Traffic Woes," *National Public Radio*, July 30, 2011。

33. 參見:David Goldberg, "Protect, Don't Prosecute, Pedestrians," *Washington Post*, August 4, 2011。

Walster, “Assignment of Responsibility for an Accident,” *Journal of Personality and Social Psychology* 3, no. 1 (1966): 73–79。

12. 二〇一九年，死於酒駕意外者有一萬零一百四十二人，死於超速意外者有九千四百七十八人。這兩者之間自然有一些重疊。在此我要像與我分享這個想法的同事Philip Miatkowski致意。

13. 與艾利克的訪談。

14. 參見：Craig Thorley and Jayne Rushton-Woods, “Blame Conformity: Leading Eyewitness Statements Can Influence Attributions of Blame for an Accident,” *Applied Cognitive Psychology* 27 (2013): 291–96; Nathanael J. Fast and Larissa Z. Tiedens, “Blame Contagion: The Automatic Transmission of Self-Serving Attributions,” *Journal of Experimental Social Psychology* 46 (2010): 97–106。

15. 參見：Thorley and Rushton-Woods, “Blame Conformity.”。

16. 同上。

17. 參見：Broderick L. Turner et al., “Body Camera Footage Leads to Lower Judgments of Intent Than Dash Camera Footage,” *Proceedings of the National Academy of Sciences* 116, no. 4 (2019): 1201-6。

18. 同上。

19. 參見：Kristyn A. Jones, William E. Crozier, and Deryn Strange, “Believing Is Seeing: Biased Viewing of Body-Worn Camera Footage,” *Journal of Applied Research in Memory and Cognition* 6, no. 4 (2017): 460–74。

20. 參見：Caitlin M. Fausey and Lera Boroditsky, “Subtle Linguistic Cues Influence Perceived Blame and Financial Liability,” *Psychonomic Bulletin & Review* 17, no. 5 (2010): 644–50。

21. 同上。

22. 同上。

23. 同上。

24. 事發的兩年後，大賈斯汀自己對責任與歸咎的不平等分配做出了以下的評論：「假設這件事的責任是兩人一半一半，那我被怪罪的比例大概只有一成，而這也反映了我們這個社會的某些現實。我認為美國對女人確實比較嚴苛，

York City Pedestrian Death," *WNYC National Public Radio*, March 18, 2014; 以及 Rebecca Fishbein, "Driver Kills 3-Year-Old in Queens, DMV Voids His Tickets," *Gothamist*, November 7, 2014。哥倫比亞廣播公司最初的報導對廖怡君小妹妹的指責："Girl, 3, Struck and Killed by SUV in Flushing, Queens," October 6, 2013, 現在依然可在線上瀏覽：newyork.cbslocal.com/2013/10/06/girl-3-struck-and-killed-by-suv-in-flushing-queens.《每日新聞》關於該事件的原始新聞報導文章以被修改："SUV Kills 3-Year-Old Girl in Queens After She Breaks Free from Grandmother," October 7, 2013。廖怡君小妹妹身故兩年後，《每日新聞》沒有公開發布更正消息，悄悄刪除了他們對她的指責，並對標題進行了重大修改。原始版本可在Chris Polansky的"Families of People Killed by Drivers Say NYPD Victim-Blaming Compounds Grief," Gothamist, March 13, 2019中見到：gothamist.com/news/families-of-people-killed-by-drivers-say-nypd-victim-blaming-compounds-grief.。

6. 參見：Fishbein, "Driver Kills 3-Year-Old in Queens, DMV Voids His Tickets."。
7. 參見："New Yorkers and Their Cars," *New York City Economic Development Corporation*, April 5, 2018。
8. 放眼全美，警察大部分的時間都是開著車在巡邏，而他們處理的也大都是與車輛相關的問題（Barry Friedman, "Disaggregating the Police Function," *NYU Law and Economics Research Paper* No. 20-03, March 2020: 950–52）。
9. 參見：Kelly Shaver, "Defensive Attribution: Effects of Severity and Relevance on the Responsibility Assigned for an Accident," *Journal of Personality and Social Psychology* 14, no. 2 (1970): 101–13。
10. 在接受我訪問的不到一年後，馬克．艾利克在家中意外身亡；願他在天之靈庇佑我們。除非另行註明，否則下方段落的內容來自於該訪談，也來自他的研究："Culpable Causation," *Journal of Personality and Social Psychology* 63, no. 3 (1992): 368–78。
11. 與艾利克的訪談，另參見：Mark Alicke, "Culpable Control and the Psychology of Blame," *Psychological Bulletin* 126, no. 4 (2000): 556–74; Mark Alicke, "Blaming Badly," *Journal of Cognition and Culture* 8, nos. 1–12 (2000): 179–86; Mark Alicke and Ethan Zell, "Social Attractiveness and Blame," *Journal of Applied Social Psychology* 39 (2009): 2089–105; Shaver, "Defensive Attribution"; and Elaine

95. 參見：Jose A. Del Real, "Ben Carson Calls Poverty 'a State of Mind' During Interview," Washington Post, May 24, 2017。

96. 參見：J. Edward Moreno, "Democratic Lawmakers Rip Carson over Cuts to Housing Budget, Policies," The Hill, March 4, 2020。

第八章：歸咎

在撰寫本書的過程初期，我清楚地意識到，搞清楚歸咎一事（包括我們為什麼歸咎他人跟歸咎會對我們產生何種影響）對真正了解美國的意外具有關鍵的重要性。西尼．戴克的各種書寫——特別是《理解「人為失誤」的實戰指南》——以及戴克的受訪內容在此都格外地重要，這點一如Dianne Vaughan教授以太空總署在挑戰者號與哥倫比亞號發射過程中發生爆炸意外為題所進行的研究。Mark Alicke, Kelly Shaver, Elaine Walster及 Lera Boroditsky所從事的研究指引了我的理解，戴克所推薦的保羅．費茲（Paul Fitts）及理查．瓊斯（Richard Jones）在一九四七年的研究也是。工程師Bill Schultheiss很好心地協助了我理解「行人授權」是如何在歸咎的典範中找到其一席之地。我很感激譚佩思與廖熙佩允許我訴說廖怡君小妹妹以受害者身分被歸咎的可怕經歷，也很感激他們持續在紐約市推動安全街道的理念，我也很感謝他們的律師Steve Vaccaro。

1. 參見：Brené Brown, *Daring Greatly* (New York: Penguin Random House, 2012), 195–97。
2. 與史密斯的訪談。
3. 在《偶像的黃昏》（*Götzen-Dämmerung*）一書中，哲學家尼采是這麼說的：「把一樣未知的東西追溯至某樣已知的東西，可以達到舒緩、撫慰、滿足的效果，還可以予人以權力感。危險、不安與焦慮均伴隨未知而來——人的第一本能是消滅這些令人惶恐的狀態。第一原則：什麼解釋都強過沒有解釋。」（trans.R. J. Hollingdale [New York: Penguin, 1990], 62）。
4. 參見西尼．戴克的《理解「人為失誤」的實戰指南》，頁10–12。
5. 除非另有說明，廖怡君小妹妹的故事皆取材自以下的資料來源："S.U.V. Fatally Hits Girl, 3, in Queens," *New York Times*, October 6, 2013; Brad Aaron, "NYPD and Media Declare 'Accident' as Another Child Killed by NYC Motorist," *Streetsblog NYC*, October 7, 2013; Jim O'Grady, "Girl Gone: Anatomy of a New

Difference-in-Differences Analysis," *JAMA Internal Medicine* 180, no. 2 (2020): 254–62。

84. 參見：Neil Irwin and Quoctrung Bui, "The Rich Live Longer Everywhere. For the Poor, Geography Matters," *New York Times*, April 11, 2016。

85. 參見：Emily Ekins, "What Americans Think about Poverty, Wealth, and Work," *Cato Institute*, September 24, 2019, cato.org/publications/survey-reports/what-americans-think-about-poverty-wealth-work.。

86. 這一段內容出自於Kevin Smith, "Seeing Justice in Poverty: The Belief in a Just World and Ideas About Inequalities," *Sociological Spectrum* 5, nos. 1–2 (1985): 17–29; "I Made It Because of Me: Beliefs About the Causes of Wealth and Poverty," *Sociological Spectrum* 5 (1985): 255–67; David N. Green, "Individual Correlates of the Belief in a Just World," *Psychological Reports* 54 (1984): 435–38; 以及與史密斯的訪談。

87. 與史密斯的訪談。

88. 參見：Melvin J. Lerner and Carolyn H. Simmons, "Observer's Reaction to the 'Innocent Victim': Compassion or Rejection?," Journal of Personality and Social Psychology 4, no. 2 (1966): 203–10。

89. 與Smith的訪談。

90. 參見：Smith and Green, "Individual Correlates of the Belief in a Just World."。

91. 參見：Smith, "I Made It Because of Me: Beliefs About the Causes of Wealth and Poverty."。

92. 參見：Zack Rubin and Letitia Anne Pelau, "Who Believes in a Just World?," Journal of Social Issues 31, no. 3 (1975): 65–89。

93. 參見：Ekins, "What Americans Think about Poverty, Wealth, and Work."。

參見：Pew Research Center, "Most Americans Point to Circumstances, Not Work Ethic, for Why People Are Rich or Poor," March 2, 2020, pewresearch.org/politics/2020/03/02/most-americans-point-to-circumstances-not-work-ethic-as-reasons-people-are-rich-or-poor。

94. 與史密斯的訪談。

Comparison," iihs.org/topics/fatality-statistics/detail/urban-rural-comparison.。

73. 參見：James Conca, "The Colonial Pipeline Explosion: Do We Need Fewer Pipelines—Or More?," *Forbes*, November 3, 2016。

74. 參見：Congressional Budget Office, "Public Spending on Transportation and Water Infrastructure, 1956 to 2017," October 2018, cbo.gov/system/files/2018-10/54539-Infrastructure.pdf.。

75. 參見：David Schaper, "10 Years After Bridge Collapse, America Is Still Crumbling," *National Public Radio*, August 1, 2017。

76. 參見：Emily Cochrane, "Senate Passes $1 Trillion Infrastructure Bill, Handing Biden a Bipartisan Win," *New York Times*, August 10, 2021; Aatish Bhatia and Quoctrung Bui, "The Infrastructure Plan: What's In and What's Out," *New York Times*, August 10, 2021; National Association of City Transportation Officials, "Infrastructure Investment and Jobs Act: Overview for Cities," August 2021, nacto.org/wp-content/uploads/2021/08/NACTO-IIJA-City-Overview.pdf.。

77. 參見：Karb, Subramanian, and Fleegler, "County Poverty Concentration and Disparities in Unintentional Injury Deaths."。

78. 參見："Our Nation's Crumbling Infrastructure and the Need for Immediate Action," Gregory E. DiLoreto to the Committee on Ways and Means, U.S. House of Representatives, March 6, 2019。

79. 參見：Ron Nixon, "Human Cost Rises as Old Bridges, Dams and Roads Go Unrepaired," *New York Times*, November 5, 2015。

80. 參見："America's Poor Neighborhoods Plagued by Pedestrian Deaths," *Governing*, August 5, 2014。

81. 參見：Richard Florida, "The Geography of Car Deaths in America: The U.S. Is a Nation Divided Not Just by How People Get Around, but by How Fast They Drive," *Bloomberg CityLab*, October 15, 2015。

82. 參見：Karb, Subramanian, and Fleegler, "County Poverty Concentration and Disparities in Unintentional Injury Deaths."。

83. 參見：Atheendar S. Venkataramani et al., "Association Between Automotive Assembly Plant Closures and Opioid Overdose Mortality in the United States: A

County, SD; Yukon-Koyukuk Census Area, AK; Mellette County, SD; Sioux County, ND; Rio Arriba County, NM (the non-Indigenous-majority outlier); and Apache County, AZ。

61. 參見：Strickland, "Life on the Pine Ridge Native American Reservation."。

62. 參見："Indian Affairs: Key Actions Needed to Ensure Safety and Health at Indian School Facilities," *U.S. Government Accountability Office*, March 10, 2016。

63. 參見印度國家衛生委員會首席執行官 Stacy A. Bohlen 向眾議院內部、環境和相關機構撥款小組委員會的書面證詞，June 11, 2020。

64. 參見：John R. Baxter, "Hearing on Tribal Transportation: Paving the Way for Jobs, Infrastructure and Safety in Native Communities," Federal Highway Administration, U.S. *Department of Transportation*, September 15, 2011。

65. 參見：Christopher Flavelle and Kalen Goodluck, "Dispossessed, Again: Climate Change Hits Native Americans Especially Hard," *New York Times*, June 27, 2021。

66. 參見：CDC WISQARS Fatal Injury Reports, webappa.cdc.gov/sasweb/ncipc/mortrate.html.。

67. 參見：Appelbaum, "Public Works Funding Falls as Infrastructure Deteriorates."。

68. 佔國內生產毛額的比重，參見U.S. Census Bureau, "Total Public Construction Spending: Total Construction in the United States," *FRED*, fred.stlouisfed.org/graph/?g=heS.。

69. 參見：American Association of Civil Engineers, "2021 Report Card for America's Infrastructure," infrastructurereportcard.org/wp-content/uploads/2020/12/National_IRC_2021-report.pdf, 19–20, 27, 35, 73, 153。

70. 參見：American Association of Civil Engineers, "2020 Report Card for Mississippi Infrastructure," infrastructurereportcard.org/wp-content/uploads/2016/10/FullReport-MS_2020-1.pdf, 15。

71. 參見：American Road and Transportation Builders Association, "2021 Bridge Conditions Report," artbabridge report.org/reports/2021-ARTBA-Bridge-Report.pdf.。

72. 參見：Insurance Institute for Highway Safety, "Fatality Facts 2019: Urban/Rural

50. 與Dana Loomis關於這份研究的訪談："Political Economy of US States and Rates of Fatal Occupational Injury," *American Journal of Public Health* 99 (2009): 1400–8。

51. 參見：C. R. Ronzio, E. Pamuk, and G. D. Squire, "The Politics of Preventable Death: Local Spending, Income Inequality, and Premature Mortality in US Cities," *Journal of Epidemiology and Community Health* 58, no. 3 (2004): 161。

52. 參見：Robert J. Schneider et al., "United States Fatal Pedestrian Crash Hot Spot Locations and Characteristics," *Journal of Transport and Land Use* 14, no. 1 (2021)。

53. 參見：Binyamin Appelbaum, "Public Works Funding Falls as Infrastructure Deteriorates," *New York Times*, August 8, 2017。

54. 參見：Jim Justice, "Executive Budget: Volume I Budget Report Fiscal Year 2022," *State of West Virginia*, February 10, 2021, 53。

55. 參見：Feijun Luo, Mengyao Li, and Curtis Florence, "State-Level Economic Costs of Opioid Use Disorder and Fatal Opioid Overdose—United States, 2017," *Morbidity and Mortality Weekly Report* 70, no. 15 (2021): 541–46。

56. 參見：CDC WONDER Compressed Mortality File, wonder.cdc.gov/cmf-icd10.html.。

57. 參見："About the Pine Ridge Reservation," Re-Member, re-member.org/pine-ridge-reservation; Patrick Strickland, "Life on the Pine Ridge Native American Reservation," *Al Jazeera*, November 2, 2016; Gabi Serrato Marks, "How Oglala Lakota People Are Standing Up to Extreme Weather," *Scientific American*, December 11, 2019。

58. 同上。

59. "Tribal Infrastructure: Roads, Bridges, and Buildings"，奧格拉拉-拉科塔部落主席Julian Bear Runner向眾議院自然資源委員會和美國原住民小組委員會提交的書面證詞，July 11, 2019。

60. 參見：CDC WONDER Compressed Mortality File, wonder.cdc.gov/cmf-icd10.html; U.S. Census Bureau QuickFacts (V2019) for Lake and Peninsula Borough, AK; Thomas County, NE; Oglala Lakota County, SD; Corson County, SD; Todd

Community Economic Health," *Health Services Research* 41, no. 2 (2006): 467–85。

38. 參見：Rachel Garfield, Kendal Orgera, and Anthony Damico, "The Coverage Gap: Uninsured Poor Adults in States That Do Not Expand Medicaid," *Kaiser Family Foundation*, January 21, 2021, kff.org/medicaid/issue-brief/the-coverage-gap-uninsured-poor-adults-in-states-that-do-not-expand-medicaid.。

39. 參見：The Chartis Center for Rural Health, "The Rural Health Safety Net Under Pressure: Rural Hospital Vulnerability," chartis.com/forum/insight/the-rural-health-safety-net-under-pressure-rural-hospital-vulnerability.。

40. 參見：The Chartis Center for Rural Health, "Crises Collide: The COVID-19 Pandemic and the Stability of the Rural Health Safety Net," chartis.com/resources/files/Crises-Collide-Rural-Health-Safety-Net-Report-Feb-2021.pdf.。

41. 同上。

42. 參見：Jenny Jarvie, "In a Time of Pandemic, Another Rural Hospital Shuts Its Doors," *Los Angeles Times*, May 16, 2020。

43. 參見：Sarah Kliff, Jessica Silver-Greenberg, and Nicholas Kulish, "Closed Hospitals Leave Rural Patients 'Stranded' as Coronavirus Spreads," *New York Times*, April 26, 2020。

44. 參見：Tyler Barker, "Shuttered West Virginia Hospital Reopens as Temporary ER," *ABC 4 WOAY*, July 1, 2020。

45. 參見：CDC WONDER Compressed Mortality File, wonder.cdc.gov/cmf-icd10.html.。

46. 同上。

47. 參見：Michael B. Sauter, "Per Capita Government Spending: How Much Does Your State Spend on You?," *USA Today*, June 29, 2018。

48. 參見：Neil Irwin, "One County Thrives. The Next One Over Struggles. Economists Take Note," *New York Times*, June 29, 2018。

49. 參見：Laura Dwyer-Lindgren et al., "Inequalities in Life Expectancy Among US Counties, 1980 to 2014: Temporal Trends and Key Drivers," *JAMA Internal Medicine* 177, no. 7 (2017): 1003–11。

22. 參見：American Hospital Directory, "Hospital Statistics by State," ahd.com/state_statistics.html.。

23. 參見：Andrew Lisa, "States with the Biggest Rural Populations," *Stacker*, April 8, 2019; Suneson, "Wealth in America."。

24. 參見：Ayla Ellison, "State-By-State Breakdown of 897 Hospitals at Risk of Closing," *Becker's Hospital CFO Report*, January 22, 2021。

25. 參見：David Mosley and Daniel DeBehnke, "Rural Hospital Sustainability: New Analysis Shows Worsening Situation for Rural Hospitals, Residents," *Navigant Consulting*, guidehouse.com/-/media/www/site/insights/healthcare/2019/navigant-rural-hospital-analysis-22019.pdf.。

26. 與赫斯特的訪談。另參見：American Hospital Directory: United Hospital Center, ahd.com/free_profile/510006/United_Hospital_Center/Bridgeport/West_Virginia.。

27. 與赫斯特的訪談。

28. 同上。

29. 同上。

30. 參見：CDC WONDER Compressed Mortality File, wonder.cdc.gov/cmf-icd10.html.。

31. 與赫斯特的訪談。

32. 參見：Ellison, "Why Rural Hospital Closures Hit a Record High in 2020."。

33. 參見：Laura Santhanam, "These 3 Charts Show How Rural Health Care Was Weakened Even Before COVID-19," *PBS NewsHour*, May 14, 2020。

34. 參見：Estes, "1 in 4 Rural Hospitals Are at Risk of Closure and the Problem Is Getting Worse."。

35. 參見：Ali Watkins, "Rural Ambulance Crews Have Run Out of Money and Volunteers," *New York Times*, April 25, 2021。

36. 參見：Lucy Kafanov, "Rural Ambulance Crews Are Running Out of Money and Volunteers. In Some Places, the Fallout Could Be Nobody Responding to a 911 Call," *CNN*, May 22, 2021。

37. 參見：George M. Holmes et al., "The Effect of Rural Hospital Closures on

historical-preventable-fatality-trends/deaths-by-cause; "Wealth Concentration Has Been Rising Toward Early 20th Century Levels," *Center on Budget and Policy Priorities*, cbpp.org/wealth-concentration-has-been-rising-toward-early-20th-century-levels-2. 另參見：Eve Darian-Smith, "Dying for the Economy: Disposable People and Economies of Death in the Global North," *State Crime Journal* 10, no. 1 (2021): 61–79。

11. 參見：Monica M. He, "Driving Through the Great Recession: Why Does Motor Vehicle Fatality Decrease When the Economy Slows Down?," *Social Science & Medicine* 155 (2016): 1–11。
12. 參見：Alissa Walker, "This Spring, We All Drove Much Less. Yet Traffic Deaths Went Up. Why?," *Curbed*, October 15, 2020。
13. 參見美國國家安全委員會發布的資料："Motor Vehicle Deaths in 2020 Estimated to Be Highest in 13 Years, Despite Dramatic Drops in Miles Driven," March 4, 2021, nsc.org/newsroom/motor-vehicle-deaths-2020-estimated-to-be-highest.。
14. 參見：McFarland, "Traffic Deaths Jump for Black Americans Who Couldn't Afford to Stay Home During Covid"; National Highway Traffic Safety Administration, "Early Estimates of Motor Vehicle Traffic Fatalities and Fatality Rate by Sub-categories in 2020," *Traffic Safety Facts: Crash Stats*, June 2021, crashstats.nhtsa.dot.gov/Api/Public/ViewPublication/813118.。
15. 參見：Joan Lowy, "Traffic Accidents in the U.S. Cost $871 Billion a Year, Federal Study Finds," *PBS NewsHour*, May 29, 2014。
16. 與國家安全委員會的主任統計員肯・柯洛許的訪談。
17. 同上。
18. 參見：Clary Estes, "1 in 4 Rural Hospitals Are at Risk of Closure and the Problem Is Getting Worse," *Forbes*, February 24, 2020。
19. 參見：Sean McCarthy et al., "Impact of Rural Hospital Closures on Health-Care Access," *Journal of Surgical Research* 258 (2021): 170–78。
20. 參見：Emergency Medicine News, "Congratulations to Kyle Hurst," West Virginia University School of Medicine, October 11, 2019.。
21. 與急診室醫師凱爾・赫斯特的訪談。

頓大學經濟學與公共事務教授Anne Case；「美國交通組織」總監Beth Osborne；急診室醫師凱爾・赫斯特（Dr. Kyle Hurst）；專門研究公義社會謬誤之經濟層面體現的德州拉瑪大學社會學教授凱文・史密斯（Kevin Smith）；合著有優秀文章"Estimated Deaths Attributable to Social Factors in the United States"登在美國公共衛生期刊上的紐約州立大學流行病學與生物統計學教授Melissa Tracy; 以及擔任過美國參議院印第安事務委員會主席，且著有*Reckless: How Debt, Deregulation, and Dark Money Nearly Bankrupted America*與*Take This Job and Ship It: How Corporate Greed and Brain-Dead Politics Are Selling Out America*的前達科他州美國參議員與眾議員Byron Dorgan。

1. 參見：D. C. Girasek, "How Members of the Public Interpret the Word 'Accident,' " *Injury Prevention* 5 (1999): 19–25。
2. 與黛博拉・吉拉塞克透過電子郵件進行的訪談。
3. 參見：Girasek, "How Members of the Public Interpret the Word 'Accident.' "。
4. 參見：CDC WISQARS Fatal Injury Reports, webappa.cdc.gov/sasweb/ncipc/mortrate.html; Rebecca A. Karb, S. V. Subramanian, and Eric W. Fleegler, "County Poverty Concentration and Disparities in Unintentional Injury Deaths: A Fourteen-Year Analysis of 1.6 Million U.S. Fatalities," *PLOS One* 11 (2016): 1–12。
5. 若無另行註明，則這部分的內容是根據Chukwudi Onwuachi-Saunders and Darnell F. Hawkins, "Black-White Differences in Injury: Race or Social Class?," *Annals of Epidemiology* 3, no. 2 (1993): 150–53，以及與褚克伍迪・昂瓦奇—桑德斯醫師進行的訪談。
6. 與褚克伍迪・昂瓦奇—桑德斯醫師的訪談。
7. 同上。
8. 參見：Karb, Subramanian, and Fleegler, "County Poverty Concentration and Disparities in Unintentional Injury Deaths."。
9. 參見：Lynne Peeples, "How the Next Recession Could Save Lives," *Nature*, January 23, 2019。
10. 參見：Comparison of National Safety Council, "Preventable Injury-Related Deaths by Cause, United States, 1903–2019," *Injury Facts*, injuryfacts.nsc.org/all-injuries/

Review 73, no. 5 (2020): 1259–330。

80. 參見：Michele Lerner, "One Home, a Lifetime of Impact," *Washington Post*, July 23, 2020; Tegan K. Boehmer et al., "Residential Proximity to Major Highways—United States, 2010," *Centers for Disease Control and Prevention, Morbidity and Mortality Weekly Report* 62, no. 3 (2013): 46–50。

81. 參見：United States Fire Administration National Fire Data Center, "Socioeconomic Factors and the Incidence of Fire."。

82. 參見：Brad Plumer and Nadja Popovich, "How Decades of Racist Housing Policy Left Neighborhoods Sweltering," *New York Times*, August 24, 2020。

83. 參見：Luis F. Miranda-Moreno, Patrick Morency, and Ahmed M. El-Geneidy, "The Link Between Built Environment, Pedestrian Activity and Pedestrian–Vehicle Collision Occurrence at Signalized Intersections," *Accident Analysis & Prevention* 43, no. 5 (2011): 1624–34; Tefft, "Impact Speed and a Pedestrian's Risk of Severe Injury or Death."。

84. 參見：Kate Lowe, Sarah Reckhow, and Andrea Benjamin, "Pete Buttigieg May Not Know This Yet: Rail Transportation Funding Is a Racial Equity Issue," *Washington Post*, February 1, 2021。

85. 參見：Todd Litman, "A New Transit Safety Narrative," *Journal of Public Transportation* 17, no. 4 (2014): 114–35。

86. 參見：James Reason, "Human Error: Models and Management," *British Medical Journal* 320, no. 7237 (2000): 768–70; Thomas V. Perneger, "The Swiss Cheese Model of Safety Incidents: Are There Holes in the Metaphor?," *BMC Health Services Research* 5, no. 71 (2005)。

第七章：金錢

這一章是根據下述訪談，訪談對象包括流行病學家褚克伍迪・昂瓦奇—桑德斯醫師；國家安全委員會的主任統計員肯・柯洛許；亞斯本研究所美國原住民青年中心（Aspen Institute Center for Native American Youth）研究與評估處長Billie Jo Kipp; 原住民環境網絡（Indigenous Environmental Network）運動建立召集人Ozawa Bineshi Albert; 流行病學家黛博拉・吉拉塞克（Deborah Girasek）；普林斯

Health Impacts of Air Pollution from Oil & Gas Facilities on African American Communities"; Oliver Milman, "Revealed: 1.6m Americans Live Near the Most Polluting Incinerators in the US," Guardian, May 21, 2019; Starbuck and White, "Living in the Shadow of Danger: Poverty, Race, and Unequal Chemical Facility Hazards"; Maninder P. S. Thind et al., "Fine Particulate Air Pollution from Electricity Generation in the US: Health Impacts by Race, Income, and Geography," *Environmental Science and Technology* 53, no. 23 (2019): 14010–19; Zoë Schlanger, "Race Is the Biggest Indicator in the US of Whether You Live Near Toxic Waste," *Quartz*, March 22, 2017。

74. 參見：Bullard et al., "Toxic Wastes and Race at Twenty."。

75. 參見：Amin Raid, Arlene Nelson, and Shannon McDougall, "A Spatial Study of the Location of Superfund Sites and Associated Cancer Risk," *Statistics and Public Policy* 5, no. 1 (2018): 1–9。

76. 參見："Population Surrounding 1,857 Superfund Remedial Sites," *United States Environmental Protection Agency*, Office of Land and Emergency Management, September 2020, epa.gov/sites/production/files/2015-09/documents/webpopulationrsuperfundsites9.28.15.pdf.。

77. 參見：Raid, Nelson, and McDougall, "A Spatial Study of the Location of Superfund Sites and Associated Cancer Risk"; Tom Boer et al., "Is There Environmental Racism? The Demographics of Hazardous Waste in Los Angeles County," *Social Science Quarterly* 78, no. 4 (1997): 793–810; Paul Stretesky and Michael J. Hogan, "Environmental Justice: An Analysis of Superfund Sites in Florida," *Social Problems* 45, no. 2 (1998): 268–87。

78. 參見：CDC WISQARS Fatal Injury Reports, webappa.cdc.gov/sasweb/ncipc/mortrate.html.。

79. 與Joseph F. C. DiMento的訪談；他是此書的作者：Changing Lanes: Visions and Histories of Urban Freeways，以及White Flight: Atlanta and the Making of Modern Conservatism 的作者Kevin Kruse；另參見：Candice Norwood, "How Infrastructure Has Historically Promoted Inequality," *PBS NewsHour*, April 23, 2021; Deborah N. Archer, "White Men's Roads Through Black Men's Homes: Advancing Racial Equity Through Highway Reconstruction," *Vanderbilt Law*

61. 參見：AFL-CIO, “Death on the Job: The Toll of Neglect, 2021,” May 4, 2021, aflcio.org/reports/death-job-toll-neglect-2021.。

62. 參見：Loomis and Richardson, “Race and the Risk of Fatal Injury at Work.”。

63. 參見：Loomis et al., “Fatal Occupational Injuries in a Southern State.”。

64. 參見：“Exploded Trust,” *Scientific American* 309, no. 1 (2013): 10–11。

65. 參見：U.S. Environmental Protection Agency, “TRI National Analysis: Releases of Chemicals,” January 2021, epa.gov/trinationalanalysis/releases-chemicals.。

66. 參見：Lesley Fleischman and Marcus Franklin, “Fumes Across the Fence-Line: The Health Impacts of Air Pollution from Oil & Gas Facilities on African American Communities,” *National Association for the Advancement of Colored People*, naacp.org/resources/fumes-across-fence-line-health-impacts-air-pollution-oil-gas-facilities-african-american.。

67. 參見：M. R. Elliott et al., “Environmental Justice: Frequency and Severity of U.S. Chemical Industry Accidents and the Socioeconomic Status of Surrounding Communities,” *Journal of Epidemiology & Community Health* 58 (2004): 24–30。

68. 參見：Amanda Starbuck and Ronald White, “Living in the Shadow of Danger: Poverty, Race, and Unequal Chemical Facility Hazards,” *Center for Effective Government*, January 2016, foreffectivegov.org/sites/default/files/shadow-of-danger-highrespdf.pdf.。

69. 參見：United Church of Christ Commission for Racial Justice, “Toxic Wastes and Race in the United States.”。

70. 參見：Brian King, States of Disease: Political Environments and Human Health (Berkeley: University of California Press, 2017), 36。

71. 參見：Robert D. Bullard et al., “Toxic Wastes and Race at Twenty: 1987–2007,” *United Church of Christ Justice and Witness Ministries*, nrdc.org/sites/default/files/toxic-wastes-and-race-at-twenty-1987-2007.pdf.。

72. 參見：United Church of Christ Commission for Racial Justice, “Toxic Wastes and Race in the United States.”。

73. 參見：Lesley Fleischman and Marcus Franklin, “Fumes Across the Fence-Line: The

54. 參見：CDC WISQARS Fatal Injury Reports, webappa.cdc.gov/sasweb/ncipc/mortrate.html.。

55. 參見：Yin Paradies et al., "Racism as a Determinant of Health: A Systematic Review and Meta-Analysis," *PLOS One* 10, no. 9 (2015): e0138511。

56. 參見：CDC WONDER Compressed Mortality File, ICD-10 Codes: Inhalation and Ingestion of Food Causing Obstruction of Respiratory Tract (W79); *Accidental Drowning and Submersion* (W65–W74), wonder.cdc.gov/cmf-icd10.html.。

57. 參見：J. Gilchrist, K. Gotsch, and G. Ryan, "Nonfatal and Fatal Drownings in Recreational Water Settings: United States, 2001–2002," *Centers for Disease Control and Prevention, Morbidity and Mortality Weekly Report* 53, no. 21 (2004): 447–52。

58. 參見：CDC WISQARS Fatal Injury Reports, webappa.cdc.gov/sasweb/ncipc/mortrate.html.。

59. 參見：Stephen Kerber, "Analysis of Changing Residential Fire Dynamics and Its Implications on Firefighter Operational Timeframes," *Fire Technology* 48 (2011): 865–91; United States Fire Administration National Fire Data Center, Federal Emergency Management Agency, "Socioeconomic Factors and the Incidence of Fire," June 1997, usfa.fema.gov/downloads/pdf/statistics/socio.pdf; Marty Ahrens and Radhika Maheshwari, "Home Structure Fires," *National Fire Protection Association*, November 2020, nfpa.org/News-and-Research/Data-research-and-tools/Building-and-Life-Safety/Home-Structure-Fires.。

60. 參見：This section is from Dana P. Loomis et al., "Fatal Occupational Injuries in a Southern State," *American Journal of Epidemiology* 145, no. 12 (1997): 1089–199; Dana Loomis and David Richardson, "Race and the Risk of Fatal Injury at Work," *American Journal of Public Health* 88, no. 1 (1998): 40–44; Dana Loomis et al., "Political Economy of US States and Rates of Fatal Occupational Injury," *American Journal of Public Health* 99, no. 8 (2009): 1400–1408; and David B. Richardson et al., "Fatal Occupational Injury Rates in Southern and Non-Southern States, by Race and Hispanic Ethnicity," *American Journal of Public Health* 94, no. 10 (2004): 1756–61, 以及與Loomis 訪談。

Reporting System, 17 U.S. States, 2009–2012," *American Journal of Preventive Medicine* 51 (2016): S173–S187。

42. 參見：Scott Glover et al., "A Key Miscalculation by Officers Contributed to the Tragic Death of Breonna Taylor," *CNN*, July 23, 2020。
43. 參見：Becky Sullivan and Vanessa Romo, "Officer Who Fatally Shot Daunte Wright with 'Accidental Discharge' Is Identified," *National Public Radio*, April 12, 2021。
44. 參見：Kevin Sack, "Door-Busting Drug Raids Leave a Trail of Blood," *New York Times*, March 18, 2017。
45. 參見：Rose Hackman, " 'She Was Only a Baby': Last Charge Dropped in Police Raid That Killed Sleeping Detroit Child," *Guardian*, January 31, 2015。
46. 同上。
47. 參見：Robert F. Worth, "Commissioner Reassigns Captain Involved in Ill-Fated Harlem Raid," *New York Times*, May 24, 2003。
48. 有關來源的詳細列表，請參閱五章註92。
49. 參見：CDC WISQARS Fatal Injury Reports, webappa.cdc.gov/sasweb/ncipc/mortrate.html.。
50. 參見：Matt McFarland, "Traffic Deaths Jump for Black Americans Who Couldn't Afford to Stay Home During Covid," *CNN Business*, June 20, 2021; CDC WISQARS Fatal Injury Reports, webappa.cdc.gov/sasweb/ncipc/mortrate.html.。
51. 參見：CDC WISQARS Fatal Injury Reports webappa.cdc.gov/sasweb/ncipc/mortrate.html. Cheryl Cherpitel, Yu Ye, and William Kerr, "Shifting Patterns of Disparities in Unintentional Injury Mortality Rates in the United States, 1999–2016," *Pan-American Journal of Public Health* 45 (2021): 1–11。
52. 參見：CDC WISQARS Fatal Injury Reports, webappa.cdc.gov/sasweb/ncipc/mortrate.html.。
53. 參見：CDC WONDER Compressed Mortality File, ICD-10 Codes: Exposure to Excessive Natural Heat (X30); Exposure to Excessive Natural Cold (X31); *Unintentional Natural/Environmental Deaths* (W42, W43, W53–W64, W92–W99, X20–X39, X51–X57), wonder.cdc.gov/cmf-icd10.html.。

2020," *Streetsblog NYC*, May 7, 2020。

29. 參見：Edward L. Glaeser and Bruce Sacerdote, "The Determinants of Punishment: Deterrence, Incapacitation, and Vengeance," *Harvard Institute of Economic Research: Discussion Paper* , 1894, April 2000。

30. 同上。

31. 參見：CDC WISQARS Fatal Injury Reports, webappa.cdc.gov/sasweb/ncipc/mortrate.html.。

32. 參見：Tara Goddard, Kimberly Barsamian Kahn, and Arlie Adkins, "Racial Bias in Driver Yielding Behavior at Crosswalks," *Transportation Research Part F: Traffic Psychology and Behaviour* 33 (2015), 1–6, 以及與 Goddard的訪談。

33. 參見：Goddard, Kahn, and Adkins, "Racial Bias in Driver Yielding Behavior at Crosswalks."。

34. 參見：CDC WISQARS Fatal Injury Reports, webappa.cdc.gov/sasweb/ncipc/mortrate.html.。

35. 同上。

36. 同上。

37. 參見：Anthony Greenwald, Mark Oakes, and Hunter Hoffman, "Targets of Discrimination: Effects of Race on Responses to Weapons Holders," *Journal of Experimental Social Psychology* 39 (2003): 399–405。

38. 同上。

39. 參見：Yara Mekawi and Konrad Bresin, "Is the Evidence from Racial Bias Shooting Task Studies a Smoking Gun? Results from a Meta-Analysis," *Journal of Experimental Social Psychology* 61 (2015): 120–30。

40. 參見：Frank Edwards, Hedwig Lee, and Michael Esposito, "Risk of Being Killed by Police Use of Force in the United States by Age, Race–Ethnicity, and Sex," *Proceedings of the National Academy of Sciences* 116, no. 34 (2019): 16793–16798。

41. 參見：Sarah DeGue, Katherine A. Fowler, and Cynthia Calkins, "Deaths Due to Use of Lethal Force by Law Enforcement: Findings from the National Violent Death

Male' Effect," *Health, Risk & Society* 2, no. 2 (2000): 159–72。

19. 參見：K. Brent, "Gender, Race, and Perceived Environmental Risk: The 'White Male' Effect in Cancer Alley, LA," *Sociological Spectrum* 24, no. 4 (2004): 453–78。
20. 參見：Wesley James, Chunrong Jia, and Satish Kedia, "Uneven Magnitude of Disparities in Cancer Risks from Air Toxics," *International Journal of Environmental Research and Public Health* 9, no. 12 (2012): 4365–85。
21. 參見：Brent, "Gender, Race, and Perceived Environmental Risk."。
22. 參見：Dan M. Kahan et al., "Culture and Identity-Protective Cognition: Explaining the White-Male Effect in Risk Perception," *Journal of Empirical Legal Studies* (2007): 465–505。
23. 參見：Paul Slovic, "Trust, Emotion, Sex, Politics, and Science: Surveying the Risk-Assessment Battlefield," in *Environment, Ethics, and Behavior*, ed. M. H. Bazerman et al. (San Francisco: New Lexington, 1997), 277–313。
24. 本節來自 Brad Randall, Paul Thompson, and Anne Wilson, "Racial Differences Within Subsets of Sudden Unexpected Infant Death (SUID) with an Emphasis on Asphyxia," *Journal of Forensic and Legal Medicine* 62 (February 2019): 52–55,以及與Randall的訪談。
25. 參見：CDC WISQARS Fatal Injury Reports, webappa.cdc.gov/sasweb/ncipc/mortrate.html.。
26. 參見：Randall, Thompson, and Wilson, "Racial Differences Within Subsets of Sudden Unexpected Infant Death (SUID) with an Emphasis on Asphyxia."。
27. 參見：Topher Sanders, Kate Rabinowitz, and Benjamin Conarck, "Walking While Black: Jacksonville's Enforcement of Pedestrian Violations Raises Concerns That It's Another Example of Racial Profiling," *ProPublica*, November 16, 2017; Smart Growth America, "Dangerous by Design: 2021," smartgrowthamerica.org/wp-content/uploads/2021/03/Dangerous-By-Design-2021.pdf.。
28. 參見：Gersh Kuntzman, " 'Jaywalking While Black': Final 2019 Numbers Show Race-Based NYPD Crackdown Continues," *Streetsblog NYC*, January 27, 2020; Gersh Kuntzman, "NYPD's Racial Bias in 'Jaywalking' Tickets Continues into

5. 同上，頁46。

6. 同上，頁36–38。

7. 參見：Ibram X. Kendi, *How to Be an Antiracist* (New York: One World, 2019), 44–55。

8. 參見：Karen E. Fields and Barbara J. Fields, *Racecraft: The Soul of Inequality in American Life* (New York: Verso, 2012), 16–24。

9. 參見：CDC WISQARS Fatal Injury Reports, webappa.cdc.gov/sasweb/ncipc/mortrate.html.。

10. 參見：Michael Andersen, "NYC Bikeon-Sidewalk Tickets Most Common in Black and Latino Communities," *Streetsblog USA*, October 21, 2014; Julianne Cuba, "NYPD Targets Black and Brown Cyclists for Biking on the Sidewalk," *Streetsblog NYC*, June 22, 2020。

11. 參見：Echols, Correll, and Decety, "The Blame Game: The Effect of Responsibility and Social Stigma on Empathy for Pain"; Jennifer N. Gutsell and Michael Inzlicht, "Intergroup Differences in the Sharing of Emotive States: Neural Evidence of an Empathy Gap," *Social Cognitive and Affective Neuroscience* 7, no. 5 (2012): 596–603。

12. 參見：Katie Honan, "Only 'Illegals' Use Bike Lanes in Corona, Trump-Backing Board Member Says," *DNAinfo*, March 1, 2017。

13. 參見：United Church of Christ Commission for Racial Justice, "Toxic Wastes and Race in the United States: A National Report on the Racial and Socioeconomic Characteristics of Communities with Hazardous Waste Sites," 1987, nrc.gov/docs/ML1310/ML13109A339.pdf.。

14. 參見：James Flynn, Paul Slovic, and C. K. Mertz, "Gender, Race, and Perception of Environmental Health Risks," *Risk Analysis* 14, no. 6 (1994): 1101–8。

15. 同上。

16. 同上。

17. 同上。

18. 參見：Melissa Finucane et al., "Gender, Race, and Perceived Risk: The 'White

States, 1999-2019," Centers for Disease Control and Prevention Opioid Overdose Data Analysis and Resources, cdc.gov/drugoverdose/data/analysis.html.。

96. 參見：Pooja A. Lagisetty et al., "Buprenorphine Treatment Divide by Race/Ethnicity and Payment," *JAMA Psychiatry* 76, no. 9 (2019): 979–81。

第六章：種族歧視

這一章的內容大部分是根據訪談，訪談的對象則包括流行病學家褚克伍迪・昂瓦奇―桑德斯醫師（Dr. Chukwudi Onwuachi-Saunders）與Dana Loomis; 鑑識病理學者Brad Randall; 著有*How Our Days Became Numbered: Risk and the Rise of the Statistical Individual*的Dan Bouk,; 在德克薩斯州A&M大學擔任都市計畫教授並研究交通運輸與社會心理學交會點的塔拉・戈達德（Tara Goddard）; 著有*Changing Lanes: Visions and Histories of Urban Freeway*的Joseph F. C. DiMento,; 與著有*White Flight: Atlanta and the Making of Modern Conservatism*的Kevin Kruse; 另外本章還參考了Ibram X. Kendi所著的*How to Be an Antiracist* 與Karen E. Fields和Barbara J. Fields合著的*Racecraft: The Soul of Inequality in American Life*。雖然他的故事並沒有被納入本書，但我從與詹姆斯・林德（James Linder）的通信中獲益良多，他是伊利諾州一名因為與毒品相關的過失殺人而被判處二十八年有期徒刑的黑人，同時與他的律師Henry H. Sugden III所進行的訪問也讓我有很多收穫。林德被控涉及販毒給一名白人，結果造成該名白人的白人女友意外用藥過量死亡，但他受審不是在相關毒品交易發生的郡，也不是在該女友意外死亡的郡，而是在白人占百分之九十三人口的鄰郡，因為那是死者生前居住的地方。判處林德二十八年徒刑的是一個全白的陪審團，他們只閉門研議了三個小時不到就作成此判決，且這刑度是該郡針對同罪名在五年內所判過最長刑期的兩倍多。實際上，把藥物交給死者且針對她的用藥狀況對醫療人員說謊（導致納洛酮的干預無法及時實施）的白人男友，只被判了緩刑（另參見：drugpolicy.org/james-linders-story.）。

1. 參見西尼・戴克的《理解「人為失誤」的實戰指南》，頁21–63。
2. 同上。
3. 同上，頁24–28。
4. 同上，頁21–28, 39–44。

90. 參見：Frakt and Monkovic, "A 'Rare Case Where Racial Biases' Protected African-Americans."。

91. 同上。

92. 黑人（一九七八到二〇〇二年）與「非白人」（一九〇〇到一九七七年，包括所有其他種族，但不包括拉丁裔）的意外死亡率（所有意外死亡總計）自我能找到的最早全面記錄的一九〇〇年起一直到二〇〇二年，每年都高於白人，而二〇〇二年的主流典範移轉是肇因於鴉片類藥物的用藥過量。從一九八一到一九九八年與從一九九九到二〇一九年的所有非故意受傷致死的資料按年度與種族分類，其檢索都可以利用CDC WISQARS 致命傷害報告（Fatal Injury Reports,webappa.cdc.gov/sasweb/ncipc/mortrate.html)；一九六一到一九八〇年的資料可以搜尋逐年發行的*Vital Statistics of the United States*，意外死亡按種族分類的資料則存於 Volume 2: Mortality, Part A，主要頁數落在1–20頁或1–22頁 (1961–1964: cdc.gov/nchs/products/vsus/vsus_1939_1964.htm, 1965–1979: cdc.gov/nchs/products/vsus/vsus_1965_1979.htm); *Vital Statistics in the United States, 1940–1960,* by Robert D. Grove and Alice M. Hetzel for the National Center for Health Statistics涵蓋了這些年份，且意外死亡率按種族分類在372–73頁 (cdc.gov/nchs/data/vsus/vsrates1940_60.pdf)；另外，*Vital Statistics in the United States, 1900–1940*, by Forrest E. Linder and Robert D. Grove for the National Office of Vital Statistics也涵蓋了這些年份，且意外死亡按種族分類在366–67頁（data.nber.org/vital-stats-books/vsrates1900_40.CV.pdf）。請注意，對於所有一九七八年乃至於之前的年份，種族的分類僅限於「白人」或「非白人」，以及「白人」或「其他全部」。

93. 參見：Keturah James and Ayana Jordan, "The Opioid Crisis in Black Communities," *Journal of Law, Medicine, and Ethics* 46, no. 2 (2018): 404–21。

94. 參見：Kaiser Family Foundation, "State Health Facts: Opioid Overdose Deaths by Race/Ethnicity," kff.org/other/state-indicator/opioid-overdose-deaths-by-raceethnicity.。

95. 參見：CDC WISQARS Fatal Injury Reports, Centers for Disease Control and Prevention, "Opioid Overdose Data Analysis and Resources: Overdose Death Rates Involving Opioids by Type, United States, 1999–2019," webappa.cdc.gov/sasweb/ncipc/mortrate.html; "Overdose Death Rates Involving Opioids by Type, United

January 2018, drugpolicy.org/sites/default/files/drug-war-mass-incarceration-and-race_01_18_0.pdf。

80. 同上。

81. 參見：Hillary Kunins et al., “The Effect of Race on Provider Decisions to Test for Illicit Drug Use in the Peripartum Setting,” *Journal of Women's Health* 16, no. 2 (2007): 245–55。

82. 參見：Substance Abuse and Mental Health Services Administration, “Results from the 2018 National Survey on Drug Use and Health: Detailed Tables” (Rockville, MD: Center for Behavioral Health Statistics and Quality, Substance Abuse and Mental Health Services Administration), 72–74。

83. 參見：Monica J. Alexander, Mathew V. Kiang, and Magali Barbieri, “Trends in Black and White Opioid Mortality in the United States, 1979–2015,” *Epidemiology* 29, no. 5 (2018): 707–15。

84. 參見：Austin Frakt and Toni Monkovic, “A ‘Rare Case Where Racial Biases’ Protected African-Americans,” *New York Times*, November 25, 2019。

85. 參見：Alexander, Kiang, and Barbieri, “Trends in Black and White Opioid Mortality in the United States.”。

86. 參見：Van Zee, “The Promotion and Marketing of OxyContin.”。

87. 參見：Frakt and Monkovic, “A ‘Rare Case Where Racial Biases’ Protected African-Americans.”。

88. 參見：Astha Singhal, Yu-Yu Tien, and Renee Y. Hsia, “Racial-Ethnic Disparities in Opioid Prescriptions at Emergency Department Visits for Conditions Commonly Associated with Prescription Drug Abuse,” *PLOS One* 11, no. 8 (2016): e0159224; Mark J. Pletcher et al., “Trends in Opioid Prescribing by Race/Ethnicity for Patients Seeking Care in US Emergency Departments,” Journal of the American Medical Association 299, no. 1 (2008): 70–78。

89. 參見：Kelly M. Hoffman et al., “Racial Bias in Pain Assessment and Treatment Recommendations, and False Beliefs about Biological Differences Between Blacks and Whites,” *Proceedings of the National Academy of Sciences* 113, no. 16 (2016): 4296–301。

67. 參見：Drug Policy Alliance, "The Federal Drug Control Budget: New Rhetoric, Same Failed Drug War," January 2015, drugpolicy.org/sites/default/files/DPA_Fact_sheet_Drug_War_Budget_Feb2015.pdf; Drug Policy Alliance, "Trump Budget Doubles Down on Drug War," press release, February 12, 2018, drugpolicy.org/press-release/2018/02/trump-budget-doubles-down-drug-war.。

68. 參見：Edward Shepard and Paul R. Blackley, "U.S. Drug Control Policies: Federal Spending on Law Enforcement Versus Treatment in Public Health Outcomes," *Journal of Drug Issues* 34, no. 4 (2004): 771–85。

69. 參見：Tsai et al., "Stigma as a Fundamental Hindrance to the United States Opioid Overdose Crisis Response."。

70. 參見：Brandon Muncan et al., "They Look at Us like Junkies: Influences of Drug Use Stigma on the Healthcare Engagement of People Who Inject Drugs in New York City," *Harm Reduction Journal* 17, no. 1 (2020)。

71. 赫茲伯格帶我走過了這場思想實驗，讓我理解了病人就醫的管道與藥物的污名化會如何加重個人所攜帶的污名。

72. 同上。

73. 參見：Herzberg, "Entitled to Addiction? Pharmaceuticals, Race, and America's First Drug War."。

74. 參見：Drug Policy Alliance, "A History of the Drug War," drugpolicy.org/issues/brief-history-drug-war.。

75. 參見：The Sentencing Project, "Criminal Justice Facts," sentencingproject.org/criminal-justice-facts.。

76. 參見：Federal Bureau of Prisons, "Offenses," accessed July 17, 2021, bop.gov/about/statistics/statistics_inmate_offenses.jsp.。

77. 參見：The Sentencing Project, "Criminal Justice Facts."。

78. 參見：Pew Charitable Trusts, "Issue Brief: Federal Drug Sentencing Laws Bring High Cost, Low Return," pewtrusts.org/en/research-and-analysis/issue-briefs/2015/08/federal-drug-sentencing-laws-bring-high-cost-low-return.。

79. 參見：Drug Policy Alliance, "The Drug War, Mass Incarceration and Race,"

52. 同上。

53. 參見：McBournie et al., "Methadone Barriers Persist, Despite Decades of Evidence"; Rettig and Yarmolinsky, 美沙冬治療聯邦法規。

54. 與蘇的訪談。

55. 參見：Correal, "Overdose Antidote Is Supposed to Be Easy to Get. It's Not"; Harper, "Reversing an Overdose Isn't Complicated, but Getting the Antidote Can Be"; Rapaport, "Many U.S. Drugstores Fail to Provide Naloxone for Opioid Overdoses."。

56. 參見：Spivey et al., "Evaluation of Naloxone Access, Pricing, and Barriers to Dispensing in Tennessee Retail Community Pharmacies."。

57. 參見：Talia Puzantian and James J. Gasper, "Provision of Naloxone Without a Prescription by California Pharmacists 2 Years After Legislation Implementation," *JAMA* 320, no. 18 (2018): 1933–34。

58. 參見：Kirk E. Evoy et al., "Naloxone Accessibility Without a Prescriber Encounter Under Standing Orders at Community Pharmacy Chains in Texas," *JAMA* 320, no. 18 (2018): 1934–37。

59. 同上。

60. 參見：Bianca DiJulio et al., "Kaiser Health Tracking Poll: November 2015," Kaiser Family Foundation, kff.org/health-reform/poll-finding/kaiser-health-tracking-poll-november-2015.。

61. 與蘇的訪談。

62. 同上。

63. 參見：Mitch Legan, "Indiana Needle Exchange That Helped Contain a Historic HIV Outbreak to Be Shut Down," *National Public Radio*, June 3, 2021。

64. 參見：Lauren Peace, "Judge Rules Law Restricting West Virginia Needle Exchange Programs Can Stand," *Mountain State Spotlight*, July 15, 2021。

65. 參見：Tracey Tully, "As Overdoses Soar, This State's Largest Needle Exchange Is Being Evicted," *New York Times*, August 10, 2021。

66. 同上。

News, July 2, 2011）。在不只一宗侵權法訴訟案指控普渡製藥知曉並掩蓋疼始康定具成癮性的狀況下，該公司默默下架了網站，但你在Wayback Machine上還找得到該網站，且該網站是歸咎人為失誤的一個研究案例（見：web.archive.org/web/*/rxsafetymatters.org and choose any snapshot 2016 or prior）。我得知這個網站是因為“How Big Pharma Hooked America on Legal Heroin” by Kelly Bourdet for Vice, September 18, 2012。欲了解普渡製藥的智庫與置入文章，可參考：David Armstrong, “Inside Purdue Pharma’s Media Playbook,” *ProPublica*, November 19, 2019。

36. 參見：Sally Satel, “Doctors Behind Bars: Treating Pain Is Now Risky Business,” *New York Times*, October 19, 2004。
37. 參見：Armstrong, “Inside Purdue Pharma’s Media Playbook.”。
38. 與赫茲伯格的訪談。
39. 同上。
40. 同上。
41. 同上。
42. 同上。
43. 同上。
44. 同上。
45. 同上。
46. 同上。
47. 參見：David Herzberg, “Entitled to Addiction? Pharmaceuticals, Race, and America’s First Drug War,” *Bulletin of the History of Medicine* 91, no. 3 (2017): 586–623。
48. 與減害聯盟醫療總監金柏莉・蘇的訪談，他也是《成為廢人：女性、監禁與美國的鴉片類藥物危機》的作者。
49. 與金柏莉・蘇的訪談。欲見各種汙名的分類，參見：Tsai et al., “Stigma as a Fundamental Hindrance to the United States Opioid Overdose Crisis Response.”。
50. 與蘇的訪談。
51. 同上。

Received Overdose Education and Naloxone Reticent to Call Emergency Medical Services in the Event of Overdose?," *International Journal of Drug Policy* 48 (2017): 115–24。

26. 參見：Alaina McBournie et al., "Methadone Barriers Persist, Despite Decades of Evidence," *Health Affairs*, September, 23, 2019; Richard A. Rettig and Adam Yarmolinsky, eds., Federal Regulation of Methadone Treatment (Washington, DC: National Academies Press, 1995), chapter 1, "Introduction."。

27. 參見：Mark Olfson et al., "Trends in Intentional and Unintentional Opioid Overdose Deaths in the United States, 2000–2017," *Journal of the American Medical Association* 322, no. 23 (2019): 2340–2342。

28. 參見：William Feigelman, John R. Jordan, and Bernard S. Gorman, "Parental Grief After a Child's Drug Death Compared to Other Death Causes: Investigating a Greatly Neglected Bereavement Population," *Omega* 63, no. 4 (2011): 291-316。

29. 與赫茲伯格的訪談，他是此書作者：*White Market Drugs: Big Pharma and the Hidden History of Addiction in America and Happy Pills in America: From Miltown to Prozac*。

30. 與赫茲伯格的訪談。參見：Steven H. Woolf and Heidi Schoomaker, "Life Expectancy and Mortality Rates in the United States, 1959–2017," *Journal of the American Medical Association* 322, no. 20 (2019): 1996–2016。另參見：Van Zee, "The Promotion and Marketing of OxyContin."。

31. 參見：Van Zee, "The Promotion and Marketing of OxyContin."。

32. 參見：Scott Higham, Sari Horwitz, and Steven Rich, "76 Billion Opioid Pills: Newly Released Federal Data Unmasks the Epidemic," *Washington Post*, July 16, 2019。

33. 參見：Centers for Disease Control and Prevention, "The Drug Overdose Epidemic: Behind the Numbers," cdc.gov/opioids/data/index.html.。

34. 與赫茲伯格的訪談。

35. 其中一個這類型網站RxSafetyMatters.org是由普渡製藥架設來「對抗（疼始康定遇到的）處方藥不當移轉與濫用」，須知疼始康定是「藥物濫用者頻繁鎖定的對象」（Alaric DeArment, "Purdue Launches RxSafetyMatters.org," Drug Store

18. 參見：Danny Hakim, Roni Caryn Rabin, and William K. Rashbaum, "Lawsuits Lay Bare Sackler Family's Role in Opioid Crisis," *New York Times*, April 1, 2019。

19. 參見：Barry Meier, "Sacklers Directed Efforts to Mislead Public About OxyContin, Court Filing Claims," *New York Times*, January 15, 2019。

20. 參見：Art Van Zee, "The Promotion and Marketing of OxyContin: Commercial Triumph, Public Health Tragedy," *American Journal of Public Health* 99, no. 2 (2009): 221–27; Rebecca L. Haffajee and Michelle M. Mello, "Drug Companies' Liability for the Opioid Epidemic," *New England Journal of Medicine* 377, no. 24 (2017): 2301–5。

21. 參見：Van Zee, "The Promotion and Marketing of OxyContin."。

22. 參見：Allison Bond, "Why Fentanyl Is Deadlier Than Heroin, in a Single Photo," *STAT*, September 29, 2016。

23. 參見：Alyssa M. Peckham and Erika H. Young, "Opportunities to Offer Harm Reduction to People Who Inject Drugs During Infectious Disease Encounters: Narrative Review," *Open Forum Infectious Diseases* 7, no. 11 (2020): ofaa503; German Lopez, "Needle Exchanges Have Been Proved to Work Against Opioid Addiction. They're Banned in 15 States," *Vox*, June 22, 2018; National Harm Reduction Coalition, "Training Guide: Syringe Access Landscape," harm reduction.org/issues/syringe-access/landscape-report/state-by-state.。

24. 參見：Annie Correal, "Overdose Antidote Is Supposed to Be Easy to Get. It's Not," *New York Times*, April 12, 2018; Jake Harper, "Reversing an Overdose Isn't Complicated, but Getting the Antidote Can Be," *Kaiser Health News*, May 16, 2018; Lisa Rapaport, "Many U.S. Drugstores Fail to Provide Naloxone for Opioid Overdoses," *Reuters*, November 13, 2018; Christina A. Spivey et al., "Evaluation of Naloxone Access, Pricing, and Barriers to Dispensing in Tennessee Retail Community Pharmacies," *Journal of the American Pharmacists Association* 60, no. 5 (2020): 694–701。

25. 參見：Melissa Tracy et al., "Circumstances of Witnessed Drug Overdose in New York City: Implications for Intervention," *Drug and Alcohol Dependence* 79, no. 2 (2005): 181–90; Stephen Koester et al., "Why Are Some People Who Have

and Policy: Public Views About Drug Addiction and Mental Illness," *Psychiatric Services* 65, no. 10 (2014): 1269–72。

7. 參見：Erving Goffman, *Stigma: Notes on the Management of Spoiled Identity* (Englewood Cliffs, NJ: Prentice Hall, 1963), 3。
8. 參見：Alexander C. Tsai et al., "Stigma as a Fundamental Hindrance to the United States Opioid Overdose Crisis Response," *PLOS Medicine* 16, no. 11 (2019): e1002969。
9. 我對所謂意外成癮的理解與對其如何關係到用藥汙名的理解，來自於相關訪談對象，如：藥物政策聯盟的Sheila Vakharia，NEXT Harm Reduction的潔米・法瓦洛，Harm Reduction Coalition的醫療總監Dr. Kim Sue，以及毒品歷史學家大衛・赫茲伯格。
10. 汙名——詞源於希臘人，他們以此指的是一種用來標明被奴役者或犯罪者，比較一目了然的刺青或烙印。另見：Goffman, *Stigma*, 3。
11. 參見：Rachel A. Smith, "Segmenting an Audience into the Own, the Wise, and Normals: A Latent Class Analysis of Stigma-Related Categories," *Communication Research Reports* 29, no. 4 (2012): 257–65。
12. 參見：Stephanie C. Echols, Joshua Correll, and Jean Decety. "The Blame Game: The Effect of Responsibility and Social Stigma on Empathy for Pain," *Journal of Cognitive Neuroscience* 22, no. 5 (2010): 985–97。
13. 參見："Americans Recognize the Growing Problem of Opioid Addiction," Associated Press, April 2018。
14. 參見：Barry et al., "Stigma, Discrimination, Treatment Effectiveness, and Policy."。
15. 我得知艾倫的故事是透過Ames Alexander在《夏洛特觀察家》中的報導("Dealer Tried to Warn Buyer That the Drugs Were Dangerously Strong but It Was Too Late,")，同時我也在此用上了我與獄中之艾倫所進行的通信。
16. 參見：Sara Randazzo and Jared S. Hopkins, "OxyContin-Maker Owner Maligned Opioid Addicts, Suit Says," *Wall Street Journal*, March 29, 2019; Patrick Radden Keefe, "The Family That Built an Empire of Pain," *New Yorker*, October 23, 2017。
17. 參見：Barry Meier and Melody Petersen, "Sales of Painkiller Grew Rapidly, but Success Brought a High Cost," *New York Times*, March 5, 2001。

Harm Reduction）的創辦人兼執行總監；以及減害聯盟（Harm Reduction Coalition）的醫療總監金柏莉・蘇（Dr. Kim Sue），著有《成為廢人：女性、監禁與美國的鴉片類藥物危機》（*Getting Wrecked: Women, Incarceration, and the American Opioid Crisis*）。我是從《夏洛特觀察家報》記者Ames Alexander的報導中得知亞曼達・艾倫的故事。

1. 與吉蘭的訪談，外加後續的電郵。另參見：David Andreatta, “Monroe County Passes ‘Maisie’s Law’ to Combat Opioid Overdoses,” *WXXI News*, February 9, 2021。
2. 與吉蘭的訪談，外加後續的電郵。
3. 「該立法是修改自原始版本，而原始版本原本會要求藥局對第一次持鴉片類處方箋上門的客人提供一劑納洛酮。立法者表示，這項規定對藥店來說不切實際，且可能導致未使用的納洛酮劑量在公眾間流通。」(Andreatta, “Monroe County Passes ‘Maisie’s Law’ to Combat Opioid Overdoses.”)。
4. 政府官員之所以希望限縮納洛酮的發放，他們說：「我不同意向非醫療專業人員提供鴉片類藥物解毒劑，」白宮國家藥物管制政策辦公室副主任在二〇〇八年對公共廣播電台NPR說。「有時用藥過量的體驗、身處於急診室、或是專業醫護人員有所接觸，就已經足以讓一個人清醒地認識到現實情況，並讓人為他們提供醫療服務。」(Richard Knox, “Overdose Rescue Kits Save Lives,” *National Public Radio*, January 2, 2008)。二〇〇八年，兩名經濟學者甚至主張用藥過量的反轉藥物是一種「道德風險」。(Jennifer L. Doleac and Anita Mukherjee, “The Moral Hazard of Lifesaving Innovations: Naloxone Access, Opioid Abuse, and Crime,” *Discussion Paper Series, IZA Institute of Labor Economics*, April 2018, ftp.iza.org/dp11489.pdf) 另見：Alexander R. Bazazi et al., “Preventing Opiate Overdose Deaths: Examining Objections to Take-Home Naloxone,” *Journal of Health Care for the Poor and Underserved* 21, no. 4 (2010): 1108–13。
5. 參見：Jordan O. Smith, Scott S. Malinowski, and Jordan M. Ballou, “Public Perceptions of Naloxone Use in the Outpatient Setting,” *Mental Health Clinician* 9, no. 4 (2019): 275–79。
6. 參見：Colleen L. Barry et al., “Stigma, Discrimination, Treatment Effectiveness,

54. 參見：Office of United States Senator Chuck Schumer, "Following This Year's Heart-Breaking Opioid Poisoning Death of Rochester Infant, Schumer Stands with Maisie Gillan's Parents and Calls on FDA to Use New Powers Granted in Schumer-Backed Law, Requiring All Drug Companies to Use Safer Blister Packaging for Opioids ASAP," *press release*, November 18, 2019。

55. 參見：Milton Tenenbein, "Unit-Dose Packaging of Iron Supplements and Reduction of Iron Poisoning in Young Children," *Archives of Pediatric and Adolescent Medicine* 159, no. 6 (2005): 557–60。

56. 參見：Victoria E. Freile, "Death of Baby Maisie to Overdose Prompts Calls for Safer Packaging of Opioids," *Democrat and Chronicle*, November 18, 2019。

57. 參見：Wendy Wright, "Senator Schumer and Brighton Family Call on FDA to Make Changes," *Spectrum News* 1, November 18, 2019。

58. 參見：Mark R. Jones et al., "A Brief History of the Opioid Epidemic and Strategies for Pain Medicine," *Pain and Therapy* 7, no. 1 (2018): 13–21。

59.《成癮暨康復綜合法案》於二〇一六年七月二十二日簽署成為法律。從一九九九到二〇一六年期間，於四十九點三人死於意外藥物中毒（ICD-10 Codes: X40–X44）——而且每隔一年，死亡人數都比前一年增加。詳見：The Comprehensive Addiction and Recovery Act (CARA), Public Law 114-198; CDC WISQARS Fatal Injury Reports, webappa.cdc.gov/sasweb/ncipc/mortrate.html.。

第五章：汙名

我對於汙名的了解在很大程度上受益於下列的訪談與通信，對象包括亞曼達·蕾·艾倫（Amanda Leigh Allen），她在北卡羅萊納州因為過失殺人與販毒被關押；大衛·赫茲伯格（David Herzberg），他著有*White Market Drugs: Big Pharma and the Hidden History of Addiction in America and Happy Pills in America: From Miltown to Prozac*；Sheila Vakharia，她是藥物政策聯盟研究和學術參與部門的副總監; 治療師茱蒂絲·柯提克（Judith Kottick），她的孩子死於車禍，且她向我講述了她自身的恥辱感經歷，以及這種經歷與她遇到因吸毒過量而失去孩子之父母的經歷之間，存在哪些關聯和區別; 攝影記者Hilary Swift; Nancy Campbell, 她著有*OD: Naloxone and the Politics of Overdose*; 潔米·法瓦洛（Jamie Favaro），（NEXT

42. 與巴格奈爾的訪談。

43. 參見：Sara Kehaulani Goo, "Why Own a Gun? Protection Is Now Top Reason: Perspectives of Gun Owners, Non-owners," *Pew Research Center*, May 9, 2013; Ruth Igielnik and Anna Brown, "Key Takeaways on Americans' Views of Guns and Gun Ownership," *Pew Research Center*, June 22, 2017; Federal Bureau of Investigation Uniform Crime Reporting Program, "Crime in the United States: Table by Volume and Rate per 100,000 Inhabitants, 1998– 2017," ucr.fbi.gov/crime-in-the-u.s/2017/crime-in-the-u.s.-2017/topic-pages/tables/table-1.。

44. 參見：Wolfgang Stroebe, N. Pontus Leander, and Arie W. Kruglanski, "Is It a Dangerous World Out There? The Motivational Bases of American Gun Ownership," *Personality and Social Psychology Bulletin* 43, no. 8 (2017): 1071–85。

45. 參見：Lisa Marie Pane, "Background Checks, a Metric for Gun Sales, Hit All-Time High," Associated Press, July 1, 2020。

46. 參見：Meredith Wadman, "Accidental Gun Killings Surged After Sandy Hook School Shooting," *Science*, December 7, 2017。

47. 參見：Lisa Hepburn et al., "The Effect of Child Access Prevention Laws on Unintentional Child Firearm Fatalities, 1979–2000," *Journal of Trauma* 61, no. 2 (2006): 423–28。

48. 亞當跟瑪麗貝絲・吉蘭非常好心又勇敢地在電話訪談與電郵通信中與我分享了梅希的故事。同時我很感謝地我們牽線的Matt Kenny。

49. 參見：Safe Kids Worldwide, "Safe Storage, Safe Dosing, Safe Kids: A Report to the Nation on Safe Medication," safekids.org/sites/default/files/documents/ResearchReports/medicine-safety-study-2012.pdf.。

50. 與馬尼托巴大學兒科和兒童健康系藥理學和治療學教授米爾頓・泰能拜醫師進行的訪問。

51. 與泰能拜的訪談。

52. 參見：W. W. Walton, "An Evaluation of the Poison Prevention Packaging Act," *Pediatrics* 69, no. 3 (1982): 363–70。

53. 與泰能拜的訪談。

本就不中性，但交通工程師往往假裝它們是中性的存在。「這都是為了最大限度地減少駕駛人受到的耽誤，而不是最大限度地提高行人過馬路的安全性或舒適性。「這樣的指導意見裡夾帶著某種價值觀。」他對我說，「我們從事的職務有一份倫理性的使命，那就是要為公眾安全提供保障，但我們卻假裝這些（行人）授權不具備倫理或道德上的價值，那與事實不符。我們系統中的一切都是圍繞著駕駛人優先的觀念在設計。」

29. 與艾瑞克・鄧保的訪談；以及與Charles L. Marohn Jr. 的訪談，他是*Confessions of a Recovering Engineer: Transportation for a Strong Town*的作者。

30. 參見：Frank Gross and Paul P. Jovanis, "Current State of Highway Safety Education: Safety Course Offerings in Engineering and Public Health," *Journal of Professional Issues in Engineering Education and Practice* 134, no. 1 (2008)。

31. 欲見希格紹爾P320「意外」作動的影片，可上YouTube搜尋「Sig Sauer P320 Drop Test」。二〇一八年之前的影片裡，有希格紹爾公司推出「P320自願升級計畫前的常見問題」。我要向記者Alexander Yablon致意，感謝他讓我知道有這則新聞。

32. 參見：Jose Pagliery, "Trigger Warning," CNN, June 6, 2018。

33. 同上。

34. 同上。

35. 參見：Shannon Butler, "Mina Tells Officers to Have Gun Checked After Police Sergeant Shot in Knee," WFTV.com, April 6, 2018。

36. 參見：Pagliery, "Trigger Warning."。

37. 參見："Frequently Asked Questions" *section of the Sig Sauer P320 Voluntary Upgrade Program* at sigsauer.com/support/p320-voluntary-upgrade-program.。

38. 除非另行註明，本章內容來自我與律師傑夫・巴格奈爾的對談。

39. 參見：Todd Bookman, "SIG Sauer Settles Lawsuit Alleging Gun Discharged Without Trigger Pull," *New Hampshire Public Radio*, June, 3, 2019。

40. 當年我也曾擊發過一兩把槍，但這裡的解釋源自傑夫・巴格奈爾。

41. 參見：Jeff Brazil and Steve Berry, "Federal Safety Law Targets 15,000 Items, but Not Guns," *Los Angeles Times*, February 1, 1998。

17. 與艾瑞克・鄧保的訪談的訪談。另參見：Dumbaugh and Gattis, "Safe Streets, Livable Streets."。

18. 同上。

19. 參見：Eric Dumbaugh, "Design of Safe Urban Roadsides: An Empirical Analysis," *Transportation Research Record 1961*, no. 1 (2006): 74–82。

20. 參見：Eric Dumbaugh, Dibakar Saha, and Louis Merlin, "Toward Safe Systems: Traffic Safety, Cognition, and the Built Environment," *Journal of Planning Education and Research* (2020): 1–13。

21. 與艾瑞克・鄧保的訪談的訪談。

22. 同上。

23. 參見：American Association of State Highway and Transportation Officials, A Policy on Geometric Design of Highways and Streets, 6th ed. (Washington, DC: AASHTO, 2011), 54。

24. 與艾瑞克・鄧保的訪談的訪談。

25. 參見：National Highway Traffic Safety Administration, "Speeding," *Traffic Safety Facts*, 2018 Data, April 2020, crashstats.nhtsa.dot.gov/Api/Public/ViewPublication/812932.。

26. 與艾瑞克・鄧保的訪談的訪談。

27.《街道與公路用統一交通控制裝置手冊》還提供了另外一個選項，是在一小時有一百九十人過馬路或同一地每年有五場意外造成人受傷或車撞毀的時候，設置行人穿越道與號誌。這些內容出自此一手冊第九版的：〈行人流量〉（Pedestrian Volume,Section 4C.05 Warrant 4）與〈碰撞經歷〉（Crash Experience,Section 4C.08 Warrant 7），由美國運輸部發行。

28. 比爾・舒爾泰斯（Bill Schultheiss），作為交通工程公司Toole Design的設計總監，以及國家統一交通控制裝置委員會（National Committee on Uniform Traffic Control Devices）的自行車技術委員會（Bicycle Technical Committee）和行人工作小組（Pedestrian Task Force）的成員，一直在領導修改《街道與公路用統一交通控制裝置手冊》的工作，而他也證實了我對該文件的理解。在一次訪談中，他指出手冊中的項目——如「行人授權」（pedestrian warrants，此處的「授權」指的是讓人為干預變得有必要前「需要達到的門檻」）——根

12. 與艾瑞克·鄧保（Eric Dumbaugh）的訪談；他是在佛羅里達大西洋大學教授都市計畫與區域規畫的一名土木工程師，是道路安全跨學科合作中心的副主任，也是《美國計畫協會期刊》（*Journal of the American Planning Association*）的副主編。若無另行提及資料來源，這一段的內容均是根據鄧保的專業知識。

鄧保對此給了我一個很簡潔的說明：「事實是，在一九五〇與六〇年代，我們變成了一個非常關心車禍意外的國家，而我們——部分在車廠的命令下——想做的事情，是搞清楚我們可以如何去處理那些被設計進系統的危險，而不是去看車輛本身有哪些內建的危險。」在《任何速度都不安全》中，奈德抨擊了這種做法：「專注在公路設計而非車輛設計，只是滿足了通用汽車管理層的兩個目標。首先，讓相關成本變得非常低。這部分工作只需三四名工程師在驗證場（撞擊測試場）忙著拿幾台車去撞道路或橋梁護欄給來訪的代表團看，也讓公司有源源不絕的材料能在技術會議上拿出重複到天花地老的資料。第二，公路設計提議沒有隱含的開模成本。很顯然要讓公路變安全，花的是公家而非通用汽車的錢（頁151-52）。」

13. 與艾瑞克·鄧保的訪談的訪談。另參見：Eric Dumbaugh and J. L. Gattis, "Safe Streets, Livable Streets," *Journal of the American Planning Association* 71, no. 3 (2005): 283–300。

14. 參見：Dumbaugh and Gattis, "Safe Streets, Livable Streets," 283–300。

15. 同上。

16. 請注意，寬容的路側並不是個壞點子，它只是一個極其符合倫理、但毫無調整空間地被硬套在各種狀況中的前提。「如果有名母親因為轉頭看寶寶而偏離道路，撞上了一根不應該出現在那裡的柱子，那原本的人為失誤就會變成一場死亡意外。我覺得那對人之常情是一種過高的懲罰了，」時任公路安全保險協會會長的威廉·哈登在一九七七年《亞特蘭大憲法報》（*Atlanta Journal-Constitution*）裡的一篇文章中說。「我們都因為錯誤的教育而以為要解決這個問題，最好的辦法就是派更多警察去追逐美國人，好讓他們不敢開到時速一百二十英里，但其實透過車輛的安排去讓人根本不會開到那麼快，才是真正的解決之道。」(Mike Feinsilber, "His Concept of 'Epidemic': Death in Cars," *Atlanta Journal-Constitution*, November 6, 1977, 11-B)，另參見：Daniel S. Turner, "A Primer on the Clear Zone," *Transportation Research Record* 1122 (1987): 86–95。

4. 參見：Joe Young, "Vehicle Choice, Crash Differences Help Explain Greater Injury Risks for Women," *Insurance Institute for Highway Safety*, February 11, 2021。
5. 除非另行註明，則我對風險知覺的理解都來自於訪問巴魯奇．費許霍夫與保羅．施洛維奇。另見：Sarah Lichtenstein et al., "Judged Frequency of Lethal Events," *Journal of Experimental Psychology: Human Learning and Memory* 4, no. 6 (1978): 551–78, 以及：Baruch Fischhoff et al., "How Safe Is Safe Enough? A Psychometric Study of Attitudes Toward Technological Risks and Benefits," *Policy Sciences* 9, no. 2 (1978): 127–52。
6. 與巴魯奇．費許霍夫的訪談。另參見：Lichtenstein et al., "Judged Frequency of Lethal Events," 以及：Fischhoff et al., "How Safe Is Safe Enough?"。
7. 與保羅．施洛維奇的訪談。另參見：Fischhoff et al., "How Safe Is Safe Enough?"; Lichtenstein et al., "Judged Frequency of Lethal Events"; Ali S. Alhakami and Paul Slovic, "A Psychological Study of the Inverse Relationship Between Perceived Risk and Perceived Benefit," *Risk Analysis* 14, no. 6 (1994): 1085–96.
8. 參見：Ricky L. Langley and Sandra Amiss Mort, "Human Exposures to Pesticides in the United States," *Journal of Agromedicine* 17, no. 3 (2012): 300–315; Centers for Disease Control and Prevention, "Prescription Opioid Overdose Death Maps," cdc.gov/drugoverdose/data/prescribing/overdose-death-maps.html.。
9. 與保羅．施洛維奇的訪談。
10. 參見：David Ropeik, "Understanding Factors of Risk Perception," *Nieman Reports, December* 15, 2002。
11. 參見：Richard A. Retting, Susan A. Ferguson, and Anne T. McCartt, "A Review of Evidence-Based Traffic Engineering Measures Designed to Reduce Pedestrian–Motor Vehicle Crashes," *American Journal of Public Health* 93, no. 9 (2003): 1456–63; Eric Dumbaugh and Wenhao Li, "Designing for the Safety of Pedestrians, Cyclists, and Motorists in Urban Environments," *Journal of the American Planning Association* 77, no. 1 (2010): 69–88; 以及：Reid Ewing and Eric Dumbaugh, "The Built Environment and Traffic Safety: A Review of Empirical Evidence," *Journal of Planning Literature* 23, no. 4 (2009): 347–67。以上為略舉一部分資料。

50. 參見：Centers for Disease Control and Prevention, "Fatal Injuries in Offshore Oil and Gas Operations — United States, 2003–2010," *Morbidity and Mortality Weekly Report* 62, no. 16 (2013): 301–4。

51. 參見：Kiah Collier, "As Oil and Gas Exports Surge, West Texas Becomes the World's 'Extraction Colony,'" *Texas Tribune*, October 11, 2018。

52. 參見：Laurel Harduar Morano, Andrea L. Steege, and Sara E. Luckhaupt, Centers for Disease Control and Prevention, "Occupational Patterns in Unintentional and Undetermined Drug-Involved and OpioidInvolved Overdose Deaths —United States, 2007–2012," *Morbidity and Mortality Weekly Report* 67, no. 33 (2018): 925–30, Collin Eaton and John D. Harden, "Oil and Drugs: A Toxic Mix," *Houston Chronicle*, May 30, 2018。

第四章：風險

這一章根據的是決策研究所的保羅・施洛維奇（Paul Slovic）與巴魯奇・費許霍夫（Baruch Fischhoff）所接受的訪談，乃至於他們下方被引用的許多研究，其他的受訪對象還包括Eric Dumbaugh、Don Kostelec、Charles Marohn、Richard Retting、Bill Schultheiss，以及Gary Toth等交通工程師；之前為槍枝暴力專業媒體《蹤跡報》（*Trace*）報導槍枝問題的文字記者Alexander Yablon；著有*Gunpower: The Structure of American Violence*的Patrick Blanchfield；律師傑夫・巴格奈爾（Jeff Bagnell）；小兒科醫師米爾頓・泰能拜（Milton Tenenbein），還有亞當跟瑪麗貝絲・吉蘭（Adam & MaryBeth Gillan）這兩名勇氣過人的家長與用藥安全倡議者。想進一步了解吉蘭一家是如何在讓生者好好記住梅希，還有他們奮力想通過是何種法律，見：PurpleLightProject.com。

1. 參見：Keith Barry, "The Crash Test Bias: How Male-Focused Testing Puts Female Drivers at Risk," *Consumer Reports*, October 23, 2019。

2. 事實上，他們還有一個體重四十四公斤跟身高一百五十公分的撞擊測試假人，但其代表的女性人口比重小到連美國國家公路交通安全管理局自己都懶得提。欲見該局所有的撞擊測試假人規格，可至：nhtsa.gov/nhtsas-crash-test-dummies.。

3. 參見：Barry, "The Crash Test Bias."。

Magazine, July 12, 2016。

37. 參見："BP Oil Storage Tank Washes Ashore on Florida Beach," *Reuters*, June 13, 2010。

38. 參見：Clifford Krauss, "In BP Indictments, U.S. Shifts to Hold Individuals Accountable," *New York Times*, November 16, 2012。

39. 參見：”Transcript: Desperate Attempt to Plug Oil Leak," *CNN*, May 6, 2010; "Transcript: Gov. Haley Barbour on 'FNS,' " *Fox News*, June 7, 2010。

40. 與大衛・德斯丹諾的訪談。

41. 參見：Douglas Wolfe et al., "The Fate of the Oil Spilled from the Exxon Valdez,"*Environmental Science and Technology* 28, no. 13 (1994): 560A-568A。

42. 參見：Nikiforuk, "Why We Pretend to Clean Up Oil Spills."。

43. 同上。

44. 除非另行註明，深水地平線事故的魚類學效應資料都來自於普羅桑塔・查克拉巴提接受的訪談。

45. 參見：Kelly Lynch, "Little-Known Pancake Batfish Could Be One of Oil Spill's Early Victims," *CNN*, June 16, 2010。

46. 參見：Prosanta Chakrabarty, Calvin Lam, Jori Hardman, Jacob Aaronson, Parker House, and Daniel Janies, "SPECIESMAP: A Web-Based Application for Visualizing the Overlap of Distributions and Pollution Events, with a List of Fishes Put at Risk by the 2010 Gulf of Mexico Oil Spill," *Biodiversity and Conservation* 21, no. 7 (2012): 1865–76。

47. 參見：Darryl Fears, "The Toxic Reach of Deepwater Horizon's Oil Spill Was Much Larger—and Deadlier—Than Previous Estimates, a New Study Says," *Washington Post*, February 12, 2020。

48. 參見：Igal Berenshtein et al., "Invisible Oil Beyond the Deepwater Horizon Satellite Footprint," *Science Advances* 6, no. 7 (2020)。

49. 參見：Trevor Hawes, "Permian Has More Than Half of US Oil Rigs," *Midland Reporter-Telegram*, May 14, 2018; Jude Clemente, "The Great American Oil and Natural Gas Pipeline Boom," *Forbes*, August 6, 2019。

Devastating Consequences of Exxon Valdez and BP Gulf," Center for American Progress, April 30, 2010。

27. 參見：John R. Platt, "25 Years After Exxon Valdez Spill, Sea Otters Recovered in Alaska's Prince William Sound," *Scientific American*, March 5, 2014。

28. 參見：Jennifer Balmer, "Seabird Losses from Deepwater Horizon Oil Spill Estimated at Hundreds of Thousands," *Science*, October 31, 2014; Center for Biological Diversity, "A Deadly Toll: The Devastating Wildlife Effects of Deepwater Horizon—and the Next Catastrophic Oil Spill," biologicaldiversity.org/programs/public_lands/energy/dirty_energy_development/oil_and_gas/gulf_oil_spill/a_deadly_toll.html.。

29. 參見：Nathan F. Putman et al., "Deepwater Horizon Oil Spill Impacts on Sea Turtles Could Span the Atlantic," *Biology Letters* 11, no. 12 (2015): 20150596。

30. 參見：Christine Dell'Amore, "Gulf Oil Spill 'Not Over': Dolphins, Turtles Dying in Record Numbers: Report Warns That 14 Species Are Still Struggling from the 2010 Disaster," *National Geographic*, April 9, 2014。

31. 參見："Hundreds of Dolphins Have Died Along Gulf Coast Since February, Scientists Say," Associated Press, June 15, 2019。

32. 我得知了我們何以容易誤解大型意外的規模與範疇，乃至於何以那會讓我們容易被說服，是根據美國太空總署資料視覺化科學家Kimberly Arcand與Megan Watzke, 跟著有How God Works: The Science Behind the Benefits of Religion (New York: Simon & Schuster, 2021)的心理學家大衛・德斯丹諾所接受的訪談。

33. 參見：Eric J. Johnson and Amos Tversky, "Affect, Generalization, and the Perception of Risk," *Journal of Personality and Social Psychology* 45, no. 1 (1983): 20–31。

34. 與岡德森的訪談。

35. 參見：Ivey DeJesus, "40 Years After Three Mile Island Accident, Debate over Safety of Nuclear Energy Still Goes Back and Forth," *PennLive Patriot News*, March 26, 2019。

36. 參見：Andrew Nikiforuk, "Why We Pretend to Clean Up Oil Spills," *Hakai*

容。

13. 參見：Charles Perrow, “The President’s Commission and the Normal Accident,” in *Accident at Three Mile Island: The Human Dimensions*, ed. David L. Sills, C. P. Wolf, and Vivien B. Shelanski (New York: Routledge, 1982): 173–84。
14. 參見：“Oil Tanker Spill Statistics 2019,” ITOPF, 8–9: itopf.org/fileadmin/data/Documents/Company_Lit/Oil_Spill_Stats_publication_2020.pdf.。
15. 參見：Casey Tolan, Thom Patterson, and Alicia Johnson, “Is 2014 the Deadliest Year for Flights? Not Even Close,” *CNN*, July 28, 2014。
16. 參見：Patrick Smith, “The True Story Behind the Deadliest Air Disaster of All Time,” *Telegraph*, March 27, 2017。
17. 參見：Nick Pidgeon, “In Retrospect: Normal Accidents,” *Nature* 477, no. 7365 (2011): 404–5。
18. 參見：Perrow, *Normal Accidents*, 15–31。
19. 同上，頁72–100。
20. 參見：Steve Wing et al., “A Reevaluation of Cancer Incidence Near the Three Mile Island Nuclear Plant: The Collision of Evidence and Assumptions,” *Environmental Health Perspectives* 105, no. 1 (1997): 52–57。
21. 參見：“14-Year Cleanup at Three Mile Island Concludes,” Associated Press, August 15, 1993。
22. 參見：Benjamin K. Sovacool, “The Costs of Failure: A Preliminary Assessment of Major Energy Accidents, 1907–2007,” *Energy Policy* 36, no. 5 (2008): 1802–20。
23. 參見：Wing et al., “A Reevaluation of Cancer Incidence Near the Three Mile Island Nuclear Plant.”。
24. 參見：David Goldenberg et al., “Altered Molecular Profile in Thyroid Cancers from Patients Affected by the Three Mile Island Nuclear Accident,” *Laryngoscope* 127, supplement 3 (2017): S1–S9。
25. 參見：Brett Sholtis, “Thyroid Cancer Study Re-ignites Debate over Three Mile Island Accident’s Health Effects,” *York Daily Record*, March 18, 2019。
26. 參見：Susan Lyon and Daniel J. Weiss, “Oil Spills by the Numbers: The

(2009): 5–30。

2. 參見：Elisabeth Cardis et al., "Estimates of the Cancer Burden in Europe from Radioactive Fallout from the Chernobyl Accident," *International Journal of Cancer* 119, no. 6 (2006): 1224–35。

3. 參見：Julie Miller, "Paying the Price for Blowing the Whistle," *New York Times*, February 12, 1995。

4. 參見：Amanda Rosa, "M.T.A. Bus Plunges 50 Feet and Dangles from Overpass After Crash," *New York Times*, January 15, 2021; Thomas Tracy et al., " 'Extremely Troubling': Driver of MTA Bus That Plunged onto Cross Bronx Expressway Refused to Take Drug Tests After Wreck," *New York Daily News*, January 15, 2021。

5. 這兩起波音Max空難共計造成三百四十六人死亡。根據國家安全委員會的估計，大約四萬兩千人在二〇二〇年死於車禍意外。

6. 除非另行註明，三哩島等核能意外的故事都來自與瑪姬・岡德森與阿尼・岡德森的一場訪談。

7. 參見：Union of Concerned Scientists, "How Nuclear Power Works," *ucsusa.org*, July 27, 2010, updated January 29, 2014。

8. 我在系統性意外上所受的教育來自於Nick Pidgeon所受訪談，他合著有Barry Turner的*Man-Made Disasters*（第二版；Oxford, U.K.: Butterworth-Heinemann, 1997），也來自Charles Perrow的*Normal Accidents: Living with High-Risk Technologies* (Princeton, NJ: Princeton University Press, 1999)與James Reason的Managing the Risks of Organizational Accidents (Aldershot, Hampshire, U.K.: *Ashgate*, 1997).

9. 參見：James Reason, "Human Error: Models and Management," *British Medical* Journal 320, no. 7237 (2000): 768–70。

10. 同上。

11. 參見：James Reason, *Human Error* (Cambridge:, U.K.: Cambridge University Press, 1990), 173。

12. 阿尼・岡德森告訴了我這個故事，但你也可以在Susan Q. Stranahan, "The Eastland Disaster Killed More Passengers Than the Titanic and the Lusitania. Why Has It Been Forgotten?," *Smithsonian Magazine*, October 27, 2014中讀到相關內

Sent," *New York Times*, March 12, 1975。我很感謝彼得．諾頓讓我知道有這麼一件「可預測到真的被預測到了的意外」。

46. 參見：Vicki L. Golich, "Appendix 5: The Applegate Memo," in *The Political Economy of International Air Safety: Design For Disaster?* (London: Palgrave Macmillan, 1989), 115–18。

47. 參見：House Committee on Interstate and Foreign Commerce, Special Subcommittee on Investigations, "Air Safety: Selected Review of FAA Performance," *United States Congress* (1974): 17。

第三章：規模

針對本章，我大幅度參考了多場訪談內容，受訪對象包括：安全專家西尼．戴克（Sidney Dekker），他著有*Foundations of Safety Science: A Century of Understanding Accidents and Disasters*、*Safety Differently: Human Factors for a New Era*、*Just Culture: Balancing Safety and Accountability*，以及《理解「人為失誤」的實戰指南》（*The Field Guide to Understanding 'Human Error'*）；前核能產業發言人瑪姬．岡德森（Maggie Gundersen）與前核能工程師阿尼．岡德森（Arnie Gundersen），他們兩人也是Fairewinds 能源教育的共同創辦人；環境心理學暨風險學教授Nick Pidgeon, 他同時也在英國卡地夫大學主持研究團體「了解風險」; Alex Wellerstein，著有*Restricted Data: The History of Nuclear Secrecy in the United States*；Lee Clarke，他著有*Mission Improbable: Using Fantasy Documents to Tame Disaster*；社會心理學者David DeSteno；Alan Diehl，著有*Silent Knights: Blowing the Whistle on Military Accidents and Their Cover-Ups*；Elizabeth Loftus，她是史丹福大學心理學、犯罪學、認知科學教授；Kim Arcand與Megan Watzke，這兩人是美國太空總署科學家且合著有*Magnitude: The Scale of the Universe*；魚類學者普羅桑塔．查克拉巴提（Prosanta Chakrabarty）。關於大規模之意外是如何發生的細部閱讀，我推薦Charles Perrow的*Normal Accidents*與Barry Turner的*Man-Made Disasters*（與Nick Pidgeon合著）兩本書（我都推第二版），考慮到內容的複雜性，都很平易好閱讀。此外西尼．戴克的作品只要你能入手，我通通推薦。

1. 參見：Alexey V. Yablokov and Vassily B. Nesterenko, "Chernobyl Contamination Through Time and Space," *Annals of the New York Academy of Science* 1181

"Seat Belts Save, Research Shows"; Amy Gangloff, "Safety in Accidents: Hugh DeHaven and the Development of Crash Injury Studies," *Technology and Culture* 54, no. 1 (2013): 40–61; 與Amy Gangloff的訪談；以及 Hugh DeHaven, "Mechanical Analysis of Survival in Falls from Heights of Fifty to One Hundred and Fifty Feet," *War Medicine* 2 (1942): 586–96。

39. 參見：Ralph Nader, "Head Knocker/Hugh DeHaven and Collision Safety," In *the Public Interest*, March 21, 1980, nader.org/1980/03/21/head-knockerhugh-dehaven-and-collision-safety.。

40. 參見：Louis Zito與 Walter Cronkite進行的訪談, The Search, "Automobile Safety Research," *CBS*, 1954, youtu.be/qAh-ScgRMOc.。

41. 參見：C. J. Kahane, "Lives Saved by Vehicle Safety Technologies and Associated Federal Motor Vehicle Safety Standards, 1960 to 2012—Passenger Cars and LTVs—with Reviews of 26 FMVSS and the Effectiveness of Their Associated Safety Technologies in Reducing Fatalities, Injuries, and Crashes," *National Highway Traffic Safety Administration,* Report No. DOT HS 812 069, January 2015.

42. 除非另行標註，關於工安意外在二戰後產生變動的資訊參見：David Fairris, "Institutional Change in Shopfloor Governance and the Trajectory of Postwar Injury Rates in U.S. Manufacturing, 1946–1970," *Industrial and Labor Relations Review* 15, no. 2 (1998): 187–203, 以及與Fairris的訪談。

43. 參見：Thomas C. Frohlich and John Harrington, "Mine, Steel, Auto Workers Were Involved in Some of the Biggest Strikes in American History," *USA Today*, April 8, 2020。

44. 參見：Gerald Mayer, "Union Membership Trends in the United States," Congressional Research Service Report for Congress, August 31, 2004; 美國國家安全委員會發布的資料："Preventable Injury-Related Deaths by Principle Sector, United States, 1903–2018," *Injury Facts*, injuryfacts.nsc.org/all-injuries/historical-preventable-fatality-trends/class-of-injury.。

45. 為了講述九八一號班機跟艾波蓋特之備忘錄的故事，我參考：Moira Johnston, *The Last Nine Minutes: The Story of Flight 981* (New York: William Morrow, 1978), 以及：Richard Witkin, "Engineer's Warning on DC-10 Reportedly Never

Work-Accidents and the Law, v–vi.)。

20. 同上，頁34。

21. 同上，頁11–15。

22. 同上，頁3–7。

23. 同上，頁3–15。

24. 同上，頁14–15。

25. 參見：Mark Aldrich, "Preventing 'The Needless Peril of the Coal Mine': The Bureau of Mines and the Campaign Against Coal Mine Explosions, 1910–1940," *Technology and Culture* 36, no. 3 (1995): 483–518。

26. 參見：Eastman, *Work-Accidents and the Law*, 34。

27. 同上。

28. 同上，頁84–86。

29. 同上，頁84–103。

30. 同上，頁103–7。

31. 同上，頁120–26。

32. 同上，頁132–43。

33. 參見：Gregory P. Guyton, "A Brief History of Workers' Compensation," *The Iowa Orthopaedic Journal* 19 (1999), 106–10。

34. 參見："Compulsory Workmen's Compensation Act Unconstitutional," *New York Labor Bulletin* 13, no. 1 (1911): 60。

35. 參見：Michael Duff, "How the U.S. Supreme Court Deemed the Workers' Compensation Grand Bargain 'Adequate' Without Defining Adequacy," *Tulsa Law Review* 54, no. 3 (2019): 375–405。

36. 參見：Patrick J. Kiger, "How the Horrific Tragedy of the Triangle Shirtwaist Fire Led to Workplace Safety Laws," History.com, March 27, 2019。

37. 參見：Witt, *The Accidental Republic*, 187–88。

38. 除非另行標明，休・德黑文的生平細節均出自Nader, *Unsafe at Any Speed*, 69–125; a February 17, 1985, profile by Ronald Kotulak in the Chicago Tribune titled

6. 參見："Statement of George G. Crocker," *Automatic Couplers and Power Brakes: Hearing Before the Committee on Interstate and Foreign Commerce of the House of Representatives* (Washington, DC: Government Printing Office, 1892), 16。

7. 參見：Bureau of Labor Statistics, "National Census of Fatal Occupational Injuries in 2019," *U.S. Department of Labor news release*, December 16, 2020, bls.gov/news.release/pdf/cfoi.pdf.。

8. 與馬克・奧爾德里奇的訪談。

9. 同上。

10. 參見：89th Congress, 1st Session, "Federal Role in Traffic Safety: Hearings Before the Subcommittee on Executive Reorganization" (Washington, DC: U.S. Government Printing Office, 1965), 294。

11. 與馬克・奧爾德里奇的訪談。

12. 與馬克・奧爾德里奇的訪談。

13. 參見：Mark Aldrich, *Death Rode the Rails: American Railroad Accidents and Safety*, 1828–1965 (Baltimore, MD: Johns Hopkins University Press, 2006), 114。

14. 參見：Tony Long, "April 29, 1873: Railroads Lock and Load," *WIRED*, April 29, 2009。

15. 與馬克・奧爾德里奇的訪談；另參見：Dino Drudi, "The Evolution of Occupational Fatality Statistics in the United States," *Fatal Workplace Injuries in 1993: A Collection of Data and Analysis* (Washington, DC: Bureau of Labor Statistics, 1993), 2。

16. 參見：Crystal Eastman, *Work-Accidents and the Law: Volume 2 of the Pittsburgh Survey* (New York: Charities Publication Committee, 1910), 34–36。

17. 同上。

18. 同上，頁3–15。

19.「伊斯曼女士呈現了針對在具代表性的時期發生在美國代表性地區的所有案例，第一次系統性調查的結果。在此之前完全沒有成文獻的數據可用，而調查本身的時機也幾乎無懈可擊，主要是當時有建設性的努力在推動工業公義的建立。」(Paul U. Kellogg, director of the Pittsburgh Survey, in a foreword to

Matters: Labor-Management Relations in 20th Century American Manufacturing"一書與發表在the Industrial Labor Relations Review當中的"Institutional Change in Shopfloor Governance and the Trajectory of Postwar Injury Rates in US Manufacturing, 1946–1970"一文；本章相關的訪問對象則包括：Gangloff、Fairris、莫洪與奧爾德里奇，還有曾服務於公共利益研究小組與美國國家公路交通安全管理局的工程師兼物理學家卡爾，納許（Carl Nash）、長年在美國勞工聯合會（American Federation of Labor）與產業工會聯合會（Congress of Industrial Organizations）擔任職業衛生與安全總監的Peg Seminario、On the Job: The Untold Story of Worker Centers and the New Fight for Wages, Dignity, and Health的共同作者Celeste Monforton，還有《科氏：美國科氏工業與公司權力的秘密史》與The Meat Racket: The Secret Takeover of America's Food Business的作者克里斯多福．倫納德。

1. 參見：John D. DeLamater, Daniel J. Myers, and Jessica L. Collett, *Social Psychology*, 8th ed. (Boulder, CO: Westview Press, 2015), 227–31。
2. 這種趨勢是如此之常見，以至於《洋蔥報》曾搞笑地下了這麼一標題：調查人員將地區死亡歸咎於愚蠢（May 25, 2005）。短版的解釋可見於；DeLamater, Myers, and Collett, *Social Psychology*, 233–34。另參見：Richard J. Holden, "People or Systems? To Blame Is Human. The Fix Is to Engineer," *Professional Safety* 54, no. 12 (2009): 34–41。
3. 挪威與芬蘭是很好的例子——很多人騎腳踏車，很多冰雪，很低的死亡率。關於他們的低死亡率，可以參見：Alberto Castro, Sonja Kahlmeier, Thomas Gotschi, "Exposure-Adjusted Road Fatality Rates for Cycling and Walking in European Countries" (discussion paper, International Transport Forum: 168 Roundtable, Paris, 2018)。而芬蘭改變街道環境的說名則在：Peter Walker, "Why Finland Leads the Field When It Comes to Winter Cycling," *Guardian*, February 8, 2020。
4. 與馬克．奧爾德里奇的訪談；另參見他的文章："History of Workplace Safety in the United States, 1880–1970," *Economic History Encyclopedia*, August 14, 2001。
5. 參見：Supreme Court Justice Clarence Thomas, "Norfolk and Western Railway Company, Petitioner, v. William J. Hiles, 516 U.S. 400," *Supreme Court of the United States*, February 27, 1996。

102. 同上。另參見布萊恩特·賽蒙的《哈姆雷特火災》，頁208–21。
103. 同上。另參見布萊恩特·賽蒙的《哈姆雷特火災》，頁191–221。
104. 同上。
105. 參見："Philosopher of Folly's Column," *Plain Dealer*, November 17, 1930, 10。
106. 參見：Burnham, *Accident Prone*, 115。
107. 參見：Academy of Achievement, "Ralph Nader on Perseverance," Keys to Success: In Their Own Words, achievement.org/video/ralph-nader-28.。
108. 參見：Ralph Nader, *Unsafe at Any Speed: The Designed-In Dangers of the American Automobile* (New York, Bantam, 1973), xiii。
109. 麥納馬拉在福特任職期間的故事出自奈德在一九七三年再版的《任何速度都不安全：美國汽車的設計危險》。這本再版之所以重要，是因為奈德在當中駁斥了常被反覆至今的一個迷思：安全沒有賣點。安全明明就很好賣。
110. 參見：Nader, *Unsafe at Any Speed*, ix–lxxii。
111. 同上，頁ix。
112. 同上，頁ix–lxxii。
113. 參見：89th Congress, 1st Session, "Federal Role in Traffic Safety: Hearings Before the Subcommittee on Executive Reorganization" (Washington, DC: U.S. Government Printing Office, 1965), 1296。
114. 參見：John D. Morris, "Ford Safety Data Sought by Haddon; End to Sales Drop Seen," *New York Times*, December 16, 1966。
115. 參見：Liisa Ecola et al., "The Road to Zero: A Vision for Achieving Zero Roadway Deaths by 2050," *RAND Corporation*, 2018, rand.org/pubs/research_reports/RR2333.html.。

第二章：環境

為了理解美國早年的意外史，以及對人造環境的控制是如何影響了死傷的可能性，我參考了克莉斯托·伊斯曼的〈工作事故和法律〉（Work-Accidents and the Law）、拉爾夫·奈德在《任何速度都不安全》中以休·德黑文為題發表的學術論文，以及：馬克·奧爾德里奇的《鐵軌上的死亡》與《安全第一》、雅文·莫洪的《風險》、Amy Gangloff寫於期刊《科技與文化》中的文章〈事故安全：休·德黑文和碰撞傷害研究的發展〉（Safety in Accidents: Hugh DeHaven and the Development of Crash Injury Studies）、David Fairris的兩筆著作："Shopfloor

87. 同上。

88. 同上。

89. 參見克里斯多福・倫納德的《科氏：美國科氏工業與公司權力的秘密史》，頁525。

90. 與克里斯多福・倫納德的訪談。

91. 同上。

92. 同上。

93. 關於種族歧視刻板印象在工安意外中所扮演的角色，還有帝國食品雞肉加工廠在北卡羅萊納哈姆雷特發生的火災，各種觀點來自於一場訪問，受訪對象是布萊恩・賽蒙，他著有《哈姆雷特火災：廉價食品、廉價政府和廉價生活的悲劇故事》，也來自於書中引用文字。他的書極其傑出、極其動人，且極其精細地深挖了單一一場意外，我強烈推薦。

94. 參見：Mark A. Friend and James P. Kohn, *Fundamentals of Occupational Safety and Health*, 4th ed. (Lanham, MD: Government Institutes/The Scarecrow Press, 2010), 160。

95. 與布萊恩特・賽蒙的訪談。

96. 同上。

97. 參見：Paul Nowell, "Witnesses: Trapped Workers Screamed, Pounded Locked Doors; 25 Dead," Associated Press, September 4, 1991。

98. 關於三角內衣工廠大火與其產生之影響的長版說明，參見：David Von Drehle, *Triangle: The Fire That Changed America* (New York: Atlantic Monthly Press, 2003)。要看短版請見：Arthur F. McEvoy, "The Triangle Shirtwaist Factory Fire of 1911: Social Change, Industrial Accidents, and the Evolution of Common-Sense Causality," *Law & Social Inquiry* 20, no. 2 (1995): 621–51。

99. 與布萊恩特・賽蒙的訪談；另參見：Nowell, "Witnesses."。

100. 同上。另參見：Marlena Scott, "Many Women Who Died in the Triangle Shirtwaist Factory Fire of 1911 Were Young Immigrants," *Teen Vogue*, March 25, 2019。

101. 同上。

Transport Psychology: Proceedings of the ICTTP 2000, eds. Talib Rothengatter and Raphael D. Huguenin (Amsterdam: Elsevier, 2004), 421–32。

76. 參見：W. A. Tillman, "Accident Proneness," *Canadian Journal of Occupational Therapy* 25, no. 4 (1958): 135–39。
77. 參見：Burnham, *Accident Prone*: 79–81。
78. 參見：J. Cotter Hirschberg et al., "A Study of Miners in Relation to the Accident Problem: Psychiatric Evaluation," Divisions of Mental Hygiene and Industrial Medicine, University of Colorado Medical Center: 553–55。
79. 參見：Anthony Davids and James T. Mahoney, "Personality Dynamics and Accident Proneness in an Industrial Setting," *Journal of Applied Psychology* 41, no. 5 (1957): 303–6。
80. 參見：Tillman, "Accident Proneness."。
81. 推翻易出意外體質主張的資料來源很多，但我最喜歡的是：A. M. Adelstein, "Accident Proneness: A Criticism of the Concept Based upon an Analysis of Shunters' Accidents," *Journal of the Royal Statistical Society* 115, no. 3 (1952): 354–410; Mark D. Rodgers and Robert E. Blanchard, "Accident Proneness: A Research Review," *Office of Aviation Medicine of the FAA Civil Aeromedical Institute*, May 1993, 1–4; 還有最特別的，我讀過唯一一份很有娛樂性的技術研究，Frank A. Haight's "Accident Proneness: The History of an Idea."。
82. 參見：Haight, "Accident Proneness."。
83. 參見：Rodgers and Blanchard, "Accident Proneness: A Research Review," 2–3。
84. 關於安全手冊所扮演之角色以及工安意外如何關繫到工作速率的各種想法，來自於一場訪談，受訪的對象是克里斯多福．倫納德，他著有《科氏：美國科氏工業與公司權力的秘密史》以及 *The Meat Racket: The Secret Takeover of America's Food Business* (New York: Simon & Schuster, 2014)，也來自於他在本書引文中的報導。
85. 參見克里斯多福．倫納德，"Rising Profits, Rising Injuries: The Safety Crisis at Koch Industries' Georgia-Pacific," *ProPublica*, August 8, 2019。
86. 同上。

the Remaking of American Law (Cambridge, MA: Harvard University Press, 2006), 2。

62. 參見：Burnham, *Accident Prone*,33–34。
63. 與馬克·奧爾德里奇的訪談。
64. 與馬克·奧爾德里奇的訪談。
65. 參見馬克·奧爾德里奇的《安全第一》，頁104。
66. 紐約州在威斯康辛州之前通過了勞工賠償法，但隨即遭到推翻。Patrick J. Kiger, "How the Horrific Tragedy of the Triangle Shirtwaist Fire Led to Workplace Safety Laws," History.com, March 27, 2019。
67. 參見：Frank A. Epps, "National Cooperation in Safety," in *Transactions: National Safety Congress*, Part I: 1925 Proceedings of the National Safety Council (Cleveland, OH: National Safety Council, 1925), 778–79。
68. 參見：Emily Holbrook, "A Century of Safety," *Risk Management* 60, no. 5 (2013): 16–17.
69. 參見彼得·諾頓的《交通戰爭》，頁33–39，以及奧爾德里奇在*Safety First*（見第四章）中的詳細介紹。
70. 參見馬克·奧爾德里奇的《安全第一》，頁12–67。
71. 全美工業安全諮議會將在一九一四年更名為國家安全委員會。如果你對二十世紀前半的設計有興趣，不妨去查詢一下。那些型錄一直出版到至少整個一九六〇年代，而且每一張都很漂亮，都記錄下了每個時代的經典設計，問題就是上面的內容在推卸責任。來自國家安全委員會的海報型錄範例：1930 Safety Posters (Chicago: National Safety Council, 1930); Aldrich cites others in *Safety First*, 133, 138。
72. 參見：National Safety Council Posters Catalog, 89。
73. 參見彼得·諾頓的"Street Rivals," 341–42; 以及馬克·奧爾德里奇的《安全第一》，頁137–38。
74. 參見：Lee Vinsel, "Safe Driving Depends on the Man at the Wheel: Psychologists and the Subject of Auto Safety, 1920–55," *Osiris* 33, no. 1 (2018): 191–209。
75. 參見：Frank A. Haight, "AccidentProneness: The History of an Idea," in *Traffic and*

55. 參見：Ford Corporate, “One Step Ahead of Pedestrians: Ford’s Pre-Collision Assist Helps Predict Distracted ‘Petextrians’ Movement,” ophelia.sdsu.edu:8080/ford/03-30-2018/innovation/petextrian.html.。

56. 參見：Kelcie Ralph and Ian Girardeau, “Distracted by ‘Distracted Pedestrians’?,” *Transportation Research Interdisciplinary Perspectives* 5 (2020): 1–14。

57. 參見：Judith Mwakalonge, Saidi Siuhi, and Jamario White, “Distracted Walking: Examining the Extent to Pedestrian Safety Problems,” *Journal of Traffic and Transportation Engineering* 2, no. 5 (2015): 327–37。

58. 參見：Gersh Kuntzman, “City to State: ‘Distracted Pedestrians’ Is Not a Thing,” *Streetsblog NYC*, September 2, 2019。

59. 諾頓解釋，「意外」一詞作為保護雇主不用負責任的招數開始興起，是在十九世紀的產業中：「早期汽車安全運動是以工業安全運動為範本，其中工安運動使用意外一詞，顯然含有某種企圖是要替資方開脫，並嘗試把責任推到勞工身上。」另見彼得．諾頓，《交通戰爭》，頁19–20, 29–39。

60. 參見：John C. Burnham, *Accident Prone: A History of Technology, Psychology, and Misfits of the Machine Age* (Chicago: University of Chicago Press, 2009), 33–34. Burnham的書以長篇幅介紹了關於工安意外的發生，有意外體質的工人跟歷史上其他「壞蘋果」理論的起源。然而Burnham是一名「壞蘋果」理論的信徒，所以請各位閱讀時要保持戒心。欲見這個故事一個篇幅較短且較不具歸咎意味的版本，可參考Paul Swuste, Coen van Gulijk, and Walter Zwaard, “Safety Metaphors and Theories: A Review of the Occupational Safety Literature of the U.S., U.K. and The Netherlands, Till the First Part of the 20th Century,” *Safety Science* 48, no. 8 (2010): 1000–1018。

61. 當年的紀錄與現今不可同日而語，所以這裡的數字可能顯著遭到低估。不論如何，勞工的意外死亡對企業來講永遠是一筆經濟上的計算。如馬克．奧爾德里奇在《安全第一》中所說，「新的機器與製程跟它們所內含的危險並非『脫離現實之歷史力量』的產物。實際上，新科技反映了個人與企業都努力想要在工傷發生造成的經濟損失讓人不痛不癢的環境中去增加產量並削減成本。須知在那個年代，法官針對雇主的責任創造了一款不成文的習慣法，藉此把大部分的工傷責任放到受傷的勞工身上，好鼓勵經濟發展。」另見：John Fabian Witt, *The Accidental Republic: Crippled Workingmen, Destitute Widows, and*

38. 與諾頓的訪談。

39. 參見：Peter Norton in Daniel Kolitz, "What Technology Has Accidentally Killed the Most People?," *Gizmodo*, June 15, 2020。

40. 參見彼得・諾頓的《交通戰爭》，頁29–46。

41. 同上，頁34–38。

42. 同上，頁30, 42–43。

43. 同上，頁 71–87, 175–206。

44. 與諾頓的訪談。

45. 參見彼得・諾頓的"Street Rivals."。

46. 同上，頁351。

47. 參見彼得・諾頓的《交通戰爭》，頁370。

48. 參見彼得・諾頓的"Street Rivals."。

49. 同上，頁 357。

50. 參見：Walter Chrysler, "The Only Cure for Auto Accidents," *The Outlook*, April 27, 1927。

51. 同上。

52. 參見彼得・諾頓的"Four Paradigms," 319–34。

53. 那個時代的交通意外死亡達到峰值是在一九三七年，該年的死亡人數超過三萬七千人（Motor Vehicle Traffic Fatalities, 1900–2007）。近年的交通意外死亡峰值出現在二〇二〇年，死亡人數估計超過四萬兩千人（參見美國國家安全委員會發布的資料："Motor Vehicle Deaths in 2020 Estimated to Be Highest in 13 Years, Despite Dramatic Drops in Miles Driven," nsc.org/newsroom/motor-vehicle-deaths-2020-estimated-to-be-highest）。

54. 在我寫作的當時，手邊還只有初步的資料，但看起來行人死亡人數的漲勢是延續進了二〇二〇年。關於歸咎過程的經典案例，可參見：Leah Asmelash, "Smartphones, Warm Weather and SUVs Are All to Blame for the Highest Number of Pedestrian Deaths in More Than 30 Years, Report Says," *CNN*, February 27, 2020。

in *Nuclear War Atlas* (Oxford: Basil Blackwell, 1989), digital.library.cornell.edu/catalog/ss:19343514. Hat tip to photographer Dmitry Gudkov for introducing me to Bunge.。

22. 參見：Collector's Notes on William Bunge, Map 2.16, *Nuclear War Atlas*。
23. 同上。
24. 參見彼得・諾頓的"Street Rivals"。
25. 與諾頓的訪談。另參見彼得・諾頓的"Four Paradigms: Traffic Safety in the Twentieth-Century United States," *Technology and Culture* 56, no. 2 (2015): 326 and Norton, *Fighting Traffic*, 74–75, 212–20。
26. 在當時，這些利益團體自稱是「汽車王國」（Motordom）。參見彼得・諾頓的《交通戰爭》，頁4。
27. 參見彼得・諾頓的《交通戰爭》，頁65–101。
28. 參見：Tom Vanderbilt, "In Defense of Jaywalking," *Slate*, November 2, 2009。
29. 參見彼得・諾頓的《交通戰爭》，頁65–101。
30. 同上。
31. 與諾頓的訪談，以及《交通戰爭》，頁 95–101。
32. 參見彼得・諾頓的《交通戰爭》，頁95–101。
33. 同上。
34. 參見：Brian Tefft, "Impact Speed and a Pedestrian's Risk of Severe Injury or Death," *AAA Foundation for Traffic Safety*, September 2011, 1。
35. 如果車速調節器的提案可以獲得通過，那它無疑會在降低辛辛那提的交通死亡人數上發揮效果，進而讓車內速度控制器被確認為一種標準且有效的安全防護。而這個實證更加有朝一日促成其成為所有車輛的標配。但如今我們看到的是在二〇一九年，美國每四名交通意外死者就有超過一人是在某種程度上由超速害死。
36. 參見：Chris Weller, "Why Speedometers Go to 140 or 160 MPH, Even if Cars Can't Drive That Fast," *Business Insider*, November 22, 2017。
37. 參見彼得・諾頓的《交通戰爭》，頁95–101。

11. 參見：John Geist and Allison Seyler, "Passenger Car Air Conditioning: The Quest to Be First,"，取自：*B&O Railroad Museum*...(blog), July 26, 2018。

12. 參見：Andrew Glass, "President Hoover Dedicates Empire State Building, May 1, 1931," *Politico*, May 1, 2018。

13. 參見：Federal Highway Administration Office of Highway Information Management, "State Motor Vehicle Registrations, by Years, 1900–1995," in *Highway Statistics Summary to 1995*, Section II/Table MV200: fhwa.dot.gov/ohim/summary95/mv200.pdf.。

14. 參見："Fatally Hurt by Automobile: Vehicle Carrying the Son of Ex-Mayor Edson Ran Over H. H. Bliss, Who Was Alighting from a Trolley Car," *New York Times*, September 14, 1899; David G. Allan, "Surprising Details About First American Killed by a Car: On this day in history we are offered a cautionary tale," *BBC*, September 13, 2013。

15. 諾頓首先紀錄下這點是在《交通戰爭》，頁26–37。這些頭條全都來自《紐約時報》May 12, 1921; June 26, 1923; and September 21, 1924。

16. 諾頓首先記錄下這一點是在《交通戰爭》，頁21–36。我也透過ProQuest Historical Newspapers對《紐約時報》的資料庫進行了搜尋來追蹤了這個趨勢的開始與結束，為此我搜尋的關鍵字包括driver、auto與mob。

17. 參見彼得・諾頓的《交通戰爭》，頁29。另參見："Playground Appeal Cites 'Murder Map'; City Club Shows Mishaps to Children Fewer in Areas with Play Facilities," *New York Times*, July 21, 1930。

18. 參見："City Club Maps Auto Death Areas in 1926," *New York Times*, June 27, 1927。

19. 參見彼得・諾頓的《交通戰爭》，頁29。

20. 與諾頓的訪談。另參見他的論文："Street Rivals" (abstract): "Before the American city could be physically reconstructed to accommodate automobiles, its streets had to be socially reconstructed as places where cars belong" ("Street Rivals: Jaywalking and the Invention of the Motor Age Street," *Technology and Culture* 48, no. 2 [2007]: 331–59)。

21. 參見：William Bunge, "Map 2.16: Children's Automobile 'Accidents' in Detroit,"

Designed-In Dangers of the American Automobile）第二版；另外我還參考了國家安全委員會主任統計員肯．柯洛許所接受的訪問，乃至於上述除伊斯曼以外所有作者接受的訪問。

1. 參見：Erik Hollnagel, Barriers and *Accident Prevention* (London: Routledge, 2004), "A Little Etymology," in chapter 1, "Accidents and Causes."。
2. 參見：when errors occur under dangerous conditions: Hollnagel, *Barriers and Accident Prevention*, "Latent Conditions," in chapter 2, "Thinking about Accidents."。
3. 參見西尼．戴克的《理解「人為失誤」的實戰指南》，頁1–20。
4. 同上，頁1–14。
5. 同上，頁15–20。
6. 同上，頁1–20。
7. 參見："Motor Vehicle Traffic Fatalities, 1900–2007: National Summary," U.S. Department of Transportation Federal Highway Administration, fhwa.dot.gov/policyinformation/statistics/2007/pdf/fi200.pdf.。
8. 參見：H. W. Magee, "Why Gamble with Death," *Popular Mechanics* 66, no. 5 (November 1936): 714–719。
9. 在以長如一本書的篇幅檢視街道概念在汽車發展初期的改變時，歷史學者彼得．諾頓描述了推動汽車殺人指控的怒火：「對被嚇壞了的家長跟行人而言，這個問題非常簡單：他們認為這是汽車跟駕駛的錯，於環境因素無關。城市居民非常憤怒，他們的憤怒展現在對魯莽駕駛的暴民式攻擊中。」參見彼得．諾頓的《交通戰爭》，頁25–27。
10. 諾頓首先在《交通戰爭》（頁21–36）中指認出了奧瑟之故事所凸顯出的趨勢，一方面是旁觀者會叫撞死行人的駕駛是「殺人凶手」，以及那些旁觀者可能會變身為暴民。關於厄文．奧瑟之死的故事，我參考了一九三〇年的美國人口普查，並根據兩篇當時的報紙報導想像了當年的意外應該會看起來是怎樣一幅光景："Truck Kills Boy, Driver Saved by Cop from Mob," in the *New York Daily News*，以及 "Driver Is Menaced After Killing Child," in the *New York Times*, both from May 29, 1931，兩篇均無署名。

No. S206-2006-0699 (formerly Docket No. S-206)。

50. 參見：Lauren Pacelli, "Asleep at the Wheel of Auto Safety? Recent Air Bag Regulations by the National Highway Traffic Safety Administration," *Journal of Contemporary Health Law & Policy* 15, no. 2 (1999): 739–77。

51. 參見：National Highway Traffic Safety Administration, "Traffic Safety Facts Annual Report Tables," cdan.nhtsa.gov/tsftables/tsfar.htm; Camila Domonoske, "'Tragic': Driving Was Down in 2020, but Traffic Fatality Rates Surged," *National Public Radio*, March 5, 2021; Elizabeth Garza, "Construction Fall Fatalities Still Highest Among All Industries: What More Can We Do?," *National Institute for Occupational Safety and Health Science* (blog), April 10, 2019; Centers for Disease Control and Prevention, "The Drug Overdose Epidemic: Behind the Numbers," cdc.gov/opioids/data/index.html.。

52. 參見："Manhattan: Man Sentenced for Fatal Crash," *New York Times*, January 4, 2008。

53. 紐約州機動車輛管理局警方意外報告MV-104A、運輸部調查備忘錄，還有來自駕駛的取證，都取自依《資訊自由法》對紐約市相關單位提出的申請。

第一章：失誤

為了理解意外死亡在美國早期的歷史，以及人為失誤是如何如本章所述被用作是意外事故中的一顆棋子，我主要參考的著作包括克莉斯托．伊斯曼（Crystal Eastman）的《工安事故與法律：匹茲堡調查第二卷》（*Work-Accidents and the Law: Volume 2 of the Pittsburgh Survey*）、布萊恩特．賽蒙（Bryant Simon）的《哈姆雷特火災：廉價食品、廉價政府和廉價生活的悲劇故事》（*The Hamlet Fire: A Tragic Story of Cheap Food, Cheap Government, and Cheap Lives*）、克里斯多福．倫納德（Christopher Leonard）的《科氏：美國科氏工業與公司權力的秘密史》（*Kochland: The Secret History of Koch Industries and Corporate Power in America*）、彼得．諾頓的《交通戰爭：機動車輛時代在美國城市中的破曉》（*Fighting Traffic:The Dawn of the Motor Age in the American City*）、馬克．奧爾德里奇的《鐵軌上的死亡》和《安全第一》、雅文．莫洪的《風險》、拉爾夫．奈德（Ralph Nader）的《任何速度都不安全：美國汽車的設計危險》（*Unsafe at Any Speed: The*

37. 參見：Catherine Barber and David Hemenway, "Too Many or Too Few Unintentional Firearm Deaths in Official U.S. Mortality Data?," *Accident Analysis & Prevention* 43, no. 3 (2011): 724–31; Judy Schaechter et al., "Are 'Accidental' Gun Deaths as Rare as They Seem? A Comparison of Medical Examiner Manner of Death Coding with an Intent-Based Classification App：roach," *Pediatrics* 111, no. 4 pt. 1 (2003): 741–44; Maggie Koerth, "What Counts as an Accident?," *FiveThirtyEight*, July 13, 2016。

38. 參見：CDC WISQARS Fatal Injury Reports, webappa.cdc.gov/sasweb/ncipc/mortrate.html.。

39. 參見：Martin A. Makary and Michael Daniel, "Medical Error—The Third Leading Cause of Death in the US," *British Medical Journal* 353 (2016): i2139。

40. 與馬丁・梅克里醫師的訪談。

41. 同上。

42. 參見：Makary and Daniel, "Medical Error—The Third Leading Cause of Death in the US."。

43. 參見：Arwen Mohun, *Risk: Negotiating Safety in American Society* (Baltimore, MD: Johns Hopkins University Press, 2013): 1–7。

44. 參見：彼得・諾頓（Peter D. Norton）的《交通戰爭：機動車輛時代在美國城市中的破曉》（*Fighting Traffic: The Dawn of the Motor Age in the American City*〔Cambridge, MA: MIT Press, 2011〕），頁38–46。

45. 參見美國全國安全委員會發布的資料："Percent Change of AgeAdjusted Death Rates from 1900 to 2019 (Indexed to 1900), United States," *Injury Facts*, injuryfacts.nsc.org/all-injuries/historical-preventable-fatality-trends/where-weve-been.。

46. 參見美國國家安全委員會，"Overview."。

47. 參見：Narcan/Naloxone Hydrochloride, U.S. Food and Drug Administration New Drug Application #016636.。

48. 參見："Drivers Disconnecting Seat Belt Locks," *New York Times*, August 18, 1974。

49. 參見：OSHA, Final Rule on Fall Protection in the Construction Industry—Docket

injuryfacts.nsc.org/all-injuries/costs/societal-costs/data-details for this）。參見：CDC WISQARS Fatal Injury Reports（webappa.cdc.gov/sasweb/ncipc/mortrate.html）以了解下列資料（均經過四捨五入）：從一九九九到二〇一九年，意外死亡人數的顯著上升可見於涉及切割傷或穿刺傷的意外（上升百分之九十九）、跌倒（百分之兩百）、藥物中毒（百分之四百五十七）、非藥物中毒（百分之二百四十九）、窒息（百分之二十九）、機車被車撞（百分之一百零三）、自行車騎士被車輛撞或死於其他非指明因素（百分之三十六）、行人被車輛撞或死於其他非指明的因素（百分之二十七）、行人單純被車輛撞（百分之四十七）。自一九九九年以來，意外死亡率已經增加超過一倍的有跌倒、藥物中毒與非藥物中毒。意外死亡人數在一九九二年（八萬三千九百五十二人）與二〇一九年（十七萬三千零四十人）之間成長了百分之一百零六（CDC WISQARS Fatal Injury Reports, webappa.cdc.gov/sasweb/ncipc/mortrate.html），而此間的美國人口則從一九九二年（兩億五千三百六十二萬人）到二〇一九年（三億兩千八百二十三萬九千五百二十三人）成長了百分之二十九。參見："No. 4.Components of Population Change, 1980 to 1999, and Projections, 2000 to 2050" in *United States Census Bureau*, "Statistical Abstract of the United States: 2000," 8, and "2019 U.S. Population Estimates Continue to Show the Nation's Growth Is Slowing," United States Census Bureau Press Release No. CB19-198, December 30, 2019。

33. 參見美國國家安全委員會的"Overview," *Injury Facts*, injuryfacts.nsc.org/all-injuries/overview.。

34. 參見：Centers for Disease Control and Prevention, "Top Ten Leading Causes of Death in the U.S. for Ages 1–44 from 1981–2019," *Injury Prevention and Control*, cdc.gov/injury/wisqars/animated-leading-causes.html.。

35. 參見美國國家安全委員會發布的資料："Preventable Deaths: Minute by Minute," *Injury Facts*, injuryfacts.nsc.org/all-injuries/preventable-death-overview/minute-by-minute.。

36. 參見：Department of Health and Human Services, ed., *Medical Examiners' and Coroners' Handbook on Death Registration and Fetal Death Reporting* (Hyattsville, MD: Department of Health and Human Services, Centers for Disease Control and Prevention, National Center for Health Statistics, 2003), 11–14。

（Official Statistics of Finland, “Accidents caused the death of 2,400 persons in 2018,” Helsinki: Statistics Finland, stat.fi/til/ksyyt/2018/ksyyt_2018_2019-12-16_kat_005_en.html）。

24. 參見：Leslie A. Gillum et al., “NIH Disease Funding Levels and Burden of Disease,” *PLoS One* 6, no. 2 (2011): e16837。

25. 參見：“Physical Injury—Accidents and Adverse Effects,” *Estimates of Funding for Various Research, Condition, and Disease Categories*, National Institutes of Health: Research Portfolio Online Reporting Tools (2021), report.nih.gov/funding/categorical-spending; Comprehensive Addiction and Recovery Act (CARA), Public Law 114–98, Sec. 108。

26. 參見：Jeromie M. Ballreich et al., “Allocation of National Institutes of Health Funding by Disease Category in 2008 and 2019,” *JAMA Network Open* 4, no. 1 (2021)。

27. 參見美國國家安全委員會發布的資料：“Societal Costs,” Injury Facts, injuryfacts.nsc.org/all-injuries/costs/societal-costs/data-details.。

28. 參見：“Distracted Driving, Falls, Opioids Cause Spike in Unintentional Death Rate,” *Environmental Health and Safety Today*, May 10, 2017。

29. 參見：Centers for Disease Control and Prevention National Vital Statistics System, “Leading Causes of Death, 1900–1998,” Table 288: Deaths and death rates for 15 leading causes of death in specified age groups, by race and sex: United States, 1986, cdc.gov/nchs/data/dvs/lead1900_98.pdf.。

30. 參見：CDC WISQARS Fatal Injury Reports, webappa.cdc.gov/sasweb/ncipc/mortrate.html.。

31. 參見：“Accidental Injury Rises to Third Leading Cause of Death in the U.S.,” *CBS News*, January 17, 2018。

32. 與一九六〇年代晚期跟一九七〇年代初期相比，在一九九二年之前，意外死亡率與意外死亡人數始終在下降（參見：injuryfacts.nsc.org/all-injuries/historical-preventable-fatality-trends/deaths-by-cause/）。意外死亡人數的上升之所以顯著，是因為它成長的速度遠高於人口增長，而意外死亡率的上升也同樣可觀：自一九九二年以來，意外死亡率已經上升了百分之五十五（參見：

WONDER Compressed Mortality File, wonder.cdc.gov/cmf-icd10.html。

9. 參見：John Mecklin, "Closer Than Ever: It Is 100 Seconds to Midnight," *Bulletin of the Atomic Scientists*, January 23, 2020。

10. 參見蘇珊・貝克等人的《傷害年鑑》二版，頁298–99。

11. 同上，頁v–vii。

12. 同上，頁17, 21, 36。

13. 同上，頁36。

14. 參見：Nancy Knechel, "When a Crash Is Really an Accident: A Concept Analysis," *Journal of Trauma Nursing* 22, no. 6 (2015): 321–29。

15. 參見：Ronald M. Davis and Barry Pless, "BMJ Bans 'Accidents': Accidents Are Not Unpredictable," *British Medical Journal* 322, no. 7298 (2001): 1320–21。

16. 參見：Sarah Goodyear, "It's No 'Accident': NYPD Changes the Way It Talks About Traffic Deaths," *Bloomberg CityLab*, March 11, 2013。

17. 參見：Angie Schmitt, "Associated Press Cautions Journalists That Crashes Aren't Always 'Accidents,' " *Streetsblog USA*, April 4, 2016。

18. 參見：Michael Guarnieri, "Landmarks in the History of Safety," *Journal of Safety Research* 23, no. 3 (1992): 151–58。

19. 同上。

20. 參見：Loimer and Guarnieri, "Accidents and Acts of God: A History of the Terms."。

21. 參見：Historical frequency measured via ProQuest Historical Newspapers: *New York Times* with Index; modern frequency via Google Trends。

22. 參見美國國家安全委員會發布的資料："Lifetime Odds of Dying for Selected Causes, United States, 2015–2019," Injury Facts, injury facts.nsc.org/all-injuries/preventable-death-overview/odds-of-dying/data-details/.。

23. 參見：Steven H. Woolf and Laudan Aron, eds., U.S. *Health in International Perspective: Shorter Lives*, Poorer Health (Washington, DC: The National Academies Press, 2013), 28–31。在這項研究的同時，芬蘭的意外死亡率與美國相當；但在美國意外死亡率上升時，芬蘭的意外死亡率則斷崖式下降

三九年》（*Safety First: Technology, Labor, and Business in the Building of American Work Safety, 1870–1939*）與《鐵軌上的死亡：美國鐵路事故與安全，一八二八年至一九六五年》（*Death Rode the Rails: American Railroad Accidents and Safety, 1828–1965*）的馬克・奧爾德里奇（Mark Aldrich）。其他讓我有所收穫的文章包括："Accidents and Acts of God: A History of the Terms," by Hermann Loimer and Michael Guarnieri in Public Health Then and Now; "Landmarks in the History of Safety," by Michael Guarnieri in the Journal of Safety Research; and "Reflections on a Half Century of Injury Control" by J. A. Waller in the American Journal of Public Health。Marco Conner DiAquoi, Sarah Paule 以及葛雷格・希爾（Greg Shill）等人提供了我法律建議，特此感謝。

1. 參見美國國家安全委員會發布的資料："Accidental Deaths Hit Highest Number in Recorded U.S. History," November 29, 2018。
2. 比方說聯合航空的波音七四七-四〇〇型上有三百七十四個座位（見united.com/web/en-us/content/travel/inflight/aircraft/747），且每天有超過五百五十人意外死亡（參見："All Unintentional Injury Deaths," National Center for Health Statistics, "Accidents or Unintentional Injuries," cdc.gov/nchs/fastats/accidental-injury.htm），所以意外死亡率相當於至少每天有一・五架滿載的波音七四七摔落。
3. 參見：Melonie Heron, "Deaths: Leading Causes for 2017," *National Vital Statistics System Statistics Reports* 68, no. 6 (2019)。
4. 美國的年度意外死亡率與死亡人數自一九九二年以來持續上升。在當時，每十萬人有三十三人死於意外，死亡人數略低於每年八萬四千人。到了二〇二〇年，每十萬人有大約五十人死於意外，死亡人數超過每年二十萬人。詳見：CDC WISQARS Fatal Injury Reports, webappa.cdc.gov/sasweb/ncipc/mortrate.html。
5. 同上。
6. 同上。
7. 同上。
8. 參見：Grant Suneson, "Wealth in America: Where Are the Richest and Poorest States Based on Household Income?," *USA Today*, October 8, 2018; CDC

註釋

引言：非屬意外

除有另行說明，本章暨全書的意外死亡資料都是取自美國疾病管制暨預防中心之國家衛生統計中心（National Center for Health Statistics；NCHS），而該統計中心同時使用「流行病學研究廣域線上資料」（Wide-ranging Online Data for Epidemiologic Research；WONDER）與「網路基礎外傷統計搜索暨通報系統」（Web-based Injury Statistics Query and Reporting System；WISQARS）等二資料庫。這些資料庫內含不同程度的細節與更新，且會根據所尋求的資訊獲得選擇。針對這些搜索，我交替使用可取得之最近期資料（WISQARS更新至二〇一九年，WONDER更新到二〇一六年）或整體的資料庫覆蓋期間（WISQARS是從一九八一至二〇一九年，WONDER是從一九九九至六〇一六年），決策的根據是搜索的性質——我會盡可能使用整體資料庫覆蓋期間的資料來避免極端異數扭曲我的研究。出於精確性的考量，我向來使用年齡調整後的比率。我寫「白人」，指的是疾病管制暨預防中心所謂的非拉丁裔高加索人；「拉丁裔」指的是不分種族的拉丁裔美國人；「原住民」指的是美國與阿拉斯加不分族裔的各個原住民族，而這種全族裔的包納性也適用於我說「亞裔」或「黑人」的時候。我在文中若使用其他的說法（比方說「有色人種」），是因為那是我所引用之研究的用法（這些資料均取得自死亡證明並絕對不完美。詳見《紐約客》雜誌中，凱瑟琳·舒茲〔Kathryn Schulz〕所撰〈最終表格〉〔Final Forms〕中有對原因的說明）。在撰寫這篇引言時，格外讓我受益良多的訪問對象包括國家安全委員會（National Safety Council）的主任統計員肯·柯洛許（Ken Kolosh）、馬丁·梅克里醫師（Dr. Martin Makary）、《傷害年鑑》（*The Injury Fact Book*,New York: Oxford University Press, 1991）的共同作者蘇珊·貝克（Susan P. Baker）、《風險：美國社會的安全談判》（*Risk: Negotiating Safety in American Societ*）作者雅文·莫洪（Arwen Mohun），以及著有《安全第一：美國工作安全建設中的技術、勞工和商業，一八七〇～一九